二战经典战役丛书

血色海滩

二战四大登陆战

二战经典战役编委会◎编译

中国铁道出版社有限公司
CHINA RAILWAY PUBLISHING HOUSE CO., LTD.

图书在版编目（CIP）数据

血色海滩：二战四大登陆战 / 二战经典战役编委会
编译. — 北京：中国铁道出版社，2017.1（2022.1重印）
（二战经典战役）
ISBN 978-7-113-22316-8

Ⅰ. ①血… Ⅱ. ①二… Ⅲ. ①第二次世界大战战役—
登陆战—史料 Ⅳ. ①E195.2

中国版本图书馆CIP数据核字（2016）第211970号

书　　名：**血色海滩——二战四大登陆战**
作　　者：**二战经典战役编委会**

责任编辑：**殷　睿**　　　　　　　电　话：（010）51873005
装帧设计：**艺海晴空**
责任印制：**赵星辰**

出版发行：中国铁道出版社有限公司（北京市西城区右安门西街8号　邮编100054）
印　　刷：永清县晔盛亚胶印有限公司
版　　次：2017年1月第1版　2022年1月第2次印刷
开　　本：787mm×1092mm　1/16　印张：20　字数：448千字
书　　号：ISBN 978-7-113-22316-8
定　　价：69.80元

01 BATTLE

第一篇 登陆·瓜达尔卡纳尔/1

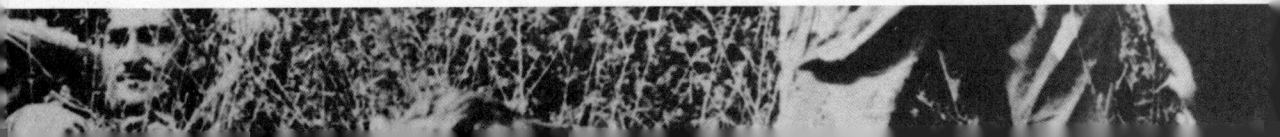

02 BATTLE

第二篇　登陆·西西里/83

03 BATTLE

第三篇　登陆·诺曼底/161

04 BATTLE

第四篇 登陆·冲绳岛/243

01

BATTLE

第一篇 ＞ 登陆·瓜达尔卡纳尔

第1章
CHAPTER ONE

默默无闻的小岛

★新的作战计划出台后，日军原本打算在图拉吉岛建造飞机基地。但当日军仔细考察图拉吉岛及其周围地形后，却意外地发现，在这个岛的南面，有一个大得多的岛屿，它的北岸更适合修建飞机场。这就是后来美日进行殊死争夺的瓜达尔卡纳尔岛。

★最初登陆的部队为陆战第5团的两个营。第1营在右，第3营在左，并头前进。他们的任务是向内陆推进，建立一道防线，确保滩头不受日军反击的威胁。这样就可以掩护后续部队顺利登陆，使物资上岸后有一个可供处理分配的空间。

No.1 兵之必争

　　1942年6月，日本在太平洋中途岛上遭到了第二次世界大战开战以来的首次惨败。中途岛的失败使日军发热的头脑开始有些清醒，不得不重新考虑原来制订的太平洋战场作战方案。原来的作战方案重心放在太平洋正面，计划5月上旬实行莫尔兹比港作战，6月上旬实行中途岛作战，7月实施旨在切断美澳交通线的攻占新喀里多尼亚、斐济、萨摩亚群岛的作战（代号"FS"）。5月珊瑚海一战，日军未达到占领莫尔兹比港的目的，遂决定先行实施中途岛之战，然而中途岛一战又遭失败，日本联合舰队丧失了主要的海空突击力量，无力再实施"FS"作战。

　　1942年7月11日，日军大本营正式下令停止"FS"作战。同时，又制定了一个新的作战方案。新作战方案的基本着眼点已经转向持久战和巩固完善日军在太平洋战争的防御态势。这个方案规定日军将从新几内亚岛北部登陆，翻越欧文斯坦利山脉，攻占莫尔兹比港。具体内容包括：一、由陆军第17集团军实施从陆地攻占莫尔兹比的作战，由海军舰艇部队及岸基航空兵负责海上运输、护航及空中支援。二、海军及其岸基航空部队负责在俾斯麦群岛、新几内亚东部和所罗门群岛等地，全力巩固并修建一系列岸基航空基地。

　　在新的作战计划中，为了掩护主要行动的侧翼安全，日军必须在所罗门地区修建一个水上机场，供轰炸机使用。有了这个轰炸机机场，它就可以控制西南太平洋的大片地区，为海军作战提供空中优势，就可以控制美国和澳大利亚的交通线。

　　新的作战计划出台后，日军原本打算在图拉吉岛建造飞机基地。但当日军仔细考察图拉吉岛及其周围地形后，却意外地发现，在这个岛的南面，有一个大得多的岛屿，它的北岸更适合修建飞机场。这就是后来美日进行殊死争夺的瓜达尔卡纳尔岛。

　　于是，在6月16日，日军派人登陆瓜岛。到7月中旬，一条1,200米长、50米宽，用珊瑚砂土掺和水泥铺就的简易飞机跑道已经大体完成，就等着飞机进驻了。

　　在日本大本营精心策划并步步实施新的作战计划时，美参谋长联席会议正加紧调兵遣将。麦克阿瑟和尼米兹也是踌躇满志，准备趁着中途岛大捷，在太平洋地区大干一场。经过仔细地研究，7月2日，参谋长联席会议下达了"瞭望塔战役"计划，该计划规定：

　　战役第一任务是夺取圣克鲁斯群岛、图拉吉岛及其附近的要地，由太平洋战区司令尼米兹将军担任战略指挥。一旦在图拉吉地区站稳脚跟，即执行战役第二任务，向巴布亚半岛的萨拉马瓦和莱特进军，同时夺取所罗门群岛的剩余部分并北上，该阶段由麦克阿瑟将军担任战略指挥。之后，盟军转而对拉包尔实施两面夹击。战役最终目标是夺取新不列颠岛、新爱尔兰岛及新几内亚。

　　"瞭望塔战役"计划发起的时间本来定在8月1日，然而，就在这时，一件意想不到的事情发生了。原来，就在美军制定"瞭望塔战役"计划期间，日军在瓜达尔卡纳尔岛修建机场

指挥攻打瓜岛作战的负责人，美海军陆战一师师长范德格里夫特。

的工作已近完工。

美中部太平洋舰队司令官尼米兹海军上将和东南太平洋战区司令官戈姆利中将获得这些情报以后，感到非常震惊。日军一旦把这个飞机场建成，从瓜岛起飞的日机就能够轰炸圣克鲁斯群岛、埃法特岛和新喀里多尼亚北部的库马克飞机场，这就意味着上述驻地的美军不久就要饱尝日本人的航空炸弹，盟军现有的防线将受到严重威胁，不但危及澳大利亚，而且更重要的是美参谋长联席会议制订的"瞭望塔战役"计划就要被打乱，因而不能坐视不管。

美军立即对"瞭望塔战役"计划作了调整，暂缓对圣克鲁斯群岛的进攻，将瓜达尔卡纳尔岛作为首先必须夺取的目标。7月10日，尼米兹给在南太平洋地区担任指挥的戈姆利海军中将下达作战指令，命令其部队攻占图拉吉岛和瓜达尔卡纳尔岛。戈姆利任命美第1海军陆战师师长范德格里夫特少将为瓜达尔卡纳尔岛登陆作战部队的指挥官，命令他在5个星期内必须拿下瓜达尔卡纳尔岛和图拉吉岛。

双方眼睛同时盯上了瓜达尔卡纳尔岛，使这个在南太平洋沉睡了几千年、人迹罕至的小岛，一下子跃升为重要的战略要点。

No.2 东京，震惊

瓜达尔卡纳尔岛位于东经160度，在赤道南面，东西长约150公里，南北宽约40公里，面积6,000平方公里，是所罗门群岛中一个较大的岛屿。岛上酷热难耐，还经常下倾盆大雨。海拔达2,331米的波波马纳林火山，像脊梁骨似的横贯全岛。沿岛的南岸全是连绵的山脉，北岸山麓下丘陵起伏，沿海地带有些平原。岛上绝大多数地方是奇峰秀岭和稠密的丛林，生长香蕉、酸橙和木瓜等野生植物。到处是鲜鱼、毒蜘蛛、蚂蟥和蝎子，遍布昆虫、蚊子，白蚁甚多。岛上山谷内有些分散的原著居民，人数不过万人。

由于这次任务时间紧急，准备不足，受命夺取瓜达尔卡纳尔岛的美军第1陆战师师长范德格里夫特少将对这次战役没有多少信心，称这次作战行动为"瘟疫行动"。士兵们更是如此，他们给这次战役取了一个非常形象的绰号，叫做"小本经营"战役。但谁也没有想到，"小本经营"却套住了一桩大买卖。

8月6日傍晚，在南太平洋舰队的护送下，陆战第1师乘坐23艘运输船急匆匆地出发了，朝瓜岛驶去。为登陆部队护航的有8艘巡洋舰和一个驱逐舰警戒群，由英国海军少将克拉奇利指挥。空中支援编队是"萨拉托加"号、"黄蜂"号、"企业"号3艘航空母舰、战列舰"北卡罗来纳"号以及重巡洋舰5艘、轻巡洋舰1艘、驱逐舰16艘、油轮3艘等组成，指挥官是美海军少将诺伊斯。以上两支支援兵力统由弗莱彻海军中将任战术指挥。戈姆利海军中将担任这次作战全面战略指挥。

庞大的舰队，顶着蒙蒙雨雾以12海里的时速向北行进，4艘运输舰和4艘驱逐舰开往图拉吉岛，另外15艘运输舰和货船则向瓜达尔卡纳尔驶去。海上很平静，大部分时间都有雨雾，

↑ 美海军陆战队员涉水登岸。

最后两天更是阴云密布，云层压得很低，日军的空中侦察机无法观察海面。在敌人完全没有察觉的情况下，运输船队于8月6日夜间3点10分，接近瓜达尔卡纳尔西北方。

两小时后，哨兵瞥见远处有个黑影，形状像金字塔，那是一座小小的火山岛。

舰队向右急转弯，进入了埃斯帕恩斯角和萨沃岛之间的海峡。在一种令人窒息的气氛中，登陆部队朝预定登陆地点——图拉吉岛上的"蓝滩"和位于瓜达尔卡纳尔北岸正中的"红滩"前进。

8月7日早晨6点40分，雷鸣一样的炮吼打破了沉寂，3艘巡洋舰和4艘驱逐舰同时开火，这是这个地区从来不曾听到过的声音。到处都吐着深红色的火舌，红色的火焰照耀着灰蓝色的海面。炮弹划过晨空，好像用红铅笔划的弧线朝瓜达尔卡纳尔飞去。两分钟后，在隆隆的炮声中，巡洋舰和驱逐舰也开始向图拉吉岛开火。

无论是在"红滩"还是"蓝滩"，美军都还没有发现日军的动静。很明显，日本人没有预料到这次进攻，被打了个措手不及。不到30分钟，所有的运输舰都进入阵地。从3艘航空母舰上起飞的俯冲轰炸机和战斗机出现在天空中，向海滩和轰炸目标地区扫射，他们只遇到稀疏的高射炮火。

"登陆部队上岸！"扩音器里传出命令。在预定登陆点，陆战队第1师的突击营一拥而上，在图拉吉岛登陆，他们没有发现一个敌人，好像岛上无人居住似的。

8时50分，指挥官发出信号："登陆成功未遇抵抗。"

一个小时后，第1艘登陆舰抵达瓜达尔卡纳尔的"红滩"，艇上士兵一个个纵身跳入温暖的海水中。

最初登陆的部队为陆战第5团的两个营。第1营在右，第3营在左，并头前进。他们的任务是向内陆推进，建立一道防线，确保滩头不受日军反击的威胁。这样就可以掩护后续部队顺利登陆，使物资上岸后有一个可供处理分配的空间。

上午10点，陆战队第1团1营以纵队登陆，越过滩头防线向西面内陆深处推进。接着，第5团第1营在他们的右边沿着海岸线向隆加角方向再次纵深推进，第5团3营则留下负责滩头阵地的安全。

8月7日下午，陆战队第1团终于到达瓜岛飞机场。显然，日军没有料到这次进攻，只得仓促地逃跑，机场周围一片狼藉。

瓜达尔卡纳尔岛上的日军只有250名海军守备队士兵，另外还有修建飞机场的工兵2,500余名；图拉吉岛上只有航空兵约400名，以及约200名海军陆战队士兵。激战后，两岛上的日军士兵誓不投降，战死600余人，30人被俘，工兵队的非战斗员向密林中逃去，还有70余人逃到附近小岛上。到这天夜里，陆战第1师全部登陆成功，大批物资上陆。不久，重炮、山炮、坦克等源源进入阵地，气势雄伟，锐不可挡。

这是美国海军从1898年以来，在太平洋上第一次成功的两栖登陆作战。

美国大举登陆瓜达尔卡纳尔岛，对日本大本营来说确实是个晴天霹雳，日本大本营立即召开会议。在详细分析美军行动后，日本大本营的大多数人仍旧认为：美军这次登陆行动不是反攻，这只是一次小规模的袭击行动。

根据以上的判断和分析，当天，日本大本营对瓜岛形势作出如下判断和处置：

1.以敌人最近的夸口和反攻的势头（一进入8月，敌机对图拉吉方面的袭击次数急剧增加）等情况来判断，一部分人认为，敌人最近有可能在东南方面开始积极反攻，但从敌方战备和航空母舰势力来看，估计这次反攻还没有超过侦察登陆的范围。

2.即使敌人的登陆是正式的，如果从美国全面的反攻势态尚未完备的情况来判断，日本陆海军部队夺回两岛并不困难。

然而如果瓜达尔卡纳尔机场被敌人使用，日军今后作战将要受到严重影响。因此，必须迅速组织力量，夺回瓜达尔卡纳尔岛。

美军占领瓜岛之时，裕仁天皇并不在东京。获悉盟军在瓜达尔卡纳尔岛登陆的消息后，裕仁顿感震惊。海军军令部长永野修身向裕仁天皇报告了大本营对事态的分析、看法和准备采取的对策等。

将天皇安抚下来后，永野修身气急败坏地给联合舰队司令山本五十六打电话，要求联合舰队必须以夺回瓜岛作为第一个目标，其他的行动暂不考虑。刚刚在中途岛海战中损兵折将的山本五十六也怒火中烧，急忙调兵遣将，决心与美军决一死战。

8月7日下午，在美军刚刚抵达瓜岛机场的同时，日军第25航空战队的51架轰炸机紧急起飞，直扑图拉吉岛和瓜达尔卡纳尔岛。当夜，一支由5艘中巡洋舰、2艘轻巡洋舰、1艘驱逐舰组成的日本舰队，由第8舰队司令三川军一中将亲自率领，趁着夜色掩护，悄悄地向瓜达尔卡纳尔岛海域袭来。

瓜岛争夺战的血腥战幕拉开了。瓜达尔卡纳尔遂成为举世皆知的岛屿。

第2章
CHAPTER TWO

一场长期的
战争

★连续两次空袭都无功而返，日军第8舰队司令三川军一中将感到事态远非想像的那样简单，他决定组织一次更大规模的反击，一举夺回瓜岛。三川迅速收拢部队，把在附近海域的军舰共5艘重巡洋舰、2艘轻巡洋舰、1艘驱逐舰全部集中起来。

★无论是日本运输舰上的日本兵，还是瓜岛上的美国海军陆战队的官兵，都认为战斗很快就能结束。不料，瓜岛的血腥战争才刚刚开始。

No.1 美国海军史的败笔

8月7日，日军第25航空队出动51架飞机，于当日对瓜岛实施了空袭，但遭到美军62架舰载战斗机的有力拦截，被击落19架，未取得什么战果。次日，第25航空队又出动41架飞机奔袭瓜岛。美军舰载飞机紧急起飞拦截，日军飞机不顾损伤，好不容易突破了美机的拦截，飞临瓜岛海域的盟军舰队上空，最终炸沉"埃里奥特"号运输船，炸伤"贾维斯"号驱逐舰。

连续两次空袭都无功而返，日军第8舰队司令三川军一中将感到事态远非想像的那样简单，他决定组织一次更大规模的反击，一举夺回瓜岛。三川迅速收拢部队，把在附近海域的军舰共5艘重巡洋舰、2艘轻巡洋舰、1艘驱逐舰全部集中起来。

一切准备就绪后，8月7日晚，在暗夜的掩护下，三川亲自率领这支舰队驶离拉包尔基地，隐蔽南下，扑向瓜岛。

8月7日的白天，负责监视日军的1架美军B-17轰炸机就发现了正奉命向拉包尔集结的4艘日舰，由于距离战区太远，没能引起美军的充分注意。当晚，三川的舰队刚出动，美军的S-28号潜艇就发现并报告了上级，此时日军舰队距瓜岛还有500余海里，同样没引起美军注意。8月8日早晨，1架澳大利亚的侦察机第3次发现了三川舰队，但飞行员出于无线电静默的考虑，没能及时报告。下午返回基地后又不以为然，吃过饭后才向上级报告，足足耽误了6个小时，使得美军来不及再派出飞机侦察核实。更要命的是他还把这支舰队的编成错报为2艘水上飞机母舰、3艘巡洋舰、3艘驱逐舰，使登陆编队司令特纳错误地判断这样的舰队不可能是来实施海战的，很可能是在所罗门群岛某处港湾建立水上飞机基地，来弥补失去的图拉吉岛水上飞机基地。而美军最主要的情报来源——密码破译小组一方面由于日军刚开始使用新的密码，需要一段时间来破译，另一方面三川舰队在航行中采取了严格的无线电静默，所以无法提供准确的情报。

因此，美军上下全然不知一场海战即将来临。

8日16时，三川命令5艘重巡洋舰各弹射起飞1架舰载侦察机，对瓜岛进行全面侦察，了解美军舰队的兵力组成和所在位置。当他知道美军在瓜岛海域有多艘航母，掌握着制空权，而且兵力占优势以后，便决定以己之长攻其之短，实施夜战。

三川进行了反复的侦察，对美军的情况已经完全掌握，他决定从萨沃岛以南进入铁底湾，先消灭美军的巡洋舰，再消灭运输船，最后从萨沃岛以北撤出。

16时40分，"鸟海"号用闪光灯向其他舰只发布命令："从萨沃岛南面出发，用鱼雷攻击停泊在岛前面的敌舰主力，之后转向图拉吉岛海区，用火炮和鱼雷攻击其余敌舰。接着从萨沃岛北面撤出。"识别信号是在舰桥两侧悬挂白布。

22时30分，天色完全黑了，日军以"鸟海"号为首，排成间距1,200米的单纵列，在桅杆上升起白色识别旗，加速到28节，杀气腾腾地闯入瓜岛海域！

三川率领舰队劈开惊涛骇浪，在茫茫雨夜中直趋瓜达尔卡纳尔。同珍珠港事件一样，美

↑ 日军第8舰队司令三川军一。

↑ 被日军击沉的美舰"堪培拉"号。

军谁也没有意识到攻击已迫在眉睫。

1时33分，三川下达总攻击令。这一命令立刻被传达到鱼雷发射手那里。三川的第二道命令是："所有舰只同时进攻。"随即，一串串射程11海里的远程鱼雷，携带着一千磅炸药，以每小时49海里的速度，呼啸着奔向"堪培拉"号和"芝加哥"号。

直到10分钟后，美军"帕特森"号驱逐舰才发现日舰，舰上人员大惊失色，急忙用无线电发出警报："注意！不明身份军舰正在进港！"

但是已经太迟了。日军水上飞机于美军运输船上空投下照明弹，一个个挂在降落伞上的照明弹在美军军舰后方爆炸，"芝加哥"号和"堪培拉"号的侧影都显现了出来。"鸟海"号距离"堪培拉"号不到4,500米，"青叶"号距离5,500米，"古鹰"号更近一些。3艘日舰立即射击。

在"堪培拉"号的舰桥上，一个哨兵大声喊叫，说前方出现了一个模糊黑影。等看清楚时，才知道是一艘来历不明的军舰。舰上的人立即慌乱起来，正在此时，对面的军舰开始吐出火舌，两枚鱼雷立刻穿进了"堪培拉"的舰首。紧接着，数不清的炮弹呼啸而来，雨点般地砸击在船舷上，炮长当即被打死，主炮被打坏，舰身开始倾斜，大火沿着升降口的扶梯蔓延，甲板上的油毡着了火，使火势更猛。舱壁的油漆也着了火，军官起居舱的家具猛烈地燃烧了起来，熊熊大火照亮了整个夜空。

不到5分钟，"堪培拉"就失去了战斗力。

"帕特森"号用无线电发出警报后，又用闪光灯发出警报，并满舵左转。炮手们发射了一排照明弹。舰长瓦克中校喊道："发射鱼雷。"此时，日舰编队已转向东北航行，"帕特森"号以高速作"之"字运动，与日舰展开炮战。有备而来的日舰弹无虚发，一发炮弹很快落在"帕特森"炮位附近，打燃了备用弹药。接着，军舰就被探照灯照住，连续中弹，不久便失去战斗力。

↑美舰"阿斯托利亚"号在战斗中不幸被日军击沉。

在"堪培拉"号右前方担任警戒的美军驱逐舰"巴格利"号，于"帕特森"号发现日舰之后的几秒钟，也发现了敌情。它急速向左转，以便使它的右舷鱼雷发射器能够瞄准目标，因舰身转得太快，鱼雷手还没有装好底火，该舰长亦没有等待，继续向左转了一个圆圈，直到左舷鱼雷发射器能够瞄准目标并进行射击时，却没有雷管。就在这么短暂的时间内，日舰编队已快速向东北方驶去看不见了，即使是已经瞄得很准的鱼雷也赶不上了。日舰驶过"巴格利"号时，与它相距不到一海里，但没有向它射击，因为日舰的炮口已瞄向更大的目标。

在这炮声震荡海面，闪光划破夜空的激战之时，巡洋舰"芝加哥"号舰长、接替去开会的克拉奇利暂任南线部队指挥官的包德上校正在蒙头大睡。当他被唤醒时，朦胧中听到观察哨报告："右舷发现鱼雷航迹！"随即下令："右转舵！"并指示立即发射照明弹。

然后他看见左前方有鱼雷驶来，又命令向左转，力图在鱼雷航道的中间穿过去。

包德上校刚刚登上舰桥，一枚鱼雷就打进了舰首，一道水柱升入空中后落到舰上，前甲板立刻涌满了水。包德立即下令发射照明弹，但为时已晚，数条鱼雷划破波浪，直接射过来。"芝加哥"号还没有来得及转舵规避，舰首再次被鱼雷击中，桅杆也被1发203毫米炮弹击中，"芝加哥"号连连开炮还击，但由于日舰速度很快，只来得及向日军队列最后的"夕风"号驱逐舰发射了25发炮弹，然后就失去了目标，只好向西退出战斗。

仅仅6分钟时间，南区盟军舰队就失去还手之力，不再作为一个战斗单位存在了。

三川随即全速向北区杀去。由于"芝加哥"号未将作战情况通知北区和东区，加上电闪雷鸣掩盖了南区的炮声和火光，北区美军全然不知日军已经杀来。1时43分，美军驱逐舰"帕特森"发出的警报和日军飞机空投的照明弹，已经向北线部队表明有敌情。"昆西"号的水兵也听到头顶上有飞机的嗡嗡声，并断定这是敌机。不料被上司臭骂了一通，说他患了轻性歇斯底里症，弄得他再也不敢说话了。其他舰只即使发现上空的飞机，也一律以为是友机。巡洋舰"文森斯"号、"昆西"号和"阿斯托利亚"号顺次列成单纵队，驱逐舰"赫尔姆"号与"威尔森"号分别配置在两翼，正由西南转向西北航行。

1时45分，在"阿斯托利亚"瞭望台值更的管制官，感觉到舰体在轻微颤动，他以为是美军驱逐舰在投深水炸弹，因为舰长威廉·格林曼上校近来反复指出，要注意防潜。实际上，那是日舰"鸟海"号向美国南线部队发射的鱼雷的爆炸声。

就在值班员沉思之际，忽然一声喊叫："左后方照明弹！"那是日军飞机在瓜达尔卡纳尔岛上空放的，把云层和海面都照亮了。值班军官下令准备战斗。

1时50分，日舰"鸟海"号从黑暗中射出探照灯光。不到一分钟，第一次齐射的炮弹就落在"阿斯托利亚"号周围。1时52分，"阿斯托利亚"号的6门大炮开始还击。

警报把舰长格林曼上校从梦中惊醒，他奔上舰桥，厉声质问："是谁下的战斗命令，是谁下令射击？"

直到此时，他仍然确信发现的目标都是友舰。"我认为，我们是在打自己的船，我们不要过于激动而草率行事，马上停止射击。"格林曼上校边走边朝周围的人嚷嚷。

当他发现巡洋舰"文森斯"号周围水花四溅时，才意识到大事不好。"开始射击。无论是不是我们的船，我们必须压制住他们。"

"鸟海"号向"阿斯托利亚"号已齐射4次，都没有命中，但射程已经测定并缩小了。第5次齐射打中了"阿斯托利亚"号的二号炮塔，炮手们全部阵亡。甲板起火，灭火水管全部破裂，使它成为瞄准的好目标。一发又一发的炮弹落到"阿斯托利亚"号上，射程从6,000米缩小到5,000米。为了使主炮便于还击，"阿斯托利亚"号稍向左转，全速前进，但因已丧失通讯能力，甲板上人员伤亡，装备毁坏，而且烟气窒息，火焰眩目，战斗效率大为降低。仅仅数秒钟后，炮台就被击毁，舰载机被击起火，2时25分，"阿斯托利亚"号沉没。

附近的重巡洋舰"昆西"号，因为有人被上司说成是患轻性歇斯底里症，因此，该舰后两次听到日军飞机声音时，再没人报告了。而此时，日舰"青叶"号已从后面接近，突然打开探照灯，把它照得通亮。"昆西"号还没来得及掉转炮口，一排炮弹已经飞了过来，停放在弹射器上的侦察机被击中，油库也跟着中弹起火。顿时，"昆西"号变成黑暗中一支巨大的火把，"鸟海"号及"古鹰"号等立即交叉射击，炮弹像雨点般打来。只一会儿功夫，这艘庞大的巡洋舰就搁浅了。一颗颗炮弹在"昆西"号舰桥上爆炸，上面的人几乎全部死光，尸体像布娃娃似的被抛到空中。它的左舷又被一枚鱼雷命中，舰身急剧地向左舷倾倒，蒸汽从烟囱里喷出。舰首开始下沉，穆尔舰长身负重伤，躺在舵前。他挣扎着爬了起来，但支持不住，又呻吟着倒了下去。

凌晨2时38分，"昆西"号葬身海底。

"文森斯"号巡洋舰的舰长利弗科上校比较警觉，1时45分时，他感到舰身在微微震动，还看到南区有炮火闪光，但误以为是友邻在射击敌机，根本没想到是在进行海战，反而下令做好对空战斗准备。日舰接近到8,000米距离，先打开探照灯，随后就以所有炮火开始齐射，利弗科却以为是南区美舰，用报话机要求对方关掉探照灯，停止射击，还命令升起军旗，以表明自己身份，不料却招致更猛烈的炮火。

利弗科这才明白过来，下令开炮还击。但不久舰载水上飞机被击中起火，成为明显的目标，日军乘机关闭探照灯，在黑暗中朝着火光用炮火猛轰。

美舰"赫博斯"号在激烈的夜战中吓破了胆，舰长卡罗尔少校撇下那些燃烧的军舰及士兵们，仓皇逃窜。"威尔森"号驱逐舰由于个头太小，日舰没有过多地理会它，从而保全了性命。

在萨沃岛北部担任早期预警的"拉尔夫"号舰长加纳罕少校，做梦也没有想到自己的后方会有敌人的舰队出现。2时15分，向西航行的日舰"天龟"号向它打开探照灯并射击，日舰"古鹰"号和"夕风"号也向它开火，"拉尔夫"很快被命中。情急之下，加纳罕少校打开识别灯，用无线电高呼自己的代号，紧急请求支援。

这一手果然很灵，日舰害怕遭受报复，停止了射击，迅速离开。恰在此时，暴雨骤起，"拉尔夫"号得以劫后余生，歪着倾斜20度的舰体，于当日下午狼狈地逃回图拉吉岛。

面对美南线部队溃不成军、北线部队几乎全军覆灭的有利战局，日军若乘胜出击，那么，全歼瓜岛美军运输舰队，可谓囊中取物，易如反掌。可是，就在这千载难逢的关键时刻，最令人瞠目结舌、困惑不解的事情发生了。凌晨2时20分，三川从"鸟海"号发出信号：全体撤离。"鸟海"号加速至35节，驶到日军两路纵队前头，取西北方向，撤离战场。

这就是历史上有名的"萨沃岛"海战。战斗仅历时半小时，盟军就有4艘巡洋舰被击沉，葬身海底，成为瓜岛海面战斗祭坛上的第一批牺牲品。此外，盟军方面还重伤巡洋舰2艘、驱逐船2艘，被打死、淹死或被鲨鱼吞噬的官兵达1,270人。一连数日，被击中的美舰仍在熊熊燃烧。萨沃岛周围的海面漂浮着厚厚的一层油，到处是军舰残骸，半死不活的水兵紧紧抓住海面上的漂浮物不放……

萨沃岛海战引起美国政府的极大关注。有人形容说此次战斗是美国海军作战史上最坏的一笔："在一场堂堂正正的战斗中，这大概是美国海军蒙受的最大失败。""美国舰队的这一次失败，几乎和珍珠港事件一样悲惨。"

尼米兹为此组成专门调查组，对事件进行调查。南线部队的指挥官包德上校无地自容，战斗结束后不久即自杀身亡。北线指挥官里夫科尔舰长罪责难逃，被免职后患了精神病。

No.2 这只是开始

萨沃岛海战的惨败，陆战第1师根本不知道。他们虽然听到了炮声，也看到了火光，可是他们万万想不到美国舰队会一败涂地。陆战队第1师已经完全孤立，只有靠他们自己的力量来守卫瓜岛机场了，战斗才刚刚开始。

第二天一早，范德格里夫特召集部下，召开紧急会议，并连续发出了几道命令：

1.把海滩上的所有补给物资都运入岛内隐藏起来，以防日军飞机和舰炮火力的破坏。

2.在机场四周建立起一个防御圈，修好跑道，以待美军的战斗机前来援助。

3.由于美国舰队已经撤离，为防止日军从海上发起主攻，部队立即筑好工事并布置好防御力量。

4.把坦克和炮队集结在防区中央，以便对防御区周围任何一个既定目标实施粉碎性轰击。

5.把90毫米高射炮阵地布置在机场西北，在机场正北设置半履带式的75毫米炮阵地。这样，一旦需要，就能迅速开入海滩上的既设阵地。

同时，范德格里夫特紧急向上级求援，要求派遣更多的部队和补给。8月15日，美军1艘驱逐舰连夜冒险驶抵瓜岛，送来了飞机零部件、航空汽油和地勤人员。8月20日，海军陆战队航空兵第223中队的19架"野猫"战斗机和232中队的12架"无畏"轰炸机，从"长岛"号

↑ 正在与美军将领研究瓜岛作战计划的范德格里夫特（右）。

护航航母上起飞，降落在瓜岛机场。8月22日，"长岛"号又运来了第2批飞机，陆军航空兵第67中队的15架"飞蛇"战斗机。8月24日又有13架舰载俯冲轰炸机进驻。所有这些飞机组成了瓜岛岸基航空兵，飞行员见机场四周长满了仙人掌，就把自己这支小飞行队称为"仙人掌航空队"。自从"仙人掌航空队"进驻瓜岛后，形势立刻改观，由于美军岸基飞机的巨大威胁，日军只能使用驱逐舰在夜间高速通过相关海域，把部队和物资送上瓜岛，返回时顺路再炮击机场。

如同范德格里夫特预料的那样，日军一直积极准备从陆上进攻瓜岛。

日军最高统帅部得知美军在瓜岛登陆后，立即研究对策。8月13日，大本营针对当时的形势制定一个《新几内亚、所罗门群岛方面陆、海军作战中央协定》，明确规定，按既定计划迅速攻占莫尔兹比港，与此同时，以第17军团之一部协同海军歼灭瓜岛之敌，夺回岛上要地与机场。

8月14日，驻扎在拉包尔的日军第17军军长百武晴吉中将接到陆军参谋本部的电令，要他"根据大本营的指示，决定与海军协同，乘敌在瓜达尔卡纳尔立足未稳之际迅速夺回该岛"。

百武晴吉接令后，仔细研究了瓜岛形势，认为瓜岛美军最多不超过2,000人，有6,000人就足以夺回瓜岛。由于正忙于其他方向作战，百武手头兵力不足，他决定先将不足1,000人的一木支队作为先遣队派出去。但是，百武跟本没有想到，瓜岛此刻拥有16,000名美军官兵！派出先遣部队的同时，百武晴吉从科罗尔紧急抽调川口支队3,500人，作为进攻瓜岛的第二梯队。

然而，无论是日本运输舰上的日本兵，还是瓜岛上的美国海军陆战队的官兵，都认为战斗很快就能结束。不料，瓜岛的血腥战争才刚刚开始。

第3章
CHAPTER THREE

战斗刚刚打响

★21日凌晨1时30分，一颗白色信号弹照亮了夜空。几乎与此同时，数不清的日本兵突然从树丛中涌出来。他们头上缠着白布条，端着明晃晃的刺刀冲向沙堤。高喊着"万岁！万岁！"

★瓜岛的气氛越来越紧张，令人惊恐不安的突然袭击和夜间日军驱逐舰的摧毁性炮击，以及日军水上飞机频繁骚扰，都预示着一场大战即将来临。整个岛上充满了恐怖的气氛。

No.1 燃烧的军旗

8月16日，一木率领先头部队约1,000人分乘6艘驱逐舰从特鲁克起航，前往瓜岛。8月18日夜，日军在亨德森机场以东约30公里处顺利登上瓜岛。和当初美军一样，日军没有遇到一枪一弹的抵抗。一木电告拉包尔：

"我们登陆成功。"

百武接到一木的电报后，立即命令他将部队集结待命，待川口支队抵达后，再一同去夺回机场。但一木骄横自负，认为美军不堪一击，不等后续部队到达，就留下125人守着滩头，率领900余人向机场扑去。

由于美军集中兵力防守机场，一路上日军没有遇到任何阻拦。一木以为胜利在握，满怀信心地向拉包尔的第17军军部报告："根本没有敌人，就像在无人区行军。"

登陆后，一木派出一个由34人组成的侦察小分队向西侦察前进。恰巧，瓜岛上的美军也派出一支侦察小分队向东侦察，两支侦察小分队于8月19日午后遭遇。登陆时的顺利使日军侦察小分队放松了警惕，在受到美军突然伏击时，日军侦察小分队当场被击毙31人，只有3人侥幸逃脱。

从缴获的物品中，美军发现，被击毙的日军与岛上残存的日军有很大不同。这些人胡子刮得很干净，服装比较新，衣袋和文件包里装着地图、密码和日记，上面清楚地说明，日军准备在美军防线东面进行侧翼进攻。美军一部分阵地也在日军地图上标绘出来了。

美军侦察兵立即将这些情况报告了范德格里夫特将军。此时，美军上下对日本人的军事心理缺乏了解，只道听途说日军的战斗力很强。尽管如此，范德格里夫特还是被弄糊涂了，他不相信日军竟自信到如此地步，千把人的兵力就敢向美海军陆战队两个加强团发动攻击。

范德格里夫特百思不得其解：日军可以在这条兵力单薄的防线上，任意选择一个点把相对优势的兵力投进去。但突破之后，美军却可以马上集中更优势的兵力，将他们击退。他们不可能把美国人赶下海去，或是守住这个机场，即使他们有能力攻占亨德森机场。

范德格里夫特马上判定，日军肯定不是为了要袭击机场上的飞机，而是要用偷袭的方式占领整个机场。

情况万分紧急，范德格里夫特当即作出决定：第1团连夜进入东线阵地加强工事；史密斯上尉的战斗机中队立即起飞，搜寻日军主力部队可能集结的地区，一旦发现，立即实施空中打击；装甲兵营则做好充分准备，保持机动支援各条战线。

指挥官们迅速回到部队，立即开始各项准备。波罗克中校率领的陆战队第1团进入东线阵地后，于20日午夜完成了防御部署。

与此同时，一木正在一片椰林中整顿队伍，作进攻前的最后准备。这片椰树林位于一条流速缓慢的小河东岸，离机场差不多两公里。借着月光，一木看到东岸的美军阵地上拉着一道长长的铁丝网，但没有看到美军守卫人员。侧耳细听，也没有异常动静。他以为美军没有派人警戒，用奇袭就能达到目的，因而不仅没有带上炮兵，而且也没有要求海军实行掩护射击。

21日凌晨1时30分，一颗白色信号弹照亮了夜空。几乎与此同时，数不清的日本兵突然从树丛中涌出来。他们头上缠着白布条，端着明晃晃的刺刀冲向沙堤。高喊着"万岁！万岁！"

他们边跑边射击，还扔手榴弹，几乎把整个河口都塞满了。

跑在最前面的是各中小队队长，军官们光着膀子，举着指挥刀，率先冲过特纳鲁河口。

日军的一举一动，被潜伏在对岸的陆战第1团团长波罗克中校看得清清楚楚。他提醒部下：让敌人靠近些再打，没有命令不许开枪。

他看到日军分前后两个波次向沙堤接近，于是命令配置在阵地上的37毫米口径火炮的炮手瞄准沙堤中间，待第一波日军通过后立即炸毁沙堤，切断第一波敌人的退路，并且阻止第二波继续通过。

300名日军敢死队员冲上沙堤，前面的军官见没有遇到抵抗，便大声催促后面加快脚步。后续部队跟着拥出椰林，塞满整个河口。

团长波罗克中校见时机已到，一枪打倒了一个挥舞着指挥刀的日本军官，并大声命令："开火！"

刹那间，美军阵地上枪声骤起，轻重机枪像秋风扫落叶一样，击倒了几十个日军敢死队员。

一木看到这种情形，立即下令火力掩护。数十挺轻重机枪吐出火舌，子弹泼水似的射向对岸。

美军的火力如此猛烈，日本人却毫不退缩。他们高喊着："冲啊！"一边跑一边射击并扔手榴弹，"轰轰隆隆"的爆炸声震撼夜空。

日军军官踏着倒下的日本伤员和士兵的尸体，高举着军刀，冲在最前面。最前面的日军已经越过沙堤，离美军阵地只有十几米了。波罗克中校大吼一声："投手榴弹！"

随即，他用力一挥，投出一颗手榴弹。手榴弹正好落在冲在最前面的十几个日军中间，随着"轰隆"一声巨响，日军倒下一片。

陆战队员们紧跟着投弹，一颗颗手榴弹接连不断地落在冲上来的人堆里，蹿起一团团爆炸的火光，大批日军敢死队员被炸倒在地，呻吟声此起彼伏。

当第2波日军冲到沙堤中央时，美军的37炮开火了。一颗又一颗炮弹接连爆炸，沙堤上横七竖八地布满日军士兵尸体。

透过炮弹爆炸的闪光可以看到，特纳鲁河的河水已经变成殷红的颜色。

冲在前面的日军停顿下来，后面的日军又冲了上去，聚集在一起的日军乱糟糟地挤成一团，不知所措。

波罗克中校不失时机集中火力，猛烈扫射阵地前的日军。机枪手用不着瞄准，随意地就能打倒成堆成堆的敌人。

终于，日军吃不住劲，抛下死伤者落潮般退去，不能逃跑的伤兵发出绝望的哀嚎，大骂抛弃他们的日本官兵。一些陷入绝望的日本兵拉响身上的手榴弹，在阵前自尽。

↑ 在坦克掩护下，美军士兵发动了攻击。

　　一个日军指挥官用战刀劈死几个败退下来的士兵，其他溃兵见状掉过头去，又向美军阵地冲去。

　　有少数冲进美军阵地上散兵坑的日军至死不退，他们用手榴弹炸毁美军的火力点，频频开枪射击周围的美军，这些为数不多的日军士兵大大牵制了美军的火力。

　　日军的后续梯队趁机冲上沙提，发起更加猛烈的冲锋。

　　手举望远镜的一木一动不动地站在沙堤旁，任子弹"啾啾"划过身边。他看从沙堤上冲击十分困难，就命令神源率领他的中队迂回到特纳鲁河上游渡河过去，从侧翼策应进攻。

　　由于水流湍急，神源中队在渡河时就被淹死十多人。

　　但是，惨剧还在后面。

　　美军看到神源中队向上游运动后，也派出了一支部队与他们平行运动。发现他们开始渡河后，立即在对岸做好了"打猎"的准备。

神源中队的士兵头，顶着步枪还没有爬上岸，迎面就射来一阵猛烈的子弹，枪声爆豆般响成一片，许多士兵还没有来及开枪，就倒在了岸边。

但在美军猛烈的火力封锁下，日军士兵根本抬不起头来，一个挨着一个趴在地上躲避弹雨。

一木从上游迂回攻击美军阵地的计谋破产了，而且还付出了惨重的代价。

现在，他只好又把希望寄托在从沙堤方向的进攻上。

在渗透进散兵坑的日军掩护下，日军后续梯队冲破沙堤，钻过炸毁的铁丝网，攻占了美军的部分战壕。

看到冲锋部队从美军阵地上打出"我们已攻占敌人的前沿阵地"的信号，一木大喜。他把预先备下的烈性酒拿出来，准备为自己的部下庆功。一木不知道，自己高兴得太早了。

隐蔽待机的美军动用37炮，猛烈开火。沙堤被火力从中间切断，日军后续梯队被死死地封在了对岸。

前沿阵地上的美军官兵乘机发起反击，他们和日军激烈争夺着每一寸土地。

在美军预备队的猛烈冲击下，日军被迫全线后撤。

激战至21日拂晓，美海军陆战队第1团巩固住了前沿阵地。

就在美军与日军在特纳鲁河一带激烈战斗之际，范德格里夫特给在亨德森机场待命的轰炸机下达命令，要它们在天亮时起飞，轰炸日军。

天刚刚放亮，"无畏"式飞机就一架接一架地升空。到达交战地区上空后，美国飞行员开始大显身手。航空炸弹铺天盖地落在沙堤上和特纳鲁河东岸，炸得日军死无葬身之地。

紧跟着，美军陆战队员们发起全线反击，眼睛布满血丝的美军士兵，像猛虎下山一样冲下河滩，势如破竹。

日军终于支持不住，溃退下来。走投无路的士兵纷纷跳下特纳鲁河，想游泳逃生，很快就成为美军的靶子，河面上漂满了尸体……

日军的进攻失败了。一木只好收集残兵败将，退进椰林里躲避美机的轰炸。

战场上顿时安静下来。范德格里夫特的心情并不轻松。他知道，躲藏在对岸的日军绝非等闲之辈，从他们的进攻可以看出，这是一伙亡命之徒。他们在遭到初次失败后，不会甘心。如果不把这些日军除掉，瓜岛就会不得安宁，甚至会使美军遭受重大损失。

范德格里夫特决定：干净、彻底地消灭特纳鲁河东岸的全部日军，一个都不让逃掉。

为此，他拨出5辆坦克给波罗克中校指挥，以加强他从正面进攻日军的突击力量。同时，他令克雷斯韦尔中校率领一个陆战营，从特纳鲁河上游约1.5公里的地方涉水过河，迂回到日军的后面，堵住他们的退路。

在经过充分准备之后，美军于8月27日下午发起了全面反攻。

当时，恰好雨后初晴。12架"无畏"式俯冲轰炸机首先向日军阵地实施空中打击。美机毫无顾忌地盘旋俯冲，贴着椰林树梢往下投掷炸弹。爆炸的声浪此起彼伏，滚滚的硝烟弥漫在特纳鲁河口。

在飞机轰炸的同时，美军的坦克炮和37炮猛烈开火。炮弹一发接一发地落到日军阵地上，炸得树枝和土块满天飞，不时有日军士兵的断臂残肢被掀到空中。

一木的残兵败将拼死踞守阵地，一些日军士兵被轰炸吓晕了头，惊慌地跳出战壕向椰林退去。

正在指挥抵抗的一木见有士兵逃跑，愤怒地大声骂了起来，拔出手枪连续击毙了几个逃兵。

此时，克雷斯韦尔中校率领他的部队已经迂回到日军后面，从日军的背后突然发起冲锋。

美军士兵如饿虎扑食般从椰林里冲出来，杀声震野，势不可挡。

波罗克中校指挥5辆坦克从正面发起冲击。坦克"轰隆隆"地冲上沙堤，压过一堆堆日军的尸体，直向东岸驱驰过去。美军陆战队员紧跟在坦克后面，潮水般地向前冲击。

神源看到一辆美军坦克快要冲下沙堤，抓起一颗反坦克手雷冲了过去。他利用树木掩护，接近坦克，突然跃起，把手雷塞进坦克履带。

"轰隆"一声巨响，坦克履带滚落下来，坦克瘫痪了。

后面的美军坦克推开第一辆坦克，继续前进，但明显地放慢了节奏。

在日军军官身先士卒的影响下，日军士兵士气大增。他们最大限度地发扬火力，向冲击的美军射击。美军士兵成排成排地倒下。

日本人的火力明显增强，克雷斯韦尔中校担心部队伤亡过大，命令部队停止冲锋，撤进椰林。

从正面进攻的波罗克中校也撤回部队，只留下坦克炮击日军阵地。

进攻受挫后，克雷斯韦尔中校和波罗克中校都要求美军飞机再次对日军实施轰炸。鲁普尔塔斯准将建议动用预备队，不给敌人喘息的时间，再次发起冲击。

范德格里夫特将军决定采纳他们的建议。同时，他对波罗克和克雷斯韦尔下了死命令：务必在黄昏前拿下日军阵地，不得用任何借口延误。

"无畏"式俯冲轰炸机再度出击，轮番对日军阵地进行"地毯"式轰炸，坚守阵地的日军无处躲藏，只得抱着脑袋趴在战壕里挨炸，大部分机枪火力点枪毁人亡。

一颗炸弹落在一木的指挥所旁，几名军官当场阵亡。一木胸前也中了一块弹片，顿时昏死过去。

克雷斯韦尔中校指挥由陆战队员组成的敢死队，再次发起冲击。美军士兵冒着弹雨勇猛冲击，用自动步枪扫射负隅顽抗的日军。

波罗克中校指挥停在沙堤上的4辆坦克向前推进，美军士兵跳出战壕，紧跟着坦克冲过沙堤。

黄昏时，日军企图向西南方向突围。美军坦克压过沙堤朝椰林冲来，从坦克上的37毫米炮射出榴弹炮震耳欲聋。坦克推倒棕榈树，击毙日本狙击兵，压死走投无路的日军，直到坦克履带看上去好像"绞肉机"一样。

神源背起身负重伤的一木，指挥两挺轻机枪在前面开道，一路冲杀，向后撤退。美军的坦克和陆战队员尾随追击。被分割包围的日军绝大多数拒不投降，各自为战，有些绝望的日军官兵自杀。美军的坦克和陆战队员紧追着一木和神源，一直追到海边。一木和神源身后是波涛滚滚的大海无路可退，只好躲在树林后，做最后的垂死挣扎。

黄昏时分，美军发起又一次进攻。神源率部拼死抵抗，终于顶住了进攻，但他身边只剩下十几个人。美军从三面团团包围，日军已经没有退路，神源和其余人围坐在一起，清理着仅有的几颗手榴弹和不多的子弹，等待着最后的时刻来临。

这时，一木醒了过来。他听到神源介绍完情况后，知道末日到了。

他从神源手中拿过军刀，命令旗手烧掉军旗。旗手用颤抖的手划着火柴，点向破烂不堪的军旗。但被大雨浇湿的军旗怎么也点不着，神源把一木准备用来庆功的烈酒浇在军旗上，军旗终于燃烧起来。

此时，一木已十分虚弱，他用军刀支撑着站立起来，朝大家深深鞠了一躬，尔后跪在地上，将刀尖对准自己的腹部，双手用力插了进去。顿时，鲜血顺着刀口涌了出来。

在美军铁桶般的合围下，椰林内日军尸横遍野。凡是坦克经过的地方，履带把日军尸体碾压得血肉模糊，惨不忍睹。

神源和一名士兵跳入海中，只留鼻子在水面上呼吸，这才死里逃生。天黑以后，神源从海里爬出来，沿着海岸失魂落魄地逃回去。

日军第一次陆上进攻彻底失败了。

No.2 山本的如意算盘

百武得知一木支队被歼灭，非常震惊。这才意识到瓜岛美军并非是小股部队，遂决定向瓜岛派遣增援部队。

与此同时，日本大本营获悉了另外一个更惊人的消息：美军正把大量岸基飞机派驻瓜岛。这预示着，形势的发展远远超过了大本营原来的估计，美军占领瓜岛并非固守战线，而是开始反攻。大本营指示：必须抢在美军巩固瓜岛防务之前将其夺回，以制止盟军的反攻。为此，大本营紧急修改作战计划，指令联合舰队全力出击，消灭盟军舰队，压制瓜岛的美军火力，掩护陆军部队登陆，于8月底之前坚决夺回瓜岛。

自中途岛失利后，山本五十六一直寻找机会报仇雪耻，为雪洗中途岛之耻，向军令部请战。山本认为，联合舰队进驻瓜达尔卡纳尔，可以把美舰队诱出来，进行一次海上决战。山本制订了一个新的作战计划：用第8舰队来保障陆军增援部队的安全，以联合舰队主力乘机诱出美军的航母编队并消灭之。为实现这一企图，他几乎动用了在南太平洋的全部家底，分为5部分投入作战。

山本的如意算盘是：以身轻力薄的"龙骧"号轻型航空母舰为"诱饵"，吸引所有的美舰载机，一旦上当的美机油尽返航时，迅速出动南云航空母舰上的全部日机，一举击沉美航空母舰。预计在全歼美舰队之后，日舰队再乘胜挥师，向瓜岛挺进，以猛虎下山之势，直扑

↑山本五十六陈兵所罗门海域，决意与美军一决高下。

"铁底湾"，炮击亨德森机场，同时遣送登陆兵上岸，彻底消灭美海军陆战队，攻占瓜岛机场，这就是山本五十六加紧推行其收复瓜岛机场的"KA"作战计划。

8月17日，山本披挂上阵，率领庞大的舰队从日本本土出发，赶往所罗门以北海域。于8月20日驶抵南太平洋海域的拉包尔基地。他立即同第17军计谋协同夺回瓜岛，歼灭美军在瓜岛的舰队。山本的作战计划是：以一木分舰队的残部和山口舰队的主力，配合联合舰队，共有各型战舰80余艘，官兵8,000余名，突击夺岛，诱歼美舰，雪洗中途岛战役失败的耻辱。

8月21日，天刚破晓。山本五十六率领"五把尖刀"劈开黎明的海面，驶离特鲁克军港。8月23日，庞大的舰队集结在所罗门群岛东北200海里的洋面上，伺机反扑。

盟军南太平洋地区司令官戈姆利立即指令南太平洋海军司令弗莱彻海军中将：务必保护通往所罗门群岛的航线，并筹划迎敌之策。同时令第61特混编队紧急赶往瓜岛水域。又应戈姆利请求，从珍珠港增调航空母舰"大黄蜂"号，前往瓜岛。

海军总司令金上将得知南太平洋的有关情况后，万分焦急。他担心弗莱彻的实力太弱，不足以抵抗日军的攻势。于是，他紧急命令刚下水的3.5万吨级的战列舰"南达科他"号和"华盛顿"号以及担任护航的巡洋舰、驱逐舰，全部出动，取道巴拿马运河，昼夜赶赴瓜岛海域。

与此同时，驻扎在瓜岛机场上的美军两个战斗机和轰炸机中队，奉命24小时警戒，严密地监视着周围敌机的动向。

瓜岛的气氛越来越紧张，令人惊恐不安的突然袭击和夜间日军驱逐舰的摧毁性炮击，以及日军水上飞机频繁骚扰，都预示着一场大战即将来临。整个岛上充满了紧张的气氛。

No.3 粉碎，山本的计划

8月23日凌晨，美第61特混舰队终于到达瓜岛以东150海里的洋面上，形成挡住日舰进攻的第一道防线。

这支特混编队是由三股打击力量拧成的：一是由弗莱彻亲自指挥的以航空母舰"萨拉托加"号为主，外加巡洋舰"明尼阿波利斯"号、"新奥尔良"号和5艘驱逐舰组成的第11特混编队；二

是由金凯德少将指挥的由航空母舰"企业"号，巡洋舰"波特兰"号、"阿特兰塔"号和6艘驱逐舰组成的第16特混编队；三是由海军少将诺伊斯指挥的以航空母舰"大黄蜂"号为主的第18特混编队。

美军特混舰队一到，立即以战斗姿态在海面巡游。

9时50分，美侦察机发现了日军联合舰队中打头阵的田中编队，立即向弗莱彻发回急电："由巡洋舰2艘、驱逐舰3艘护航的日军登陆输送队，以17节的航速向瓜达尔卡纳尔岛行驶。"

弗莱彻接电后立即行动起来，决心歼灭这支日舰编队。下午2时45分，由31架轰炸机和6架鱼雷机组成的攻击队呼啸着飞离航空母舰，前往预定海域空袭日军瓜岛增援群。一个半小时后，瓜岛上的"仙人掌航空队"也派出23架飞机前往助战，这两支空中力量无疑将给日本瓜岛增援群以致命的打击，田中就要大祸临头了。

可是，当美机到达指定海域后，却没有发现日军舰队的踪影，海面上一片白茫茫、空荡荡。搜索了一阵也一无所获，美机只得在黄昏时扫兴而归。

夜里，弗莱彻又派出5架水上飞机前去搜索，依旧一无所获。

原来，老奸巨滑的田中也发现了美军侦察机，为确保舰队安全，他下达了"航向西北，全速前进"的命令，将舰队规避到美军轰炸机的战斗活动半径之外，使美机连连扑空。

晚18时，由近藤中将指挥的实力雄厚的瓜岛前卫群，驶抵田中以东40海里的海面，为了迷惑美军，这支舰队没有继续南下，而是转向西北。

8月24日日出前，日军作为"诱饵"的以"龙骧"号为主的牵制群首先再次转向东南，晨6时，全部日舰也都转向东南，向美军接近。

所罗门海战处在一触即发的危急时刻。

由于诺伊斯编队去南方加油，使弗莱彻在临战前的关键时刻少了1/3的兵力。更令人震惊的是，大兵压境，弗莱彻还蒙在鼓里，毫无察觉。

8月24日晨，美军两个编队到达马莱塔岛东南海域，而日军的大多数战术群也到达这一海域，双方相距300余海里。通过先前的侦察，对方都知道附近有敌人，只是不清楚具体位置。

27

8月24日上午，大雾笼罩着海面。日舰队在雾气中时隐时现。9时，日舰队的阵位是：田中的增援群位于瓜岛以北50海里处，南云指挥的"翔鹤"号、"瑞鹤"号航空母舰在田中东南40海里的方位作掩护；以"龙骧"号为主的牵制群在南云部队的右前方。

24日11时，美军航空母舰"萨拉托加"号的雷达发现一架日军侦察飞机，距离20海里，立即派出4架战斗机前去拦截，并将其击落。与此同时，由岛上起飞的一架水上机于9时50分在位于美军第61编队的西北280海里处，发现了山本精心设计的"诱饵"——轻型航空母舰"龙骧"号。这是一艘日本在1933年建造的最早的航空母舰，排水量仅8,000吨。在此次战斗中，该舰不仅充当"诱饵"，还负责对瓜岛上的亨德森机场进行轰炸。

由同一基地起飞的另一架飞机发现日军这个牵制群，立即发回电报。

弗莱彻将军闻报后将信将疑。昨天3批美机都未发现日军舰队，难道这一支是从海底冒出来的吗？

弗莱彻不大相信，没采取攻击行动。但他也不敢掉以轻心，立即命令"企业"号派出飞机进行侦察。

美军闻风而动，至12时29分，共有23架侦察机和轰炸机轰隆隆地飞翔在瓜岛周围宽阔的海面上。

下午1时前后，美军的雷达忽然发现很多空中目标，雷达荧光屏上的闪光表明，距离100海里处，有日机朝瓜达尔卡纳尔飞来。不久，传来了令弗莱彻震惊的消息：大批日本战斗机和轰炸机从云中钻出，正在猛烈袭击瓜岛上的亨德森机场。

直到此时，弗莱彻才感到形势有些不妙，日本舰队就在附近，而不是像原先估计的那样，远离瓜岛。弗莱彻迅速采取行动。不到15分钟，"萨拉托加"号航空母舰上的30架轰炸机和8架鱼雷机腾空而起，呼啸着前去攻击"龙骧"号。

刚把攻击机群派出去，一连串更加不祥的情报纷纷灌进弗莱彻的耳朵，搅得这位指挥官晕头转向。

14时，1架水上飞机驾驶员报告说，在日军牵制群东北60海里处发现了日军的航空母舰。

接着，由航空母舰"企业"号起飞的侦察机发回来几个惊人的报告：发现日军一艘航空母舰，方位317度，距离不到200海里。

14时30分，又发现日军主力群的2艘航空母舰，方位340度，距离198海里。

10分钟后，报告又来了，说同时发现日军4艘巡洋舰和几艘驱逐舰。

弗莱彻顿感恐惶，局势显然对他不利。美军已有51架轰炸机、15架鱼雷机在空中执行侦察、攻击和防潜任务，在两艘航空母舰飞行甲板上只剩下14架轰炸机和12架鱼雷机。更令他恼火的是，航空母舰与升空飞机之间的通讯联络极不通畅，他想命令那批攻击"龙骧"号的美机中途转向，去攻击日本的那两艘大型航空母舰，但没有联系上。

14时，"企业"号上的所有飞机都做好了战斗准备，但是没有下达起飞的命令，因为目标太远，返航时须在夜间降落。弗莱彻认为，日军侦察机已经发回报告，敌人已经知道美军航空母舰的位置，他必须准备应对日军前来空袭，于是加派了战斗机进行空中巡逻，并增加在甲板上待命的战斗机。

15时15分，由美军航空母舰"企业"号上起飞的两架侦察机发现日军航空母舰"翔鹤"号，并进行了攻击。14时40分，另外两架侦察机攻击了日军的前卫群。同时，从"萨拉托加"号上起飞的38架美机神不知鬼不觉地到达"龙骧"号上空。这时，"龙骧"号正转向逆风行驶。美机抓住有利的攻击时刻，立即展开围剿。轰炸机从1,200米高空排山倒海般扑来，有4颗炸弹在"龙骧"号甲板上爆炸。一枚鱼雷命中目标，有10颗左右的炸弹在甲板上爆炸。全舰被大火和浓烟笼罩，舰体很快向右舷倾斜，转眼之间就动弹不了。当晚8时，这只"替死鬼"终于凄惨地沉没了。

当"龙骧"号作为山本计划的牺牲品受到美机如狼似虎的攻击时，南云反而喜形于色。他以为美国人已经中了调虎离山之计。

15时7分，南云派出80余架日机对美航空母舰进行首次打击。

美军第16特混编队在第61特混编队西北10海里处，弗莱彻命令航空母舰"企业"号负责引导战斗机。16时20分，舰上的雷达发现了许多空中目标，这是前来进攻美舰的日军机群。

弗莱彻急令甲板上待命的飞机起飞，前往截击。很快，53架"海猫"式战斗机腾空而起，在空中紧急待命。同时，"企业"号上仅有的11架轰炸机和7架鱼雷机也起飞去攻击日舰，"萨拉托加"号上的5架鱼雷机和2架轰炸机也起飞，与其合兵一路。

至此，弗莱彻已把全部"家底"派了出去。

只一刻功夫，在距离"企业"号航空母舰42海里的地方，一场空中战斗就打响了。截击日军机群的美战斗机深知责任重大，毫不相让，拼死朝日军飞机猛扑过去。一架美军飞机高速接近一架飞来的飞机，正欲把它打下来，一看原来是自己的一架返航的侦察机。

情况紧急，为了避免误伤，"企业"号的战斗机引导官立即发出指令，要求所有侦察机都要让开。

16时25分，在西北上空的一个战斗机小队报告："发现36架敌轰炸机。高度1.2万米，在它们的上方还有许多飞机。"

美军的战斗机引导官竭力想在日军飞机展开和到达航空母舰上空之前，把日军飞机击落，但通信网络仍旧阻塞，引导截击的指令发不出去，急得他如同热锅上的蚂蚁。

16时29分，日军飞机距美航空母舰"企业"号不到250海里，展开成几个小群。由36架日军俯冲轰炸机和12架鱼雷机组成的第一攻击波，在24架战斗机的掩护下，渐渐逼近美舰队。

早已升空待命的美军飞机一发现日机，立即迎了上去。双方机群在浓密的云层中摆开阵势，一场残酷的殊死空战开始了。天空中充满了空战那种特有的尖利刺耳的喧嚣声。攻击"龙骧"号后返航的美"无畏"式俯冲轰炸机和"复仇者"式鱼雷机，也不失时机地赶来参加这场空中恶战。美机勇敢地冲击，打乱了日机队形，但仍有几十架日本俯冲轰炸机突破拦截网，直取航空母舰"企业"号。

情况万分危急，"企业"号奋力反击。舰面发射的炮弹在空中纷纷开花，将雪白的云朵染上一团团黑色的墨迹。

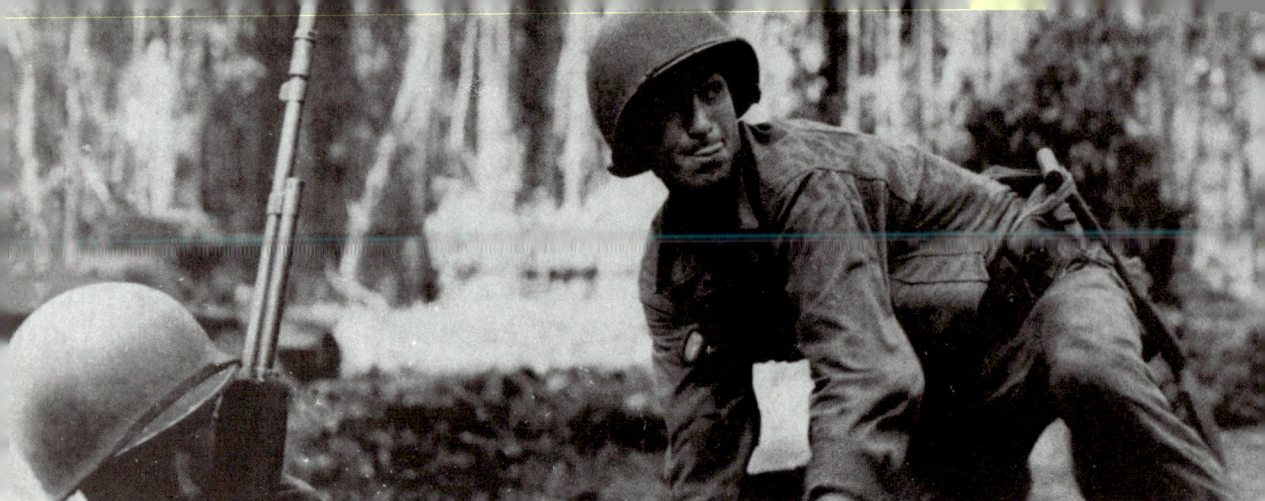
↑ 正在向日军投掷手雷的美军士兵。

　　日军飞机不顾伤亡，仍然冒死前冲，最终仍有20多架俯冲轰炸机接连突破了美军火力防护网。16时41分，第一批接近目标的日机进行俯冲，在不到1,500米的高度上投弹。

　　"企业"号大祸临头了。舰上的一名军官感到大事不好，一时心急地用手枪朝着直冲下来的日军轰炸机射击，直到把子弹打光为止。"企业"号舰长戴维斯海军上校拼命用大舵角急转，规避炸弹。

　　至16时43分，"企业"号共中弹3颗。第一颗炸弹发出刺耳的尖叫，斜着落向甲板。这大概是一颗定时穿甲弹，当其穿过第一、二层甲板时并未爆炸，当到达第三层甲板水手长舱旁时，轰然一声发出惊天动地的巨响，舱里的人当场死亡。一分钟后，第二颗装有瞬发雷管的炸弹，命中"企业"号舰尾升降机的右侧。橙色的火花四溅，紧靠炸点的人顿时血肉横飞。第三颗炸弹将起飞信号台炸掉，舰面烈焰冲天。紧接着，一颗炸弹落到舰舷旁，掀起了巨大的水柱，溅落的海水几乎一下子扑灭了前一颗炸弹引起的熊熊大火。

　　很快，"企业"号舰体就倾斜了，舰面大火也相当猛烈，幸而舰上的消防人员干得相当出色，不到一小时，"企业"号火势被扑灭，航速开始恢复。虽然身负重伤，但仍能撑转船头，迎风顶浪，接应返航的飞机。弗莱彻立即命令1艘巡洋舰和4艘驱逐舰为"企业"号护航，驶返珍珠港进行修理。

　　16时55分，美舰队再次面临危险。日军的18架轰炸机，9架鱼雷机和3架战斗机组成的第二攻击波，逐渐向弗莱彻逼近。岂料，当这些飞机飞抵美舰附近正欲投弹时，燃油却不足了，于是被迫返航。美舰队幸运地避免了一次致命打击。

　　由于从"企业"号上起飞的美机没有找到目标，日军两艘航空母舰安然无事。从"萨拉托加"号上起飞的鱼雷机和轰炸机于战斗开始后发现了近藤率领的前卫群，但由于缺少攻击力量，没有给日军舰队造成大的损伤，只击伤了日本水上飞机母舰"千岁"号。

　　弗莱彻接收了出击的飞机后，天色已黑，为避免夜战，立刻率领舰队向南撤退。

　　当晚24时，山本下令撤出战斗。

　　这次战役，日军和美军各有损伤，不分胜负。但从战略上讲，这次海上大战粉碎了山本妄图孤注一掷、击溃太平洋舰队，迅速拿下瓜岛机场的战略企图。

CHAPTER FOUR

高地之争

★9月10日，川口率部终于来到伊鲁河畔。开始用大炮轰击亨德森机场，一木支队的大部分人直奔机场，川口和主力部队则继续南进，从后面包抄机场。川口命令部队就地休整，军医忙着给患病的士兵打针服药，军官则开始检查装备，做夜晚总攻的战前准备。

★入夜，川口率领部队开始向机场运动。 一轮新月高悬在天边，星斗满天，没有云朵，没有风声，炮声也停歇了。士兵们默默地跟在长官身后，钻出丛林，军官身上挂着白十字布条，以便冲锋时部下能一眼看见并跟上他。队伍来到草地边，分兵两路包抄山岭。

No.1 "东京运输" 与 "老鼠快车"

日军只顾寻找美军航母决战，却忘了保护增援群。增援群23日被美军发现后，指挥官田中果断地向西北退避，这才避免遭到攻击。直到萨沃岛海战结束后，24日12时，日军的增援群才再次掉头南下，准备将增援部队送上瓜岛。

8月24日9时35分，增援群到达马莱塔岛以北海域，又被美机发现，瓜岛的"仙人掌航空队"立即起飞8架"无畏"俯冲轰炸机进行攻击。日军增援群中主要的运输船"金龙丸"号被击沉，旗舰"神通"号巡洋舰和另1艘驱逐舰被炸伤。不久，从圣埃斯皮里图岛起飞的B-17轰炸机也赶来助战，将"睦月"号驱逐舰击沉。

受所罗门群岛海战的影响，日军最终改变了用运输舰输送登陆部队上岛的既定计划，而是改用驱逐舰和快艇运兵。日军将这种输送登陆兵的方式称为"东京快车"，美军则戏称为"老鼠运输"。

8月30日，第一批增援瓜岛的日军开始出发。当天午夜，川口支队全体人员都改乘驱逐舰或汽艇，向瓜岛进发。8艘驱逐舰成并列队形，以26海里的时速朝东南方驶去。入夜，船队渐渐抵近瓜岛。在半海里外幽然出现了陆地的黑影，这就是瓜岛的塔伊乌角。

汽艇和划艇被放下水面，士兵们悄无声息地下到小艇上，踉踉跄跄地走上沙滩。

拂晓时分，川口率领部队终于来到预定集结地点塔伊乌角西面的一个荒无人烟的村庄。

9月4日夜间，日军不顾美军阻截，以同样的运输方式将部分日军送上瓜岛。此后，9月5日、9月7日夜，冈明大佐的部队也到达瓜岛。至9月7日，登陆瓜岛的日军已达8,400人。

其他部队陆续登陆瓜岛，川口也开始行动起来。9月8日，川口到达科利角附近，开始作进攻前的最后准备。按照作战部署，这次作战将兵分三路向瓜岛机场发起进攻。一路由川口亲自率领，沿海滩前进到伊鲁河，再溯河而上3公里，从正面进攻瓜岛机场。第二路由炮兵

↓ 正在向瓜岛增援的日军士兵。

及一木支队的第二梯队绕到机场后方进攻。第三路由冈明大佐的1,100人，从机场西面发动进攻。

总攻时间订在9月12日晚9时。

9月10日，川口率部终于来到伊鲁河畔，开始用大炮轰击亨德森机场，一木支队的大部分人直奔机场，川口和主力部队则继续南进，从后面包抄机场。川口命令部队就地休整，军医忙着给患病的士兵打针服药，军官则开始检查装备，做夜晚总攻的战前准备。

川口心里没底，一而再、再而三地为自己的部下打气，想靠"武士道"精神创造奇迹。但他还不知道，冈明大佐只有450余人，他手里有2,000人，加上炮兵和一木支队二梯队的1,100余人，总共才有3,650人左右。而美海军陆战队第一师足足1.6万人。如此悬殊的力量对比，日本人的进攻必定招致悲惨的结局。

No.2 人海战术

在同一时间里，瓜岛美军也加强了警戒和防范措施。范德格里夫特和参谋人员仔细研究了亨德森飞机场附近的地形，认为如对整个防线都按照要求配备兵力，兵力是不够用的。最后，范德格里夫特决定只对遭受攻击可能性最大的地区重点加强配置。在机场东翼，伊鲁河被确定为重点防御地区，范德格里夫特派陆战队1团3营到那里去加强阵地。在机场西翼，范德格里夫特部署了两个营的兵力。从隆加河到东翼的防线之间，也有一个空隙，由炮兵和工兵驻守。在飞机场南面，有一道向南延伸的山岭，从这个山岭上展开火力可以控制飞机场。山岭两侧的平地是进攻飞机场的便利通道。平地上布满丛林，部队可以在那里隐蔽。范德格里夫特派梅里特·爱迪生上校去那里占领阵地。右后方由第1营支援，左后方由第1工兵营支授。在开火后，炮兵团将用105毫米榴弹炮营和自动武器营进行直接支援。

越来越多的情报显示，相当数量的日军已在机场两侧登陆，正准备发动大规模的进攻。整个防线上的海军陆战队都得到命令，要坚守阵地，加固铁丝网，并好好睡上一觉。

9月12日早晨，范德格里夫特视察了亨德森机场。虽然手下有1.6万人，范德格里夫特仍然感到没有必胜的把握。

入夜，川口率领部队开始向机场运动。 一轮新月高悬在天边，星斗满天，没有云朵，没有风声，炮声也停歇了。士兵们默默地跟在长官身后，钻出丛林，军官身上挂着白十字布条，以便冲锋时部下能一眼看见并跟上他。队伍来到草地边，分兵两路包抄山岭。

1942年9月12日夜晚8时50分，亨德森机场东面响起"隆隆"炮声，日军炮兵部队首先发起佯攻。日驱逐舰也跟着恢复炮击，重磅炮弹划破夜空，炸得漫山遍野腾起火光。爱迪生上校按兵不动，他让部下钻进掩体躲避炮弹，自己趴在战壕里，用望远镜观察丛林里的动静。

9时整，日军飞机飞临高地上空，丛林里的日军也用小钢炮进行射击，炮弹射向美军阵地的铁丝网，掀起漫天烟尘。爱迪生抖掉身上的尘土，抓起电话急令炮兵团向椰树林射击，

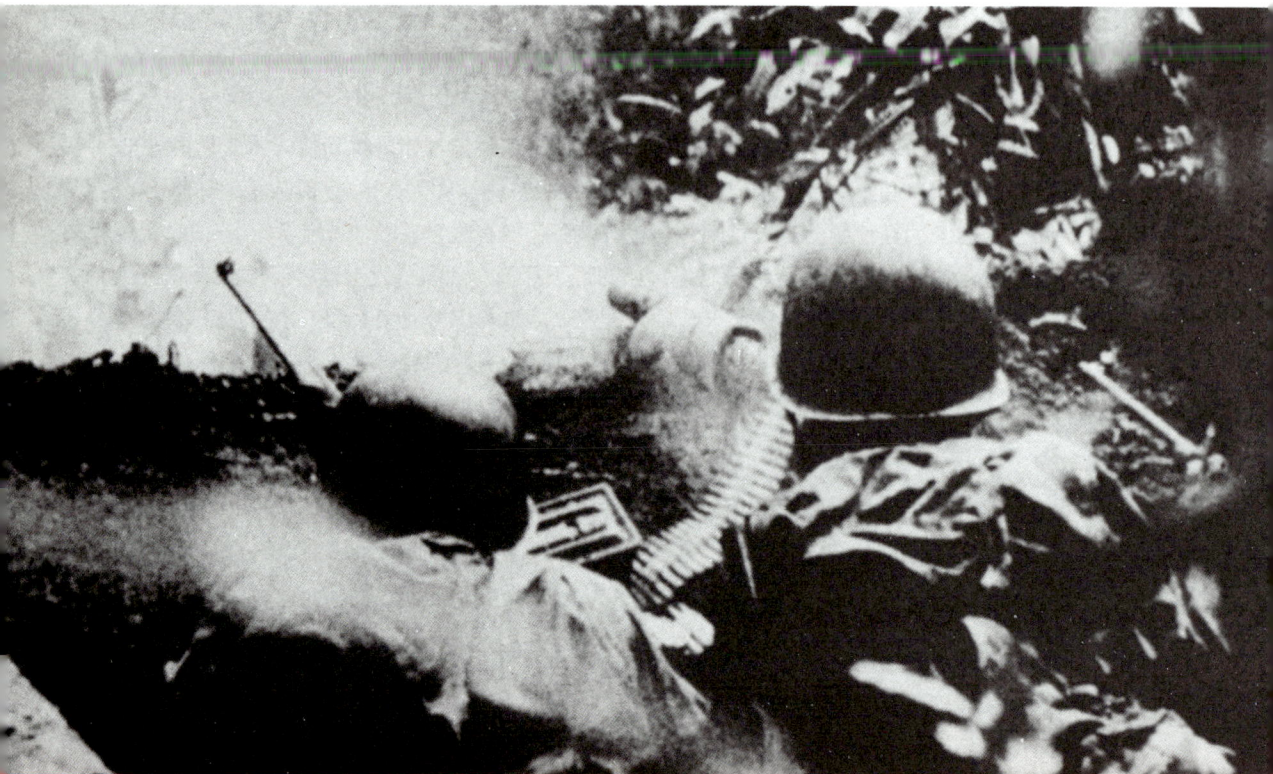

↑美军士兵用机关枪阻挡蜂拥而至的日军。

他猜测那里是日军大部队的集结地，可是已经晚了。

一颗颗挂在降落伞上的照明弹在头顶上爆炸开来，夜空中充满了焰火，晃得美军士兵眼花缭乱。1,000余名日军冲出树林，高喊着"万岁"，端着明晃晃的刺刀，跟着身上绑着白十字布条的军官，分成几路冲了上来。

日本人的吼声响彻云霄，甚至压过"隆隆"的炮声。美国人的头一排炮弹打偏了，炮弹在日军士兵的身旁爆炸，反倒像在给日本人助威。爱迪生对着话筒喊叫，要求炮兵校正目标。第二排齐射打得挺准，炮弹落在日军的冲锋队形里，人群随着爆炸的气浪四分五裂。但日军不理会身边倒下的战友，穿过被炮火炸开的铁丝网，大踏步地向山岭上冲锋。惨白的月光下，漫山遍野都是钢盔和刺刀的反光，寒光闪耀。

哈里·托格森上尉防守着机场左翼高地，在他的旁边，是贾斯廷·杜里埃上尉的连队。日军炮火切断了两个连队之间的联系，托格森急得火冒三丈。敢死队已经冲进他们之间的空当，从侧翼向他迂回攻击。黑暗中，只听得日本人有节奏的枪托碰撞声和吼叫声："美国海军陆战队，今晚送你们进坟墓！"

托格森上尉抱起一挺机枪，大骂着向日军敢死队冲去："龟孙子，你们来吧，看谁先进坟墓！"一个排长拖不住他，急忙率领部下跟着托格森冲击。他们虽然打退了日军敢死队，但正面冲锋的敌人还是涌上阵地。双方展开白刃战，殊死肉搏。

托格森未能及时回师，左翼阵地动摇了，美军士兵跳出战壕向后退却。

杜里埃上尉见日军突破左翼阵地，自己有被包抄的危险，连忙施放烟雾，且战且退。一个士兵在爆炸的火光中看到滚滚而来的烟雾，以为是日军放的毒气。"毒气，毒气！"他大喊大叫着要躲避烟雾。这一喊不要紧，正在撤退的美军立即混乱起来，人们挤成一团，乱哄哄地涌向威廉·麦肯农少校防守的第二道防线。

麦肯农少校拔出手枪连连向天空开枪，强制止住惊慌失措的溃兵，大声吼道："站住，站住，谁要逃跑我就枪毙他，给我顶住！"

麦肯农的恐吓起了作用，溃兵们掉转枪口，用猛烈的火力顶住追来的日本人。麦肯农毫不迟疑地整编了队伍，指定下级军官代理战死长官的职务，进行反冲锋，美军一阵猛攻，夺回了失去的阵地。

麦肯农少校马不停蹄地派出一个排，支援左翼的托格森。

日本人顶不住美军交叉火力的夹击，抛下伤兵再次溃退。

左翼阵地夺回来了，右翼阵地却情况不妙。日军攻占了右翼阵地。右翼的残兵退了回来，爱迪生一面命令炮兵团轰击日军占领的阵地，一面着手组织敢死队。日本人根本不给他缓冲的时间，接着向主阵地发起冲锋。

爱迪生决定进一步收缩战线，他下令撤到离亨德森机场不到一公里的高地北端。这样他的防线缩短了，但受崎岖地形的限制，防线还是非常单薄和危险，与其他部队根本不能结成一体。

日军不顾伤亡，踏着自己人的尸体继续向前冲，速度虽然减慢，却没有因机枪的扫射和手榴弹、迫击炮弹的爆炸而停步不前。在高地一侧，冲在最前面的是由黑生少佐率领的一个中队的残部。他们发现了一堆美国海军陆战队丢下的军用食品，暂时停止了进攻，连忙狼吞虎咽地大吃了一顿火腿、熏肠和牛肉。黑生点起一支美国香烟，猛吸了几口，下令部下向前方的高炮阵地前进。

美军阵地摇摇欲坠。日军士兵密密麻麻地涌进战壕。双方展开肉搏，用刺刀、枪托厮杀扭打，山岭上尸横遍野。

黑生一路领先，抢起军刀砍开铁丝网，不管不顾地向前劈杀。军刀上鲜血淋漓，尽是豁口。几个士兵跟随他冲进了炮兵阵地，美军炮兵赶紧放下大炮，拿起步枪还击。一粒子弹划破黑生的脸颊，鲜血顺着脖子流下来，他胡乱抹了一把，整张脸变得跟血葫芦一般。

"冲啊，夺大炮！"黑生跟跟跄跄地冲近一门大炮，砍死了两个顽强抵抗的炮手。

一排子弹射来，他身边的士兵全倒了下去，黑生扔掉军刀，掉转炮口平射敌人，炮膛里却没有炮弹。他抱起一颗炮弹装进炮膛，一个炮手飞身扑过，抱住他翻滚扭打。黑生压在炮手的身上，死死地掐住对方的脖子。美国士兵用尽最后一丝气力，拉响了一颗手榴弹，"轰隆"一声，两个人同归于尽。

一个日本军官带着十几个随从，高呼着万岁向美军指挥部冲来，爱迪生拔出手枪还击，指挥参谋人员投入战斗。在烟雾和混战中，爱迪生已无法和部下联系，他命令各个部队各自为战，固守阵地，谁要是敢后退一步，他绝不心慈手软，就地军法处置，格杀勿论。

美军炮手打退日军后，迅速压下炮口进行平射。炮弹遍地开花，在涌上来的日军人群里爆炸，一片鬼哭狼嚎。那些没被打倒的日军，仍旧踩着战友的尸体涌进战壕，美军一大半阵地仍旧失守了。

范德格里夫特清清楚楚地看到这一切。第5团正在全线后退，一旦他们顶不住，整个防线就全完了。情况万分紧急，他命令师预备队紧急出动，进行支援。同时，命令机场上的重炮掉转炮口，不再理会日驱逐舰，集中火力支援高地。

关键时刻，美军的大炮力挽狂澜。冲在队列前面的日军为包抄高地，正在组织冲锋队形，炮火劈头盖脸倾泻下来，在密集的队伍当中开花。士兵成群成群地倒下，血流成河。

爱迪生看见形势有利，不失时机地指挥部队发起反击。

受到三面夹击的日军终于支持不住，被迫全线溃退。

在川口主力部队发起进攻的同一天晚上，冈明之助大佐率领450人，也在机场的西面发起进攻。

拂晓，日本人丢下200多具尸体，向丛林深处逃去。

炮兵和一木支队二梯队的任务，是牵制美军的机动预备队，使其不能增援南线。但指挥官看错了时间，一直在用大炮轰击美军阵地，并没有按时发起冲锋。

防守东线阵地的美军第5团3营，因为摸不清敌人的虚实，也同样按兵不动。

将近拂晓，日军指挥官才醒悟自己已经贻误了战机，懊悔不及，他决心以死谢罪，竟然上起刺刀，发动敢死冲锋。

一木二梯队的士兵们，悲壮地进行"人海战术"，大踏步地冲进阵地前沿的开阔地。

他们正好成了美军飞机的活靶子，十几架"无畏"式俯冲轰炸机立即进行大肆轰炸。美飞行员从空中望下去，日本人像在操场上操练似的，排着整齐的队形呐喊着冲锋，对身边落下的炸弹视而不见，充耳不闻。他们穿过硝烟和尘土，越过累累的弹坑，视死如归，漫山遍野尽是闪闪发亮的钢盔和刺刀。前边的军官和旗手倒下去了，后面的士兵接过旗帜依然前进，以自己的血肉之躯抵抗炽热的弹片，没有一个人临阵退却。

严阵以待的美军官兵无不目瞪口呆，这哪是一场现代战争，简直像重新回到了古战场。

川口孤注一掷，将支队指挥部人员全部投入进攻。

黄昏时分，日巡洋舰和驱逐舰再次炮击美军阵地，滚滚烟雾吞没了血红的夕阳，天昏地暗。美军士兵躲在掩体里，大嚼军用饼干和牛肉干，吃饱喝足以养精蓄锐，大家心里都清楚，猛烈的炮击之后，又将是一场死去活来的恶战。

爱迪生一直观察着丛林，至此感觉胜券在握，他立即请求师长派出一支突击部队，从侧翼包抄进攻失利的敌人，自己再从高地发起反冲锋，日本人必定插翅难逃。师部回答他说，如果高地上的伤亡不大，明天拂晓部队将全线出击。

落日西沉，夜幕低垂，山峦变得朦胧模糊起来，川口率领重新纠集的800余名官兵钻出丛林，暗暗向高地迂回接近。

美国人的炮火异常凶猛，炮弹连珠般飞过来，密不透风。匍匐前进的日军士兵，这一次学乖了，他们不再上起刺刀做无谓的冲锋，而是乘炮火的间隙打冷枪，以引诱美军暴露机枪火力点，然后扔出手榴弹，借着爆炸腾起的烟尘冲进战壕。

短兵相接，美国人的大炮不敢轻易开火，因此难以发挥应有的威力。这一仗比头一天晚上的更加惨烈，小股日军不断从局部突破阵地，摸到后方迂回攻击。

爱迪生上校命令托格森上尉主动撤回第二道防线，让机场上的重炮猛轰他让出的阵地。高地上炮火连天，浓烟滚滚，光秃秃的树木被弹火点燃，燃起一片火海，照亮了黑暗的山野。日军不顾死活，继续进攻第二道防线。川口的警备中队已经迫近美迫击炮阵地前，美炮手压低自己的炮口，犹如刺刀见红，面对面地射击敌人，迫使日军成堆地滚下山岭。

激战到拂晓，托格森的连队仅剩60余人，其他连队均伤亡过半，第二道防线一触即溃。爱迪生上校一度想动用预备队，但理智告诉他，最后的胜利取决于再坚持一下的努力之中。果不其然，他顶住最后一次敢死冲锋后，日本人也同样吃不住劲儿了，无力组织起强有力的进攻，只是架起机枪断断续续地扫射，虚张声势。"仙人掌航空队"赶来参战，轻而易举地消灭了残存日军的火力点。

爱迪生见时机已到，果断地命令预备队发起反冲锋。

筋疲力尽的日军残余部队，哪里顶得住有生力量的反击，他们丢弃了攻占的阵地，连滚带爬地溃退下去。范德格里夫特乘胜动用预备队，从侧翼进击，包抄日军。川口四面受敌，尽管他吼叫着不许撤退，还是身不由己地被溃兵卷走了……

日军全线土崩瓦解，狼狈不堪地躲进丛林。

No.3 沉没的"大黄蜂"

美国人在岛上连战连胜，在海上却屡遭败绩，连接损失了两艘航空母舰。东所罗门群岛海战后，"萨拉托加"号撤至澳大利亚一带进行防御性巡逻。为保证有限的航空母舰不再遭受攻击，南太平洋舰队司令戈姆利中将专门发出指示，要求所有航母除万不得已的情况，一律不得越过南纬10度。

8月31日深夜，"萨拉托加"号和战列舰"北加罗林纳"号正在既定的海区进行巡逻，突然雷达发现水面目标。美军急忙派担任警戒的驱逐舰前往查看，结果一无所获，没有发现任何目标。舰队继续进行巡逻。

6时50分，"萨拉托加"号结束了黎明时的战斗部署，正准备吃饭。此时，灾难降临了，已经尾随"萨拉托加"多日的日本潜艇伊－26号悄悄地驶近了，很快就到达这艘巨大的航空母舰的前方。日本潜艇随即上浮，一口气发射了6颗鱼雷。

美军一艘警戒驱逐舰的声纳听到前方很近处发出响声，接着在前方发现潜望镜。它挂起发现潜艇的警报旗，并在匆忙之中投了两颗深水炸弹。

但一切都晚了。"萨拉托加"号看见警报旗后，高速满舵右转，恰好碰到鱼雷，爆炸引起冲天大火，锅炉舱进水，发电机失灵，速度很快就降下来。在其他驱逐舰的掩护下，"萨拉托加"拖着受伤的躯体，缓慢地驶离。直到几个月后，才重新投入战斗。

这样，南太平洋舰队的美军，只剩下"黄蜂"号和"大黄蜂"号两艘航空母舰了。

9月4日，美军听到日军已经攻占萨沃岛的传说，未经证实，就派驱逐舰"利特"号和"格雷戈里"号由图拉吉运送一个突击营反攻。美军在萨沃岛登陆后，没有发现日军，又乘这艘驱逐舰到瓜达尔卡纳尔岛，他们上岸时天已经黑了。按照常规，这两艘驱逐舰在卸载后应返回图拉吉港，但因为那天夜色特别黑，看不见航标。两艘驱逐舰只好采取与海岸平行的航向，往返巡逻，准备天亮后再撤离这个地区。

不巧的是，日军在那天夜里也运送一支小分队在瓜达尔卡纳尔登陆，除运输船外，还有3艘驱逐舰，它们的任务是对海岸进行牵制性炮击。一开始，日军驱逐舰由美军驱逐舰的外侧驶过，因距离较远，双方都没有发现。

凌晨1点，当"利特"号转向时，突然发现东方有炮弹的闪光。开始舰上的人以为是日军潜艇进行骚扰性炮击，但雷达的荧光屏上却显示出四个水面目标，距离仅二海里。美军的一架侦查飞机恰好在此时飞临上空，看到闪光，也以为是日军的潜艇在射击。为迫使日军潜艇暴露出来，侦查飞机一连投了5颗照明弹。

借着照明弹的亮光，日本舰艇很快就发现了不远处的美军驱逐舰，他们大吃一惊。随即，日舰紧急打开探照灯，向"利特"号射击。正在黑暗中安详游动的"利特"号驱逐舰猝不及防，连中数弹，舰后的四英寸炮被完全击毁，根本不能还击。

与此同时，美军"格雷戈里"号被另外一艘日军驱逐舰的探照灯照住。日舰120毫米炮猛烈开炮射击。

不久，两艘驱逐舰都燃起熊熊大火，随后开始下沉。

仅仅10天后，美军在海上又遭受了另外一次更大的损失。9月14日，应范德格里夫特一再请求，美军南太平洋队最终决定组成战斗编队，护送3艘运输舰，向瓜岛运送兵力和物资。

为保证这次运输的安全，美军作了精心的计划和安排。舰队司令部特意挑选了一条避开日军舰队的航线。同时，对兵力进行精心编组，将负责护航的航空母舰"黄蜂"号和"大黄蜂"号分成两股：一是由航空母舰"黄蜂"号和4艘巡洋舰、6艘驱逐舰组成一支特混舰队；二是由航空母舰"大黄蜂"号、战列舰"北卡罗林纳"号和3艘巡洋舰、7艘驱逐舰组成的另一支特混舰队。两支特混舰队在运输舰队100海里处航进，不断派出侦察机进行空中战斗巡逻。

得知美军准备增援瓜岛的消息后，山本五十六立即命令南云机动舰队和潜艇舰队封锁美海上运输线，准备对美军舰队实施打击。

9月14日下午，美军舰队出发不久，两架侦察机就发现了南云机动舰队。航空母舰编队

↑美军"黄蜂"号航母在战斗中被日军鱼雷击中。

指挥官诺伊斯将军闻讯，迅速派出大批轰炸机前往指定海域。但狡猾的南云早已撤到美机的战斗活动半径之外。

15日上午，1架日侦察机发现美运输舰队，久久地盘旋在上空不走。日潜艇伊－15号和伊－19号，接到侦察机通报，火速驶往指定海域，准备截击美运输舰队，无意中碰上了美航空母舰编队。当伊－19号潜艇掺望哨向艇长报告说，发现大型航空母舰2艘、战列舰1艘、巡洋舰和驱逐舰数艘时，全艇上下一片欢呼声。伊－19号通知伊－15号："我们撞到大运啦！"

两艘潜艇迅速下潜，驶向缓缓游弋的航空母舰。

下午2时20分，海面刮着时速20海里的大风。烈日当空，空气火一样炽热。"黄蜂"号甲板上的水兵大汗淋漓，忙着接收巡逻归来的战斗机。悄悄摸近的日潜艇兵分两路，伊－19号盯住"黄蜂"号，伊－15号直奔5海里之外的"大黄蜂"号。伊－19号进入发射鱼雷的位置，升起潜望镜，鱼雷手请求发射鱼雷，艇长说再靠近一点，等伊－15号接近"大黄蜂"号时，一同发起攻击。

2时30分，美航空母舰"黄蜂"号接收完飞机，向右转向回到主航道，减低航速，以便让其他战斗机起飞。此时，伊－19号已经摸到跟前，双方相距1,200米时，鱼雷官全神贯注地瞄准目标。此时，"黄蜂"号全然不知危险正在来临，整个右舷暴露无遗。

这么大的目标怎么会击不中呢？4枚鱼雷以每8秒1枚的间隔，准确、笔直地射向"黄蜂"号。

炸弹就被引爆了。一连串的爆炸又引爆了弹药舱，"黄蜂"号上的飞机和设备飞上了半空，变成碎块，重重落在水里，击起一片白花花的水浪。

9月15日下午3时20分，薛尔曼无力自救，只得降下国旗弃舰，水兵们翻过舰舷栏杆跳向大海，驱逐舰靠拢来实施救援，打捞落水人员。

"黄蜂"号在美军官兵们无比痛心的眼神里，燃烧成一座活火山，没多长时间就葬身海底了。

在伊－19号发射鱼雷的时侯，伊－15号潜艇钻进"大黄蜂"号的护航舰群之中。万幸的是，正当这艘日军潜艇准备发射鱼雷时，美军1艘驱逐舰的声纳捕捉到了它，随即拉响防潜警报。驱逐舰"奥布赖恩"号全速冲来，迅速投出深水炸弹。伊－15号在慌忙中打出全部鱼雷。

"大黄蜂"号死里逃生。但英勇截击潜艇的"奥布赖恩"号却吃了一枚鱼雷，这艘飞身堵枪眼的驱逐舰，在一阵爆炸声中很快肢解了。

战列舰"北卡罗林纳"号也不走运，舰长听到防潜警报跑上舰桥，命令战舰作"之"字形运动，躲避可能袭来的鱼雷。孰料1枚越过航空母舰的鱼雷，正好碰到战列舰的船舷，在吃水线下炸开一个大窟窿。大量海水涌进舱内，"北卡罗林纳"号舰身顿时倾斜，航速明显减慢，水兵们奋力排水和堵塞漏洞，战舰才逐渐恢复平衡。

至此，美军南太平洋舰队只剩下"大黄蜂"号1艘航空母舰了。

第5章
CHAPTER FIVE

罗斯福的抉择

★百武决定亲自出马，坐镇瓜达卡纳尔岛，指挥第三次战役。同时决定调驻婆罗洲的第2师团，再加上一木、川口余部，总共2万人左右，发起第三次攻击，一举拿下瓜岛。

★美军发现亨德森机场后方有大量敌军。首先，他们发现一队敌军正在越过奥斯腾山山脚；之后，又有人发现一个日本军官正用望远镜观察高地。最后，美侦察狙击队的一个海军陆战队员报告说，看到在高地南面3公里外的丛林中升起"许多炊烟"。

No.1 海上夜战

围绕瓜岛的战斗全面展开了。

两次陆上进攻，又有海空军全面支援，依然没有拿下瓜岛，这是日本大本营没有料到的。为了迅速结束瓜岛作战，9月17日，大本营下令从关东军、南方军和日本国内抽调兵力加强第17军团。9月18日，日本大本营停止新几内亚方向的作战行动，将作战重点转至瓜岛方向，同时决定：向瓜岛增援陆军兵力，发挥陆海军的综合力量，一举夺回瓜岛机场。

瓜岛作战连遭失败，前线的第17军团司令百武恼怒不已。他认为前两次没能夺回瓜岛，不是美海军陆战队有多大实力，而是自己的部下指挥不力。

百武决定亲自出马，坐镇瓜达尔卡纳尔岛，指挥第三次战役。同时决定调驻婆罗洲的第2师团，再加上一木、川口余部，总共2万人左右，发起第三次攻击，一举拿下瓜岛。

根据新的作战计划，百武将丸山政男中将的第2师团调往肖特兰岛集结，该师团是日军的精锐部队，因在仙台地区组建而有"仙台"师团之称。然后于10月14日左右一次性将第2师团和配属的重炮运上瓜岛。稍作准备，一周后发起进攻。

10月7日，第2师团抵达肖特兰岛。8日凌晨，三川亲自坐镇重巡洋舰"鸟海"号，护送百武和他的第17军奔赴瓜岛战场。

这列庞大的"东京快车"包括：第2师团1,000多名官兵乘坐的6艘驱逐舰；该师另一个大队的728人乘坐的水上飞机母舰"日清"号、"千岁"号。这些舰艇还载运百武晴吉手下的大部分炮兵，16辆坦克、充足的弹药和医疗物资。这列"东京快车"将穿过"狭口"海峡，在塔萨法朗加角登陆，"列车长"是第11航空母舰支队司令海军少将定岛。掩护定岛少将的是后藤少将指挥的以重巡洋舰"青叶"号、"衣笠"号、"古鹰"号和2艘驱逐舰合编而成的第6巡洋舰支队。这支火力支援群除负责掩护登岛之外，还受命于10月11日以毁灭性的炮火从海上摧毁"亨德森"机场。

10月9日，日军舰队兵分两路，安然通过雾气弥漫的海峡，向瓜岛驶来。

潜伏在拉包尔和肖特兰的盟军监视者，不断发出秘密电报，报告日军的情况。

日军第17军团倾巢出动，瓜达尔卡纳尔岛争夺战已进入决定性阶段。大战来临的阴影，再次笼罩了太平洋舰队司令部。

范德格里夫特必须得到强有力的海陆空增援，才能顶住即将到来的更大规模的进攻。尼米兹立即致电海军总司令金上将，要求允许他抽调驻瓦胡岛的美陆军第25师，以及中太平洋地区的飞机，归南太平洋部队和地区司令部指挥。同时命令治愈皮肤病归队的威廉·哈尔西海军中将，接替受伤的弗兰克·弗莱彻海军中将，出任南太平洋航空母舰编队指挥官。

与此同时，尼米兹将南太平洋舰队分成3股打击力量，全力迎接日军的挑战。

10月9日，2艘大型运输舰和8艘驱逐舰从努美阿港拔锚起航，驶往瓜达尔卡纳尔岛，这支运输舰队运载着美陆军第25师先遣队的3000余名士兵。奉命为其护航的第一支打击力量，是由诺曼·斯考特海军少将指挥的第64特混编队，拥有重巡洋舰"旧金山"号和"盐湖城"号，轻

↑ 从左起，分别为时任美军太平洋舰队司令的尼米兹，美海军总司令金、美南太平洋舰队司令哈尔西。

巡洋舰"波伊斯"号和"海伦娜"号，以及5艘驱逐舰。斯考特将军参加过第一次世界大战，作战勇敢，经验丰富，深谋远虑。他仔细研究过日本人的夜战经验，着手对自己的舰队进行强化训练。功夫不负苦心人，美国水兵很快就掌握了夜战的要领。斯考特非常想捕捉到战机，与日本人在夜战中一试高下。与日本海军相比，他还有一个更为有利的条件，美国人的军舰装有雷达，能穿透夜色洞察敌人的动向。而日本人的军舰上没有雷达，只能用肉眼搜索海面。

戈姆利寄希望于斯考特，能给屡次夜战中受挫的美国海军争口气，他命令第64特混编队："搜索并击毁日舰和登陆艇，以进攻保护运输舰队安全卸载。"

与此同时，第二支打击力量，以航空母舰"大黄蜂"号为核心的航空母舰特混编队，和第三支打击力量，以战列舰"华盛顿"号为核心的战列舰编队，已先后驶入预定海区。航空母舰特混编队集结在亨德森机场以西180海里处，随时准备为斯考特进行空中支援。战列舰编队则在瑞卡塔岛以东海域，截击可能出现的日舰编队。

3路兵马布下天罗地网，美国人决心对"东京快车"实施一次严厉的打击。

11日上午11时45分，一架美远程巡逻机在瓜岛西北210海里处发现了正在急匆匆驶往瓜岛的庞大的"东京快车"，立即发回警报。斯考特接电后马上率舰队向埃斯帕恩斯角－萨沃岛一带海域破浪前进，途中又两次接到发现日舰编队的急电，至18时10分，据报日舰队距萨沃岛已经不到100海里。此时，斯考特正以29节的高速朝萨沃岛猛进，企图抢在日军前面，布阵以待。

11日21时，斯考特率舰绕过瓜岛西海岸，向埃斯帕恩斯角挺进。半小时后，斯考特命令4艘巡洋舰的侦察机起飞，前往搜索日舰。突然，一架正欲起飞的美机腾起大火，火光照亮了黑沉沉的海面。原来，这是"盐湖城"号上的飞机发生了照明弹事故。斯考特大为恼火，又十分恐慌，这种自我暴露，无疑就等于直接给日本人送情报，后果必将不堪设想！

此时，庞大的日本"东京快车"正兵分两路，从瓜岛北面和西北面海域渐渐逼来。

后藤少将率领的火力支援群在雾气迷蒙的黑夜里像幽灵似的小心翼翼地前进。21时30分，后藤已到达埃斯帕恩斯角西北距斯考特舰队约50海里处。夜越来越深，突然，后藤看到了一团火光，这其实就是"盐湖城"号上的飞机在燃烧，但后藤却认为这是日本第2师团在登陆海滩上点起的篝火信号。日舰马上用闪光灯联络，因迟迟不见对方回答，有人起了疑心。可是，后藤坚信美国舰队是决不敢在黑暗中向擅长夜战的日军挑衅的。他想即便在登陆海区有美军舰艇，把它们引出来也好，可以在夜战中将其歼灭，因而日舰继续用闪光灯向这一团火发出信号。由于日舰闪光太弱，加之海面雾气太大，美舰也没有发现这一信号。至此，双方在黑暗的海面上继续摸索着接近。

"发现目标，方位285度，距离6海里。"23时42分，斯考特接到"海伦娜"号的敌情报告，他开始叫苦不迭。

日舰队就在眼前，而他的先头驱逐舰在刚刚的转向行驶中已脱离队形，黑暗中又看不到它们的影子。而此时，日本人那种猫一般的夜战眼睛在浓浓迷雾的暗夜中也丧失了视力，后藤舰队正处在"盲人骑瞎马，夜半临深池"的境地，当它与美舰相距4,550米时，仍然没有发现美舰队，就像在萨沃岛遭到奇袭的克拉奇利的舰队一样，完全蒙在鼓里，这正是斯考特进行攻击的绝妙时机！

23时46分，"海伦娜"号首先开火，其他美舰也相继凶猛地炮击。刹那间，闪光划破夜空，重炮震撼海面。后藤少将的旗舰"青叶"号驶在舰队的最前面，它突然被照明弹照得雪亮，首先遭到美舰"盐湖城"号、"波伊斯"号、"海伦娜"号的集中炮击。几秒钟后，一发炮弹击中"青叶"号，舰上顿时腾起一团惊人的火球。在惊恐和混乱中，后藤以为射击他的是定岛指挥下的日舰，因而特别恼火，立即下令各舰由右向后相继转向，脱离接触。岂料命令刚刚下达，一颗重炮弹便在他的旗舰"青叶"号的掺望台附近猛烈爆炸，舰上顿时火焰飞腾，后藤也被弹片击中，这位将军临死还以为自己是遭到了日舰误击。

日舰被这突如其来的袭击打得懵头转向，它们毫无目标地乱放了一通炮火，而主力舰只重巡洋舰"青叶"号和"古鹰"号早已腾起大火，遭受重创，惟有重巡洋舰"衣笠"号和"初雪"号由于擅自从左向后转向，逃掉了美舰雨点般炮弹的轰击。

23时51分，"旧金山"号发现在西北千余米处有一艘神秘舰只与其平行航行，斯考特大为困惑。突然，这艘身份不明的舰只向"旧金山"号发出奇怪的红、白两色灯光，这一愚蠢的举动立即暴露了自己的马脚，"旧金山"号打开探照灯一看，认出这是被打得破烂不堪毫无防御能力的日驱逐舰"吹雪"号，几乎在这同时，所有的美舰集中火力，炮弹铺天盖地打来，"吹雪"号旋即发生了大爆炸，仅2分钟，"吹雪"号便呜呼哀哉了。

24时，斯考特命令各舰暂停射击，并通知各舰打开识别灯，准备编成单纵队，再发起更猛烈的进攻。不料此举反倒给了溃不成军的日舰队一个喘息机会，日舰趁此良机，向美舰进行了猛烈的炮火反击，并进行了鱼雷攻击。

突然间，日舰所有的大炮一齐沉默下来，原来他们发现主将阵亡了，便载着后藤的尸体仓皇逃窜。

此战，日军沉没巡洋舰和驱逐舰各1艘（救援舰未计在内），损伤巡洋舰2艘。美军沉没驱逐舰1艘，损伤驱逐舰1艘、巡洋舰2艘。但是，这次海战，美军首次击溃了一直为"东京快车"提供掩护的联合舰队火力支援群，同时粉碎了它对亨德森机场进行夜间炮击的企图，使自恃为夜战行家的日本海军损兵折将，大败而归。

No.2 进攻时间，10月20日

乘着美军海军全力对付支援群之际，运送日本陆军的运输舰队马不停蹄，继续驶往瓜岛。10月9日午夜，日运输舰队在蒙蒙雨雾中驶抵瓜岛的塔伊乌角。夜色深沉，万籁俱寂。第2师团的6,000名士兵换乘登陆艇后，井然有序地趟水上岸。由于有雨雾，运输舰上的水兵并不担心遭到美机轰炸，他们迅速组织人力装卸武器和给养上岸。

第17军司令长官百武中将，在住吉少将和川口少将等人的陪同下，走下驱逐舰的舷梯，换乘登陆艇上岸。

百武上岛后，对所属部队进行了全面部署，16日开始清扫亨德森机场附近的美军外围据点，向机场逐步接近，预定22日发动总攻。

山本得知第17军团已经登陆成功，认为决战的时机成熟了。驻守亨德森机场的美军业已精疲力竭，不堪一击。只要联合舰队倾巢出动，配合陆军再次发起联合进攻，美国人就会全线崩溃。在大本营的支持下，山本精心制订了一个庞大的海陆空进攻瓜岛的作战计划。该计划准备动用日本联合舰队的大部分兵力，组成"瓜达尔卡纳尔支援群"。支援群主要包括近藤中将指挥的先遣部队和南云中将指挥的航空母舰部队，共拥有"祥鹤"号、"瑞鹤"号、"瑞凤"号、"隼鹰"号、"飞鹰"号5艘航空母舰，共载飞机260余架；四艘战列舰是"金刚"号、"榛名"号、"比睿"号、"雾岛"号，外加巡洋舰和驱逐舰群。舰队的使命是全力以赴，从海上打击美军；同时，百武将出动2万名士兵分三路突击，首先拿下亨德森机场，然后，近藤的先遣部队冲进海峡，炮击瓜达尔卡纳尔，消灭残敌；在夺取亨德森机场之后，舰载飞机立即进驻。日海空力量将全力以赴地捕捉并歼灭所罗门海区内的美舰队和增援兵力。

进攻发起时间定在10月20日。

与此同时，为了压制瓜岛美军航空兵，掩护陆军登陆，削弱亨德森机场的防御力量，日本海军水面舰队从10月11日开始，挺进瓜岛水域，展开先期作战，争夺制空权和制海权。

10月13日，一支由2艘战列舰、1艘巡洋舰和9艘驱逐舰组成的炮击编队，抵达瓜岛对亨德森机场进行了10多分钟射击，共倾泻了918发356毫米大口径炮弹，亨德森机场成为一片火海。14日夜间，日军第8舰队由三川亲自指挥一支炮击编队，再次突入铁底湾，第二次炮击了亨德森机场。15日夜间，日军第三次炮击了亨德森机场。

联合舰队倾巢出动，发动前所未有的攻势行动，给美军造成了严重损失。三次炮击后，驻守在瓜岛亨德森机场的"仙人掌航空队"只剩下8架B－17重轰炸机、10架SBD"无畏"俯冲轰炸机和24架F4F"野猫"战斗机，而且跑道被毁，燃料几乎全被焚毁。

10月14日、15日，日军乘"仙人掌航空队"机场被毁、汽油短缺之际，连续组织运输船队向瓜岛运送部队。两个夜间共送上岛5,500人和数门150毫米大炮，使岛上日军的数量急剧增加。至10月17日，日军在瓜岛的兵力已达15个步兵营，有2.2万人，25辆坦克和各种火炮100余门。

一场大战渐渐来临。

No.3 增援，瓜达尔卡纳尔

此时，瓜岛已成为美国全国关注的焦点。美军则因为机场几近瘫痪，制空权、制海权都已易手，岛上部队后援困难，士气低落。瓜岛面临着严重危机。

面对日军的咄咄逼人之势，尼米兹自感力量不足，从珍珠港发往华盛顿的求援电报，雪片般地落在罗斯福总统的办公桌上。海军作战部长诺克斯和陆军参谋长马歇尔、陆军航空兵司令阿诺德认为瓜岛的战斗消耗着日军的飞机、舰艇和兵员，将大大削弱日军在太平洋其他地区的防御，因此瓜岛对整个战局具有决定意义。但此时，欧洲战场吃紧，参谋长联席会议在拨出大批飞机增援南太平洋战区的问题上举棋不定。

罗斯福总统认真听取了瓜岛的有关情况后，认为不应该放弃。他亲自于10月24日给参谋长联席会议的每个成员发了一份严厉的通知，坚持必须迅速向瓜达尔卡纳尔岛增援。

在瓜岛作战上，尼米兹终于获得总统的支持。参谋长联席会议也批准他，可以随时从太平洋其他地区抽调飞机、军舰增援瓜岛。据此，尼米兹可以放手向南太平洋调集兵力，先后调去了"南达科他"号战列舰、24艘潜艇、80架各种飞机和陆军第25师，而在8月24日海战中受伤的"企业"号航母也于10月初修复参战。海军派出战列舰"印第安纳"号和潜艇25艘，陆军派出一个步兵师，空军派出70余架飞机，归太平洋舰队指挥。尼米兹撤换了南太平洋空军司令约翰·麦克思空军中将，任命能征善战的英里布·菲奇空军少将接替其职，并拨出战斗机50架、轰炸机24架，直接飞往亨德森机场。

与此同时，在瓜岛上，丸山指挥的日军第2师团已开始向奥斯腾山进发，准备发起新一轮进攻。日军计划在10月20日前迁回到亨德森机场后面，从那里发动攻击。

10月16日，丸山率部进行迁回。到了10月20日，丸山还未抵达攻击地点，进攻时间不得不推迟到10月22日。这天下午，丸山的部队终于绕过奥斯腾山。在这里，日军兵分两路，由那须及师团司令部继续沿小道直奔亨德森机场，由川口率领3个步兵营和3个机枪迫击炮营折向东南，从机场右翼发起进攻。

23日傍晚，进行佯攻的住吉已作好准备。他的所有重炮和弹药全是从马塔尼考河西面搬运过来。由于没有收到第三次推迟总攻时间的通知，他的作战行动比其他部队提早了一天。傍晚6时，太阳刚刚落山，一阵激烈的炮击突然响起。随后，日军战车冲出丛林，朝马塔尼考河冲去。

驻守在河对岸的陆战队第1团猛烈炮击，他们对这个地区大部分的目标早就测量好了，杀伤之惨烈真是惊人。

战斗只进行到半个多小时，住吉有600多名部下被打死，日军的佯攻失败了。

这次进攻使美军警觉起来，加固了防御工事，增加了潜伏侦察哨，在阵地前的铁丝网上挂上很多金属片，日军一接近就会被发现。美军还将阵地前影响射界的茅草全部清除，做好了防御准备。

次日下午，美军发现亨德森机场后方有大量敌军。首先，他们发现一队敌军正在越过奥斯腾山山脚；之后，又有人发现一个日本军官正用望远镜观察高地。最后，美侦察狙击队的一个海军陆战队员报告说，看到在高地南面3公里外的丛林中升起"许多炊烟"。

这就是川口率领的部队。

此时，日军舰队在海面上巡航已近两个星期，山本实在按捺不住了，他通知第17军说：如果不立即夺取瓜达尔卡纳尔岛上的飞机场，舰队将因燃料不足而撤退。因为在夺回亨德森机场之前，日本大本营不愿冒险进行其他战斗。

百武晴吉命令发动决死进攻。日本海陆军双方已计议妥当，一俟陆军占领亨德森机场，立即发射绿、白、绿三颗信号弹。海军见到信号后，水面舰只马上出动，配合战斗，航空母舰"隼鹰"号在天亮后马上袭击瓜岛美军舰只。

直到此时，丸山还没有做好准备，但他却以为万事俱备。左面，那须将军虽已进入阵地，但接替川口的东海林大佐在离开小道后，却遇上了陡峭的山谷和不见天日的丛林，因此未能把主力带到原定的出击地点。

24日，夜幕迅速吞噬了丛林、海洋和天空，深沉而又令人不安的寂静转眼之间便笼罩了全岛。突然，天空中乌云翻滚，雷电大作，大雨瓢泼而下。

第2师团的总攻击开始了。日军士兵冒雨爬出阴暗泥泞的草丛，狂呼乱叫着扑向美军阵地。严阵以待的美军展开轻重武器火力，予以迎头痛击，陆战队士兵打得兴起，索性从战壕里跳出来，抱着机枪向日军猛扫。

但一批又一批的日本兵爬过同伴的尸体，发起一次又一次自杀式的冲锋。他们挥舞着军刀、刺刀、手榴弹和短刀等近战肉搏兵器，逐渐突破美军阵地。美军的自动武器虽然打倒了前边的日军，可后边的日军蜂拥而上，于是战斗变成了野蛮的肉搏，双方都用刺刀、大刀和枪托来拼命。

那须的第一次冲锋已被美军打退了。美军第164团在紧急情况下，动用了团预备队，搜索突入阵地的日军。战况异常激烈。

那须重新集结第29联队，再次冲锋，但又被美军压了下去。那须一次又一次组织突击，企图突破美军防线，但一次又一次失败了。

拂晓，那须已折兵一半，第2师团的王牌第29联队几乎全军覆没，联队长及军旗都下落不明。

天黑后，那须仓促进入阵地，准备再次进攻。

接着，全线日军发起决死进攻。狂热的日军发出震撼夜空的喊声："陆战队士兵们，今晚你们就要完蛋啦！"

美军所有武器一起开火，怒吼声达到最高潮。几分钟功夫，那须部队中队长以下全体指挥官死的死，伤的伤，残余日军继续踏着尸体向前冲锋。

到翌日清晨，美军已击退了日军第6次猛攻。

日军正在重新集结，准备作第7次攻击。双方士兵相互骂阵。

日军第7次进攻，突破了美军部分阵地。美军不等日军扩大战果，甚至连挖工事的时间也没有，就展开空前猛烈的交叉炮火，使这个突出地区变成死亡陷阱。日军立足未稳便血肉横飞，死伤狼藉，只有几个日本兵逃得快，才从铁丝网空隙中钻回去，拣了条性命。

战斗一直延续到第2天上午，最后只剩下零星的枪声。日军被全线粉碎了，余生者踏着同伴的尸体溃退下去。

负伤的那须躺在担架上被抬回师团司令部，他向丸山师团长伸出了一只无力的手，刚要开口说话便死了。

第6章
CHAPTER SIX
转折点来到了

★这是一次前赴后继的殊死攻击。一架日机在距离海面150米的高度上中弹坠毁，余者仍顽强进击，结果又有4架中弹起火，剩下的9架分成两队，从航空母舰两舷投放鱼雷。只见9枚鱼雷飞溅着泡沫向"企业"号的左右舷扑来。

★山本计划是：田中率增援群运载登陆部队和补给品于11月14日抵达瓜岛。在田中登陆之前，将由阿部中将的突击群于12至13日夜间对亨德森机场进行毁灭性炮击，为登陆日军打开通道。整个舰队负责海空支援，一鼓作气拿下机场之后，进而占领整个瓜岛。

No.1 进攻，进攻，再进攻

就在瓜岛陆战激烈进行之际，海上的大战也拉开了序幕。25日早晨6时，山本得到可靠情报，瓜岛机场仍然在美军手中，日军陆上进攻已濒临失败。山本一听，十分恼怒，不得不赶紧制止预定的从海上炮击瓜岛的行动。

庞大的日舰队在瓜岛以北300海里处巡弋，静观战况如何发展。

当瓜岛血战正酣之际，哈尔西已经向范德格里夫特将军派出他的全部兵力前来瓜岛海域助阵。10月24日黎明，美海军少将金凯德指挥的由航空母舰"企业"号（舰载83架飞机）、战列舰"南达科他"号、巡洋舰"波特兰"号、"圣胡安"号以及8艘驱逐舰组成的第16特混编队，开到了瓜岛东南800余海里的洋面上。与此同时，美海军少将莫雷指挥的由航空母舰"大黄蜂"号以及4艘巡洋舰、6艘驱逐舰组成的第17特混编队也向同一方向急驶。这两支特混编队奉命在圣埃斯皮里图岛东北偏东273海里处会合，在圣克鲁斯群岛以北海区巡航，随时准备截击可能出现的日本舰队。

日军舰队首先被美侦察机发现了。

美军攻击南云旗舰的不是轰炸机，而是两架携带炸弹和鱼雷的侦察机。那两架美侦察机分别由斯托克顿·斯特朗中尉和查尔斯·欧文少尉驾驶。美机发回去的情报相当重要，它为美舰队实施先发制人的进攻提供了可能。可惜的是，金凯德没有收到这一情报，对此敌情一无所知，日舰编队转危为安。

这份价值很高的报告在发往圣埃斯皮里图岛的美军第63特混编队司令部时被拖延，至5时12分才转发，延迟了两个小时。远在努美阿的南太平洋部队和地区司令哈尔西一接到此电，迫不及待地发出指令："进攻，进攻，再攻击！"

10月26日凌晨4时30分，航空母舰"企业"号的扬声器发出急促的战斗命令："人员远离螺旋桨，发动飞机！"

不久，晨曦吐露，东方泛白，灰白色的海空呈现出一支庞大舰队的影子，阴森可怖的战舰的巨体清晰可辨。16架美侦察机、轰炸机一架接一架全部腾空，分三组在距离200海里的扇面内进行搜索。其中一个双机组在距"企业"号航空母舰85海里处与一架日军轰炸机相遇，因为双方都在寻找更大的目标，彼此都没有理会。

美第一个双机组在6时17分发现南云的以战列舰"比睿"号和"雾岛"号为主力的前卫群，经过详细察看后，于6时30分发回报告，继续向前飞行，寻找日军航空母舰，但没有找到。在返航途中，日军前卫群的高射炮向它们射击，在接近"企业"号航空母舰时，又与那架日军轰炸机相遇，那架日机已经侦察到了美军航空母舰特混编队的情况。

第二个双机组于6时50分第一次发现南云指挥下的航空母舰"瑞凤"号，距"企业"号航空母舰200海里，方位西北。此时，南云已辨认出美侦察机是舰载机，预感到美航空母舰就要出场了，便立即在"翔鹤"号、"瑞鹤"号、"瑞凤"号甲板上部署了65架飞机，随时准备出击。

当美第二侦察机组发现日本舰队后，迅速发回电报，并于6时58分对"瑞凤"号展开了空中攻击。"瑞凤"号立即施放烟幕，并转向躲避。美机投弹轰炸，但是它们遭到8架零式战斗机的拦截，在混战中，有3架美机被击落，其余的匆忙逃走。

正在这时候，南云接到侦察机发来的紧急报告："方向东南，距离200海里，发现美航空母舰1艘和其他类型军舰5艘。"

几个星期以来，南云和草鹿一直避免战斗。此时，美军舰队距离只有200海里，一场战斗难以避免了。

7时整，日军"翔鹤"号、"瑞鹤"号和小型航空母舰"瑞凤"等3艘航空母舰的甲板上响起发动机震耳欲聋的轰鸣声。由18架鱼雷轰炸机，22架俯冲轰炸机，27架战斗机组成的第一攻击波正在起飞。

由于情况紧急，最后几架飞机还没离开甲板，草鹿就下令让第二波攻击队尽快跟上。

美特混舰队发起空中攻击的时间比日军晚20分钟。7时30分，"大黄蜂"号上的15架轰炸机、6架鱼雷机、8架战斗机相继腾空。8点整，"企业"号上的3架轰炸机、8架鱼雷机、8架战斗机也纷纷离舰。8时15分，"大黄蜂"号上又有9架轰炸机、9架鱼雷机、7架战斗机咆哮升空。三组机群顾不上编成战斗队形，匆忙踏上了进击日本航空母舰的征途。

途中，日美双方攻击机群相遇，一场空中大战爆发了。由于双方的目标都是航空母舰，因此都不敢恋战。双方一直保持队形，继续朝各自的目标飞去。后来，日机再也受不了这个引诱，当即出列抢占高度优势。美机也毫不示弱，迅速投入空战。日机首先击落由"企业"号起飞的3架战斗机，击伤1架，然后转向鱼雷机，再次击落3架美机。日机也遭受伤亡，有4架战机陨命。由于双方肩负着重大使命，因此很快脱离了厮杀，各自奔向更大的猎物。

日军空中攻击群出发较早，首先抵达攻击目标。8时40分，美舰收到有日军飞机接近的报告，但雷达兵对在同一方位上的目标，难于分清敌友，到8时57分才辨认明白。金凯德得到雷达核实的报告时，日本的第一批俯冲轰炸机离他已不到50海里。迟疑了片刻后，他才派出"野猫"式战斗机去截击敌机。

8时59分，日本轰炸机快速冲来，"企业"号见势不妙，急忙避入雷暴雨中，暂时脱险。而暴露在晴朗处的"大黄蜂"号却成了蜂群般的日机吞噬的猎物。

此时，担任"大黄蜂"号空中战斗巡逻的有38架战斗机，均由"企业"号航空母舰引导。引导官是新手，飞机配置得太近、太迟，至9时6分才进入阵位，当美军战斗机发现日机时，日机已经开始俯冲了。

危急之中，"大黄蜂"号和它的警戒舰只的防空炮火发挥了威力，炮弹在天空中编织出一张密集的火网，日机一架接一架在"网"上碰得粉身碎骨，有的则拖着长长的尾巴栽入海底。但是，日机进攻的势头丝毫没有减弱。9时10分，日军轰炸机开始集中轰炸"大黄蜂"号，一颗炸弹落在飞行甲板附近，另两颗虽然炸歪，却伤了舰身。一架日军飞机被美军炮火击伤后，实施自杀性攻击，故意驾机向烟囱俯冲，笔直地栽倒在飞行甲板上。只听"轰隆"一声巨响，机上所带炸弹一起炸响，舰面上立即爆发出一团惊人的烈焰，灼热的大火和烟云顷刻间吞没了航空母舰。

几分钟后，日军鱼雷机从后方低空掠来，攻击机飞得很低，两枚鱼雷打进"大黄蜂"号主机室，发生爆炸，整个舰身为之一动。电线和消防泵悉遭破坏，海水浸入锅炉舱，主机停车，"大黄蜂"号踯躅一阵，停了下来，随即，舰身开始倾斜。正当它无能为力地漂在海面上时，又一群日军飞机飞过来，肆无忌惮向冒着黑烟的舰身扫射，随即又投下3枚500磅的炸弹。一度威风凛凛的"大黄蜂"号顿时变成一座燃烧的地狱，爆炸声此起彼伏，强大的气浪把舰面的飞机掀翻到大海里。

不到10分钟，"大黄蜂"号淹没在大火中。巡洋舰"诺思安普敦"号立即赶来，拖着"大黄蜂"号以3节的航速逃离战场。

9时30分，继续进行搜索的美轰炸机群终于发现日航空母舰"翔鹤"号和"瑞凤"号。"瑞凤"号因中弹仍在冒烟，"翔鹤"号立即成了主要攻击的对象。

日军的战斗机立即向美机攻击，美军轰炸机被击落2架，其余11架美军轰炸机不顾猛烈的高射炮火，以一列纵队向南云的旗舰俯冲。随着一颗1,000磅的炸弹在舰上爆炸，草鹿顿时觉得舰身抖动。接连又是几下爆炸，飞行甲板上燃起熊熊烈火。

倾刻间，"翔鹤"号已经被大火吞没，舰上的大炮也被打哑了。由于舰上装备了先进的火控系统，才没有遭到更大的损失。此时，由于通讯联络系统失灵，草鹿决定把舰队司令部转移到一艘驱逐舰上去。他命令舵手掉头驶出危险区，撤出战斗。此次轰炸，使"翔鹤"号在以后整整9个月内都无法参加战斗。

几百海里外，当海风把天空中的热带雨云赶跑，"企业"号便暴露在光天化日之下，它的好运气也随之烟消云散了。9时27分，日军从截听到的美军无线电中，知道还有一艘美军航空母舰在附近海区。43架日本俯冲轰炸机和鱼雷机立即向金凯德的舰队飞去。

10时2分，为"企业"号担任警戒的"波特"号驱逐舰，被日军潜艇发射的鱼雷击中，汹涌的海水灌进了两个锅炉舱，另一艘驱逐舰急忙赶去救援，接走舰上的人员后，将其击沉。因而，在日机进攻之前，"企业"号的警戒幕中就少了两艘驱逐舰。10时9分，由24架日军轰炸机编成的一个机群飞临"企业"号上空，即"大黄蜂"号遭难后1小时，美国在太平洋上的最后一艘航空母舰也遇到与"大黄蜂"号同样的厄运。

发现来袭的日机后，为"企业"号护航的战列舰"南达科他"号立即奋起还击，高射炮火将大部分俯冲的日机打得凌空爆炸。但日机仍然不顾死活地冒着炮火，发出刺耳的尖叫，连续不断俯冲攻击，不断投下重磅炸弹。"企业"号像一头发疯的巨鲸左躲右闪。然而，仍有两枚炸弹直接命中"企业"号，一股浓烟从舰首升降机后部冲天而起，随风逐渐扩大，很快笼罩了飞行甲板，舰员伤亡很大。另有一枚炸弹在舰身附近爆炸，毁坏了涡轮机的主轴承。

"企业"号消防官兵立即进行抢修，不到10分钟，大火便被控制住，机件得到调整，弹洞得到修补。

不料，半个小时后，又有14架日军鱼雷机冲破美机拦截，低空向"企业"号逼近。这14架鱼雷机和刚刚攻击完毕的那24架轰炸机，是于8时22分由日军航空母舰"瑞鹤"号和　"翔鹤"号起飞的。按照计划，这两个机群应该协同进行攻击，但轰炸机早到半个小时，没等鱼雷机群到达便投弹了。鱼雷机群在飞抵目标前受到美军战斗机截击，被击落6架。

这是一次前赴后继的拼死攻击。一架日机在距离海面150米的高度上中弹坠毁，余者仍顽强进击，结果又有4架中弹起火，剩下的9架分成两队，从航空母舰两舷投放鱼雷。只见9枚鱼雷飞溅着泡沫向"企业"号的左右舷扑来。

身经百战的哈迪森舰长操纵着巨舰灵活地躲闪，成功地进行了躲避，竟未中一雷。正当大家松了一口气之际，突然，在空中的美机飞行员波拉克发现海面上有一条可怕的鱼雷航迹，径直指向距"企业"号不远的警戒驱逐舰"守门人"号。波拉克立即向飞窜的鱼雷开火，企图摧毁这枚鱼雷。但为时已晚，"守门人"号被鱼雷击中，很快就沉没了。

危机还未过去，不到100海里处，还有一大群日本轰炸机和战斗机正在迅速逼近。这是从近藤的先头部队中惟一的一艘航空母舰"隼鹰"号起飞的攻击队，包括17架俯冲轰炸机，由袭击珍珠港时建立功勋的志贺淑雄大尉率领12架战斗机护航。骄阳当空，海面上翻滚的白浪清晰可见。11时20分，志贺淑雄发现一艘大型航空母舰。这艘航空母舰像"嘴里叼着根骨头"一样，不死不活，缓慢地前进。这就是受伤正逃离战场的"企业"号航空母舰。此时，这艘历尽磨难的巨舰对已经来临的危险浑然不觉。

顷刻间，一场大战又开始了。日机冒着高射炮火网向"企业"号俯冲。高射炮不断在四周开花。日机一而再、再而三地翻筋斗，不断降低高度。"企业"号成功地避开了日机攻击，仅被

命中一弹。

数架日机又蜂拥扑向战列舰"南达科他"号和巡洋舰"圣胡安"号。两舰各中一弹。"企业"号趁乱夺路逃走，退出了战场。

激战之后，海空出现了短时间的沉寂。日本航空母舰"翔鹤"号与"瑞凤"号中弹最多，失去战斗力。美军航空母舰"大黄蜂"号与"企业"号也遍体鳞伤。

中午时分，近藤命令没有受伤的日军航空母舰"隼鹰"号和"瑞鹤"号继续南下，追击美舰。13时15分，"隼鹰"号派出15架飞机进行搜索和攻击，正遇上美巡洋舰"诺思安普敦"号拖着"大黄蜂"号在慢悠悠地撤退。6架鱼雷机立即贴着水面飞去。"诺思安普敦"号巡洋舰长一见情形危急，下令砍断拖索，满舵转向，闪避鱼雷。这样，"大黄蜂"号被孤零零地扔在一边，几乎一动不动地呆在水面，成为日机攻击的靶子。

日机连续投弹，一枚鱼雷击中"大黄蜂"号右船舰身。火光一闪，接着是咝咝声，紧接着传来闷雷一样的响声。"大黄蜂"号甲板立即裂开了大口子，燃料油像喷泉一样涌了出来，水兵们沿倾斜的甲板滑入海中。右舷倾斜很快，后部轮机室开始进水。舰长只好下达了弃舰命令。

这时，6架日军战斗机和4架轰炸机对"大黄蜂"号进行最后一次攻击。它们在美国水兵抢着离舰时，又成功地在"大黄蜂"号飞行甲板上命中一弹。

"大黄蜂"号已经不可挽救，美驱逐舰"麦斯廷"号与"安施森"号发射了16枚鱼雷，以加速其沉没。16枚鱼雷中共有9枚命中航空母舰，但"大黄蜂"号仍然漂浮在水面上。此时，日军的"瑞鹤"号"隼鹰"号正迅速从后面逼近，形势万分危机，美舰又匆忙向"大黄蜂"号发炮。至此，"大黄蜂"号庞大的舰体已百孔千疮，但它仍然倔强的不肯入水。40分钟后，日军前卫群到达，见已无法拖带，又加射了4枚鱼雷。

10月27日凌晨35分，这艘曾经首次轰炸东京的航空母舰沉入海底。

中途岛战役的仇算是报了，日本海军暂时取得了瓜达尔卡纳尔周围的制海权。实际上，日军为这一胜利付出的代价是昂贵的。日本人只击沉击伤美航空母舰各1艘，击沉美驱逐舰2艘，轻伤美战列舰、巡洋舰和驱逐舰1艘，击毁美机74架。但同时，日本人有2艘航空母舰、1艘巡洋舰受重创，而飞机的损失高达92架。这些训练有素、实战经验丰富的飞行员，是短时间内难以补充的。最重要的是，经此一战，日本大本营精心制订的陆海空联合进攻并占领瓜岛的计划再次流产了。

No.2 日本与美国的角逐

日本大本营对瓜岛的战局喜忧交加。一方面，第2师团的攻击失败了，另一方面，海军却取得了胜利。大本营经过分析，认为"再努把力"可以扭转战局：增强第17军的兵力，尤其增强炮兵兵力，并且把这些兵力有组织地加以集中使用，就可以扭转战局。

10月27日，大本营作出如下决定：

一、10月28日下令，尽快将自法属印度支那运往关岛的独立混成第21旅团运抵拉包尔，编入第17军属下。

二、督促已于10月20日下令编入第17军的第51师团，尽快从中国华南运出。

三、火速给第17军增加其他必要的兵力和物资。

根据大本营的指示，在瓜岛前线的第17军团司令官百武重新拟定作战计划。该计划的要点如下：

一、第38师团主力将于11月上旬，第51师团将于12月上、中旬上岛。

二、第6师团将以1个精锐团乘装甲输送舰在瓜岛直接实施敌前登陆。

三、独守混成第21旅团将另外开辟进攻路线。

四、第3次总攻定于12月中下旬实施。

由于没有掌握瓜岛地区的制空权，第17军团只好用战斗舰只利用暗夜往瓜岛输送援兵与给养。从11月2日至10日，日军派出驱逐舰队65艘次和巡洋舰2艘次对瓜岛进行增援。然而前送的兵员仍然有限，而且又缺乏重型装备。10月26日，具有火力优势的美海军陆战第1师开始乘胜组织反击。岛上的日军官兵，因连续苦战，减员甚多，给养不足，疾病缠身，莫说发动攻势，就是手中的阵地也难以保持。

鉴于这种情况，日军决定，在11月10日前后，尽速组织一支较大的增援编队，将第38师团约1．4万人及所需重型装备一次性送上瓜岛。11月上旬，山本制订了详细的计划，将任务交给田中少将指挥。同时，增援群护航的是一支庞大的舰队：海军中将近藤指挥的先遣队，拥有轻型航空母舰"隼鹰"号、"飞鹰"号，战列舰"比睿"号、"雾岛"号、"榛名"号、"金刚"号以及11艘巡洋舰、42艘驱逐舰。三川指挥第8舰队，统一指挥支援群和增援群这两支舰队。此外，草鹿中将指挥的岸基航空兵和小松中将指挥的潜艇部队也进入临战状态。

山本的计划是：田中率增援群运载登陆部队和补给品于11月14日抵达瓜岛。在田中登陆之前，将由阿部中将的突击群于12至13日夜间对亨德森机场进行毁灭性炮击，为登陆日军打开通道。整个舰队负责海空支援，一鼓作气拿下机场之后，进而占领整个瓜岛。

至11月上旬，美军登上瓜岛已3个月，虽竭力封锁其附近海域，但效果不佳，不仅未能切断日军的补给与增援，而且己方补给舰队的航行安全也难以确保。面对这种局势，美国当局深感不安，美国统帅部甚至有人主张撤离瓜岛。瓜岛战局引起了罗斯福总统的再次关注，在听取了全面情况后，罗斯福作了一个大胆的决定：将瓜岛之战进行到底！ 于是，在总统的亲自过问下，除增派最新的巡洋舰、驱逐舰和潜艇外，还从夏威夷和澳大利亚等地抽调了一部分轰炸机和战斗机，加强南太平洋的部队。

为了把调集的部队、武器装备和军需物资送上瓜岛，哈尔西也于这时组织了一支增援编队。这支增援编队分为A组和B组，由特纳统一指挥，共载运6,000余名陆军部队和海军陆战队以及部分装备。A组编有3艘登陆兵运输舰，以1艘巡洋舰和4艘驱逐舰担任护航，由斯科特海军少将率领，11月9日从圣埃斯皮里图岛出发，拟于11日到达瓜岛。B组编有4艘运输舰，以4艘巡洋舰和8艘驱逐舰担任护航，由卡拉汉海军少将率领，11月8日从努美阿出航，拟于12日晨抵达瓜岛。

此时，美军已经获悉：在特鲁克、拉包尔、肖特兰等地，日军舰船活动频繁，正在集结，很可能也将大举增援。能否保证己方增援成功，并阻止日军进行大规模增援，美军对此甚为担心。因此，哈尔西派遣金凯德少将率领第16特混编队，李海军少将率领第64特混编队，进至瓜岛以南海域作战。

日、美双方几乎在同一时间，都向相同地区派出了强大的海上部队。于是，自11月12日至15日便在瓜岛以北海域，此起彼伏地展开了多次激烈的交战。

No.3 战争的转折点

就在美军向瓜岛增兵之际，潜伏的澳洲海岸的情报人员发出警报："日本大规模舰队正在迫近！"

哈尔西闻讯后，立即紧张起来。他的运输舰群正在前往瓜达尔卡纳尔途中，能否安全卸载？能否阻止日军大批增援部队登陆？吉凶难测。再有，他没有一艘可以使用的航空母舰。现在，他能指望的只有2艘战列舰。

为应付危局，哈尔西下令把"企业"号航空母舰从努美阿的船坞中拖出来。"企业"号受伤后，根本没有时间把它送回珍珠港去修理，只是就地进行了简单的修补。此时，"企业"号的前升降机仍未修好，"南达科他"号战列舰还有一个炮塔不能转动。哈尔西管不了这么多了，他匆忙组成一支舰队迎战日军。这支舰队，除"南达科他"号战列舰外，还有"华盛顿"号战列舰，1艘重型和1艘轻型巡洋舰以及8艘驱逐舰。11月11日，满身伤疤的"企业"号航空母舰载着仍在争分夺秒地进行抢修的机械师、技师和海军工程兵，艰难地起航了，随同舰队其他舰只由努美阿向北急驶。

就在此时，由斯考特指挥的第一批增援船队已经驶近瓜达尔卡纳尔，被日军舰载飞机发现了。12日天明时，特纳的3艘货船正在隆加湾抛锚时，立即遭到了从日本航空母舰"飞鹰"号起飞的12架飞机的轰炸。由于美军的海岸观察哨和雷达发出了早期警报，高射炮做好了射击准备，因而损失不大，日军飞机大部分被击落，美军只有1艘货船受伤。

由特纳指挥的第二批增援船队和卡拉汉指挥的支援群，途中也被日军发现。当他们在11月12日凌晨5时到达隆加湾后，特纳急令快速卸载。在运输舰到达之前，支援群在铁底湾内进行了细致的搜索，以保护运输舰卸载。同时，以巡洋船2艘在一条距运输舰较近的半圆形航线上巡逻，以巡洋舰2艘、驱逐舰11艘和大型扫雷艇2艘进行反潜巡逻。

11月12日，阿部弘毅海军中将指挥的突击部队开始南下朝瓜达尔卡纳尔进发，当天傍晚就开抵萨沃岛以北100海里的地方。

12日上午6时，担任反潜巡逻的美舰发现日军潜艇1艘，距瓜岛隆加角仅6海里，即用深水炸弹进行攻击，没有命中。不久，日军的大口径岸炮也向美军运输舰开火，美军巡洋舰、驱逐舰和陆战队的火炮一齐还击，把它们暂时压制下去。

但到下午1时，令特纳担心的事终于发生了。美海岸观察哨报告："日军轰炸机和战斗机正向瓜达尔卡纳尔岛飞来！"特纳闻讯大惊，立即下令停止卸载，起锚并组成防空队形，4艘运输舰和2艘货船采用并列纵队，在支援群的掩护下，向萨沃岛方向航行。

2点左右，日军鱼雷机发现了美舰，并开始进行攻击。由于亨德森机场的美机及时起飞拦截，美军舰没有受到损伤。11月12日傍晚，特纳获悉一支日本舰队向瓜达尔卡纳尔逼近。于是，他通知担任掩护的卡拉汉说："我运输舰队将撤退，请于当夜重返瓜达尔卡纳尔，狙击在那里出现的日军。"

卡拉汉的资历比斯考特的资历深，所以斯考特和他的旗舰"阿特兰塔"号及2艘驱逐舰，并入了卡拉汉的支援群，因而卡拉汉的阵容得到加强。卡拉汉也采用了斯考特在埃斯帕恩斯角战役中所采用的办法，所有舰只排成一列纵队。4艘驱逐舰"库欣"号、"拉菲"号、"斯特雷特"号、"奥巴朗"号领先，5艘巡洋舰"阿特兰塔"号、"旧金山"号、"波特兰"号、"海伦那"号、"朱诺"号居中；4艘驱逐舰"艾伦沃德"号、"巴顿"号、"蒙森"号、"弗列彻"号断后。卡拉汉本人乘坐的是重巡洋舰"旧金山"号。当天22时，护送运输舰队安全返航后，卡拉汉掉转航向，驶回铁底湾。

此时，日本阿部海军中将率领的威力强大的突击群正向南航行，计划经过圣伊萨贝尔岛以东，到萨沃岛以南，向东转向，采取与瓜达尔卡纳尔岛海岸平行的航线，用舰炮轰击亨德森飞机场。这个突击群有两艘排水量为32,156吨、长达180米的战列舰"比睿"号和"雾岛"号，轻巡洋舰"长良"号以及14艘驱逐舰。

日军舰队行驶到萨沃岛西北海面时，突然下起了大暴雨。阿部又得悉瓜达尔卡纳尔的天气同样不好，他怕铁底湾的能见度太低，不能对岸射击，下令所有船只同时掉头，把时速减至12海里。半小时后大雨才停止，阿部重新下令掉转航向，朝萨沃岛航进。当这个小岛的锥形影子出现在前方时，已是深夜过后好久了。远处，瓜岛上的群山依稀可见。岛上的地面观察员来电话说，他们未发现附近有敌舰。于是，阿部决定开始准备炮击。他命令2艘战列舰的所有主要炮台都装上薄壳高爆炮弹。

其实，他们的行踪早就被美军发现了。13日凌晨，美军就发现了日本舰队的踪影。随即将情况进行了通报："左前方发现日舰编队，距离1.3万米，航速23节，航向105度。"此时，两军以40节以上的相对速度迅速接近。5分钟、10分钟过去了，卡拉汉焦急地用通信装置呼叫提供新的情况。1时41分，处于美军队形先头的驱逐舰"库欣"号上的观察哨突然发现黑暗中窜出2艘日舰，"库欣"号猛向右转，以避免与敌舰相撞。这一来，整个纵队乱了阵形，后面的舰只跟着急转并拥挤在一起。

在此关键时刻，阿部对即将临头的大祸一无所知。1时42分，日机在亨德森机场投下照明弹，排成三列的日舰正欲开炮。突然，掺望哨发现了美军舰队。

刹那间，紧急通报立即传遍整个日本舰队。阿部大吃一惊，急令炮手填换装甲弹。他的战列舰甲板上堆放着准备轰炸瓜岛机场的高爆炸弹，倘若落下一颗炮弹，就会将整艘舰只炸毁。舰上全部人员紧急出动，向库房里搬运甲板上堆起的高爆炮弹。黑暗中一片混乱，每一分钟都好像很长似的，日本水兵狂乱地卸下高爆炸弹又改装上穿甲弹，匆忙做好应战准备。

美舰由于紧急转向，正处于混乱之中。当卡拉汉了解情况后，下达对日舰攻击的命令时，处于攻击位置的日军2艘驱逐舰已驶入黑暗中溜掉了。

先发制人的宝贵的8分钟丧失了。

"阿特兰塔"号高出其他舰只，首先被日舰的探照灯照射到。"阿特兰塔"号的枪炮长立即下令开火，打掉了日舰的探照灯。当它准备向其他日舰射击时，却遭到对方的集中射击。

卡拉汉率领的其他舰只已经来不及规避，只好冒险率舰从日军舰队中间冲击前进，在钢铁和火焰的长廊中穿插而过。

忙乱之中，卡拉汉发出一道命令："奇数舰向右侧射击，偶数舰向左侧射击。"

这一命令使美舰队陷入混乱。有些船只在指定的舷侧射击不到目标，而且由于舰炮口径参差不齐，致使两侧火力极不均衡，各舰不管看见什么就立刻开炮。

趁美舰队发生混乱之际，日舰马上发射鱼雷，进行攻击。混乱中，美巡洋舰"阿特兰塔"号首先遭难，一枚鱼雷击中舰体，强大的气流几乎把它抬出水面。顷刻间，这艘巡洋舰停了下来，主机损坏，舵机失灵，只能在原地打转。随即，其他日舰一起朝它射击，舰上腾起冲天的大火球。正在该舰的斯考特少将被流弹击中，顿时丧命，他的参谋人员以及多名舰员被炸得血肉横飞。"阿特兰塔"号彻底丧失战斗力并开始下沉。

由于混乱不堪，双方在近距离内纠缠在一起，打了一场混战。双方在狭窄的海峡里回旋追逐，倾尽全力开炮射击和施放鱼雷。开战仅仅几分钟，连续炮击的火光和舰只焚烧的火焰就使黑夜变成了白昼。

处于纵队前面的4艘美驱逐舰扑向庞然大物"比睿"号，发动了殊死进攻。驱逐舰"库欣"号向在右侧的日军驱逐舰发动几次齐射后，在两分钟内，舰体中部即被日舰发射的炮弹命中，管道损坏，航速降低。当它缓慢地航行时，在左侧发现日军战列舰"比睿"号正向自己驶来，距离不到半海里。"库欣"号即向左转，对"比睿"号连发6枚鱼雷，可惜无一命中。当它赶上前去正欲再行攻击时，不幸被一道探照灯光罩住，顷刻间，炮火铺天盖地而来，不到一分钟，"库欣"就被打得千疮百孔，一命呜呼了。

紧跟在"库欣"号后面的美驱逐舰"拉菲"号，眼睁睁地看着"库欣"中弹起火，便迅速地赶上前去，准备抵近"比睿"号发射鱼雷。但因速度过快，几乎撞在一起。鱼雷保险装置还没有打开就被"比睿"号坚固的船舷弹了回来。无奈之下,"拉菲"号立即用机关炮进行射击,不料却被"比睿"号的大口径炮弹和一枚鱼雷击中。"拉菲"号打"虎"不成反被伤害,起火爆炸后很快就沉没了。

"斯特百特"号是个奇数舰,按命令向右侧射击,它向距离最近的1艘日舰开火。但却遭到猛烈还击,3分钟后,"斯特百特"号连续两次被命中,船舷和雷达均遭损坏。

队列中最后一艘驱逐舰"奥巴朗"号,先向开探照灯的日舰齐射,接着又向"比睿"号猛烈开火。为了避开中弹操纵失灵的"斯特雷特"号,"奥巴朗"号后来又把火力转移到一艘小型巡洋舰,仅两次齐射,目标就发生了大火。

此时,却传来卡拉汉的命令:"停止向自己的军舰开火!"

"奥巴朗"号莫名其妙,立刻停止了射击。

原来,在黑暗中美舰误击了早已中弹多处的巡洋舰"阿特兰塔"号。卡拉汉发现后立即进行了制止。

"我们要抓大的!"卡拉汉对其他舰只喊道,"找大家伙打,那准不是我们的!"

"奥巴朗"号立即转向,对着不远处的"比睿"号连发两枚鱼雷,都没有命中。因为距离太近,"比睿"号的主炮受俯角限制,不能还击。当"奥巴朗"号向左转向,避开正在沉没的"拉菲"号时,在舰首方向突然出现几条鱼雷航迹。"奥巴朗"号还没有来得及躲闪,水下便发出巨大的爆炸声,"奥巴朗"号上的电线和管道都被震断了。

此时,美军舰队旗舰"旧金山"号正被几艘日舰团团围住,情况危机。"雾岛"号大口径炮随即开炮射击。在右后方的一艘日舰也用探照灯照射它并射击。一艘日军驱逐舰从左侧绕过,对"旧金山"号直接扫射。成排的炮弹落在甲板上、舰桥上、掺望台上,正在舰桥指挥作战的舰队司令卡拉汉当即中弹身亡。

铁底湾恶战才十几分钟,美军两位久经风霜的舰队指挥官——斯考特海军少将和卡拉汉海军少将就战死沙场,这在以往的海战中还是罕见的。

恶战只打了半小时不到,但海峡已是一片火海。在美舰的攻击下,日舰也气喘吁吁,渐无招架之功了。混战到最后,日方损失也相当惨重,"比睿"号中弹50余发,舵机和通讯系统损坏,已无射击能力。驱逐舰"晓"号和"夕立"号被击沉,另有1艘驱逐舰遭重创,其他各舰都有不同程度的损伤。

坐镇"比睿"号指挥恶战的阿部,因为一交战就遭到美舰没头没脑的射击,对战斗的实际进展稀里糊涂,双方仅交战10分钟,大部分鱼雷已经用完。阿部匆忙命令"比睿"号、"雾岛"号转向北撤,放弃了原定的炮击亨德森机场的计划。

尽管阿部出师不利,山本仍没有改变作战计划。在阿部仓皇回撤之际,山本已经派出了由海军中将三川率领的一支由4艘重巡洋舰、2艘轻巡洋舰和6艘驱逐舰的舰队,组成一支新的"东京快车",从肖特兰岛出航,奉命前往炮击亨德森机场,完成阿部没有完成的使命。同时,由两艘重巡洋舰和1艘轻巡洋舰以及9艘驱逐舰,与阿部突击群中没有受伤的战列舰"雾岛"号,轻巡洋舰"长良"号等编在一起,组成支援舰队。由轻型航空母舰"隼鹰"号和"飞鹰"号以及战列舰"金刚"号、"榛名"号、重巡洋舰"利根"号组成的编队，为田中的增援群提供空中掩护。

日本人卷土重来，瓜岛的紧张局势日甚一日。哈尔西获悉情况后，立即在13日黄昏电令金凯德，要他火速派出由海军少将威利斯·李指挥的第64特混编队赶赴瓜岛，支援在那里作战的美军，阻截日军舰队。此时，第64特混舰队正在350海里以外，最快也得到14日天亮才能抵达瓜达尔卡纳尔海域。

相反，三川的"东京快车"却劈波斩浪，直下铁底湾，于13日午夜时分到达萨沃岛附近。饱受劫难的亨德森机场又面临着一场严峻考验。日军炮击分队的2艘重巡洋舰在隆加角附近开始射击。顷刻间，海面上炮声隆隆，机场上火光闪闪。炮击持续半个多小时，亨德森机场几乎被犁了一遍。停在飞机场上的美军飞机被炸毁18架，受伤32架。

日本舰队深夜炮击亨德森机场，远在万里之外的华盛顿首脑们获知消息后，如坐针毡。不久，他们又收到日本增援舰队浩浩荡荡杀向瓜达尔卡纳尔，而美军却没有任何水面舰只进行截击的消息。瓜达尔卡纳尔美军处于岌岌可危的境地，华盛顿的气氛紧张起来。美海军部长诺克斯回忆说："只有在诺曼底登陆的前夜，华盛顿普遍感觉到的紧张情绪能够与这次相比。"

前线的形势瞬息万变，就在华盛顿焦急之际，11月14日拂晓，美军侦察机发现正在撤退途中的三川的支援群。惨遭日舰炮击的亨德森机场官兵立即群情激奋，报仇的时刻终于来到了！

随即，6架鱼雷机、7架轰炸机和7架战斗机，从弹坑遍地的机场艰难起飞。8点左右，机群到达三川舰队的上空，立即展开勇猛攻击。经过两个小时的轰炸，击伤1艘重巡洋舰。10时15分，美机全部返航。14日黎明时，三川的舰队又被"企业"号航空母舰起飞的侦察机发现，再次遭到攻击。

现在该轮到三川倒霉了。早已受伤进水的"衣笠"号此时又中弹起火。该舰在多次"东京快车"的袭击中大难不死，而今气数已尽，数分钟内就倾覆沉没了。重巡洋舰"鸟海"号、轻巡洋舰"五十铃"号和1艘驱逐舰都遭到美机轮番轰炸，伤势很重。

返航的三川舰队像是一群被驱赶的鸭子，失魂落魄地逃回肖特兰基地。

14日清晨，从亨德森机场起飞的一架侦察机又发现了一个极为诱人的目标：田中的增援群。瓜岛的范德格里夫特，早就在等待着他们。当侦察机将日本运输舰队的位置报告给他后，"仙人掌航空队"的飞行员顿时欢呼雀跃，大声喊叫道："中了头彩啦！"

谁都清楚，日舰在光天化日之下冲进攻击半径之内，意味着毁灭。

一场穿梭式的轰炸大竞赛开始了。

11时，7架鱼雷机、18架轰炸机，在12架战斗机的掩护下，飞临田中的头顶，护航舰队拉响刺耳的防空警报。碧蓝碧蓝的天空尽头，犹如海洋一样广阔，一大群美机珍珠鱼般游动过来，突然抖动着翅膀从高空俯冲下来，变成凶恶的鹰隼，张牙舞爪地扑向猎物。日驱逐舰以猛烈的炮火射击美机，继续高速向前突进。天空中开满了死亡的花朵，几架美机相继中弹失控，爆炸成黑色的云朵，拖着浓烟滑向海面……

12时45分，27架美机怒潮一般滚滚而来，对日舰进行第二波攻击。天空万里无云，狭窄的海面一目了然，日舰编队无处躲藏，田中只得抖擞起精神拼死抵抗。好在他的防空炮火卓有成效，美轰炸机投弹命中率低得出奇，只是轻伤1艘运输舰。田中一直向前猛打猛冲，增援群在水柱和爆炸声中，继续沿着海峡向瓜岛高速挺进。

下午1时45分，30架"劫掠者"式轰炸机迎头堵住田中的去路，翻飞的美机乌鸦般布满海峡上空，不管不顾地穿过高射炮火网，长驱直入运输舰队。炸弹像鸟儿下蛋一般落下来，美国人一口气炸沉了2艘运输舰，海面上漂满日军士兵的尸体。

2时30分，从圣埃斯皮里图岛起飞的15架"空中堡垒"式轰炸机，对日增援群进行第四波攻击。美军从4,500米的高度投下15吨炸弹，再次重创2艘日运输舰。从亨德森机场返回的美战斗机，咬住日战斗机奋力厮杀，一举击落6架日机。

3时30分，从七彩的阳光中，突然蹿出一串带星条旗标志的飞机，它们蛇一般地爬下高空，放下襟翼减速滑翔。从"企业"号航空母舰飞来的7架"无畏"式俯冲轰炸机，对日增援群进行第六波攻击，又有2艘日运输舰中弹起火，葬身海底。

整整一个白天，通往瓜岛的海峡空袭不断，天翻地覆，美机凭借亨德森机场为基地，穿梭般地补充弹药来回轰炸。日运输舰队步履维艰，饱尝无数颗炸弹。黄昏时，掩护运输舰队的日战斗机损失过半，无力苦战，但田中至死不退。好在夜色降临，淹没了舰队的行踪。趁着夜幕掩护，田中让7艘驱逐舰靠拢燃烧的运输舰，救援落水的陆军士兵和水兵，自己率4艘驱逐舰，掩护残余的4艘运输舰，在夜色之中驶进"铁底湾"，英勇悲壮地靠近瓜岛。

美军成功地进行8轮空中打击，炸沉日运输舰6艘，炸瘫1艘。日增援群溃不成军。海面上，夕阳像个淬火的大火球，将天边滚滚的波涛染成红色，残余的运输舰大火熊熊，浓烟滚滚，士兵烧黑的尸体随着波浪载沉载浮，鲜血把附近的海水都染成了红色。

就在田中增援群惨遭轰炸之际，当晚，在凶险的铁底湾水域内，日美舰队展开了另一场殊死血战。

近藤亲自率领战列舰"雾岛"号、重巡洋舰"爱富"号、"高维"号、轻巡洋舰"川内"号、"长良"号和8艘驱逐舰组成的突击群，沿所罗门群岛海峡南下。近藤的企图是：驶向瓜岛，炮击亨德森机场，完成阿部没有完成的任务，同时掩护田中的增援群。

然而，这一次日军的对手将是第64特遣编队的2艘战列舰和4艘驱逐舰，美海军少将威利斯·李正在瓜达尔卡纳尔西南100海里的洋面上巡航，择机而动。他自13日晚与金凯德编队分手后，兼程赶赴瓜达尔卡纳尔海域。

近藤挥戈南下，李也破浪北上，一场钢铁巨舰的碰撞已在所难免，迫在眉睫。

14日傍晚，李率领舰队已经到达瓜达尔卡纳尔约9海里的水域。深夜21时，舰队到达萨沃岛，没有发现日舰，只在西面水平线上看见日军运输舰燃烧的火光。舰队准备进入铁底湾。21时48分，瞭望哨已经看见了瓜岛山头的暗影，可就是没有日舰队的踪影。

李少将在铁底湾里直等得两眼冒火，他急待日军舰队的信报。但因仓促出航，没有规定好无线电呼号。他试图与瓜达尔卡纳尔电台联系，得到的回答是："我们不认识你！"李灵机一动，计上心来。原来他与瓜岛上的范德格里夫特是美国海军学校的同学，在海军学校时，同学们给李取了一个中国名字，叫"李察"，他便以这个绰号与瓜达尔卡纳尔上的电台联系，果然奏效。

可惜的是，范德格里夫特也没有最新的情报。

就在李为搜索不到日舰编队而焦虑万分的时候，近藤却发现了他。担任远距离警戒的日轻巡洋舰"川内"号，错把美战列舰报成巡洋舰，首先报告发现"敌巡洋舰2艘和驱逐舰4艘"在萨沃岛以北向铁底湾内航行。指挥官桥本源立即命令驱逐舰"统波"和"浦波"号经过萨沃岛西侧向该岛以南海区侦察，自己率领轻巡洋舰"川内"号和驱逐舰"敷波"号进行追击。

近藤接到"川内"的报告后，立即下达攻击命令。他把本村指挥的近距离警戒舰只分成两队，一艘由轻巡洋舰"长良"号和4艘驱逐舰编成，担任前卫。另一队由驱逐舰"胡云"号和"出月"号编成。近藤把14艘军舰分成四路，散布在10平方海里的海区，采用分散配置的战斗队形，迅速向美舰接近。

形势异常危急，李尚蒙在鼓里。

23时，战列舰"华盛顿"号的雷达首先发现了日军轻巡洋舰"川内"号。美战列舰"华盛顿"号和"南达科他"号随即开炮。"川内"号深知不是对手，立即施放烟幕，与驱逐舰"浦波"号一起掉头，向北高速逃跑。

5分钟后，夜战大规模展开了。

美舰纵队先头驱逐舰"沃尔克"号上的雷达首先发现从南面进攻的日舰，对后面跟进的友舰发出通报：

"2艘日驱逐舰正沿萨沃岛南端朝我们袭来！"

美舰上的大炮立即怒吼起来，第二艘驱逐舰"本哈姆"号和第三艘驱逐舰"普雷斯顿"号，紧跟着发现目标，立即开火。日驱逐舰"绞波"号和"浦波"号，本想摸到美舰跟前奇袭，却没头没脑地挨了一顿猛揍。它们拼死力战，就势吸引住美舰的注意力，让身后的前卫群偷袭得手。

3艘美驱逐舰猛击"绫波"号，日舰身中数弹仍不退却。本村并不急于救援起火的"绫波"号，他的5艘战舰一字排开，利用萨沃岛山脉的阴影作掩蔽，暗暗向正在围剿2艘日舰的美舰冲来。美舰纵队第四艘驱逐舰"格温"号发现5艘日舰偷袭，单枪匹马高速插上，奋不顾身地迎击日轻巡洋舰"长良"号。

7艘日舰围攻4艘美舰，形势顿时大变。

大炮的火光在夜幕里闪烁，剧烈的爆炸震荡海空。轻巡洋舰"长良"号集中火力阻击猛冲上来的美舰，几排齐射过后，"格温"号吃了两颗炮弹，一弹击中主机舱，引起震耳欲聋的大爆炸，另一颗炮弹击中舰尾，炸毁舵机，整个舰面燃起熊熊大火。

"长良"号打瘫"格温"号后，掉转炮口轰击其他美驱逐舰。带队的本村下令驱逐舰进

↑ 美军军舰炮向日军军舰发动猛烈攻击。

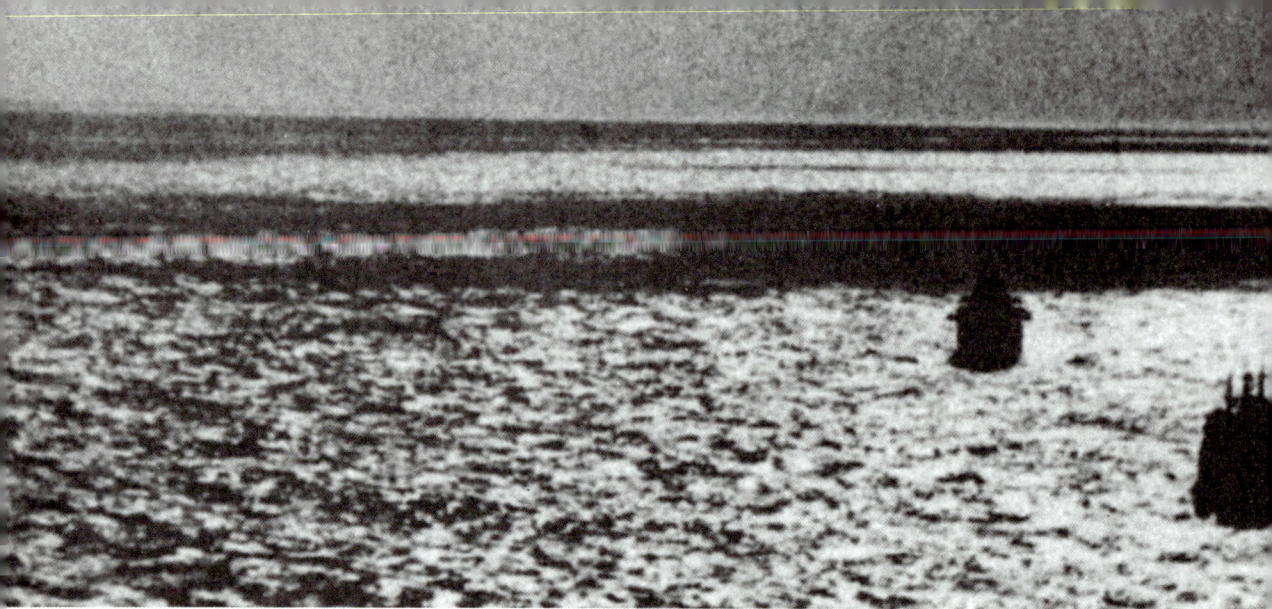

行鱼雷攻击。美驱逐舰"沃尔克"号正欲击沉苦苦挣扎的"绫波"号，冷不防背后一阵弹雨袭来，受到日舰的前后夹击。"沃尔克"号力不能支，由纵队左侧转向退出队列，被1枚飞窜而来的鱼雷击个正着，舰体发生大爆炸，支离破碎地沉入海底。

美纵队第三艘驱逐舰"普雷斯顿"号及时躲过日舰的鱼雷，企图掉转炮口射击，却被日方炮火裹住，两个锅炉舱全部炸毁，烟囱倒塌。舰长奋起指挥舰炮拼死抵抗，大声下令发射鱼雷，两排炮弹呼啸着落在身边，舰长当场阵亡，该舰失去了还手之力。

站在旗舰舰桥上的李，看到这一切，勃然大怒，率领"华盛顿"号一马当先。日舰见对手来势凶猛，自知不是对手，"长良"号率先掉头撤退，5艘日驱逐舰抱头鼠窜。遭到重创的"绫波"号落在后面，处于任人宰割境地，正在这时，奇怪的事情发生了，美舰突然停止炮击。

原来，"华盛顿"号雷达荧光屏上显示的目标太多，一时不能识别敌舰，枪炮指挥官唯恐误伤己方舰艇，暂时停止射击。

李不由分说，要"南达科他"号立即打开战斗识别灯，寻找射击目标。

海战刚一交手，日本人即击沉美驱逐舰2艘，重创2艘，自己仅被击伤1艘驱逐舰，给美国人一个"见面礼"。更为可悲的是，由于近藤分兵进击，炮弹四处开花，美舰炮手如同坠入迷雾之中，到日舰退去时，美舰还没有发射1枚鱼雷。许多炮手还以为朝他们射击的是瓜达尔卡纳尔岛上敌军的岸炮。

23时48分，美驱逐舰打开战斗识别灯，李见残存的两艘驱逐舰伤痕累累，干脆让它们退出战斗，自己率2艘战列舰，追击退却的6艘日舰。"南达科他"号舰长挨了一顿臭骂，求战心切，迅猛地向北冲去，为躲避1艘燃烧的驱逐舰，差一点闯进日舰队列中。立即遭到日舰围攻。鱼雷呼啸着蹿出水面，射向"南达科他"号，所幸巨舰正在转舵绕过燃烧的驱逐舰，鱼雷全部打偏。

  “南达科他”号大难不死，但它仍未排除电路故障，雷达影像混乱不堪，舰长只能凭着感觉追击敌人，再次陷入日军的火力包围圈。5艘日舰一齐猛轰“南达科他”号，重磅炮弹纷纷落下，炸起簇簇夺目的火焰。“南达科他”号苦苦支撑几分钟，失去了还手能力，幸好“华盛顿”号及时赶来支援。“雾岛”号正全神贯注地攻击“南达科他”号，没防备“华盛顿”号从斜次里杀来，甲板上四处开花，钢铁的碎片和血肉模糊的肢体飞上天空，爆炸此起彼伏。

  日重巡洋舰“爱宕”号、“高雄”号见旗舰受到围攻，立即放弃追击狼狈逃跑的“南达科他”号，掉转炮口射击“华盛顿”号。

  美旗舰大显神威，独自大战3艘日舰，日舰非但占不着便宜，反而身中数弹，焦头烂额。

  15日凌晨1时22分，田中增援近藤的3艘驱逐舰赶来，加入战斗。李将军发现日本人的生力军赶来，唯恐他们攻击岌岌可危的“南达科他”号，所以主动转向迎击日增援舰只。

  李这一举动迷惑住了近藤。

  近藤将司令部从大火熊熊的“雾岛”号转移到“爱宕”号上，他看到“华盛顿”号向西北驶去，以为美国人发现田中隐蔽的位置，进攻运输舰队去了，当即率领舰队高速追击。近藤命令舰队务必抢到前面保护运输舰队，等他回过头来准备阻击“华盛顿”号时，美国人却已不知去向了。近藤搜索半天没找到“华盛顿”号，误以为对方大败而逃。

  此时，已经接近凌晨，近藤生怕天亮遭到从瓜岛机场起飞的美机的轰炸，考虑再三，遂放弃炮击亨德森机场的打算，只派田中增援他的3艘驱逐舰追击美舰，自己率领9艘战舰撤退。

  15日凌晨1时，“华盛顿”号雷达显示：日军舰队正在退却。李乘胜收兵，掩护“南达科他”号扬长而去。

  战斗激烈进行之际，日运输舰队一直潜伏在萨沃岛北面海域，按兵不动。田中指望近藤击溃美军舰队，炮击亨德森机场，掩护他的4艘运输舰登陆。当他目睹这场令人绝望的海战后，目瞪口呆，知道无力回天了。

万般无奈之下，田中向联合舰队发电，请求允许4艘运输舰搁浅，抢滩上岸。山本还不知道近藤放弃炮击机场的消息，断然拒绝了田中的请求。

时间一分一秒过去，田中急得五脏冒火，七窍生烟。如果运输舰退到瓜岛海峡一带，肯定难逃灭顶之灾。干脆破釜沉舟，说不定还能送增援部队和物资上岸。

身心交瘁的田中随即带领4艘运输舰赶往瓜岛，搁浅后开始卸载。此时，黑沉沉的海边已经露出鱼肚白，这是一个雨过天晴的日子，风和日丽，万里无云。田中知道美岸基飞机就要出现在自己头顶上了，他要求航空母舰"飞鹰"号立即派战斗机掩护登陆。

日出时，经过紧张的忙碌，田中只卸下2,000名士兵、260箱弹药和1,500袋大米。就在这时，他最担心的事情发生了：美军的大口径岸炮首先发难，重磅炮弹不断落在运输舰周围，卸载只好停顿下来。

不一会儿，6架美军轰炸机飞临上空，斜着翅膀俯冲下来盘旋轰炸。田中指挥仅有的1艘驱逐舰阻击美机，豁出性命强行卸载。一群又一群的美鱼雷机和轰炸机黑压压扑来，分头轰炸日舰和岸上的物资。1艘美驱逐舰也从图拉吉港赶来，咬住日驱逐舰连连发射鱼雷。

日本人受到岛上、海上、天上的立体进攻，犹如没头的苍蝇，东躲西撞，顾头顾不得尾。田中丧魂落魄地躲过鱼雷，但他没躲过持续的轰炸，1颗炮弹击中甲板起火，正在舰面上的水兵立即送命。再坚持下去只能为运输舰陪葬，田中在无奈中施放烟幕，抛下运输舰落荒而逃。

撵跑了驱逐舰，美机立即大开杀戒。它们贴着运输舰的烟囱投掷出大量炸弹，岸炮也转而轰击滩头，打得水里、岸上硝烟弥漫。手无寸铁的运输舰上的日军士兵和水手呼天抢地，处于任人宰割的境地。到15日上午10时，4艘抢滩登陆的日运输舰，一半四分五裂，一半大火冲天，海面布满挣扎攒动的人头。后来，美机不再攻击散架的日舰，而是对滩头投掷下大批燃烧弹，滚滚火焰席卷丛林，吞噬着侥幸挣扎上岸的日本士兵。而日本人好不容易卸到滩头的弹药和物资，在火海中化成一团团灰烬，随风飘散。

到最后，大屠杀达到登峰造极的地步，日军登陆的滩头犹如人间地狱，空气中充斥着焦糊味，海面漂满支离破碎的残骸，海滩上烧成奇形怪状的尸体，面目狰狞可怕，一具挨着一具。有的几个人抱在一起，有的人或坐或立，有的人临死前还伸出双手，大概是想向谁呼救……以至飞下低空拍摄照片的美国飞行员，都不敢再往下多看一眼！

至此，历时3天3夜的一系列海战宣告结束。

这场海战，对日本人来说无异于一场浩劫。美军击沉日战列舰2艘、驱逐舰4艘、运输舰11艘、潜艇1艘，重创巡洋舰3艘。由于瓜岛地区的制空权在此之前被美军掌握，联合舰队在这次海战中又伤了元气，山本不敢再冒风险派舰队进入所罗门群岛南部海域，不再积极向瓜岛大规模地运送援兵和物资，岛上日军的处境日益困难。

可以说，瓜岛战役的胜负至此已经初见分晓。

第7章
CHAPTER SEVEN

死亡之岛

★日军舰船在肖特兰集结时，引起了美军的注意。哈尔西根据侦察情报估计到，日方一次规模较大的增援行动可能即将开始，遂命令赖特海军少将率领第67特混编队，于29日晚出航，前往瓜岛海域截击敌人。

★隆加湾海战是瓜达卡纳尔争夺战中，日军处在战略失败已成定局的情况下，在战术上取得胜利的一次海战。但是，田中并未完成任务，所带的铁桶没有一个被送到瓜岛即将饿死的日军手里。

No.1 紧急预案

日军在经历了10月份的惨败后，统帅部一度产生动摇，认为争夺瓜岛之战得不偿失。但最终还是决定投入更大的兵力，坚决夺回瓜岛。11月6日，日本大本营制订新的作战方针：

陆、海军协同，首先迅速压制所罗门方面的敌航空兵力，取得成功后，一举运送部队和军需品，然后综合发挥所有战斗力夺回瓜岛。

同时，大本营还采取如下措施：

紧急组建第8方面军，下辖从中国战场调来的第18军团，以及百武指挥的第17军团。第18军团将接替第17军团在新几内亚群岛的防务，以便第17军团腾出手来，集中精力进行瓜岛作战。

海军则以第2、第5、第8舰队主力及第11航空舰队协助陆军作战。

大本营计划于12月下旬完成一系列航空基地的建设，尔后以大规模空战夺取制空权；至1943年1月中旬，完成对瓜岛的大规模兵员与作战物资的输送。完成上述作战准备之后，于1月下旬开始发动总攻。

1942年11月22日，今村飞抵拉包尔岛，就任新组建的第8方面军司令官。

此时，与日军对峙的美军比较平静，其行动尚未对岛上的日军造成严重威胁，而饥饿却成了瓜岛日军的大敌。日军对瓜岛部队的实际补给，这时只能维持定量的1/5到1/3。由于长期补给不足，岛上官兵的体力消耗殆尽，战斗力极弱。日海上部队不再进入瓜岛海域，仅利用暗夜谨慎地进行"东京快车"式的补给，远远不能满足前线的需要，瓜岛日军根本无法摆脱困境。

美国人日夜严密封锁瓜达尔卡纳尔岛海域，甚至连一只海鸥都逃不过美飞行员的眼睛。今村为解瓜岛日军的燃眉之急，派出陆军飞机空投粮食，但长途运输的日机尚未飞抵目的地，即遭美机拦阻，常常有去无回。日机慌乱之中投下的粮食，极少落在日本人手里，大部分降落伞飘入美军防线，或为亨德森机场高射炮火摧毁……

驻守瓜岛的日军陷入了灭顶之灾。

与日军情况相反，瓜岛的美军却越战越强。尼米兹认为海军陆战队第1师已完成使命，是该换防的时候了。他和麦克阿瑟商量后，派陆战第25师师长亚历山大·帕奇陆军少将接替机场防务。瓜达尔卡纳尔岛争夺战的英雄——范德格里夫特载誉而归，他后来荣升为海军中将，并就任美海军陆战队总司令官。

1942年12月9日，劳苦功高的美海军陆战队第1师官兵，经过4个月魔鬼般的煎熬，终于和陆军第25师换防，撤至澳大利亚休整。该师在后来夺取日本本土冲绳岛的攻坚战中，再显英雄本色。一直到战争结束，日本人一听说"瓜达尔卡纳尔屠夫"到来，无不闻风丧胆。

帕奇接管亨德森机场后，仍为百武的虚张声势所迷惑，他向哈尔西报告说，据飞机侦察的各种迹象表明，日本人可能再次发动一次垂死进攻。他建议主动进攻日军外围阵地，把战线推到敌人一边，消灭日本人的有生力量，以攻代守。南太平洋部队和地区司令部同意帕奇的想法，但叮嘱他不要走得太远，逐步拿下直接威胁机场周围的敌军阵地，适可而止。

帕奇开始酝酿夺取奥斯腾山等目标的作战计划。

No.2 斩断，日军的生命线

这时，美军的情况迅速好转。亨德森机场不仅已有两条战斗机跑道，又修好一条轰炸机跑道，B-17重轰炸机已可进驻此地，机场上的美机增到120余架。在前5次海战中，美军的海上兵力虽有很大消耗，但到这时已有修复的和新造的军舰予以补充。为了更有效地打击日本人，哈尔西将海上部队的编制与部署作了相应调整。将现有战舰组建成3支特混特编队。一是由航空母舰"企业"号和"萨拉托加"号等组成的航空母舰编队；二是由战列舰队"华盛顿"号、"北卡罗林纳"号、"印地安纳"号等组成的战列舰编队；三是由重巡洋舰"彭萨科拉"号、"新奥尔良"号、"诺斯安普敦"号以及轻巡洋舰"檀香山"号、"海伦娜"号等组成的巡洋舰编队。三支特混编队保持着相对的机动性，一旦发现日联合舰队新的动向，将各自施展自己的本事，切断敌人的海上运输线。

另由5艘巡洋舰和6艘驱逐舰组成第67特混编队，先由金凯德将军指挥，后由赖特海军少将接替，其基本任务是阻止日军增援。

日军舰船在肖特兰集结时，引起了美军的注意。哈尔西根据侦察情报估计到，日方一次规模较大的增援行动可能即将开始，遂命令赖特海军少将率领第67特混编队，于29日晚出航，前往瓜岛海域截击敌人。

赖特将第67特混编队分成两支舰队：一支为驱逐舰群，另一支为巡洋舰群。一旦遭遇敌舰，担负警戒任务的驱逐舰，可凭新式雷达首先发现目标，发起鱼雷攻击。待水上飞机投下照明弹，为巡洋舰指示射击目标，驱逐舰群闪开，让巡洋舰群的大炮发挥威力。

29日傍晚，南太平洋部队和地区司令部通过破译的日军电码获悉，有一列"东京快车"开往瓜岛。第67特混编队闻风而动，当晚11时由圣埃斯皮里图岛缓缓出航，准备阻截这支日军舰队。

就在美军舰队全力驶向"铁底湾"时，田中率领的"东京快车'也开出布干维尔群岛的布纳港。田中坐镇旗舰"长波"号，率8艘驱逐舰，驶进暮色苍茫的布干维尔海面。舰队看上去很滑稽，它不但装载少量增援部队，还拖着1,000多个浮桶，每艘驱逐舰后像拖着一条长长的"大辫子"，在汹涌的波涛中摇来摆去。为避开美侦察机，田中一直向东疾进，绕过龙卡多尔礁向南航行，暗暗接近"铁底湾"。田中已经做好了打算，一旦半路遇上美舰，4

艘驱逐舰将砍断浮桶上的绳索，甩掉"辫子"迎击敌人，掩护另外4艘驱逐舰强行卸载。

30日早晨，潜伏在布纳港的一名情报人员计数港内日舰桅杆数目时，发现大约少了7艘驱逐舰，他立即将有关情况发给美军舰队。

30日晚10时25分，美第67特混编队驶过伦招水道，由萨沃岛北面进入"铁底湾"。4艘驱逐舰"弗莱彻"号、"帕金斯"号、"莫利"号、"普雷斯顿"号担任前卫，5艘巡洋舰"明尼阿波利斯"号、"新奥尔良"号、"彭萨科拉"号、"檀香山"号、"诺斯安普敦"号居中，2艘驱逐舰"拉姆森"号、"拉德森"号断后。按原定计划，前卫群应该进行早期预警，先前降落在图拉吉港的水上飞机没发回敌情报告，致使赖特没有及时发现逼近的日军舰队。

夜晚10时45分，日驱逐舰列成单纵队，由萨沃岛西面驶入"铁底湾"。大雨停了，乌云笼罩着海面，几十米外什么都看不清。田中派出驱逐舰"高波"号驶往左前方担任警戒，旗舰"长波"号首当其冲，驱逐舰"卷波"号、"亲潮"号、"黑潮"号、"阳炎"号、"江风"号、"凉风"号鱼贯跟随。当舰队接近塔萨法朗加角时，确信附近没有可疑情况，8艘战舰分散开去，向岸上接应的陆军发出信号，看到篝火后开始投放浮桶。

深夜11时6分，美旗舰"明尼阿波利斯"号雷达发出警报：

"发现敌军舰队！"

美舰立即拉响战斗警报，向右转向40度成单纵队应战。赖特不放心，怕碰到从图拉吉港驶出的巡逻舰，造成误伤，亲自到雷达室观察敌情。从荧光屏上可以看出，一支舰队正在向东南方向航行，无疑是"东京快车"了。赖特不再犹豫，命令先头驱逐舰进行鱼雷攻击。

来者正是日舰编队，最前面是驱逐舰"高波"号，这艘驱逐舰同时也发现美舰编队，并打亮信号灯发出警报。但黑夜之中雾气弥漫，旗舰"长波"号没有看到警报，耽误几分钟后才得到确切消息，知道敌人近在咫尺，遂仓促迎战。

深夜11时16分，美驱逐舰"弗莱彻"号发现一艘日驱逐舰，舰长科尔中校清楚地看到日舰信号灯的闪光，请求允许发射鱼雷。由于海岸和山影的干扰，旗舰的雷达荧光屏图像模糊不清，赖特认为双方相距还远，匆忙发射鱼雷把握性不大，反倒打草惊蛇，事倍功半，迟迟没有下达进攻命令。

时间在飞逝，"弗莱彻"号鱼雷官急得火冒三丈，又不能开炮。科尔中校打破无线电沉默解释说，他的战舰正处于鱼雷攻击的最好时机，否则就要和日舰相撞了。赖特仍然迟疑不决，他详细询问了其他3艘驱逐舰的情况，才让前卫群发起攻击。

两支舰队高速对开，在美国人犹豫不决的几分钟内，日驱逐舰"高波"号风驰电掣般地驶过"弗莱彻"号左侧，阵位变得对日本人有利了。日舰同样没接到指示，不敢贸然开火。两艘敌对的战舰擦肩而过，炮手都瞪大眼睛看着对方，伸出拳头相互示威，都不清楚长官为什么不让开火！

良机瞬间已失，科尔中校捶胸顿足，"东京快车"闪电般驶过，待美前卫群转过身来，双方距离已经拉开了。"弗莱彻"号首先发射出10枚鱼雷，紧跟其后的第二艘驱远舰"帕金斯"号发射出8枚鱼雷，第三艘驱逐舰"莫利"号没找到目标，第四艘驱逐舰"普雷斯顿"

号打出2枚鱼雷。美国人鞭长莫及，所有的鱼雷都放了空炮。

日舰仍然没有反应，赖特将军抓起无线电话喊道："开始炮击，开始炮击！"

随即，赖特所在的旗舰"明尼阿波利斯"号率先打出照明弹，向一艘最近的日舰开火。其他巡洋舰也打出照明弹，开始猛烈炮击。4艘驱逐舰也不甘落后，掉转炮口加入炮战，天空挂满闪闪烁烁的照明弹，"铁底湾"一片通明。

此时，日旗舰"长波"号正在放浮桶，掺望哨突然喊道："发现敌军舰队！"继而又看到数枚鱼雷袭来。田中猝不及防，顿时感觉大祸临头。炮弹的爆炸震耳欲聋，2枚鱼雷径直射来。

"长波"号上的水手乱作一团，惊恐地抱着脑袋，闭上眼睛等待着大爆炸。站在舰桥上的田中也听天由命了。他冷峻地盯住鱼雷，准备与战舰共存亡。参谋们见将军视死如归，也在他身边纹丝不动。

1秒、2秒、3秒钟过去了，一个水兵睁开眼睛，目瞪口呆。奇迹发生了，2枚近在咫尺的鱼雷突然停止了窜动，缓缓沉进水底。

水兵们发出欢呼："敌人的鱼雷自动沉没啦！"

田中大难不死，赶紧询问其他战舰的情况，7艘驱逐舰丝毫未损。此时，美舰炮火闪光暴露自己的位置，正好成了反击的目标。掺望哨报告道："发现敌巡洋舰5艘、驱逐舰4艘。"

田中马上命令各舰："高速接近美舰，进行鱼雷攻击。"

日舰跃马横刀，冒着密集的炮火，穿过冲天的水浪，高速接近目标施放鱼雷。

"高波"号掉头最早，它冲破美驱逐舰的拦截，迫不及待地向一艘巡洋舰发射出鱼雷。美舰雷达的荧光屏上，都显示出"高波"号的位置，美巡洋舰躲过鱼雷，集中火力阻击这艘单枪匹马的驱逐舰。"高波"号左突右闯，万不得已开炮自卫，它单薄的火力即刻成为众矢之的，美国人不用雷达就能瞄准目标。

"高波"号浑身上下中弹10余枚，舰面火球冲天而起，水兵死伤惨重。但日本人夜战训练有素，它仍然能顽强地开炮还击。"明尼阿波利斯"号开足马力追了上去，打得日舰遍体鳞伤，"高波"号虽歪歪斜斜逃离战场，但已无力自救，最后在逃亡中沉入海底。

日旗舰"长波"号奋勇争先，紧接"高波"号向美舰队打出8枚鱼雷，然后向左后方紧急转向，躲避美舰射来的炮火。美巡洋舰"新奥尔良"号、"彭萨科拉"号、"檀香山"号、"诺思安普敦"号立即开火还击，截住"东京快车"。炮弹像密集的火球，在日舰前后左右纷纷落下。

黑夜之中，灵巧的日驱逐舰如鱼得水，穿行于火网中。最终，只有"高波"号受伤，其他日舰完好无损。

最令赖特百思不解的是，除"高波"号拼死还击外，其他日舰一直保持沉默，没有还击。他甚至怀疑对方是一支运输舰队。赖特要求后卫驱逐舰插上，决不放过到手的肥肉，让一艘日舰逃掉。一时间美舰争先恐后，蜂拥而上，正好进入日舰发射鱼雷的扇面。

田中见状大喜，再次催促各舰发射鱼雷，旗舰"长波"号转向撤退之际，一口气打出所有的鱼雷。

"卷波"号、"亲潮"号、"黑潮"号、"江风"号、"凉风"号动作慢了一点，它们在鱼雷中看到岸上的篝火，用地浮桶后立即转向，不失时机地发射小鱼雷。队列中只有"阳炎"号出了岔子，没能及时砍断拖着浮桶的绳索，错过发射鱼雷的大好时机。

几十枚"长矛"式远程鱼雷破浪前进，朝美舰袭来。

5艘巡洋舰处在万分危机之中。

美旗舰"明尼阿波利斯"号进行多次齐射，欢声四起，水兵们看到日舰"高波"号爆炸沉没，继而射击另一艘日舰。巡洋舰"新奥尔良"号也打出多次齐射。巡洋舰"彭萨科拉"号雷达性能不好，好长时间才捕捉到目标，待它开炮时，日舰已经迅速逃离，炮弹落在日本人的屁股后面，成了地道的"马后炮"。美后卫驱逐舰"拉姆森"号、"拉德森"号插上来，雷达搜索没发现攻击目标，一时间丈二和尚摸不着头脑。"拉姆森"号舰长在望远镜里看到美巡洋舰万炮齐鸣，却不见敌舰踪影。一个值班军官指着远处一两点闪光说那肯定是一艘日舰，请求允许他开炮射击。舰长问"如果是敌舰，它为什么不还击？"

值班军官回答："日本人可能发明了一种不发光的火药！"

舰长将信将疑，不管怎么猜测，他还是开火了。

11时27分，旗舰"明尼阿波利斯"号的瞭望哨突然发现近在咫尺的2枚鱼雷："鱼雷，两枚鱼雷射来……"

喊声未落，鱼雷已经到了跟前，舰身跟着跳了起来，随即发生一阵山崩地裂般的大爆炸，熊熊烈焰笼罩整个舰面。正在舰桥上指挥战斗的赖特也中弹受伤，"明尼阿波利斯"号至死不退，仍旧带着大火向日舰频频射击。

紧随其后的"新奥尔良"号见旗舰中雷，满舵右转以免相撞，舰长迎面看到一枚射来的鱼雷，再次转舵规避鱼雷，但已经来不及了，鱼雷钻进左舷舰首，不偏不倚地在两个弹药舱中间爆炸，引爆弹药舱里储存的炮弹，连续的爆炸惊天动地，不绝于耳。"新奥尔良"号的大炮均被炸毁，甲板上烈焰冲天，航速很快降至5节，随即完全丧失了战斗力。

转眼之间，正在对"东京快车"穷追猛打的美舰编队损失惨重，两艘巡洋舰身负重伤，指挥官不死即伤，群龙无首。田中见两艘美舰燃起大火，准备掉头进行炮击。这时，几架美水上飞机，飞临日驱逐舰头顶，他立即打消了念头。

美舰纵队第三艘巡洋舰"彭萨科拉"号看见前面的战舰突然右转，立刻紧急向左转向，躲开"新奥尔良"号，驶近燃烧的美舰和日舰之间，暴露出自己庞大的舰体。刚刚甩掉浮桶的日驱逐舰"阳炎"号，立即打出全部鱼雷，一枚鱼雷命中"彭萨科拉"号左舷机舱，炸出了个大窟窿。海水立刻涌了进来，"彭萨科拉"航速降至8节，再也无法进攻日舰了。

纵队第四艘巡洋舰"檀香山"号和"彭萨科拉"号拉开的距离较大，舰长提斯德尔海军少将见前面友舰受挫，亲自操舵，躲开迎面袭来的鱼雷。他顾不得集结起后面的战舰，便以30节的高速，冲向撤退的日舰，用猛烈的炮火掩护受伤的旗舰，让其他舰只腾出手来进行救援……

最糟糕的莫过于"诺思安普敦"号，这艘纵队中最后一艘巡洋舰，为躲避前面3艘受伤

↑ 战斗中，一艘美军战舰起火，船员们匆忙进行扑救。

的友舰，左转右拐，被燃烧的大火照亮舰体。日驱逐舰"亲潮"号趁机向它发射鱼雷，2枚鱼雷命中左舷，随即发生猛烈的爆炸，海水如潮水般从左舷涌进，舰身鱼雷倾斜，舰尾跟着下沉。尽管官兵们奋力堵塞漏洞，但仍无济于事。最终舰长忍痛宣布降旗弃舰，水兵纷纷跳入大海……

"檀香山"号上的官兵们，看到"诺斯安普敦"号沉没，不禁泪流满面。提斯德尔派出救生艇，抢救落水的士兵，随后单枪匹马驶往萨沃岛面海域，追击敌人。

美驱逐舰"拉姆森"号、"拉德森"号远远将巡洋舰队抛在后面，追击逃跑的日舰编队。3艘受伤的美巡洋舰仍坚持炮击，炮手们打红了眼，人人急于报仇，发现前面有2艘战舰，劈头盖脸一阵猛轰。"拉姆森"号忙于进攻，不料身后炮弹连连打来。舰长连忙用无线电话呼叫："不要自相残杀！"

但炮火仍然不断，"拉德森"号被命中一弹，舰长这才有所醒悟，旗舰已经受伤，接收不到电波了。

"拉姆森"号和"拉德森"号立即打开战斗识别灯，开足马力躲避已方的炮火，驶离战场。就在惊魂未定之际，突然，"拉姆森"号上的瞭望哨报告："前方发现敌人设置的大量浮雷！"

舰长大惑不解，日本人在如此开阔的海域布雷，不是捕风捉影么？他转念一想，要是跟在后面的友舰不能及时察觉，说不定酿成大祸，于是小心翼翼靠近雷区，准备排雷。

海面刮起大风，阵风吹散乌云，"拉姆森"号舰长顺着月光望去，一条条长蛇似的"水雷"随波漂浮，此起彼伏。美舰放下小艇，排雷的水兵心惊胆战地打捞起一枚"水雷"，啼笑皆非："报告舰长，这不是水雷！"

"什么？"

"是些铁桶。"水手长回答说。

"日本人放这玩艺干什么？"舰长不可思议地问。

"里面装的是粮食。"

舰长似有所悟，"东京快车"是用这种办法运送给养，他向巡洋舰"檀香山"号报告，要求摧毁漂浮在海面上的浮桶。

田中见已经甩掉追击的美舰，遂命令驱逐舰"阳炎"号、"黑潮"号返回去救援已经受伤的"高波"号。两艘驱逐舰趁乱接近燃烧的美舰，企图击沉美旗舰"明尼阿波利斯"号，恰好被"檀香山"号及时发现，美国人立即发炮还击，强大的炮火阻击日舰。日舰无计可施，只得放弃正在沉没的"高波"号高速退去。

隆加湾海战是瓜达尔卡纳尔争夺战中，日军处在战略失败已成定局的情况下，在战术上取得胜利的一次海战。但是，田中并未完成任务，所带的铁桶没有一个被送到瓜岛即将饿死的日军手里。

至此，日军通过海上向瓜岛运送补给的运输线被彻底切断了。瓜岛上的日军处于坐以待毙的境地。

CHAPTER EIGHT

溃退太阳旗

★哈尔西采纳了参谋长的计划，接连不断派出水上飞机飞临蒙达机场，投掷炸弹或照明弹骚扰敌人，使其习以为常，并为即将开始的舰队炮击机场校射目标。袭击日军机场的任务落在第67特混编队身上。

★日美在瓜达卡纳尔进行的殊死大搏斗，实际上是双方国力、人力、物力、生产力、运输力以及战略战术思想的一次综合大较量。较量结果日军败退，使太平洋战场上的形势发生了根本的变化，结束了太平洋战场上日美双方战略相持的阶段。

No.1 蒙达机场的破灭

日军在塔萨法朗加海战中虽然重创了美军的第67特混编队，但是并没有完成输送任务。瓜岛的日军严重缺乏补给，一再要求尽快运送补给上岛。日联合舰队丧失了瓜岛附近的制海权，使大量物资运不上瓜岛。山本想来想去，决定仿效美国人的方法，在瓜岛附近找一个适当的岛屿，建立一个空军基地。这样，或许能与美空中打击力量抗衡，打破美军的海上封锁。

山本把目光锁定蒙达岛。蒙达岛是位于新几内亚岛的人烟稀少的小岛，该岛距离瓜岛不远，且在1942年的11月，海军已经进占该岛，并有留守部队。

山本决定加快把蒙达岛的飞机场建设起来。

得知日军在瓜岛附近正在建造新的机场，哈尔西震惊不已。假如日本人在蒙达岛建成机场，亨德森机场危在旦夕不说，美海上运输线也将被切断。决不能让日本人的计谋得逞，必须先下手，摧毁兴建中的日军机场。

为防止蒙达岛变成第二个瓜岛，哈尔西当机立断，对蒙达机场发起大规模轰炸。

12月20日黎明，40余架"劫掠者"式轰炸机在战斗机的掩护下，对蒙达机场进行第一波攻击。

美军的突然袭击战绩显著，投出的炸弹几乎把机场犁了一遍。大部分日高射炮手都没进入阵地，美机得以轻松突破稀疏的防空火网，炸毁跑道上的10架日战斗机，接着又开始轰炸停机坪上待飞的战斗机。美战斗机无事可干，便俯冲盘旋扫射炮兵阵地，许多睡眼惺忪的炮手，未及清醒便一命呜呼了。蒙达机场硝烟滚滚，天摇地动，停机坪上的12架飞机化作碎片飞上天空。第一波攻击队大获成功，美机击落炸毁日机26架，只有隐藏在伪装网下的8架战斗机幸免于难。

美第一波攻击队退去，蒙达机场上的地勤人员推开跑道上的飞机残骸，准备让伪装网下的战斗机飞上天空。凄厉的防空警报再次响了起来，美第二波攻击队跟着出现在头顶，日本人只得拉上伪装网，龟缩进防空洞，捂着耳朵等着挨炸。

美第二波攻击队"隆隆"飞来，见机场上一片火海，所有的地面目标均已炸毁，转而攻击驶抵该岛的十几艘驳船。满载货物的驳船见势不妙，慌忙掉头四散逃跑，美机围追堵截，俯冲轰炸，不大一会儿，就击沉10余艘驳船。幸而从拉包尔起飞的日战斗机到来，救下残余的驳船。

日落前，从圣埃斯皮里图岛起飞的美"空中堡垒"式轰炸机，第三次空袭了蒙达机场。美飞行员找不到攻击目标，遂对跑道狂轰滥炸一番，扬长而去。

12月26日，一艘潜至蒙达岛海域的美潜艇，浮出水面侦察空袭结果。艇长发现附近海面停泊着不少日本船只，机场跑道仍然有飞机不断起落。

哈尔西采纳了参谋长的计划，接连不断派出水上飞机飞临蒙达机场，投掷炸弹或照明弹骚扰敌人，使其习以为常，并为即将开始的舰队炮击机场校射目标。袭击日军机场的任务落在第67特混编队身上。

驻扎在蒙达机场的日第25航空战队司令长官山田，察觉美军空袭明显减少，他担心美国人是在有意施放烟幕，可能会出动舰队炮击蒙达机场。于是要求海军给予支援。

海军没有重视山田的意见，只要求第25航空战队严密封锁新乔治亚群岛海域。直至元旦过后，蒙达机场依旧安然无恙，除了几架前来骚扰的美水上飞机，再没有发现什么新的情况。

山田也逐渐大意起来，同意海军的看法，认为美国人迫于空中威慑力，不敢轻易出动舰队炮击蒙达机场。

1943年1月4日，美第67特混编队由埃斯皮里图岛出发，护送运输舰队驶抵"铁底湾"卸载。然后突然转向西北，驶入伦格水道，直奔新乔治亚群岛。海面没有一丝风，云遮雾掩，细雨蒙蒙，即使日本人出动侦察机，也无法发现时隐时现的美舰。夜幕降临时雨停了，大片大片的乌云铅一样压在头顶，美舰安全驶进新乔治亚群岛海域。

舰队司令安斯乌舍命令巡洋舰的水上飞机起飞，去侦察蒙达机场。舰队兵分两路，由提斯德尔指挥的支援群留在附近进行反潜巡逻，炮击群则长驱直入蒙达岛。午夜前，潜艇"灰鲸"号发出通报，引导战舰进入射击阵位。寂静的岛屿雨雾蒙蒙，好在雷达荧光屏能清晰地呈现出陆地的形状，炮手们争分夺秒，准确地测量出炮击距离。

5日凌晨1时，美炮击群成单纵队接近机场，驱逐舰"弗莱彻"号一马当先，轻巡洋舰"纳什维尔"号、"圣路易斯"号、"海伦娜"号居中，驱逐舰"奥巴朗"号断后。美水上飞机准时投出照明弹，照亮山脉和海岸。

安斯乌舍一声令下，顿时狂浪骤起，从美舰上发射的炮弹排山倒海般射向机场。

第一排齐射过后，水上飞机报告："无修正。"美舰接着打出第二、三排齐射。

停机坪上排列整齐的飞机，转眼间分崩离析，碎片四下横飞。日高射炮指挥官以为又是美机空袭，打开探照灯搜索天空，恰好成了美舰射击的目标。炮手们弹无虚发，炸弹遍地开花，震得机场都晃动起来。待日炮手掉转炮口向海上射击时，跑道已被夷为平地。

美炮击群3次齐射后停止射击，5艘战舰转向西北，航速降至18节，掉头连续速射。不到一个小时，美国人发射150毫米炮弹3,000颗，120毫米炮弹1,500颗，似滚滚洪水席卷一切目标。蒙达岛大火熊熊，所有建筑物均变成一片尘土覆盖的废墟，无一架日机幸免于难，连树木都被炮火连根削平，烧成灰烬。

到凌晨1时，美军舰队大功告成。蒙达机场不复存在，日本人挽救瓜岛的最后一线希望破灭了。

No.2 放弃瓜岛

瓜岛战事每况愈下，主张撤军的呼声日见高涨。而且，如果继续在瓜岛作战，就要增添62万船舶吨位。以日本目前的国力显然是不可能的。日本的战线遍及整个亚洲大陆，急需大量钢铁维持战争。东条大伤脑筋，他曾求助于盟友希特勒，想从德国取得50万船舶吨位和100万吨钢材，以救燃眉之急。但希特勒也如热锅上的蚂蚁，自顾不暇，他拉了难兄难弟一把，只给东条1万吨特殊钢材，就再也无能为力了。

最受罪的是驻守瓜岛的17军残余官兵。"东京快车"屡屡受挫，铁桶运输也行不通，给养越来越难送上岛去。

至此，日军已经到了山穷水尽的地步。只是瘦驴拉硬屎，不肯"掉架"言败。

与日军穷途末路的境况恰好相反，驻守瓜岛的美军源源不断地得到补给。到1943年1月，美军在瓜岛上已经将兵力增加到5万多人，弹药如山，给养丰足，士气旺盛。而此时，日军在瓜岛只有不足2万人。

瓜岛美军指挥官帕奇决定发起反攻。他决定首先进攻位于机场西南20公里的奥斯腾山，拔掉威胁亨德森机场的钉子。

驻扎在奥斯腾山的是日军冈明之助大佐率领的一个联队和一个炮兵中队。从山上可以俯瞰"铁底湾"和机场，观察美机起落和运输舰卸载的情况。

12月17日，美重炮猛轰日炮兵阵地，掩护一个营进攻奥斯腾山。美军沿途只碰到个别狙击手的阻击，且一触即溃，遂放心地深入丛林。冈明派出穿插部队，利用熟悉的地形深入美军后方，打起游击战来得心应手，左右逢源。美海军陆战队第二师士兵缺乏丛林战经验，深入丛林后犹如"盲人骑瞎马"，士兵们只看到炽热的子弹在空中呼啸着掠过耳边，却不知道对手隐藏在什么地方，搞得美国人如履薄冰，疑神疑鬼，草木皆兵。日穿插部队切断美突击部队的补给线，冈明用猛烈的炮火挡住美军的正面进击，穿插部队从后面包抄上来，打得美国人溃不成军。一营美军死伤过半，他们在一处山坡上构起临时防线，苦苦等待基地增援。

日本人从四面八方发起冲锋，逐步分割包围了大部分阵地，以局部优势的兵力各个击破。饿红眼睛的日军士兵，像老鼠一样出没在密集的丛林里，他们隐藏在大树、石头后面，打伤美军士兵时首先搜抢食品，然后狼吞虎咽。日本人包围了美军营部，乱枪打死了美营长，冈明大佐重新集结起分散的部队，以风卷残云之势将残余美军压制在一个山沟里。

帕奇得知美军情况后，大惊失色，火速派出"仙人掌航空队"解救受困部队。美机飞临战场，击溃日军的进攻，迫使日军退去，然后投出成吨的炸弹，将山沟周围的丛林夷为平地。接踵而至的12架"无畏"式俯冲轰炸机，空投下一个营的兵力，救出被困美军，继而夺取山坡上一个观察站。

但日军寸土不让，用猛烈的炮火阻击步步推进的美国人。美军伤亡惨重，不得不退出丛林。

25日上午，两艘美驱逐舰队驶近海滩，从海上参战。美军再次朝山顶发起进攻。日本人躲在山洞里不出来，躲过舰炮轰击进入阵地，居高临下投出大批手榴弹，炸得美军人仰马翻，又一次击退进攻。战事进入僵持阶段。

此时，美军发起的另外一次大规模攻势已经开始了。1943年1月2日黎明，美军发起第二次进攻奥斯腾山的战役。帕奇先让132团2营暗暗运动到歧阜东南待机，再以两个营的兵力同时从东面和北面猛攻。冈明忙于抗击美军的两路冲击，没想到还有一路人马由东南方向爬上山脊，美国人排山倒海般冲来，日军防线摇摇欲坠。冈明慌忙调过两门大炮，压低炮口进行平射，日军炮手几乎是在和美军士兵拼刺刀，连续猛烈的射击，震得耳朵都流出血来，仍然无法阻止怒潮般的攻势。幸亏日援军及时赶到，从东南方向美军的背后杀来，美军猝不及防，阵脚大乱。冈明拨出一部分兵力，迅速和增援日军形成前后夹击之势，进行反冲锋。

关键时刻，美军从亨德森机场紧急起飞20架"无畏"式俯冲轰炸机前去支援。凭借绝对的空中优势，大批美军轰炸机用炸弹筑起铜墙铁壁，把日军阻挡在美军防线之外。战局很快出现了戏剧性的变化，日本人眼见得手，突然被炸得焦头烂额，趴在地上抬不起头来。日军不能越雷池一步。美国人步步为营，和其他两路会师，就地构筑工事与日军相持。

1月9日，美陆军第25师开上奥斯腾山换防，大量物资运上阵地，美国人为减少伤亡，并不急于和敌人死拼，而是用炮火切断日军的补给线，打退企图下山抢粮的小股敌军，令其坐以待毙。

穷途末路的日军，食物和军火均已断绝，只好靠吃昆虫、青蛙、蜥蜴，甚至皮带度日，日军的末日真正来到了。

陷入绝望境地的日军眼巴巴地等待着援军，希望起死回生。然而，他们不知道，半个月之前，日本大本营已经作出了从瓜岛撤军的决定。

No.3 东方的"敦克尔克"

1942年12月25日，日海陆两军首脑在皇宫举行紧急会议，研究瓜岛战况。1943年1月4日，日本大本营正式下达瓜岛撤军计划：

一、迅速做好现正在进行的进攻瓜达尔卡纳尔岛的作战准备，借以隐蔽撤退的企图。

二、调整第17军的战线，将其收缩到后方要地。

三、撤退之前，继续用各种方式加强补给，保持驻瓜岛部队的战斗力，并在运输补给时接走岛上的伤病员。由海军主要承担运输补给和撤走伤病员的任务。

四、陆、海军协同修整所罗门群岛的航空基地，随时推进航空兵力，加强对瓜岛的空中打击力量。

五、结束上述航空作战，兼用尽可能多的舰艇和其他船舶，尽各种手段向后方要地撤退驻岛部队，日期大致定为1月下旬至2月中旬之间。

六、要特别注意保持有关本作战计划的机密。

瓜岛撤退的命令发布后，日联合舰队并不轻松，如何通过美国人的海上封锁线，将部队安全地接回来，还是个头痛的难题。山本命令第8舰队承担起这项艰巨的任务，并集中南太平洋战区的航空部队、潜艇部队掩护撤退行动，而第2舰队则保持机动，随时打击敢于出动的美舰编队。

1月10日，日驱逐舰8艘在瓜岛海峡高速向东南航行，在新乔治亚岛的澳洲海岸观察者发现情况后立即向美军报告。美军随即出动鱼雷艇提前进入攻击阵位。4艘鱼雷艇在萨沃岛与埃斯帕恩斯角以西构成一条拦击线，2艘鱼雷艇在埃斯帕恩斯角与瑞卡塔湾之间巡逻，2艘鱼雷艇在多玛湾与隆加角之间巡逻。

1月11日0时37分，美军一艘鱼雷艇发现日军4艘驱逐舰向东南航行，距海岸不到1海里。一艘日军驱逐舰离队向萨沃岛驶去，其他3艘继续航进。美军鱼雷艇马上发射鱼雷，但没有命中。发射鱼雷的闪光暴露了它的位置，日军驱逐舰发炮还击，两次齐射就把它击毁了。

美军的其他鱼雷艇迅速赶来参战，共发射16枚鱼雷，打伤1艘日军驱逐舰。

1月13日下午，10艘满载给养和1,000名士兵的驱逐舰离开肖特兰港，开往瓜岛，准备接应岛上的驻军撤离。参谋本部的井本也在其中一艘舰上，他的任务是亲自向百武传达撤退命令。

15日黄昏，美军发现这支日军驱逐舰队，因发现时间太晚，派飞机轰炸已经来不及了，便从图拉吉岛派出13艘鱼雷快艇前往截击。

那天夜里，阴暗有雨，乌云低垂，日军不顾天气恶劣，仍派飞机对美军鱼雷艇进行轰炸和扫射。当两艘美鱼雷艇用机枪射击扑向它们的日军飞机时，在雷鸣电闪中发现了5艘日军驱逐舰，位于萨沃岛和埃斯帕恩斯角之间的2艘鱼雷快艇立即对日驱逐舰发射鱼雷，但无一命中。美鱼雷艇发射鱼雷后，企图向东撤退，日军驱逐舰迅速插到前面，把美鱼雷艇拦阻在萨沃岛的西面，1艘美鱼雷快艇在逃跑中触礁。其他美军鱼雷艇也没有完成截击任务。日军的1,000名士兵顺利登陆。

中午时分，美机轰炸过后，附近丛林化作一片焦土，烟雾弥漫，百武的帐篷安然无恙，营地里一片宁静，什么事情都没有发生。

1943年1月22日，哈尔西陪同美海军部长诺克斯与美太平洋舰队司令尼米兹抵达瓜岛视察。但他们没有一个人能够看出日军在撤退。瓜岛指挥官帕奇还颇有谋略地认为：美军最早也得于4月1日才能消灭岛上的日军。

实际上，日本人正在导演一场太平洋上的"敦刻尔克"式的大撤退，大撤退将由300架飞机掩护，20余艘驱逐舰接应。

2月2日晨，担任第一批撤运任务的19艘日驱逐舰虽然在途中遭到美轰炸机的攻击，但没有任何损失，顺利返回肖特兰岛。

2月4日，日军进行第二次撤运。1艘巡洋舰和22艘驱逐舰不顾美机的阻击轰炸，突击抢运，顺利地完成了使命。

2月7日，日军派18艘驱逐舰冒着雷暴雨进行第三次撤运，再次成功。

对于日本人的每次撤退，情报不灵的美军都以为是在增援。

日军三次共从瓜岛撤出陆军约9,800人，海军约830人。后来，尼米兹上将认为：日军伪装巧妙，行动果敢，因而能够顺利完成撤退任务。

1943年2月9日16时25分，美军全部占领瓜岛，正式宣称取得了瓜岛战役的彻底胜利。

日美在瓜达尔卡纳尔进行的殊死大搏斗，实际上是双方国力、人力、物力、生产力、运输力以及战略战术思想的一次综合大较量。较量结果是日军败退，使太平洋战场上的形势发生了根本的变化，结束了太平洋战场上日美双方战略相持的阶段。

02
BATTLE

第二篇 > 登陆·西西里

第1章
CHAPTER ONE

战争的序章

★赏心悦目之时，丘吉尔不忘重任在肩。他心中隐隐生出一丝不安。不知此行能否像以前那样，说服美国盟友同意英国的边缘战略观点：继续在地中海战区作战，逐步接近欧洲战场的中心。

★正是由于马歇尔顾全大局，出席卡萨布兰卡会议的英国人非常喜欢他。他们也知道，这是英国人最后一次左右盟国会议，而且取得成功的部分原因，应归功于马歇尔本人甘愿寻求谅解与协议。

No.1 相左的意见

1943年1月，正是隆冬季节，西临大西洋的摩洛哥却是阳光灿烂，气候温和。英国首相丘吉尔率领他的参谋人员在摩洛哥首都卡萨布兰卡一下飞机，便感受到了这一点。他们是应美国总统罗斯福之邀，前来参加双边会谈的。他们欣喜地发现，安法（摩洛哥首都卡萨布兰卡南郊）环境优美宜人，和煦的阳光与英格兰严冬的刺骨寒风判若两重。高耸的岩崖和怡人的海滩是散步的好去处。在安法海滩上观山望景，静听惊涛拍岸，眼观青山入云，真是别有一番风味。

这里不仅环境好，会议准备工作也非常出色。安法离大西洋有1英里远，坐落在一座小山上。这儿有豪华的安法饭店，可为大型会议提供房间。饭店周围有高级别墅，院墙高垒，铁丝网林立，并由美军严密警卫。附近的机场可供大型飞机起降。

赏心悦目之时，丘吉尔不忘重任在肩。他心中隐隐生出一丝不安。不知此行能否像以前那样，说服美国盟友同意英国的边缘战略观点：继续在地中海战区作战，逐步接近欧洲战场的中心。

早在1941年，丘吉尔及其参谋人员便因联盟战略问题同美国展开一场旷日持久的争论。英国人竭力劝说美国于1942年在西北非采取登陆作战行动。这一两栖进攻战在英国的利比亚攻势的配合下，将在1942年底肃清北非之敌，使盟国地中海海运畅通无阻，这要比绕道好望角节省大量的载重吨位。控制了这个关键的海上环节，美英两国就可以把全部注意力转向欧洲大陆，彻底击败希特勒。

罗斯福总统表示同意英国的建议，但是，以马歇尔为首的一批军方人员却持反对意见。马歇尔认为，登陆西北非对于局势严峻的东线战事无济于事，不会减轻苏联的压力。此外，如果把兵力都投入到北非作战中，会无端地消耗兵力。与其这样，不如将这些宝贵的作战力量用于1943年有可能开辟的欧洲第二战场作战中。

美国海军作战部长金海军上将则更倾向于将兵力投入太平洋对付日本的扩张。这位海军上将极为傲慢，态度生硬近乎粗鲁。对日作战是他毕生研究的课题，因此他对于把美国资源用于其他目的而不用来摧垮日本一直心存不满。

就这样，双方争执不下，直到1942年7月，罗斯福总统亲自出面协调两国战略目标和方针，英美两国这才趋于一致，决定于1942年秋季实施代号为"火炬"的北非登陆战役。

第一个回合是英国占了上风。丘吉尔当然明白，这多亏美国总统的支持。可是下一步呢？

到1942年年底，蒙哥马利在阿拉曼大败不可一世的隆美尔军队后，继续追击向突尼斯方向退却的残敌。"火炬"登陆计划成功后，盟军也在向突尼斯挺进。据守突尼斯桥头堡的轴心国军队遭到两面夹击，已成瓮中之鳖，失败只是时间问题了。至于盟军的下一步战略目标，英国人早已成竹在胸——在突尼斯击败轴心国后即进攻意大利西西里岛，言外之意是要在攻克西西里之后进攻意大利本土。这一决定是对马歇尔的又一次打击。这位一贯温文尔雅、顾全大局的美军高级将领也在发牢骚："这地中海简直是一个无底洞,什么时候能填满?"

金海军上将这时也想停止在地中海作战,转而进攻法国。他咆哮道,进攻西西里"仅仅是为了干活而干活"。

对于美国人来说,确实如此。就像罗斯福总统自美国参战以来一直抱定的信念那样:美国军队必须在1942年参加对德作战,无论在何地。对德作战,对美国人更多的是一种象征性的举动;而英国人则自始至终将地中海视为其生命线而为之奋战。早在战前,英国高层将领便断言,地中海战区是英国可以打赢或输掉这场战争的最重要的战区,也是英国可以发动地面攻势的唯一战场;德国只要占领埃及和苏伊士运河,就可望赢得一场短期战争。

盟军地中海战区司令艾森豪威尔将军倒是倾向于英国人的意见。他认为,盟军应该利用他们在阿尔及尔建立的庞大基地,来扩大地中海的行动。他为美国军方的态度感到不安,他担心反英的思想情绪会对战争的实施产生不良影响。

看样子,是到了召开一次同盟国会议,统一思想,确定下一个战略目标的时候了。1942年12月3日,罗斯福致电丘吉尔:"我反复考虑过了同俄国人举行联席会议的问题,我完全同意你的意见,制定令人满意的军事战略决策的唯一办法,就是你与我亲自同斯大林进行会谈。"此外,罗斯福还提出,他和丘吉尔首相最好带上一个主要由各自的三军参谋长组成的小组,这个小组应属于军事性质。开会时间定在1943年1月15日左右。和丘吉尔商定之后,罗斯福向斯大林发出了邀请电。

不久,斯大林回电拒绝了罗斯福总统的邀请,并表示虽然他赞成召开三国政府首脑会议,但由于冬季战役进展迅速,在1月份腾不出手来,因此他本人不能离开苏联。最后他补充了一个老生常谈的问题:要求盟军在1943年开辟第二战场。

1942年12月11日,因斯大林对召开三国首脑会议不感兴趣,罗斯福放弃了这个计划,开始考虑和丘吉尔进行双边会谈的问题。他将开会地点选在卡萨布兰卡附近。

经过精心准备,英国派了一个强大的代表团出席会议。丘吉尔深信,英国代表团在效率方面胜过美国人,因为他们的意见统一,目标明确;而美国人则各持己见,互不相让:马歇尔的兴趣在欧洲,金的注意力在太平洋,他反对在欧洲投入过多的兵力。美军航空兵司令阿诺德中将对战略问题不感兴趣,他所关心的只是如何加强美国的空军力量。他有时也赞同英国人的边缘战略,因为他对于在地中海建立一个空军基地很感兴趣。

尽管如此,丘吉尔不敢太乐观。他知道,美国人虽然内部意见不一,但对外有可能会变得很顽固,并一致反对英国人提出的任何建议。

1943年1月14日,盟军代表团抵达卡萨布兰卡的第二天上午,两国参谋长们召开了第一次会议。会议讨论的第一个议题是全球战略问题。

不出所料,双方在战线问题上存在着分歧。美国要把70%的兵力部署在欧洲,30%的兵力部署在太平洋。英帝国总参谋长布鲁克极力反对这一点。他强调轰炸德国和鼓励纳粹统治下的国家进行抵抗,可以瓦解敌人士气。他乐观地认为盟军只需要在欧洲大陆进行扫荡战即可。如果存在这种可能，那么盟军在英国已驻有足够的部队。因此他建议，盟军眼下的目标应该是打垮意大利并使土耳其卷进冲突。

在马歇尔看来，这些议论是1942年那种不对德国正面进攻的论调的变种。他估计英国是要在地中海方面扩大作战行动。

第二天，布鲁克强按怒火，态度冷静地继续发言："诸位，经过思考，我提出两项可供选择的办法，第一，将主要力量集中在英国；第二，在地中海方面采取作战行动，辅以最大限度地对德国进行空中攻击，加上对瑟堡进行小规模的作战行动。我个人认为，第二个方案显然有较大的灵活性。我们在地中海可以攻击的目标有：撒丁岛、西西里岛、克里特岛以及佐泽卡尼索斯岛。其中西西里岛是最值得夺取的目标。"'

马歇尔将军和其他美军参谋长仍然希望不久就集中全部的人力和物力越过英吉利海峡，在法国的某个地方，最好在诺曼底，实施一次孤注一掷的全面进攻。如果像许多美军参谋计划人员最终推断的那样，后勤补给上的困难使盟军不可能在1943年发动这样的进攻，那么，马歇尔希望盟军能占领法国西部的布列塔尼半岛，以此牵制住德军。

马歇尔以为这一下英国人说不出什么来了。没想到他们强烈反对美军的上述观点。他们根据大量的统计数字，提出了令人信服的论点。他们指出，到1943年中期，德国人在法国可以投入44个师抗击英美的登陆，而英美两国那时所能集中的兵力不超过25个师。英国人认为，在兵力对比有利于同盟国之前，在法国海岸实施突击只会导致失败，英国人将再一次在遭受惨重损失的情况下，被不体面地赶出欧洲。

英国人再次表示他们愿意从法国登陆，但只有在极大地削弱了那里的德军力量之后，才能进行这种作战。英国参谋长们坚持认为，目前，削弱敌人而又援助俄国的最好办法是继续实行外围战略。他们说，从地中海对南欧实施牵制性的进攻，可以把大量德军从法国及东部战线吸引过来，从而使希特勒用以保卫其第三帝国所需的总兵力减少55个师。

英国的计划人员还认为，在地中海接连不断地实施外围作战，不仅可以击败意大利，使之退出战争，而且可能争取土耳其人参战。如果上述情况真的发生，即使盟军不越过英吉利海峡实施进攻，希特勒也将面临失败；即使盟军预定要实施越峡进攻，盟军若能首先在其他地方攻击德军，使之遭到削弱，那么，他们在法国登陆成功的可能性就会更大。

虽然美国三军参谋长们对于英国人的观点并没有完全心悦诚服，但他们却提不出任何有力的反驳论据。马歇尔不禁暗暗气恼，显然有人已把美国代表团准备提交会议的方案，包括他的1943年横渡英吉利海峡作战计划，详细地透露给英国方面。英国三军参谋长对美国的方案作了充分研究，并征求了专家的意见。现在，他们就着手要把这个方案变为废纸——马歇尔心爱的渡海作战计划被英国人嘲笑一番后抛了一边。

说实在的，马歇尔不希望让更多的同盟国军队陷在地中海战区。在他看来，这样做是在战略上偏离了主要目标。然而，他又不能不正视这样一个事实：英国人不愿意在1943年冒险打回法国；没有英国的全力支持与合作，越峡进攻就只能是一句空话。

↑英美两国将领共同商讨下一步作战计划。

↑ 正在检阅美军部队的美国陆军参谋长马歇尔（左）与英国首相丘吉尔。

No.2 马歇尔顾全大局

　　一连5天，召开了6次盟军参谋长全体会议，双方一直各持己见，互不相让。到1月18日上午，双方的立场似乎变得强硬起来，马歇尔在争论中采取了攻势。

　　最后，马歇尔概括说明美方要求的一项可能的修正方案。他提出在"占领吉尔伯特、马绍尔和加罗林诸群岛，甚至包括特鲁克岛在内"的建议前面，添上"以该战区可供使用的力量"的话。

　　之后，与会者休会进午餐。布鲁克步出会议室时，脑子里仍在嗡嗡作响，他对驻美国的英方代表迪尔说："一点用也没有。我们永远也不会同他们达成协议。"

"恰恰相反，"迪尔答道，"你们已经在多数问题上达成了协议。马歇尔最后那段话实际是作出了让步。至少双方距离不像表面看起来那么远。现在剩下的只是找出协调其他分歧的办法。"

迪尔在华盛顿工作过很长时间，对美国人的性格了如指掌。布鲁克相信他的判断。饭后，经过商议，英国人很快草拟了一项作战计划协议，在下午开会时交给了美国人。

马歇尔和金一起从头到尾看了这份文件。文件要求，以业已分配的兵力继续太平洋和远东方面的作战行动，条件是，这些作战行动不超出以下范围："在联合参谋部看来不至危害联合国家利用一切有利机会……在1943年决定性地打败德国的能力。"在符合这些保留意见的条件下，将为以下工作制订计划进行准备：（1）1943年开始收复缅甸（"安纳金"行动）；（2）"如果时间和力量不至对'安纳金'不利"，在攻克拉包尔以后对马绍尔群岛和加罗林群岛采取军事行动。

马歇尔和金对视了一眼，不动声色地点点头。

"我认为我们两国的基本立场已经趋于一致。我们同意，稍作更改便通过这项协议。"马歇尔发话了。

英国人紧绷的神经松弛下来。盟军未来战略计划的宗旨终于得到认可，在午饭前似乎不可能办到的事情，现在却已实现了，真是不可思议。

随着这种折衷方案得到接受，其他军事问题就容易解决了。当天下午，英美参谋长们同罗斯福和丘吉尔一起，召开了第一次全体会议。马歇尔主持会议，首先要求布鲁克说明已经达成的协议内容。

这种时刻实在是太微妙了。布鲁克镇定了一下紧张的情绪，不慌不忙地概述了协议的要点："据确认，我们的总目标是击败德国，粉碎德国舰艇的军事行动应占据优先地位。在北非肃清敌人以后，盟军下一个作战行动将是进攻意大利。然后让土耳其卷入战争。"

布鲁克解释说，这些协议实质上是一项交易。英国建议攻陷突尼斯后尽快出兵西西里岛，美国同意了，但条件是英国同意进军南太平洋，当年下半年攻占缅甸。无论哪种情况，继续实施的攻势都不再分配更多的人力、物力。

汇报结束了，布鲁克提心吊胆地等着两国首脑的首肯。估计罗斯福总统问题不大，据美国人讲，总统一直是放手让其军事顾问们制订军事决策和计划的，常常几个星期，甚至半年都不召见他们一次。布鲁克听了感叹不已："我的首相如果能有6个小时不召见我，我就谢天谢地了。"

还好，总统和首相都同意了这个军事协议，即使是惯于干涉军事计划的丘吉尔，也默认了。他看出英国已达到了预期目的：进一步利用突尼斯战役的胜利成果。他还看到，美国人已做出了重大让步。

1月23日晚，联合参谋长委员会向罗斯福总统和丘吉尔首相作了最后的汇报。其战略计划概要如下：

同盟国的物力和财力必须首先用于打赢潜艇之战。必须最大限度地向苏联输送给养。

欧洲战场作战行动的目标是在1943年打败德军，为达到这一目的，同盟国必须全力以制。

进攻的主要内容是：

1. 攻占西西里岛。
2. 创造一种使土耳其成为真正盟国的形势。
3. 对德国作战力量实施最沉重的空中打击。
4. 使用现有的两栖部队实施有限的进攻作战。
5. 集结最强大的兵力，保持战斗状态，一俟德军抵抗力量被削弱到预期程度，就立即进攻欧洲大陆。

协议允许仍对日本施加压力，但必须限制在不影响1943年打败德军的条件下。协议批准于1943年开始实施重新占领缅甸的作战计划，如果人力物力许可，就开始实施夺取马绍尔群岛和加罗林群岛（特鲁克）的战役行动。

马歇尔知道，他所希望的横渡英吉利海峡的进攻是办不到了，美国人得到的比原来想要的少得多。这个结果，在来卡萨布兰卡以前马歇尔便料到了。

毫无疑问，作为一名军队高层首脑，马歇尔更明白应该如何顾全大局。他对失望的军方人员解释说，他之所以接受攻打西西里岛的军事行动，是"因为我们在地中海有足够的军队进行这个攻击，是因为这将有利于节省作为先决条件的船舶吨位。据估计，掌握了非洲北岸和西西里，将会腾出大约225艘船来支援缅甸、中东和太平洋等地的作战"。占领西西里，不仅可以夺取敌人借最狭窄的海面在地中海袭击盟国船只的基地，而且可以使盟国获得一个基地，为地中海的航运建立更加宽阔的空中保护——盟国迄今为止的唯一基地仅仅是一个小小的马耳他。马歇尔说，主张对西西里作战的另一个考虑，是有可能"迫使意大利退出战争"。

正是由于马歇尔顾全大局，出席卡萨布兰卡会议的英国人非常喜欢他。他们也知道，这是英国人最后一次左右盟国会议，而且取得成功的部分原因，应归功于马歇尔本人甘愿寻求谅解与协议。

"他在战略观点方面并不固执或僵化，这是令人宽慰的事。"英国人如是说。

"马歇尔将军为美国人干了一件极其动人的事。他条理分明而又光明磊落，令人疑虑尽除。"美国人对马歇尔的贡献同样感到钦佩。

4个月以后，美英首脑人物在美国召开第三次华盛顿会议（代号"三叉戟"），进一步确定了双方在欧洲的军事行动。英方同意在1944年5月1日进行一次以29个师为基本数量的跨越海峡的攻击。在美国方面，他们也同意在攻克西西里岛之后，在地中海继续作战。会议还确定了在西西里登陆的时间和地点，作战代号"爱斯基摩人"。自此，盟军围绕此次作战行动，进行了一系列准备工作。

第2章
CHAPTER TWO

艾森豪威尔

★4月中旬，"141小组"终于完成了"爱斯基摩人"8号计划。在与这次行动有关的高级将领看来，这个计划很出色。计划小组的确是下了大工夫的，他们周密思考了方方面面的问题，克服了一个又一个困难，总算拿出了这份作战计划。

★蒙塔古没忘记把"马丁少校"装扮成一个有血有肉的人，这样更令人可信。这一切也由他身上的物品和文件来完成：他随身带有一张从珠宝店购买钻石戒指的账单，两封姑娘的情书和一张姑娘的玉照。还有电影票、俱乐部请束等。

No.1 反复拟定的作战方案

在美国人当中，唯一赞成英国的地中海战略的人物是艾森豪威尔将军。这位盟军地中海战区司令被公认为是美国人的典范。他相貌堂堂，衣着整洁，但不好时髦。他为人热情爽朗，正直坦率，具有鲜明的个性和才华。他的讲话通俗易懂而富有特点，深得士兵甚至报界的爱戴和上司的信任。他那种宽容、体谅、豁达的性格，在调解英美将领之间的矛盾、协调英美联合作战方面，起到很大作用。

从1942年8月被任命为盟军远征军司令、指挥北非登陆战以来，作战参谋出身的艾森豪威尔也算是一名身经百战的沙场老将了。在北非和地中海战场的作战经验告诉他，由于兵力有限，1944年夏季以前不可能进行横渡英吉利海峡的攻击，而在1943年盟军无所行动是无法忍受的。因此，他一直考虑在地中海地区继续作战的问题。早在1943年4月，轴心国军队被逼到突尼斯东北一隅，艾森豪威尔就把未来的行动计划电告马歇尔，特别强调下一步攻打西西里岛是比较容易的，他利用地中海现有部队就能完成这一任务。他认为，若轴心国突然解体，他就应当准备立即转向其他有价值的目标。在他看来，"有价值的目标"便是意大利本土。

卡萨布兰卡会议作出下一战役将是夺取西西里的决定之后，1月23日，联合参谋长委员会任命艾森豪威尔为该战役行动的最高统帅，英国将军亚历山大为副统帅，兼任地面作战总指挥官，英国海军上将坎宁安为海军部队指挥官，英国的特德将军为空军部队指挥官。2月11日，艾森豪威尔任命了他属下的指挥官：蒙哥马利指挥英国第8集团军，巴顿指挥美国第7集团军。这两个集团军的番号加在一起，统编为第15集团军群，司令官是亚历山大将军。

艾森豪威尔深知，进攻西西里是一次极其困难的战役，甚至连登陆北非的"火炬"计划也不能与之相比。西西里岛的形状大体上像一个等腰三角形，近乎东西走向的北部海岸为一个长边，约200公里；另一个长边南部海岸大致上是西北——东南走向；三角形的底边东海岸大致为南北走向。在该岛的东北角是墨西拿，距靴子形的意大利"脚趾"仅5公里。墨西拿以南，深入内地30公里是可怕的埃特纳火山，它扼守着岛上唯一平坦地区的卡塔尼亚港。靠近东南角是锡拉库萨。岛上的其他港口包括，约在南海岸中间的利卡塔——杰拉港和北部海岸偏西的巴勒莫港。西西里战役要在包括8艘战列舰和2艘航空母舰在内的1,200艘军舰的护送下，用2,000多艘船只运送首批16万人的登陆部队以及1,800门火炮、600辆坦克和1,400辆其他车辆上岸。为了支援登陆部队，必须尽早夺取至少两个港口及港口间的海滩。

让艾森豪威尔感到为难的是，1月份开始拟定"爱斯基摩人"作战计划时，非洲作战正处于最后的关键阶段，亚历山大、蒙哥马利、巴顿、特德等人正全力以赴进行非洲战役，无暇顾及"爱斯基摩人"计划。诚然，艾森豪威尔可以委托代理的参谋人员去计划下一次战役，但一般来说，在制订一个战役计划时，即将指挥这个战役的人应该尽量早地参与计划的制订工作，否则，战场指挥官可能会要求更改计划，从而把一个周密制订的计划给打乱了。

这些优秀的指挥官尽管身经百战，经验丰富，对于这种两栖登陆战却不甚熟悉。这次战役乃是自加利波利战役以来的第一次将遭到强大抵抗的两栖作战。登陆艇驾驶员必须在有拍岸浪的条件下进行紧张的登陆训练，这大概是他们第一次在实战中使用登陆艇。还必须仔细计划空降部队的使用，拖曳飞机和伞兵搭载机的驾驶员必须提高技术熟练程度，因为这类飞机的大多数驾驶员平常都只是执行其他方面的任务。不过，盟军新补充的美国水陆两用卡车对在开阔的海滩上卸载物资会起巨大的作用。

还有一个重要问题需要盟军加以仔细调查，这就是确定西西里岛大约500公里的海岸线上哪些海滩适宜登陆。调查表明，适宜登陆的海滩一共有36个。据认为，只有两个海滩具有一切必要的设施。因此，需要计划人员考虑的两个重要问题是，如何夺取一个或几个港口以及如何实施有效的空中掩护。

好在盟军的计划人员并不是从一张白纸开始计划这次战役的。早在1941年，英军就认真研究过能不能在"十字军"进攻战中扩张战果时进攻西西里，结论是不能。然后，1941年11月，英国的参谋长委员会提出一个进攻西西里的概要计划。艾森豪威尔被任命为总司令的同时，接到了这份陈述了各种考虑的备忘录，以及构成这次研究基础的作战概要计划。该计划成为供有关各方进行讨论的一个临时蓝本。

"爱斯基摩人"战役计划于1943年1月在伦敦开始起草，工作时断时续，照这个速度，盟军当初预定6月10日发动进攻是难以实现的。于是，计划工作转到北非，由艾森豪威尔亲自来抓。地点在阿尔及尔圣乔治饭店第141号房间，工作开始时步子迈得不够大。此后，参谋计划人员被命名为"141小组"。小组人员不断增加，饭店的一套老房子不够用，又迁到阿尔及尔郊区波扎利亚的师范学院。至此，计划工作才有了一点进展。

"141小组"的参谋长是个英国少将，名叫查尔斯·盖尔德纳。他喜爱打马球和驾游艇，在皇家骠骑兵里服过役。1941年在中东因善于制订作战计划而出了名。他指挥过第6装甲师，有实战经验。在他的领导下，计划小组夜以继日地奋战着。时间一天天过去了，西西里进攻日渐渐临近。"141小组"手忙脚乱地拟出了一系列计划，从"爱斯基摩人"1号计划到7号计划，但一个也不能为各有关单位接受，只好又一个个放弃了。原定6月开始的进攻已来不及实施，于是整个战役推至7月10日。

4月中旬，"141小组"终于完成了"爱斯基摩人"8号计划。在与这次行动有关的高级将领看来，这个计划很出色。计划小组的确是下了大工夫的，他们周密思考了方方面面的问题，克服了一个又一个困难，总算拿出了这份作战计划。

制订西西里作战计划难度很大，存在许多问题。这是盟军第一次向强敌坚守的滩头发动大规模两栖进攻，登陆兵力多达47万余人，是第二次世界大战中在登陆突击阶段投入兵力最多的一次，甚至超过了一年以后的诺曼底登陆。计划人员无先例可循。西西里岛地形崎岖不平，平地较少，山地多而险恶，登陆部队还要克服滩头陡坡和海潮等一系列障碍。计划人员要把这些情况全考虑进去，而且需要兼顾参战的各军、兵种的战略和战术要求，这使作战计划的拟订工作变得更加困难。

墨西拿不单是西西里的一个主要港口，由于它位于三角形的西西里岛的顶端，距意大利本土只相隔5公里宽的海峡，所以，它也是西西里战役中的战略要地。这次作战的最终战术目的是尽快夺取墨西拿海峡，从而切断敌人的主要补给干线，并将德意军队困在西西里岛，阻止其撤回意大利本土。

然而，盟军不能直接在墨西拿登陆，因为有重兵防守，而且距意大利本土太近，敌人可以迅速得到大量的支援。此外，那里也超出了盟军战斗机的有效掩护范围。

能够得到岸基航空兵充分支援的唯一登陆地点是在利卡塔和锡拉库萨之间的西西里东南角沿岸地区。但这远远不能解决问题，因为在该地区仅有3个港口，而其中只有锡拉库萨港具备较大的停泊能力。陆、海军的计划人员都担心，从这些港口和海滩运送上陆的补给品满足不了攻占西西里岛的大批盟军部队的需要。因此，最妥善的办法是：首先攻占西西里岛上那些盟军战斗机能够实施空中掩护的登陆场，然后建立机场，以扩大战斗机的掩护范围；几天之后，再在巴勒莫和卡塔尼亚的主要港口附近实施登陆。

为此，"爱斯基摩人"8号计划规定，蒙哥马利的英军部队攻占东面的锡拉库萨，巴顿的美军部队夺取西北角的巴勒莫。然后，两军继续向墨西拿推进，夺取全岛。

No.2 "爱斯基摩人" 计划

巴顿自1942年11月率部参加"火炬"作战攻占摩洛哥后，便一直担任摩洛哥总督。这对于生性勇猛好动的巴顿来说，算不上美差。

1943年3月，一纸调令任命巴顿为驻突尼斯美军第2军军长。艾森豪威尔给他的临别指示是："你的使命，就是要重振第2军的士气，使其斗志昂扬。"

3个星期前，突尼斯德军向卡塞林的美国第2军发起进攻，突入阵地纵深约30公里。由于指挥失当，美军在北非首次与德军交锋便一败涂地，后撤80公里，丧失了富里亚奈、卡塞林和斯贝特拉，损失兵员3,000余人。为此，美军遭到久经沙场的英国兵的嘲笑，他们专门给美军战友们编了一首歌，叫做《太嫩了，我的盟友》。

巴顿堪称是"受命于士气低落"之时。他到任3天后，比起德国兵来，第2军的官兵们更憎恨这位军长。在他们看来，巴顿的做法只不过是"一个狂暴急躁的严厉军官的小动作"而已；那些愤慨的第2军随军记者给巴顿扣上"不民主和非美国式作风"的帽子。这种情况巴顿多少是预料到的，而且正是他需要的。他同意亚历山大的意见：第2军的状况"可怕而混乱"，至少是"意志软弱，缺乏训练"，因而特别需要严格纪律。这也正是巴顿决心要做的。

为了杜绝参谋人员上班迟到的现象，巴顿严格规定早饭要在7时30分完毕。接着，他制定了最严格的军容风纪条例，规定每个军人都必须时刻戴钢盔、扎领带、打绑腿，后勤部队亦不例外，包括护士和军械修理兵。

巴顿的改革震动了第2军，迅速改变了它原先的软弱状况。每当士兵们扎绑腿和扣上沉重的钢盔时，他就不能不想起现在指挥第2军的是巴顿，卡塞林战役以前的日子已经结束

↑1943年，时任美军第2军军长的巴顿。

了，一个艰苦的新时代已经开始……尽管这些改革并没有使巴顿赢得众望，但是却在人们的头脑中留下了不可怀疑的印记，第2军的头儿是巴顿。

巴顿说，正常人没有不怕打仗的，但纪律可以在人的心中建立起各种勇气，加上男子汉的气概，就可以取得胜利。

此后，巴顿便带着他这支整顿过纪律的部队走出低谷。在10天后的马雷斯战役中，美军第2军尽管只是配角，辅助蒙哥马利的部队在舞台中心唱大戏，但他们打得英勇顽强。

"硝烟一散，我们看到没有一个美国士兵放弃阵地一步。"巴顿自豪地指出这一点。

"乔治，我觉得现在该让布莱德雷接替你了，你应该回头去搞'爱斯基摩人'战役。"艾森豪威尔在4月的一天出乎意料地来到突尼斯加夫萨美国第2军军部，向巴顿将军宣布了他的决定。巴顿对此毫无怨言。也许就像是艾森豪威尔所说的，自己已经完成了去第2军的使命，给这个没有生气的军注入了新的活力。以后在制订"爱斯基摩人"战役计划方面，自己可能会起更大的作用，但愿能从中夺回在突尼斯战役中失掉的奖酬。去年登陆北非时，他只有一支特遣部队和一个纸上装甲军——这是美国当时能给他的全部兵力。即使在突尼斯，他手下也只有一个受英国人严密控制的第2军。

这次则不然。

西西里战役将是美国集团军首次参战。虽然这个集团军仍然是受亚历山大将军的指挥，并且要和英国蒙哥马利将军的第8集团军协同作战，但是，巴顿希望多少能按自己的意愿行事。对一个军人来说，这可是个千载难逢的良机。他居然有幸率领第一支训练有素的美国集团军参加第二次世界大战的重大战役，即便是25年前美国大名鼎鼎的潘兴将军开始远征欧洲时，手下也没有这么庞大的兵力。巴顿想到这点，便感到受宠若惊。

巴顿听说定下打西西里一仗颇费周折，英美两国的战略目标总是矛盾重重，无法统一，但他对此却实在没有什么兴趣——这些战略貌似玄妙，在他看来却是可笑之至。因为他是讲究实效的人，主要兴趣是打仗；至于在什么地方打——在意大利，在法国，还是在太平洋，这在他看来都无关紧要。

让巴顿担忧的一点是，这次又要和既冲动又自负的蒙哥马利相处，什么麻烦事都可能发生。他可不愿意卷入关于战略问题的争吵，也不愿意因为得罪处于顶峰时期的蒙哥马利而使自己参加"爱斯基摩人"战役的作用蒙受损失。他下决心等待时机，暂时保持缄默甚至圆通。他既然已经等了那么长时间，也能再等一段时间。

4月14日，巴顿奉命离开突尼斯的加夫萨，前往阿尔及尔参与策划"爱斯基摩人"战役。8号计划已得到肯定，按亚历山大将军的话说，这是个最完美计划。根据该计划，巴勒莫是巴顿进攻的目标，部队抢占该港后，以此为补给基地，一鼓作气向东推进，在墨西拿与蒙哥马利的部队会师。但是，巴顿还没来得及着手拟订自己的作战计划，"爱斯基摩人"8号计划就被推翻了。什么原因呢？原来是蒙哥马利不喜欢这个计划。

No.3 八个计划付之东流

由于阿拉曼大捷，蒙哥马利在1943年已成为举世闻名的一代名将，成为英国人交口称誉的英雄。英国人为本国英雄的诞生已经等了很长时间了。蒙哥马利终于实现了自己从小立下的志愿：他要给对他总是不满意的严母拿出个样子看看。正如他自己说的："我的童年生活教我要有本事……也教我要相信天命，而我的确这么做了。"

蒙哥马利是个至善主义者，他严于律己，洁身自好，不近女色，不抽烟，不喝酒，不打扑克，近乎于一个完美的军人。然而奇怪的是，除了他自己的部队把他当偶像崇拜外，英国其他部队对他并没有好感。从执行"火炬"计划以来，他进入英美军联合作战的环境，开始同美国人打交道。他的傲慢、自负、虚荣和刻薄得罪了联军中的美国将军，包括那些在军事上非常尊敬他的美国将军。他们看不惯他那副颐指气使的样子。他生性好指挥人，即便在他最圆通的时候，也要行使他的权威，这在他看来几乎是理所当然的。他高高在上的做法，比如他总是派参谋长德·甘冈代表他参加各种高级指挥官会议，使其他英国人和美国人都很恼火。

蒙哥马利知道自己个性乖僻，他也知道自己的个性得罪了他的上司和同级。但是他相信这么做很得体，问心无愧，而且这也正是他的美德所在。一个在他手下服役的士兵称颂第8集团军是个"兄弟大家庭"，他对蒙哥马利赤胆忠心，并为他带兵的本领所倾倒。蒙哥马利自己也喜欢这个称呼，他说："我们是武装的兄弟大家庭，我们做我们爱做的事，我们穿我们爱穿的衣。我们最关心的是胜利，以最少的伤亡去赢得胜利。我是这个大家庭的头头。对待错误，特别是造成生命损失的错误，我是非常严厉的。我不允许背离总体计划的基本原则。但我准许下级军官按自己的想法去处置具体事宜，做错了我也不介意。"

随着非洲战役的结束，盟军逐步转向西西里，蒙哥马利一方面体会到沙漠里自由自在作战的情景已一去不复返了，要学会与人共事，为了整体利益要放弃自己的许多观念；另一方面，他还是决心保证第8集团军决不打计划不周的仗，决不能让官兵作无谓的牺牲。他带领部队驰骋非洲战场，转战3,200公里，大获全胜，靠的就是这一条。

"关于进击西西里，我们已经有7个计划了，第8个计划也已出台。"这是在开罗机场迎接蒙哥马利的德·甘冈少将见面后说的第一句话。

4月23日专程从战火纷飞的突尼斯前线飞抵开罗商议"爱斯基摩人"计划的蒙哥马利听后不禁哑然失笑。

德·甘冈跟随蒙哥马利数月，加上以前多年来的了解，因此揣摩这位上司的心思还是相当准确的。第8号计划要求英、美两军登陆后，一个向北、一个向东，进击墨西拿。比较而言，英军面临的困难更大些，因为它必须克服埃特纳火山这一障碍。如果说墨西拿是意大利大门的话，那么，布满丘陵和大山群的埃特纳火山就是这扇大门的门槛。这座火山耸立在卡塔尼亚平原的北面，俯视着西西里这个三角形岛屿的东南角，恰好是英军的登陆点。如果要从南面或西面接近和占领墨西拿，就必须经过埃特纳。很明显，首先进抵墨西拿的荣誉将属于巴顿的美军，这是蒙哥马利无法容忍的。况且，巴勒莫在人们心目中是一块亮晶晶的宝石，它是古代西西里王下榻的地方，又是西西里岛的首府，从心理战上说，是个重要的目标。拿下巴勒莫，会使蒙哥马利自己在西西里岛东端的战绩受到影响。

完了，这第8号计划也要付之东流了，德·甘冈暗忖。

"那么美军呢？还在西北角登陆吗？"德·甘冈关心地问。

蒙哥马利狡黠地一笑："关于美军的登陆行动，我有我的考虑，但现在时机尚未成熟，不便提出。我们首先要做的是，马上给亚历山大打电报，表示我们不能接受对第8集团军所作的安排。我们另提出一个新计划：英军的登陆范围缩小，地点是在锡拉库萨以南与帕基诺半岛之间的适当地带。"

当天，一份长长的电报发给了亚历山大。电报要点有3条：1．所有的计划都有毛病，因为每一个人都想从自己制订的永远不可能获得成功的计划中获得好处；2．蒙哥马利坚决要求制订他自己的集团军的计划；3．第8集团军必须在锡拉库萨以南和帕基诺半岛之间登陆。

一周后，蒙哥马利从突尼斯乘飞机前往阿尔及尔，参加全面讨论"爱斯基摩人"计划的盟军首脑会议。在会上，他口若悬河，滔滔不绝地大谈他的第9号计划的好处。蒙哥马利完全控制了会场。他坦然自信，口若悬河，毫无保留，甚至谈了对美军登陆的看法。

在场的人都明白，他指的是，他在锡拉库萨登陆，而巴顿在巴勒莫登陆。

蒙哥马利知道，他的计划因未涉及部队在杰拉海湾登陆，以夺取那一带的机场而遭到特德和坎宁安的反对。他解释道："这项计划符合每一个要求，只有一个条件除外，可是这个条件却十分重要，这就是，我们没有拿下为空军所需的足够的机场，也未能阻挠敌空军去使用这些机场，以致敌空军可以干扰我海运和军事行动。这里所指的机场便是科米索至杰拉一带地区的机场。"

与会人员全神贯注地倾听蒙哥马利的意见，应该承认，他的集中兵力作战的观点是正确的。

这时，他感到使巴顿就范的时机已经成熟。

会议一结束，蒙哥马利便返回突尼斯的司令部，等待结果。5月3日午夜，亚历山大通知他，艾森豪威尔已批准了他的提议，巴顿在巴勒莫登陆的计划被撤销。第7集团军少了一个可以依托的港口，而且被指令在杰拉东西两侧的滩头开阔地带登陆。这正是蒙哥马利的主意。

No.4 夹缝

艾森豪威尔对第8号计划并不十分满意，显而易见，分散兵力的战法有被敌各个击破之风险，而任何一次突击的失败都将导致取消以后的突击。所以，他听亚历山大介绍了蒙哥马利的计划后，立即表示同意。不过，他俩心里完全明白，派给第7集团军的任务几乎是不可能完成的，而且隐藏着风险灾祸。亚历山大在这个问题上尤其坦率。

↑巴顿，在军队中出了名的坏脾气。　　　　　　　　　　　↑艾森豪威尔非常器重巴顿。

　　"风险没有平均分担，差不多全部风险都落在第7集团军头上，"亚历山大满怀歉意地对艾帅说道，"从其他方面也可以看出，美军的任务出力大，得名小。他们登陆的滩头比第8集团军登陆的滩头暴露得多，而且其中有些地段还有沙洲障碍。他们只有一个小港可以利用。第8集团军得到的是美差：夺取锡拉库萨、卡塔尼亚、墨西拿这些引人注目的目标。名字登在报上，标题比杰拉、利卡塔或西西里中部其他无名小镇的字体要大。我和我的参谋们都觉得，这种分摊任务的做法可能会引起某些不满的情绪，这是可以理解的。"

　　作为一个美国人，艾森豪威尔的感觉当然更深刻。他一听到这个计划，便本能地感到，这个正确的计划似乎是在一个傲慢的头脑里产生的。它把美国人在战役初期阶段的努力降低到次要地位。这次战役本来应当是一个证明美军已经成熟并且已经吸取了突尼斯战役经验的大好机会。但是，艾森豪威尔并不太清楚亚历山大没有明说的另一个原因。这位英国将军对于美军在卡塞林隘口吃败仗一事记忆犹新。在他的印象中，美军经验不足，作战能力不强，他总觉得把主攻任务交给经验丰富的蒙哥马利更为稳妥一些。

　　"我了解巴顿，"艾森豪威尔缓缓地说道，"他不是一个甘居次要地位的人，因此，这必然会伤害他的感情。不过，我们忠诚于共同的同盟国事业，而不是狭隘的民族利益，这是基本出发点。我曾对巴顿讲过这个意思。我不把自己看成是美国人，而看成是同盟国的人。我想，巴顿将军应该能理解这一点。"

　　话虽如此，可现在该由亚历山大把计划变动的情况告诉巴顿，这并不是件愉快的事。将心比心，要英国将领一古脑儿放弃他呕心沥血制订的计划，照美国上司的命令去担任更为艰巨的任务，英国人会作何反应？

不过亚历山大从亲身经验晓得，巴顿和蒙哥马利不同，尽管他的性格与蒙哥马利一样古怪，而且更好出风头，却没有引起人们像对蒙哥马利那样的反感。他的言行举止使他在上层不得人心，但没有人怀疑他搞独裁。在公众面前，他摆出一副美国西部铁汉子的架式，臀部挎着两支枪柄上镶有珍珠的左轮手枪。虽然他总喜欢装成铁石心肠的样子，实际上他是个很重感情、心地慈软的人。每当深受感动时，便会流泪。而且，他的一举一动给人的印象是，他是在显示个人的强硬，而不是在卖弄权威。通过突尼斯战役，亚历山大愈发认识到，巴顿是个遵纪守法的人，不会抗拒他的命令。

当亚历山大怀着窘迫不安的心情向巴顿传达了新修改的"爱斯基摩人"计划后，巴顿平静得近乎冷淡，亚历山大反而惴惴不安起来。

"喏，乔治，你也可以谈谈你的意见。你同意为你的第7集团军定的新计划吗？"

巴顿碰了一下脚跟儿，敬了个礼，只说了一句："将军，我不搞计划——我只服从命令。"

事实上，巴顿怒火中烧。他返回自己的司令部后，对参谋人员咆哮道："这就是你们的总司令不做美国人要做盟国人而使你们得到的东西。"

英国海军上将坎宁安在巴顿面前直言不讳地指责蒙哥马利的计划："毫无疑问，他的计划无异于让你们去送死。3个美国师的补给是个很棘手的问题，这涉及滩头地带的补给，每天至少要输送300吨补给品，连续几星期，靠一个小小的港口，海军根本做不到这点。你们美国应该对此作战计划提出抗议啊！"

想不到巴顿却如此回敬道："去他娘的！我已经吃了30年的军粮，对于上司的命令从来都是回答'是，长官！'然后尽力去完成。既然命令我在那里登陆，我就照办。"

尽管如此，没人怀疑巴顿这员猛将会在作战中占上风。就在大家议论蒙哥马利要在"爱斯基摩人"战役中毁掉第7集团军之时，艾森豪威尔麾下的计划官员、英国准将塞西尔·萨格登却对一位美国朋友轻蔑地说："我说老兄，你不必担心。照那样部署法，巴顿很快就会让可怜的蒙哥马利陷入重围之中！巴顿这家伙，肯定会大获全胜！"

No.5 迷惑敌人的"肉馅"

英国海军情报处第17M组的伊温·蒙塔古少校从事情报工作几年来，一直以足智多谋而见长。对于这位前王室法律顾问来说，搞情报工作简直是轻车熟路，游刃有余，因而被英国主管"双重间谍"的决策机构——双十委员会看中，成为该机构的海军部代表。得益于律师职业的训练，蒙塔古善于了解敌我双方的观点并揣摩对方的反应，这一素质使他成为担任情报工作的理想人物。他善于蒙骗德国秘密机关和德军参谋部情报局，使他们失算，有时是致命的失算。蒙塔古在这一领域中纵横驰骋，大展宏图，完成了一项又一项欺骗活动，而且从未失算过。

可是这一次，蒙塔古真有点犯难了。

经过一番周折，"爱斯基摩人"计划最终敲定了。这是历史上最雄心勃勃的两栖战役，出其不意的袭击被认为是战役成败的关键。因为盟军当时并不太清楚西西里守岛部队的实力，根据情报分析，敌人的抵抗将是很猛烈的，这将是一场艰苦的硬仗。德军就不必说了，意大利军队虽然战斗力低下，但是，在这次即将来临的军事行动中，他们是保卫自己的国土，这就不可低估了。因此，必须想方设法掩饰盟军的进攻目标，转移轴心国军队的视线。

早在1942年夏季，盟军准备实施北非登陆计划之际，双十委员会便开始考虑如何掩饰下一步行动了。

蒙塔古整日面对地中海地图苦思冥想。地中海的形状像一只计时的漏钟，腰部紧束，南有突尼斯的尖角，北有意大利的"脚趾"和西西里岛。正是由于这个缘故，也由于经常受到以西西里岛为基地的轴心国飞机的袭击，盟国马耳他护航船队付出了重大代价。基于这样的背景，盟军攻占非洲后要采取的下一个步骤是显而易见的。蒙塔古耳边又回响起首相那焦躁不安的话语："除了该死的蠢货，每个人都知道下一步是西西里。"

是啊，涉及战略方面的问题，德国最高统帅部是不需要我们来指点的。如果我们能看清下一个目标是什么，他们也一定能看清的。我们怎么才能迷惑他们呢？

"怎么样？我的少校先生，想出点眉目了吗？"同蒙塔古共同负责统筹此事的空军代表查尔斯·乔芒德莱问道。

蒙塔古若有所思地说："我反复考虑了，我们无法使德国人相信我们根本不打算进攻西西里，但我们有可能使他们相信，我们打算出奇制胜地先拿下撒丁岛，然后才挥师南下西西里岛。做得成功的话，我们甚至有可能使德国最高统帅部的专家认为，我们莽撞得不仅想吃掉这两个岛屿，而且还想同时进攻巴尔干半岛。"

"是啊！既然无法指望德国间谍的报告能使其统帅部改变它对西西里岛这样一个明显目标所进行的战略部署，我们不妨伪造一份货真价实的文件，明确无误地告诉德国人，西西里并非我们的下一个目标。"

蒙塔古笑了："你是说采用古老的间谍战术，通过把假文件交到敌人手中来蒙骗敌人？"

"问题是怎么交付这些文件！"

屋里一片沉默……

最后，乔芒德莱重重地叹了一口气："唉，放弃这个想法吧！我们根本没有办法传递给他们。"

渐渐地，蒙塔古脑海里出现了一幅清晰的图画：那里在登陆北非前不久，盟军一架飞机失事，上面的一具尸体被德国人在西班牙海岸附近发现，他们把它弄回去研究……

蒙塔古猛地一拍大腿："有了！为什么我们不弄一具尸体来，把他装扮成一名参谋部军官，给他携带一些高层官员的文件书信，以此表明我们将要进攻其他某个地方呢？"蒙塔古越说越兴奋："对，对，就这样！我们可以从某个合适的海岸把这具尸体抛入水中，使之能漂到岸边，并且看起来好像这个人是空难落海的牺牲者。"

"我看我们可以先这样干起来，"乔芒德莱精明地预见说，"因为即使采取实际行动的一切准备都就绪了，也很难说服参谋长们相信这值得一试。如果我们事先请求批准，他们会举出上千条理由，说明为什么不可能炮制一封信并且搞到一具尸体。唯一有希望的是把既成事实摆在他们面前。"

蒙塔古高兴极了，和乔芒德莱共事的时间虽不长，但相处愉快，思路一致，两人都在尽心尽力完成工作。

蒙塔古给他的计划起名为"肉馅"行动，并立即开始做第一件事：寻找一具合适的尸体。战争期间，伦敦等地不乏尸体，可是大多数的死因与因飞机海上失事而死亡的情况不相符。更为困难的是，出于安全起见，蒙塔古不能对失去亲人而悲痛欲绝的家人讲述他的真正目的，不管他怎样含糊其辞地说明这事对国家有多么重要，家人们也不愿意亲人的尸体用于什么秘密目的。好几天一无所获，蒙塔古简直懊丧得要放弃计划了。

真是天无绝人之路，最后他们从一名伦敦验尸官那里得到一具合适的男尸：30岁出头，死于肺病，他的肺叶里充满一种液体，能使人误认为是海水。德国人会发现他在落水前就死了吗？为此，蒙塔古专门请教了著名的病理学家。

"漂到哪个国家去？"专家简洁地问了一句。

"西班牙"。

"唔，那行啊。虽然这个人不是溺死的，但他肯定会灌进大量的水。人体肺部总有胸膜积液，而要辨别出它不是海水，就需要有像我一样优秀而仔细的病理学家——西班牙一个也找不出来。"专家很自信，蒙塔古大受鼓舞。

下一步该伪造信件了。蒙塔古将要点告诉英国副总参谋长阿奇博尔德·奈上将，由他拟写了一封给亚历山大将军的信。他漫不经心地在信中"不小心"泄露出盟军的计划，表明撒丁岛、科西嘉岛和希腊是进攻的目标，并打算利用西西里岛来掩护对上述岛屿及希腊的登陆作战。

蒙塔古还必须要做的一项工作是给这具尸体起个名字、授个军衔，并赋予一项使命。他决定用一个极为平常的名字和中级军衔——皇家海军陆战队威廉·马丁少校，这样不至于引起注意。他把"马丁少校"任命到联合作战参谋部工作，这样可以作为一名登陆艇专家前往北非加入地中海舰队总司令坎宁安的参谋部。

"马丁少校"随身携带了联合作战总部指挥官蒙巴顿将军写的两封信。一封是给坎宁安的，信中提到这名少校带有奈将军写给亚历山大将军的一封"非常紧急"的信，这封信"太重要了，不能用电讯发出"。蒙巴顿强调说，他将乐于"在这次进攻结束后"静候马丁的返回，又补充说"他也许会带一些沙丁鱼回来"。蒙塔古对最后一句话格外得意，因为按正常推测，德国人会把沙丁鱼认为是对撒丁岛的一种暗喻。另一封信是写给艾森豪威尔的，信中提到蒙巴顿写了一本关于联合作战的书，想请他为该书写个序言。蒙塔古相信，这三封重要人物的信件肯定会引起德国人的极大兴趣。

此外，蒙塔古没忘记把"马丁少校"装扮成一个有血有肉的人，这样更令人可信。这一切也由他身上的物品和文件来完成：他随身带有一张从珠宝店购买钻石戒指的账单，两封姑娘的情书和一张姑娘的玉照。还有电影票、俱乐部请柬等。

困难的是给"少校"弄一张身份证上的照片。有人提出从死者身上拍一张照片并且使他看上去就像活的一样，蒙塔古认为不可取。后来，他碰巧在一次会上发现一个"也许是这具死尸的孪生兄弟的人"，并劝说这个酷似"少校"的人坐下来拍了照。

"肉馅"行动准备就绪并得到丘吉尔的最后批准。1943年4月30日清晨4时30分，运送尸体的潜艇在西班牙韦尔瓦河口外1英里处浮出水面。"少校"从罐子里被抬了出来，给他穿上飞行员救生衣。然后把那些重要文件装在一个结实的带锁的公文箱内，并按照银行传送员的方式用链子拴在军服上衣的腰带上。牧师进行简短的祈祷之后，"马丁少校"被抛入海中。

当天晚上，英国驻马德里海军武官便电告英国情报机构：一名英国军官的尸体被西班牙一位渔民发现。不过，这个武官对事情内幕一无所知。在伦敦方面的敦促下，海军武官赶紧向西班牙人说明，这个少校带有一只黑色公文箱，必须迅速而完整无损地归还。西班牙当局以办理手续方面存在官僚主义作风为借口，拖了两个星期。当它最后被交还伦敦时，英国情报官员满意地发现，箱子里的东西已被翻过。尽管装有重要信件的信封是密封的，但显微镜检查表明，信的褶痕与原来的折痕不相称。英国人肯定，这些信已被当地德国特务拍照并将复制品送到柏林。

后来有迹象表明，"肉馅"行动获得成功。德国将其防御力量平铺在整个欧洲。他们不仅把兵力调往希腊，而且连交通运输和通讯联络等大批器材也都运往希腊。西西里岛守军进一步分散兵力，布雷区和防卫重点已改变到西北方向上。

然而，考虑周密的盟军司令部仍认为存在泄密的可能，这就是新闻渠道。

北非是盟军准备进攻西西里的基地，沿海滩头的每一个可能利用的地点，盟军都在进行演习。港口堆满了必需的物资，海港和海湾在接纳登陆艇。如果记者们为了给他们的报纸和广播网搜集重要材料而继续报道整个战区的活动，那么，即使盟军对进攻的地点严加保密，敌人对盟军进攻的兵力和时间也能很快作出相当准确的预测。

德国人无时无刻不在密切注视着盟军的一举一动。作战参谋出身的艾森豪威尔当然很清楚，一个训练有素的情报参谋，把报刊广播中的一些似乎无关紧要的零星情报收集起来，就能勾画出对方作战计划的轮廓。

在停战期间，记者们习惯于用推测来充实他们的报道，而且由于有了数月的战地经验，新闻记者们都有很强的判断力。艾森豪威尔并不担心国内那些远离战场自称为军事分析家的人所作的推测，他们的结论只是根据某些简略的情报作出的，没有什么实际意义。但在作战战区中，情况就不同了。

对所有的新闻报道进行严格的检查控制？那只会适得其反，也难免挂一漏万。怎么办？

↑ 远见卓识的艾森豪威尔。

艾森豪威尔决定召开战区内的记者招待会，将实情告诉他们。他认为，当一名记者把保密当作首要职责的时候，他在披露消息时就会谨慎得多。

战地记者招待会很快便举行了。记者们三三两两入座后便开始交头接耳，战区从未举行过这样的记者会，有什么重大新闻要宣布呢？

"尊敬的记者先生们，希望你们对我下面宣布的消息不要吃惊，更不要当作戏言。我只是想让你们了解事实真相后，配合一下。"

记者们全神贯注地听这位总司令讲下去。

"我们将在7月初突击西西里，巴顿将军率第7集团军攻南部滩头，蒙哥马利将军率第8集团军攻锡拉库萨以南的东部滩头。"

话音未落，全场哗然，议论声、感叹声响成一片。如此重大的机密怎么就这样轻易说出来了呢？

艾森豪威尔解释说："亚历山大将军将指挥这两个集团军。目前，我们为了摧毁德国空军，切断它的海、陆交通和削弱它的抵抗，已经进行了试验性的空袭……"

此时，会场寂静无声，气氛沉闷得令人窒息，人人屏声屏气，仿佛怕惊扰了什么。

"我们进行这样的空袭，是要使敌人误认为我们将从该岛西端进攻……我们在这次军事行动中使用的空降部队其规模要比过去战争中使用的大得多……"

盟军总司令的声音在继续，记者们心中油然升起一种庄严、自豪的感觉，这是一种怎样的神圣使命感啊！每个人都觉得自己就像是盟军司令部的一员，亲身参与了这项机密计划的制订工作。

一个月后，盟军发动了攻击。其间，从这个战区没有发出过任何带推测性的消息，也没有记者试图送出可能对敌人有用的任何资料。很多记者告诉艾森豪威尔，他们惟恐一时疏忽而犯下泄密之罪。在这次战役准备期间，他们甚至情愿彼此不讨论这个问题。

第3章
CHAPTER THREE

加紧备战

★希特勒突然扬起头来说："我也意识到赢得战争的机会已经微乎其微，我的元帅。不过西方国家决不会同我媾和的——至少现在当政的那些政治家不会。我从来就不想和西方打仗，既然西方国家硬要挑起这个战争来，那么就让他们打到底好了。"

★美军抓紧战役开始前一个月的时间，紧锣密鼓地在非洲海滩进行登陆训练演习。此外，他们还进行西西里岛诸城市的攻坚战和巷战等新科目的训练。一场鏖战即将拉开帷幕。

No.1 "拖住突尼斯"

　　5月的柏林，天空像湛蓝的大海一样，没有一丝云彩。刚刚下过一场春雨，呼吸起来令人感到格外清新爽快。一个身材结实灵活的中年人穿着一件轻便大衣，把灰色礼帽拉得几乎贴近眼睛，漫步走进柏林著名的提尔卡顿公园。

　　"那不是隆美尔吗？"有几个行人看到了他，收住脚步转过头来说。

　　"不可能是他。据报上的消息说，隆美尔还在突尼斯指挥作战呢。"

　　隆美尔嘴角掠过一丝苦笑，快步走了过去。他们一定相信了报纸上的话，希特勒下令必须千方百计使敌人相信隆美尔还在突尼斯。

　　但是，突尼斯的局势已经不可收拾了。就在昨天，5月13日，轴心国在非洲的抵抗崩溃了，德意军接连举手投降。轴心国在非洲的冒险成果转眼间便全部化为乌有。

　　从3月被解职以来，隆美尔仍惦记着非洲——这块他为之浴血奋战、耗尽心血的土地。他一直和他的副手阿尼姆保持着联系。阿尼姆向他汇报每日的形势，可是后来他歉意地写道，陆军元帅凯塞林禁止他再给隆美尔汇报情况。隆美尔极为苦恼，他知道，凯塞林曾公开对他的离职嗤之以鼻。自己目前即便还不至于声名狼藉，但的确是一名已被人遗忘的陆军元帅。现在，他这面大旗只能当虎皮吓唬敌人了。

　　然而，更让他苦恼的是，在非洲明明已是必败无疑，元首仍然固执己见，为了他那点可怜的政治面子，白白牺牲了15万德国精兵强将。这些部队如果及早撤出来用于东线战场或意大利，效果肯定好得多。可是，元首偏听了凯塞林的话，命令"必须千方百计守住突尼斯"，部队必须战斗到最后一枪一弹。

　　隆美尔不知道的是，早在阿拉曼战役结束后，希特勒便镇定自若地断言非洲注定要丢失了。他把这番话告诉了德军统帅部作战军官瓦尔利蒙将军。他接着又说，在非洲继续作战，主要是为了争取时间，尽可能不让盟军入侵西西里海峡。只要能迫使英国人和美国人绕道好望角，从漫长的海路而不是从地中海到达非沤，就可以拖住他们100万吨的船舶，这样就能防止盟军从海上过早入侵北欧。

　　在希特勒看来，只要在突尼斯作出的牺牲能推迟对西西里的入侵，那就是值得的。"拖住突尼斯，我们就能使他们对南欧的入侵推迟半年，而且能将意大利留在轴心国里。如果我们不坚守突尼斯，敌人就会不费吹灰之力在意大利登陆，由于俄国人突破了斯大林格勒，我们抽不出一兵一卒，在这种情况下，他们将越过勃伦纳打进帝国。"

　　突尼斯战役失败了，德军所有的作战会议都集中在这样一个令人忧虑的主题上：意大利遭到入侵时，德国将采取什么步骤？

　　希特勒在5月15日的作战会议上发表了两小时的秘密讲话，分析了盟军可能采取的行动。希特勒警告说："在意大利，我们唯一能依靠的就是领袖本人。越来越令人担心的是他可能被赶下台，或者被迫采取中立态度。皇室和军官团所有的领导成员、教士、犹太人以及广大的市民阶层不是对我们怀有敌意，就是和我们背道而驰……墨索里尼正在他周围安置法西斯卫队，然而真正的权力却掌握在其他人手里。"他继续说，如果盟军一旦开始入侵，他就把东线的8个装甲师和4个步兵师迅速调往意大利；不管意大利政府高兴与否，他一定要把这些部队开进意大利本土。隆美尔担任这支部队的指挥官。"今后的一两个星期有着举足轻重的意义"，希特勒宣称。

No.2 上天送来的"马丁少校"

隆美尔十分高兴地接受了这项任务，这就等于准备武装入侵意大利。终于到了同意大利人算总账的时候了。通过3年的非洲作战，隆美尔自认为将意大利人卑鄙懦弱的本性看得一清二楚。在他看来意大利人分文不值，一旦英美在意大利南部登陆，意大利人将不会作任何抵抗。那个墨索里尼已是风烛残年，精力不济，自身难保了。

接下来的几天里，隆美尔起草了4个师秘密渗入意大利北部的计划和时间表，只等接到希特勒的命令，他就亲自指挥至少16个师以上的兵力打进去，而目前他的任务是坚守意大利和德国之间的山口。尽管墨索里尼控制着意大利，但是意大利人却一直不断地构筑防御德国的边境工事。隆美尔每次乘火车经由勃伦纳山口时都注意到这一点。他们构筑了地堡，在铁路关卡和公路桥梁上安装了爆破设施。要是意大利人或别的什么人把守这些山口的话，在意大利土地上的德国士兵必遭厄运。为此，希特勒命令调遣德国防空高炮部队去保卫这些山口。如果意大利人拒绝，就伪装"英军空袭"，使用缴获的英军炸弹进行轰炸。

可以说，为防范意大利投降，希特勒采取了一切必要措施。但是，隆美尔总觉得在1943年德国地中海战略方面，元首的决策未必高明。

隆美尔一直认为，意大利人毫无价值，盟国一旦从非洲采取进一步行动，德军应该放弃撒丁岛、西西里岛、希腊大部以及比萨—里米尼一线以南的所有意大利领土，将节省下来的兵力投入到苏联战场，那里才是德国的战略重点。

德军南线总司令凯塞林元帅则持反对意见。他不愿意将这一带的空军基地拱手让与盟军，因为这样一来，德国的工业区和罗马尼亚油田都将暴露于盟军空军的打击之下。他相信，防守意大利不费什么事，意大利人将会为保卫祖国而战，只需少量的德国部队及装备，意大利人就能御敌于国门之外。

凯塞林头脑里经常会有一些异想天开的怪念头，对此隆美尔一点儿也不觉奇怪。可是，希特勒偏偏赞同他的意见，决心不放充巴尔干半岛。他下令向巴尔干再派驻6个师，从而使那里的驻军总数达到13个师。他在撒丁岛重新组建了第90师，在西西里重组了第15装甲师（这两个师均在突尼斯被摧毁），并向意大利南部派遣了赫尔曼·戈林装甲师和第16装甲师。

隆美尔大惑不解的是，元首并非不了解凯塞林的为人，他曾亲口说过："凯塞林是一个极端乐观主义者，必须谨慎，别让他的乐观主义迷住他的眼睛，看不到那冷酷的时刻。"可是，为什么还要照他的意见办？难道突尼斯战役的悲剧又要重演吗？照此下去，德国还能坚持多久呢？

　　隆美尔曾直言不讳地向希特勒提出了自己的看法，并列举了一些可怕的数字和迹象来说明这一问题："意大利的崩溃看来已经不可避免，东线的局势也不容乐观。据邓尼茨海军上将说，我们每个月都要损失30多艘潜艇，这样长此以往是不行的。当然，德国从1943年起对劳动力实行了总动员，兵器和弹药生产数量有所增长。即便如此，我们能够赶得上全世界的产量吗？特别是英、美的物质力量已经联合起来了！"

　　希特勒目光呆滞地听着，突然间他扬起头来说："我也意识到赢得战争的机会已经微乎其微，我的元帅。不过西方国家决不会同我媾和的——至少现在当政的那些政治家不会。我从来就不想和西方打仗，既然西方国家硬要挑起这个战争来，那么就让他们打到底好了。"

　　说到最后，希特勒好像又充满了自信。看着隆美尔不解的神情，希特勒忍不住笑出声来。他得意洋洋地说："我现在掌握有同盟国极端重要的情报，以后暂且不说，但巴尔干、意大利这一仗我是赢定了。"

　　前两天，希特勒收到了最高统帅部转来的参谋部情报局的一份报告，称西班牙当局发现了一具英军信使官的尸体，估计是飞机失事遇难。他们巧妙地取出了信使携带的文件进行拍照，将它们送交德国情报机构。经过仔细研究这些文件和这个马丁少校的身份，他们确认这些文件是绝对真实的，里面的情报具有巨大价值和高度的准确性。希特勒对这些情报的准确性当然也深信不疑，甚至由于它们成为他对敌情判断的佐证而洋洋自得起来。

　　突尼斯失守后，在希特勒的指令下，德军参谋部提交了一份名为《意大利退出战争后的形势概貌》的文件。该文件以德军大本营中占统治地位的观点为依据：巴尔干地区及其防御薄弱的海岸线、正在闹事的人民、丰富的地下宝藏以及由东南方对"欧洲要塞"实施突破的战略和政治企图，都是盟军将在地中海地区作战的理由。文件指出，意大利的各大岛屿很可能是盟军首批登陆目标，盟军将这些岛屿，以及意大利的南部甚至中部，作为越过亚得里亚海向北推进的跳板和桥梁。对此，必须予以重视，必须加强本国西部地区陆海空三军的防御力量，并希望战争尽可能在远离欧洲中心，即远离德国边境的地方进行，至少要加强亚平宁和巴尔干半岛的防御。作为紧急措施，必须充分利用西线的兵源，补充利用来自"突尼斯桥头堡"的兵力而组建的突击集群，因为盟军主力将由西线和地中海地区转移。

　　希特勒赞同这种判断，并基本同意其中提出的建议。但是有一点他与其参谋部和墨索里尼的看法不同，后者认为盟军的第一个攻击目标是西西里岛，而希特勒则认为是撒丁岛，并且，除了佐泽卡尼索斯群岛以外，伯罗奔尼撒半岛也是盟军在巴尔干半岛上最可能的攻击目标。

　　在5月7日的作战会议上，一名副官宣布了令人吃惊的"马丁少校"事件，并指出英国人的文件暴露了他们在占领突尼斯以后最秘密的计划：要发动两个入侵行动，一个在地中海西部，一个在伯罗奔尼撒半岛；将分别对西西里和佐泽卡尼索斯群岛发动佯攻以作烟幕。这个情报同希特勒的判断简直毫无二致，惊喜之余他不免有些心存疑虑。会议结束时，他突然转过身对约德尔的参谋官说道："克里斯蒂安，这会不会是他们故意送到我们手里的尸体？"

　　话虽如此，几天后，当邓尼茨说意大利预料英国下一步入侵西西里时，希特勒显然忘记了他先前的怀疑。

"英国人尸体上信件表明目标将是撒丁岛，"希特勒傲慢地回答，"西西里防守极为严密，光扫除我们在直布罗陀海域布下的水雷，就得花4周时间。而且，有一点已成为事实——敌人已经开始大规模轰炸撒丁岛、西西里和科西嘉的海港与铁路网。所以，我命令增援部队，包括从西西里岛抽调的部分部队，火速调往科西嘉岛、撒丁岛和希腊。德国第1装甲师急速穿越欧洲，从法国开赴希腊特里波利斯城驻守，准备从那里阻挡对希腊半岛的登陆进攻。"希特勒显出果敢的神色。

然而在罗马，无论是凯塞林还是意大利最高统帅部，谁也没有上盟军的当。为防止盟军把西西里岛作为真正攻击目标，凯塞林在6月按原计划把两个德军装甲师派往西西里岛。这两个师是赫尔曼·戈林师和第15装甲师，它们虽然只有120辆坦克，但训练有素，并带有足够20天使用的战斗给养。

守卫西西里岛的意大利第6集团军司令古佐尼将军对盟军登陆地点的估计准确得丝毫不差，他主张把这两个装甲师都配置在该岛的东南部。但凯塞林认为西西里岛西部是薄弱环节，坚持把第15装甲师大部分部署在西部，把赫尔曼·戈林师和意大利王牌"机械化"师留在东南部。守岛部队有意大利两个军（4个野战师），一个军担任西西里西部的防御，另一个军负责守卫岛的东部。意大利军只有50辆轻型坦克。在西西里，德意军总兵力大约有30万人，在7月10日那天，德军只有约2.3万人。但是在战役结束前，德军投入西西里防御的总兵力已达到6万人。

No.3 鏖战即将拉开帷幕

巴顿的第7集团军的主要作战力量是第6军。在进攻西西里岛的战役中，究竟是用布莱德雷的第2军，还是用第6军，艾森豪威尔为此颇伤脑筋。第2军尽管走过麦城，但经过实战锻炼大有长进，不仅收复了失地，而且连战皆捷。况且非洲战争已经结束，第2军可随时调过来投入作战，在这种情况下，使用没有作战经验的第6军去攻击西西里岛，委实与情理不通。艾森豪威尔与巴顿研究商榷之后，于5月15日电告马歇尔，决定令布莱德雷第2军加入巴顿第7集团军序列，第6军则编入在摩洛哥的第5集团军。艾森豪威尔继而在电报中解释："布莱德雷的指挥非常出色，有必胜的把握。我决不能拿没有实战经验的军长和部队去碰运气……"

在突尼斯，身为第2军副军长的布莱德雷同军长巴顿的关系是不错的。巴顿钦佩布莱德雷这个密苏里州乡村教师的儿子。他精通战术，能将情报、作战和后勤熟练地协调起来，执行计划全面彻底，具备一个高级将领应有的才干。性情暴躁、说话不干不净的巴顿敬重布莱德雷高尚的为人，他看出他的副军长是一位富有忘我精神、极端忠诚老实和勤勉的人。

另一方面，布莱德雷则钦佩巴顿突出的战术天才，但他认为除此之外巴顿并没有什么了不起的地方。他对巴顿奇特的凭印象打仗的方法，尤其对他明显忽视后勤工作的作风，感到吃惊，对他的那些粗俗举动、满口脏话和粗暴的态度也看不惯。巴顿强烈的表现欲，贪图权力和表彰等过火行为，在沉稳的布莱德雷看来，如果不是神经错乱，也显然是不合情理的。他们在北非第一次共事时，布莱德雷就认为，巴顿不管指挥一个军有多么成功，但并没有学会指挥自己。

现在，布莱德雷担负了突击西西里岛的主攻任务，肩头担子愈发重了，不仅要密切注视巴顿的举动，还要做好他手下两个师长的工作。

第2军参加主力突击的两位师长艾伦和米德尔顿各有短长。说实话，布莱德雷不喜欢号称"大红师"的第1师的师长特里·艾伦，他曾几次在艾森豪威尔面前表明对艾伦的看法，说对他不放心。他固执倔强，惯于自作主张，甚至不把堂堂陆军参谋长马歇尔放在眼里。占领突尼斯后，美军各部队都补充了一些英勇善战的老兵，别的师都采取了适当的纪律手段和领导措施，而艾伦对他的部队却放任自流，撒手不管。"大红师"在从比塞大到奥兰的整个北非海岸横冲直撞，胡作非为，甚至发生了械斗枪战事件，布莱德雷不得不将艾伦的部队立即调到城外去。不过，这样一个烈性师长，论指挥打仗却没人比得上。

另一位师长特罗伊·米德尔顿是第一次世界大战期间入伍的老兵，曾赴法作战连晋两级，成为美军中年纪最轻的团长。战后，他进了利文沃思堡指挥与参谋学院，曾与巴顿同窗。1937年退出现役，随后出任路易斯安那州立大学校长。1942年，海外战事吃紧，他再度应召服役，任第45师师长。布莱德雷对这位师长并不太了解，但他知道，第45师是俄克拉荷马——得克萨斯国民警卫师。按照官方陆军史家的说法，这个师训练有素，是美国陆军中最好的师。对于这一点，布莱德雷毫不怀疑。但是，第45师毫无作战经验。美军安排西西里岛战役所使用的兵力时，该师还驻扎在美国。它将携带作战装备从美国登船，几天后在奥兰附近下船，上岸休整，然后再乘船驶往西西里岛。这次作战是第二次世界大战中首次大规模两栖登陆，一开始就把毫无作战经验的第45师投入登陆作战，在布莱德雷看来简直是开玩笑。

盟军统帅部确定，除了从阿拉曼打到突尼斯的英国第8集团军外，再派6个美军师约8万人参加第一阶段的"爱斯基摩人"登陆突击行动。3个加强步兵师将担任突击滩头的任务，其中两个（4.5万人）由布莱德雷指挥，即艾伦的第1师和米德尔顿的第45师。另外一个师是卢西恩·特拉斯科特的第3加强师（2.7万人），这个师将独立执行任务，直接向巴顿负责。第82空降师第505团将空投到滩头后面第2军地域，与第1师取得联系。在岸滩后面担任第7集团军预备队的是休·加菲指挥的第2装甲师和其他一些步兵部队。整个美军部队编为西部特混舰队，由美国海军中将亨利·休伊特指挥，负责运送巴顿的第7集团军在斯科利蒂与利卡塔之间的海滩登陆。

西部特混舰队划分为3个登陆突击编队（J、D、C编队），分别运送部队在利卡塔、杰拉和斯科利蒂登陆。整个登陆滩头地区长达110公里。巴顿将军随D编队在杰拉登陆。

美军抓紧战役开始前一个月的时间，紧锣密鼓地在非洲海滩进行登陆训练演习。此外，他们还进行西西里岛诸城市的攻坚战和巷战等新科目的训练。

一场鏖战即将拉开帷幕。

第4章
CHAPTER FOUR

兵压西西里

★艾森豪威尔实在不习惯说"风力等级",对于海上作战来讲,这是一个极模糊的概念。不过,只要看看身旁坎宁安将军愈发严峻的脸色,就会明白问题的严重性:风力5级肯定比4级更糟糕!

★按照计划,攻击西西里的战役由空降兵打头阵,这是第二次世界大战中盟军第一次实施空降。1941年5月,德军在克里特岛成功地实施了空降作战,但是夜间空降,这还是第一次。

No.1 狂风来袭

1943年7月5日，巴顿从阿尔及尔秘密乘坐休伊特将军的旗舰"蒙罗维亚"号，率领他的8万士兵启航，直奔西西里。

连日来天气晴朗，海上风平浪静，到7月8日傍晚，部队集结准时完成，没发生任何意外。那天傍晚，夕阳西下，红霞满天，微风徐徐，看来是发动进攻的好时机。不料，第二天拂晓后，当大军集结在马耳他南面准备向滩头进发时，突然刮起一股强烈的北风，一霎间海浪怒吼，波涛翻腾，几乎达到天穹。下午，风力从3级增大到6级，狂风恶浪从侧面穿过登陆输送队的航线。在波涛汹涌的大海上，水兵们竭尽全力操纵舰艇，实施难度极大的机动……

在马耳他岛的盟军司令部，本来信心十足的军官们一下变得垂头丧气起来。艾森豪威尔在他的办公室里焦急地来回踱步。怎么办？地中海意想不到的坏天气使进攻西西里的作战越来越危险了。风速已加大到每小时40海里。

"报告！风力4级！长官"。

"风力5级！长官。"

气象人员穿梭般地不断前来报告天气情况。

"应该说时速多少海里！"艾森豪威尔心情烦躁，不耐烦地吼道。

他实在不习惯说"风力等级"，对于海上作战来讲，这是一个极模糊的概念。不过，只要看看身旁坎宁安将军愈发严峻的脸色，就会明白问题的严重性：风力5级肯定比4级更糟糕！

艾森豪威尔走出屋外，怀着几乎是祈求的心情看了风力计，风力还在继续加大！登陆时间预定在7月10日，即次日凌晨2时45分，若要取消这次进攻，必须在当天晚上10时半以前作出决定。召回早已开往海上的庞大的攻击舰队几乎是不可想象的，进攻计划有可能因此而全盘暴露。

"报告，马歇尔将军的急电。"参谋人员递过来一纸电文，内容再简单不过了：

"攻击是进行还是停止？"

"天啊！但愿我知道！"艾森豪威尔仰天长叹，满脸沮丧。

接着，伦敦也发来了询问同一问题的电报。

艾森豪威尔冷静下来，沉思片刻，对坎宁安说道："不要指望延期登陆。巴顿会使劲催促休伊特，他决不会让休伊特延期的。巴顿会顶着飓风登陆！"

"那么，我们该如何答复华盛顿和伦敦的询问？"

"就说天气不好，行动仍在继续。"

艾森豪威尔和坎宁安的经历大不相同——一个是来自堪萨斯州的美国陆军军官，另一个是来自苏格兰的英国皇家海军上将，一个性情随和，平易近人，另一个果敢坚定，大胆自信，但两个人之间的战斗友谊日趋加深。他们彼此信任，互相尊重，都为有对方这样一个合作伙伴感到高兴。

一个月前，他们两人曾乘坐坎宁安的旗舰仔细观察了盟军轰炸潘泰莱里亚岛的结果。这

一　一名美国伞兵正在准备在西西里上空进行空降登陆。

次空袭引起盟军指挥官的争议。

潘泰莱里亚岛位于西西里和突尼斯东北海岸之间，号称"地中海中部的直布罗陀"。轴心国的飞机能从该岛起飞袭击盟军，更重要的是盟军迫切需要这个机场，以便为进攻西西里提供更多的空中支援。

但是，很多人认为该岛是无法攻克的。它的地势完全不适宜于空降部队，而海岸线又峭壁重叠，部队只有通过岛上一个小港的人口才能登陆。于是，艾森豪威尔决定，对该岛进行连续几昼夜的猛烈轰炸，再加上强大的海军炮火的支援，迫使守岛意军不战而降。

许多经验丰富的司令官和参谋军官关切地劝告说不要实行这次军事行动，因为任何失败都会挫伤进攻西西里海岸的部队的士气。然而坎宁安将军支持他的观点，认为用微小的代价便可拿下这个地方。

他们于6月8日安全返航。3天后捷报传来：没有进行登陆作战，岛上驻军就投降了。事实证明他们的判断是正确的。强大的空军部队进抵该岛机场，进攻西西里更有保障了。艾森豪威尔和坎宁安共同分享胜利的喜悦。坎宁安的镇定自若和坚定信心感染了艾森豪威尔，在令人焦急的时刻，只有这位苏格兰海军上将能安慰盟军统帅了。

地中海风力在继续增强，气象人员预报，太阳落山时风力会大大减弱。他们确信，到午夜时分，风力将减弱到可以出航的程度。

"司令官，你来看，"坎宁安指着风向图说，"攻击东岸的英军部队处于背风，风力对他们几乎没有影响。"

艾森豪威尔最后终于下定决心，说道："我看只有这样了。即使进攻南岸的部队觉得有必要推迟登陆，攻击东岸的部队仍可以安全登陆。这与企图停止整个舰队行动的后果相比，可以减少混乱和损失。"

"唯一不利的是，英军部队显得势单力薄了。"

艾森豪威尔没有再说什么。他两眼望向窗外，除了默默地祈祷，简直一筹莫展。

傍晚，风速仍在惊人地增强，没有丝毫减弱的迹象。

不能再犹豫了。

No.2 强行登陆，西西里岛

晚上10时30分，风势减弱。与此同时，巴顿接到艾森豪威尔的电报："作战行动将如期实施……我们全体人员都盼望听到好消息……就在明天。"

当晚风势趋于平和。临到午夜，正当"蒙罗维亚"号船上的雷达接触到西西里岛海岸线时，风几乎停了。

西部特混舰队的运输舰和坦克登陆舰终于平安地在预定位置锚泊，各编队悄悄占领了阵地。这时，各舰的水兵都来到主甲板上，无论是在"蒙罗维亚"号拥挤的舰桥上，还是在舰舷最低的猎潜艇上，部队官兵们都好奇地凝视着岸上的火光和闪光，不知道是怎么回事。

原来这是盟军轰炸机和伞兵部队造成的。

按照计划，攻击西西里的战役由空降兵打头阵，这是第二次世界大战中盟军第一次实施空降。1941年5月，德军在克里特岛成功地实施了空降作战，但是夜间空降，这还是第一次。

空降计划是由盟军统帅部的英国著名专家弗雷德里克·布朗宁将军制订的。空降部队是从英军第1空降师和美军第82空降师抽调伞兵编成的；1,500名英国伞兵乘滑翔机空降；3,400名美国伞兵用运输机空投。这次行动使用了366架飞机，其中331架是美国C－47型飞机，35架是英国"阿尔比马尔斯"式飞机。英国空降部队将在锡拉库萨以南着陆，夺取一座重要公路桥；美军空降部队在杰拉东部的内陆伞降，其任务是夺取美军第1师登陆滩头的当面公路和制高点。

7月9日夜幕降临时，空军部队从突尼斯登机起飞，在地中海上空沿着复杂多变的航线飞行。366架飞机的驾驶员都是第一次参加作战的新兵，缺乏空投和水上飞行经验。大风使飞机偏离了航线，有的被迫返航，有的下落不明，还有的驾驶员过早地投放滑翔机，大约有50架掉进了大海，54架降落到西西里岛上，只有12架（载100人）接近了目标。美国伞兵的情况同样不妙。其中25架飞机错误地加入到向东海岸飞行的英军空降部队，并在诺托附近伞降。其他的飞行员被他们的前导轰炸机在西西里造成的火光搞迷惑了，规定在杰拉空降的伞兵，结果散落在沿海岸80～100公里长的地区内。只有一个营的一部分部队按原定计划在115号公路和尼谢米公路之间的交叉点着陆。另有100名左右伞兵组成的一个组，在尼谢米城南的一个大别墅周围构筑了一个坚固支撑点，控制了从该地通往杰拉的公路。

西西里岛上的人从未见过军队从天而降。在落月的余光里，空中似乎布满了伞兵，把意大利守军吓得魂飞魄散；而着陆点如此分散，反而在敌人的后方引起了普遍的惊慌和混乱。

1943年7月10日凌晨2时45分，西西里战役开始了。这是一次宏伟壮观的大规模两栖登陆作战行动，许多初次参战的美国兵不免有胆战心惊之感。他们不敢离艇进攻，只是躲在舷侧射击。有的士兵还得哄着上岸，登上滩头以后，还得一步步告诉他们怎么行动。

↓美军部队正在准备实施登陆作战。

步兵第1师的一艘登陆艇在沃尔特·格兰特少校的指挥下，在杰拉东面的滩头靠岸并放下了舰首门板，但是没有一个士兵动弹。格兰特大声嚷着，命令他们下船，但还是没人敢上岸。

"跳下去，"少校喊道，"你们想在这儿等死吗？到滩头上去！"

说着他自己先跳上岸，一个士兵随后也跳上岸，但其余的人仍踌躇不动，等着看看格兰特和那个士兵会发生什么事，看看是否比在船上安全。结果，什么情况也没发生，于是他们也跳上了岸。

上岸以后，谁也不知道该干些什么。他们不了解情况，也不知道德国兵和意大利人在什么地方。格兰特的小队未遭到任何袭击，滩头也没有一个敌人进行抵抗。看来无事可做，于是士兵们聚在一起四处转悠。最后，格兰特高声喊道：

"向前挺进！不准停！跑步！"

士兵们挤在一起向内地挺进。格兰特少校和他的副手跑前跑后，不断驱散扎堆成群的士兵。

幸亏巴顿不在场，没有见到士兵们的这副狼狈样，也幸亏他们没遇到什么抵抗，要不还不都成了缩头乌龟了。格兰特转念一想，又有点犯嘀咕，不对啊，德国人、意大利人怎么不见踪影呢？

在利卡塔的登陆也出乎意料地顺利：在美军攻打海滩防线之前，意军就已放弃了其海滩指挥所。随美国第7集团军为国际新闻社撰稿的战地记者迈克尔·奇尼戈走进空无一人的指挥所。电话铃响了，他拿起电话，用意大利语含含糊糊地问：

"喂，谁呀？"

"呵，是你呀！"他听见对方抱怨的声音："我想一切都安然无恙吧？我刚才得到报告说，美国人已经在你们那边登陆。"

"噢，没有的事，没有的事，"记者答道，他那因劳累而显得无精打采的脸，立时露出了喜色，说话的声音也变得清脆有力了，"这儿很平静，根本没有登陆这回事。"

"是啊，像这样的天气，敌人是不会来的。"

双方挂断了电话。

打电话的是一位意大利将军，第206海防师师长艾奇尔·戴哈夫特。他被美军正在他防区内登陆这一扰乱人心的报告从睡眠中叫醒，他希望这不是事实，也不相信登陆能在这样的气候条件下进行。记者的回答令他满意。

轴心国军队对这次登陆并不感到突然。看来"马丁少校"只骗过了希特勒，其他人都认为盟军的进攻目标是西西里岛，只是不知道确切的登陆点。

早在7月8日，意大利海军副参谋长桑森内蒂就告诉在意大利的德国潜艇司令，盟军随时可能在西西里登陆。7月9日3时20分，在潘泰莱里亚岛以南，盟军的一支登陆输送队被发现了。意大利海军参谋长估计，这支登陆输送队可能去马耳他加入其他登陆输送队，在风暴停息后，他们将实施登陆。7月9日16时30分，意大利的一架飞机发现了从马耳他朝北航行的5支登陆输送队。19时35分，一架德国飞机在果佐岛西北33海里处发现一支登陆输送队，并立即将这一情况上报。在20时以前，意大利空军参谋长已命令鱼雷机从撒丁岛各机场起飞，攻击这些舰船。每隔20～30分钟，就有新情况上报，这说明盟军可能在安佩多克莱港到锡拉库萨的整个地区进行登陆。

7月10日0时50分，即在美国登陆艇离开运输舰之前，西西里岛守军司令古佐尼将军命令所有部队处于紧急状态，同时下令使利卡塔和安佩多克莱港的港口障碍物处于待爆状态。此时，他更坚信自己以前的判断：盟军不会在利卡塔以西登陆。他果断地将驻守西西里西部的快速部队迅速调往东部。

幸运的是，敌人的兵力调动和宣布紧急状态并没有扩展到巴顿将要进攻的长达110公里海岸线的第一道防线上。更幸运的是，尽管轴心国统帅部根据一系列情报提出了警告，但这些警告根本没有传达到第一线防御部队，或者传达到了也未引起应有的重视。德军预备队接到警报后一小时就戒备起来，但守卫海岸的意大利部队因连续几夜戒备而疲乏不堪，9日的恶劣气候使他们大喜过望。他们想当然地认为，狂风怒涛至少会保证他们再过一个太平无事的夜晚。

德意军当局的一个失策之处是，海岸防守部队大多是西西里人。他们这样做的用意很明显：为了保卫自己的家园，这些西西里人一定会勇敢地战斗到底。但他们没想到，意军中大多数人对战争已厌倦了，像墨索里尼那样的好战狂毕竟是少数。长期以来，他们对德国人的憎恶感不断增长，他们意识到，作战愈卖力，留给他们家园的东西就愈少。

所以，盟军一登陆，意大利守军就成群结队地投降，或作鸟兽散，潜人山中、乡间，海滩防线很快就被摧毁。进攻杰拉的美军突击队报告说，该部已上午8时夺取了杰拉。内地的敌人还蒙在鼓里，利卡塔就被迅速攻下。在最右边，米德尔顿的第45师在斯科利蒂登陆，尽管遇到了沙堤和岸边岩石等障碍，但到上午9时，他们也占领了斯科利蒂。在第7集团军战区，夺取滩头的战斗似乎还没开始就结束了。

但是，再下一步，盟军的问题来了：上岸美军的手头连一门反坦克炮也没有！它们尚未运上岸。如何对付德意军的坦克反击？

敌人的坦克是两栖登陆的最大障碍，为了对付岛上的坦克，盟军的坦克和反坦克炮必须紧跟登陆部队上陆，这项任务要靠坦克登陆舰艇来完成。这些登陆舰艇可以靠上海滩。放下舰首跳板，使坦克、火炮和车辆经过跳板开到岸上。

但是，美军登陆的西西里南面的海滩不适宜军舰登陆。这里的海滩前面多有"假滩"，即沙洲上面有相当深的水，而且，在"假滩"和真滩之间有"水沟"．这种水沟像小泻湖，水深足可以淹没一辆坦克或一辆车。因此，必须要有预制器材在水沟上架桥，否则坦克登陆舰就不能将物资直接卸到海滩上去。

为此，美军采取了若干解决办法，如使用舟桥码头，把若干个标准钢制浮箱连接起来，达到适当的长度，构成一个轻便的活动码头。

此外，美军在登陆中首次使用了新式的2.5吨水陆两用汽车，它从坦克登陆舰局部驶入海中，用推进器航行上岸，然后用车轮驶入内地。这种车不大，不能装载一辆坦克，但可装载一门105毫米火炮。美国通用汽车公司管这种汽车叫"舟车"，美国士兵管它叫"水鸭"。这种汽车如同坦克登陆舰一样，在沼泽地上通行无阻，行驶不需要堤道，可以把物资从船上直接运到滩头的任何地方，甚至可以运到设在内地的补给品堆积站。

若没有"水鸭"，进攻第一天美军在滩头地区的补给便根本无法进行。不过，如果这种新式装备没有及时生产出来，艾森豪威尔也不会同意蒙哥马利这项"利己"的计划。人们都记着这样一条古老的训诫："在条件很坏的海岸上，即使一个微不足道的港口也比最好的海滩好。"

拂晓时，轴心国的飞机出现在美军战区上空，开始对水面舰只进行轰炸，美军"马多克斯"号驱逐舰和1艘扫雷艇被炸沉，英军"旅行"号信标潜艇受重创。下午，杰拉的运输舰停泊区遭到两次轰炸，驱逐舰"墨菲"号中弹受损；俯冲轰炸机对登陆海滩也进行了一次攻击，但没造成伤亡。黄昏时分，一架德国战斗机攻击滩头，炸毁了"313"号坦克登陆舰。22时，敌高空轰炸机攻击美海军舰艇，但未造成严重损失。

幸好轴心国的大部分轰炸机都是打了就跑，作战目的不明确。在登陆突击的前3天部分特混舰队实际上是没有空中掩护的。多少次部队眼巴巴地盯着天空，希望空军来解救。

但是空中没有盟军飞机，早在6月21日，巴顿与空军支援"爱斯基摩人"战役的负责人威格尔斯沃思少将和布朗宁少将会晤时，便已经要求他们提供"他认为所需要的最低限度的空军支援"，但他怀疑最终能否得到这种空军支援。

登陆战役开始后的事态发展，证明了巴顿的怀疑和担心是有道理的。当时，同盟国在使用战术航空兵问题上存在分歧。空军固执地坚持其作战原则，即以摧毁敌人交通运输线的方式，封锁登陆场，使敌人不能出入登陆地域。与此同时，他们将对敌机场实施攻击，以保证部队登陆时少受敌人的空中威胁。盟国空军认为，由于他们实行这一作战原则，就没有必要再按照舰上或岸上的对空观察人员的召唤，为登陆部队提供近距离的战术空中支援。因此他们没有参加拟订联合计划的工作，而且也不允许飞行员未经在北非的空军司令部的批准，擅自按照舰上或地面观察哨的要求提供空中支援。

空军坚持在"爱斯基摩人"战役中不顾别的兵种而独立行动，结果使步兵的作战受到很大限制。在急剧发展的战局中，这不能不说是危及巴顿胜利的一个威胁。因为，古佐尼已经纠集了一支装甲部队准备进行反击了。

很快，赫尔曼·戈林师在距第1师阵地只有几英里的地方集中了100辆中型和重型坦克。

敌人的这支力量威胁着第1师。

面对敌人的反攻，艾伦师长迫切需要更多的坦克、车辆和重型火炮来支援他的部队。但是，这些装备绝大多数还在坦克登陆舰上，沙堤和岩石把许多登陆艇阻隔在海上。侦察组未发现假滩有缺口，也未找到便于构设浮桥码头的地点，因此坦克登陆舰无法抢滩。即使杰拉码头可以使用，也只有3个浮桥码头，远远不够用的。由于这些障碍，艾伦未能把大炮和装甲车辆运上岸来。另外，由于一个团被留作预备队，加之伞兵着陆分散，未能取得联系，第1师上岸后没有后续部队。艾伦的战区显然已成为薄弱环节。

7月11日清晨，第1师担心的敌人装甲兵反击开始了。赫尔曼·戈林师兵分两路，向杰拉逼来，力图把第7集团军赶回海里。

现在一切都要看"大红师"那些骄横的家伙了。

第5章
CHAPTER FIVE

受阻的英军

★巴顿一行乘车进入杰拉市，首先视察正在与敌交战的一支美军突击队。巴顿仿佛忘记了自己的身份，也投入了战斗，并命令在场的一个海军岸上火力控制组的小伙子，联络舰炮向公路上不断开来的敌坦克开炮。效果良好。

★在登陆之前，美国伞兵部队已在杰拉后方进行了伞降。按预定计划，在7月11日夜间还将派出144架运输机进行伞降，把2,008名伞兵空降到杰拉附近的法莱洛应急简易机场。

No.1 巴顿来了

就在第1师的长官们为得到坦克和反坦克武器而忙得团团转的时候，巴顿收拾好行装，准备离开休伊特将军的旗舰去看望第1师。

这两天，他忙着处理空军支援的混乱情况和协调各进攻部队的行动，无法离开军舰一步。到现在为止，他对第1师的危险处境还一无所知。

巴顿神气十足地从旗舰登上汽艇，向岸边疾驶而去。即便在这炮火连天的战场，巴顿仍然打扮得光彩照人。他脚穿锃亮的高统皮靴，身着紧身马裤和漂亮的毛料衫，上面佩带3条勋表。腰挎装在敞开的皮盒子里的手枪，一架大号望远镜和一块地图板挂在脖子上，头戴钢盔，带子系得很牢，嘴里叼着一支大雪茄。

汽艇在离岸边不远的地方搁浅停下，巴顿涉水前进，海浪拍打着他的大腿，枪炮声一声紧似一声。走在前面开路的是副官斯蒂勒和一名手持冲锋枪的士兵，跟在后面的是巴顿的参谋长、身背卡宾枪的独眼将军霍伯特·盖伊。看着海滩上被炸毁的"舟车"和登陆艇的残骸，巴顿的心情沉重起来，看来部队打得十分艰苦。

突然，轰的一声，炮弹在离巴顿背后30米的水中爆炸了。

"没关系，霍伯特，"巴顿对盖伊将军说，"有前面这个城镇给我们遮蔽，那些杂种们是打不着咱们的。"

巴顿一行乘车进入杰拉市，首先视察正在与敌交战的一支美军突击队。巴顿仿佛忘记了自己的身份，也投入了战斗，并命令在场的一个海军岸上火力控制组的小伙子，联络舰炮向公路上不断开来的敌坦克开炮。效果良好。

由于步兵严重缺乏坦克和反坦克武器，海军和师属炮兵便承担了击溃德国坦克的重担。

上午8时30分左右，步兵第一次召唤舰炮火力。美轻型巡洋舰"萨凡纳"号第一个应召射击，向离杰拉只有3公里的蓬特奥利弗公路上的几辆德国坦克发射了24发炮弹；9时零2分又转向射击前来支援的离公路不到1英里的另一坦克群。然后，"萨凡纳"号又转向射击布特拉公路，当时敌步兵正沿着公路源源而来，因此该舰一直向那条公路射击到17时。驱逐舰"格伦农"号接到命令，要求在8时47分进行舰炮火力支援，命令说："敌人反攻。需要全力支援。"该舰向尼谢米公路发射了193发127毫米炮弹，完成了任务。

这一天仍没有空中掩护。陆军航空兵的战斗机以潘泰莱里亚岛上清晨有雾为由，没有在拂晓起飞。艾森豪威尔命令马耳他岛的英国"喷火"式战斗机给西部海军特混舰队提供空中掩护，但是两天后飞机才出动。

如果能有飞机校正弹着点，舰炮可能发挥更大的效力。随着战斗的进展，地面观察哨有时被从燃烧的麦田和建筑物腾起的烟雾挡住视线，而且观察的范围也经常受到限制。巡洋舰搭载的水上飞机虽然能很好地完成校正任务，但它们是登陆场上空德国"梅塞施米特"式战斗机极易猎击的目标，因此很快都被击落。西西里盟军急需的是那种高速战斗机，但他们却得不到。

↑巴顿（左二）趟过海水，走上了陆地。他的身前，一名记者不失时机地举起了相机。

德国人仍在步步逼近。

快中午时分，滩头作战达到高潮。许多德国坦克小分队成扇形越过平原，正向115号公路接近。显然它们打算跨过公路，扫荡登陆海滩。

派来增援的团炮连尚未赶到。德国坦克密集成小股队形从平原上冲杀而下，摧毁了美军的前哨阵地，并冲到连接海滩的沙丘地带。美军部队似乎就要被赶下海去了。但是，坚守阵地的第16团不愧为"大红师"的部队，士兵们一个个急红了眼，那股顽固倔强的劲头上来了，在舰炮火力的支援下，他们拼死守住了阵地。

中午过后，利卡塔步兵第3师派来10辆坦克，第2作战司令部又派来2辆坦克。巴顿随后来到第2装甲师，命令师长加菲封锁杰拉和步兵第1师之间的空隙地，并要求派坦克支援杰拉市内的突击队。

战斗仍在继续，但巴顿松了口气，最危急的时候过去了。被击毁的敌坦克在熊熊燃烧，巴顿确信，杰拉的滩头阵地终于守住了。在下午和黄昏，火力支援舰提供了大量的火力援助，主要目标是杰拉河以西的一片起伏地。13时16分，驱逐舰"巴特勒"号向敌坦克集中地发射了48发炮弹（这些敌坦克是在上午被击退后重新部署的）。轻巡洋舰"波依斯"号一面用水铊测深，一面驶向海滩，向蓬特奥利弗公路周围的目标进行射击，最后向内陆13公里处的尼谢米进行了齐射。17时，轻巡洋舰"萨凡纳"协助突击队员击退了从布特拉沿公路南下的意大利步兵的进攻。"格伦农"号在支援右翼的第16团的过程中，发射了165发炮弹，直到20时57分，该舰岸上控制组发出停止射击的信号为止。

舰炮的射击迫使赫尔曼·戈林师撤退。该师共损失30名军官，600名士兵，40～50辆坦克，但是仍有45辆坦克完好无损。

这是海军对单纯陆上作战的部队第一次提供及时而有效的舰炮火力支援，它使陆军高级将领放弃了长期以来对这种支援方式的偏见。舰炮虽然常常被用来掩护登陆，但在此以前，陆军总认为敌步兵和坦克不是舰炮射击的合适目标。实践证明，巡洋舰和驱逐舰上的现代火炮仰角大，能向山坡的反斜面及内陆目标进行射击。舰炮支援火力比陆上的炮兵火力要强，而且舰艇机动性大，可以在登陆最初阶段集中比陆炮更多的舰炮火力。在北非时，第1师师属炮兵便和D编队指挥官霍尔海军少将的参谋拟订了海陆军密切协同的详细计划。霍尔对他的参谋说："这项任务就是，陆军要打到哪里，就打到哪里，陆军要什么时候打，就什么时候打，而且我们能支援多远，就支援多远。"舰炮火力岸上控制组和陆军炮兵一起在岸上练习。每当岸上的陆军一发出召唤，舰炮就不再射击临时发现的目标，一切按计划办。周密的计划，辛勤的演练，终于使杰拉平原上的反坦克战成为舰炮火力支援发展史上的一个里程碑。

德意军坦克反攻的威胁被消除了，第1师的骁勇善战使美军在滩头堡站稳了脚跟，但是，这一天的不幸似乎并未结束，原因便在于空军部队没有参加制订联合计划。

在登陆之前，美国伞兵部队已在杰拉后方进行了伞降。按预定计划，在7月11日夜间还将派出144架运输机进行伞降，把2,008名伞兵空降到杰拉附近的法莱洛应急简易机场。

但是，西部特混舰队中没有一个人了解此事，时间太短，也无法通知到每支部队，因而无法及时让飞机改变飞行航线，以避开舰艇所在的海域。而盟军舰上和陆上高射炮兵经过两天的空袭，一看到飞机就想射击。如果运输机到达时，敌人正在空袭怎么办呢？

事实正是如此。7月11日杰拉的夜景好似地狱一般。燃烧的舰艇冒出的滚滚浓烟笼罩在海面上，成为敌轰炸机躲避高射炮火的最好屏障；船上燃烧的火光映照其他停泊舰艇的轮廓。21时50分至23时，德机进行了最猛烈的袭击，好像是为白天的地面败退而进行报复。曳光弹划破长空，伞降照明弹也在发光，炸弹纷纷落下，没有片刻停息。

正在这时，美国运输机来到作战区域上空。为了规避岸上陆军猛烈的防空火力，美机低空飞行，到达锚地上方时正好处在德机轰炸之下。识别信号在充满烟雾和曳光弹的夜空中已毫无用处。

其他舰船和岸上防空部队一个个都打红了眼，飞机来一架打一架，根本没想到半路会杀出美军伞降部队飞机。结果，23架运输机被岸上和特混舰队的防空火炮击落；返回的飞机也大半损伤惨重。除了318名伞兵阵亡之外，还损失了60名驾驶员和机组人员。

7月12日早上，第26团夺取了D编队的主要登陆目标——蓬特奥利弗简易机场，并在意大利军官食堂设立了团指挥所；第18团向北推进，占领了400米高的乌尔西托山；第26团占领了俯瞰里埃西公路的一座更高的山。同日，盟国空军也开始提供充分的空中战斗巡逻。甚至天未破晓，轻巡洋舰"萨凡纳"号便观察到己方飞机不断在其上方飞行，以后又看到许多"喷火"式战斗机在其周围飞行。9时36分，敌机再次来轰炸，被盟军的战斗机和高射炮驱散。这是敌人对西西里南岸美军登陆地段和登陆部队进行的最后一次空袭。

与此同时，德军第15装甲师的两个战斗队经过急行军从西西里西部抵达杰拉平原美军战线，而赫尔曼·戈林师这时已调往东面英军作战区域了，其任务是扼守卡塔尼亚平原，阻止英国第8集团军的进攻。

No.2 蒙哥马利受挫

蒙哥马利这两天兴奋异常，想不到西西里岛开局一仗打得如此顺利。看来战前自己把敌人的战斗力估计过高了。不过蒙哥马利一点也不觉得后悔，不打无把握之仗嘛，宁可谨慎从事，也不能拿着士兵的生命去冒险。战略上重视了敌人，战术上才好获胜。

这是蒙哥马利的一贯信条。他相信这是赢得胜利的基本要素，并把它点点滴滴地灌输到士兵脑子里，从而激发士兵对指挥官的信任感，鼓舞他们的士气。

第8集团军的官兵们不负他的厚望，在西西里战役中打得不错。

英国海军中将伯特伦·拉姆齐指挥的东部海军特混舰队负责运送英军在西西里岛南部的帕基诺半岛登陆，其任务是夺取锡拉库萨和诺托湾沿岸地域。英军兵力是在北非作战的原班人马——第13军和第30军。海浪同样妨碍了英军突击艇的吊放和下水。尽管英军的登陆点处于背风处，但在东部海滩操纵舰艇，困难也相当大，因而大部分登陆艇的行动落后于原定计划。幸亏这里敌人的火力很弱，否则后果不堪设想。此外，英军利用天气、情报等有利条件，达成了战术突然性，意大利野战炮兵的全体炮手尚在熟睡之中就被英军俘虏。那些开炮抵抗的敌岸炮连很快就被同盟国军舰或迅速向前推进的突击队消灭了。大批意大利岸防部队溃不成军，迅速投降。

到10日日终，第8集团军已控制了60公里的海岸线，并占领了重要港口锡拉库萨。两天后，蒙哥马利上岸了，他还在锡拉库萨海水里高兴地游了泳。

他在当天的作战日记中写道："空降旅的大部分士兵掉入海中，因而对该战未做出贡献。"而事实是，攻占锡拉库萨是由于第1空降旅在该城南面阿纳波河上的蓬蒂格兰德桥周围空降了伞兵才取得成功的。该空降旅于7月9日夜间起飞时，其实力为2,075人。飞行途中，有69架滑翔机掉到海里去了，还有56架散落在诺托湾附近40公里的地面上。只有12架落

↑ 正在向属下训话的蒙哥马利。

在目的地——锡拉库萨附近的蓬蒂格兰德桥。从7月10日6时30分开始，8名军官和65名士兵便扼守这座桥梁达12个小时，待援军开到时，他们只剩下19名幸存者。当天夜里，英军未遭抵抗就占领了锡拉库萨。这是空降部队不惜牺牲建立的功勋。

在登陆前3天内，英军就肃清了西西里岛的整个东南地带。在胜利的形势下，蒙哥马利显然又犯了骄傲自大的毛病，他接连给亚历山大发去一封封乐观的电文。但是，古佐尼及时调来德国装甲部队，阻止了英军向卡塔尼亚的进军，在这种情况下，蒙哥马利迫切需要占领卡塔尼亚南边数英里处的锡美托河上的普利马索莱桥。他命令在7月13日晚发动一次进攻，夺取这座关键桥梁。

按照蒙哥马利的命令，1,900名英国伞兵连同其反坦克武器一起被空投到普利马索莱桥。令他们大吃一惊的是，德国伞兵竟然也摇摇晃晃地空降到同一地区。原来这是德国第11空降军所属部队。

当盟军于7月10日在西西里登陆时，第11空降军军长施图登特将军立即向希特勒建议，用驻扎在法国南部的两个师在那里发动一次空降反攻，但被希特勒拒绝了。他要静观一下事态发展再作决定。盟军的这次进攻完全出乎他的意料。就在7月6日，凯塞林还认为用德军部

队加强意大利海岛的防御，定会使盟军推迟进攻日期，没想到他们还是如期开战了。

这对希特勒的战略部署很不利，除非西西里岛的德意部队在没有新的增援的情况下，就能把盟军赶回大海。所以，当时希特勒仅允许第1伞兵师从法国南部飞往意大利———一部分去罗马，另一部分去那不勒斯，而第2伞兵师仍同军长施图登特留在法国尼姆。

很快，关于西西里岛意军官兵的拙劣表现的报告送到了希特勒手里。据该地区德军旅长威廉·施马尔兹上校报告，盟军一登陆，这些意大利保卫者立刻将自己的枪炮军火炸掉，把燃料库也点着了。奥古斯塔和普里奥洛的高射炮群把全部炮弹都射进海里，并且炸毁了大炮。"7月11日下午在本旅所在地区，无论哪位将领指挥的意大利士兵都逃得一个不剩。早晨，军官们都抛弃了自己的军队，骑自行车或摩托车径直向卡塔尼亚逃走。意大利士兵或单个、或三五成群在旷野里像没头苍蝇似的四处乱撞。很多人已扔掉了武器，有些人连军服也扔掉了，穿起了蓝色斜纹粗布衣。"

希特勒气得咬牙切齿，破口大骂。凯塞林急忙飞往西西里岛视察。他的结论是，轴心国在西西里岛大势已去，失败已成定局。他所能做到的只不过是拖延时间，然后设法使德军渡过墨西拿海峡，撤到意大利本土卡拉布里亚。为了尽可能长时间地牵制尽可能多的盟军，他建议把卡拉布里亚的德军第29装甲师和驻法国南部的第1伞兵师调到西西里岛。希特勒批准了他的建议。到7月13日，德国已向西西里岛运去了16万人的部队和600辆坦克。

第1伞兵师是作为地面部队去增援西西里人数不多的德军的。该师乘飞机分批空降在德军战役后方的卡塔尼亚南部东边地段。施图登特原希望把他们空投到盟军战线后方，如果这样的话，英军伞兵或许会顺利占领那座桥。可是，德军第一个分遣队恰恰在其战线后方约3公里的地方空降，与空投在德军战线后方去打通普利马索莱桥的英国伞兵部队不期而遇。

着陆后，只有250名英军官兵聚集在空投地域，他们抢先占领了桥梁。但一天后，他们粮尽弹绝，德军把桥梁从他们手中夺了回去。

空降失败，对于蒙哥马利不啻于挨了一记闷棍，打通通向卡塔尼亚平原之路的希望落空了。显然，德国人也充分认识到阻止盟军穿过平原抵达埃特纳火山与大海之间的那条狭窄小路的重要性：这是保卫西西里的关键，因为从这条小路可直扑墨西拿。蒙哥马利的目光停在了地图上平坦的卡塔尼亚平原，也许这儿才是我们理想的空降地域。占领了整个平原，卡塔尼亚和那条羊肠小路将迅速成为我们的囊中之物。这样一来，10天内便能赢得西西里战役。

可是现在……

"唉！"蒙哥马利长叹一声，头两天的喜悦心情一扫而光。

为了阻止蒙哥马利沿东海岸公路向墨西拿推进，轴心国调兵遣将，包括赫尔曼·戈林师，从西西里岛西部开来的第15装甲师和第29装甲师在内的各路人马云集埃特纳山西南，从卡塔尼亚至恩纳构成了一道堵击第8集团军的坚固防线，阻挡了英军的前进：看来必须另辟蹊径了！

在断裂多山的西西里岛作战必须拥有可供使用的良好的公路。地图上清楚地标出，只有两条良好的公路可供第8集团军使用。一条是经过埃特纳火山的东翼侧大致向北延伸的114号公路；蒙哥马利准备让第13军来使用这条公路。另一条是向西北方向延伸，经过卡尔塔吉罗内-恩纳-莱昂福泰的124号公路，如果他的部队占领这条公路，就能够迂回驻守在卡塔尼亚平原上的德军。

可是，124号公路位于美军的作战地域内，而且，据蒙哥马利所知，美军也准备把这条公路用作进攻轴线。怎么办？

蒙哥马利默默思索着，一种回天无力的感觉紧紧地攫住他的心……唉，想不到作战计划采纳的是我的意见，在实施过程中却又不尽如我意，这是一种怎样的滋味啊！

"爱斯基摩人"的战略目标是，歼灭敌人的有生力量于西西里岛上，而不是仅仅占领意大利的一城一地。为此，蒙哥马利制订了他的总计划："两个集团军在西西里南岸一起登陆，迅速向北推进，把西西里岛分割成两半。然后，面对西面侧翼建立防线，使两军主力集中起来向墨西拿迅速挺进，阻止敌军渡海逃跑。"他的这些高见得到上峰的首肯。艾森豪威尔和巴顿甚至屈尊俯就，甘愿让美军充当第8集团军的配角。尽管如此，蒙哥马利总觉得自己的计划贯彻得不是那么得心应手。如果整个"爱斯墓摩人"战役的指挥权都归自己的话，如果自己成为该战役唯一的主人的话，那情况将会大大改观。

他曾直言不讳地向亚历山大表明了他的态度："很明显，应当由一位集团军司令和一个联合参谋部来承担军队的协同、指挥和管理。"亚历山大真是一个好上司，他接受了这个意见，甚至已经准备好交出自己的实际指挥权。没想到最后却被一贯支持英国人的艾森豪威尔否定了。他对这位心地善良的第15集团军群司令官说："计划里有两个集团军，一个是美国的，一个是英国的。这两个集团军要由你亚历山大来指挥，而不是由蒙哥马利来指挥。"

当初是我提出来将巴顿的第7集团军从巴勒莫调到英军左翼打掩护，如果再提出要占用他们的进攻路线，他们会怎么想呢？巴顿那个炮仗脾气会同意吗？他已经屈尊一次了，会再次同意吗？蒙哥马利思考再三，一个新的战略计划渐渐明朗起来。他决定让利斯的第30军沿埃特纳山西侧绕过去，再向墨西拿推进，突破轴心国对海岸公路的封锁。然后，第8集团军的两个军在墨西拿会师，合围轴心国守军。第30军完全可以代替第7集团军，沿124号公路向北直插埃特纳山西侧。至于第7集团军嘛，它可以掩护英军的后方和左翼。

当断不断，必受其乱，干！我可以来个先斩后奏，只要亚历山大将军同意我的计划就行。

第6章
CHAPTER SIX

巴勒莫计划

★巴顿非常明白这样做会给他带来什么好处。他心中已有了计划的腹稿，对外却十分谨慎，讳莫如深，不同任何人商量。他不愿使计划还未出笼就被亚历山大否决掉。他自认为可以效仿蒙哥马利的做法：先斩后奏，开始行动之后再通知亚历山大。

★7月19日，巴顿下令进攻巴勒莫。进攻初期一切顺利，参谋长盖伊松了一口气。连日来巴顿一直因为没有硬仗打而愁眉不展，现在他总算如愿以偿了。巴顿心想这一仗定能大获全胜。

No.1 巴顿的"火力侦察"

巴顿曾经设想，盟军在岸上站住脚之后，蒙哥马利沿东部沿海公路经卡塔尼亚迅速向墨西拿推进，从而切断轴心国部队逃往卡拉布里亚的退路。美第7集团军从滩头阵地经恩纳和尼科西亚迅速向北推进至北部沿海公路，然后挥师东进，直逼墨西拿。在盟军的分进合击下，轴心国守军势必成为瓮中之鳖，被迫投降。

但是，当巴顿准备按照这个设想进攻墨西拿的时候，他接到了亚历山大的指令："命你部迅速撤离124号公路，调往西边，以使第8集团军有机动的余地。"

巴顿的第一个反应是，这是一道蛮不讲理的命令，显然是以牺牲美军来使蒙哥马利摆脱困境，把美军再次排斥在主要作战行动之外。巴顿强忍怒火，心里一再告诫自己，要冷静，一定要冷静，免得授人以把柄。艾森豪威尔在突尼斯就严厉警告过他，要他控制自己的仇英心理："要像执行我的命令一样，不折不扣地执行亚历山大的命令。"就在前一天，艾森豪威尔还批评他擅离职守，后来又为空投失败一事打电报责备他。这一切使巴顿产生一种不祥的预感，要是这时再同亚历山大发生龃龉，艾森豪威尔定会解除他的职务。

巴顿下意识地盯着桌上的几张第8集团军战况公报，突然，心头渐渐豁亮起来。他看到，由于英军行动迟缓，他巴顿的机会不期而至了。欣喜之余，巴顿也为他的英国盟友深感惋惜，他们怎么会落得如此境地呢？

英国第8集团军于战役开始的第一天便进占了完好无损的大港——锡拉库萨。两天后，英国皇家海军又驶入了奥古斯塔港。至此，蒙哥马利得到了两个补给港，而巴顿却一个也没有，全靠从滩头得到支援，其中至少有一个滩头遭到德军的猛烈攻击。

然而，蒙哥马利却被敌人拖住了。由于不能实现他自己的以闪电般快速向北推进的豪言壮语，致使敌人得到重新部署部队的时间。到7月14日，一支数量少但精锐的德国部队挡住了蒙哥马利去墨西拿的通道，牵制住蒙哥马利的行动。

这显然是由于蒙哥马利指挥上优柔寡断造成的，因为他手下的将士是很有魄力的。按照他们登陆时的那股势头，早就该打到前边去了，至少这是他们留给美军官兵的印象。可是现在，这位一心想当整个西西里战役主将的英国将军的计划落空了。他非但没有按预期的速度前进，更糟的是，他似乎连突破敌人防御的办法也找不到，不得不去占用美军的进攻路线。

巴顿这么一想，心里坦然多了。他点燃了一支大雪茄，开始考虑自己的计划。对不起了，英国盟友。是你们把我挤出这个战区的，我只有向西突破了。你不让我夺取墨西拿，我就把注意力集中到巴勒莫。

巴勒莫这个港口城市位于西西里岛的西北角，离环绕埃特纳山的德军防线甚远，没有明显的战略价值，但它有着悠久的历史，带有传奇色彩，夺取这座城市定会轰动新闻界，从而给美军带来渴求已久的荣誉。在这座城市和第7集团军立足的滩头阵地之间，守军力量薄弱，所以可轻而易举夺取巴勒莫。从那里再往东，直捣墨西拿更是易如反掌。

巴顿正在遐想，布莱德雷气冲冲地来到指挥所。

"太不像话了，乔治。昨天上午，蒙哥马利的第30军连招呼也未打，就穿过我们第2军的战线，上了124号公路。可是，我的第45师正沿公路行进！他没有得到艾克和亚历山大的同意，怎敢擅自改变进攻路线……"

巴顿不紧不慢地打断了布莱德雷："非常遗憾，我的军长，我刚接到集团军群司令的指令，蒙哥马利需要占据维齐尼——卡尔塔吉罗内公路，以便穿过恩纳向前推进，完成对卡塔尼亚和埃特纳山的翼侧包抄。"巴顿的话语里有一种无可奈何的腔调，可惜布莱德雷并没有听出来，"这就是说你的步兵第45师要向西移动，让出公路。"

"什么？"布莱德雷又惊又怒，"我们离通往恩纳的主要道路已经不到1000米，现在却要把公路让给英国人。这意味着我得把整个步兵师撤回到原来的地点，实际上得一直撤到海滩，然后再挤入第1步兵师的左翼。这样一来，我们第2军的进展将被拖延好几天。"

但是巴顿似乎并不在乎，一反常态地平静。布莱德雷惊讶地瞪大眼睛，再次强调说："敌军正在仓皇后退，我不能放松压力，让他们重振旗鼓。"

"对不起，布莱德雷，"巴顿心平气和地说，"立即交换阵地，蒙哥马利马上就需要这条公路。"

巴顿非常明白这样做会给他带来什么好处。他心中已有了计划的腹稿，对外却十分谨慎，讳莫如深，不同任何人商量。他不愿使计划还未出笼就被亚历山大否决掉。他自认为可以效仿蒙哥马利的做法：先斩后奏，开始行动之后再通知亚历山大。

巴顿发现，要实现向西突破，就得先攻占意大利在这一线的抵抗中枢阿格里真托，这是通向西西里西部的门户。而它附近的安佩多克莱港距美军战线仅40公里，攻下它，巴顿就可以得到一个补给港口。第3师师长卢西恩·特拉斯科特早就催促巴顿批准他发动进攻。他通过侦察知道那里的敌军防守比亚历山大所想象的要薄弱得多。可是，亚历山大似已预料到第7集团军会不甘心打掩护，在指令中特意规定美军不得在西线擅自采取重大行动，不得进攻阿格里真托。这限制实在令巴顿恼怒，必须想个办法。

垂头丧气的布莱德雷刚离开集团军指挥所，巴顿就驱车前往第3师指挥所，向特拉斯科特转达了亚历山大的指令。看着第3师师长沮丧的脸，巴顿笑着问道："不能想个办法吗？卢西恩，能不能绕过集团军群？"

特拉斯科特听出了巴顿的鼓动意味，毫无顾忌地说出了自己的主意："你不同意，我们就不能发动重大攻击，而且根据集团军群的指令，显然你不能答应。但我可以——对不起，我可以自己做主——发动一次'火力侦察'。"

巴顿心中大喜，这个卢西恩，还真行。照书本的解释，"火力侦察"是一种严格的局部攻势，其目的有限，纯粹是为了摸清不确切的情况。

"在这次火力侦察中，"特拉斯科特说道，"需要摸清情况的地方就是阿格里真托，你说呢？"

巴顿笑得更厉害了："我什么也不说，卢西恩。没有他妈的什么好说的。"

这正中巴顿的下怀。第3师的计划使他处于超脱的地位，同时又能实现向西突破。他开始偷偷做准备工作，为巴勒莫之战临时组编了一个军。其中包括第3师、第2装甲师、第82空降师重建的第2伞兵团、1个突击队和第9步兵师的1个团。他命令集团军副司令杰弗里·凯斯少将指挥这个军。

No.2 忧心忡忡的亚历山大

正当巴顿自鸣得意的时候，亚历山大则站在整个西西里战役的高度，为消灭墨西拿半岛之敌的种种问题而忧心忡忡。显而易见，西边的德军已全部集中在墨西拿半岛，构成了一道强大的防线，不知道第8集团军能否赶在德军部署完毕之前，从埃特纳山两侧冲过去。

为此，亚历山大将军于7月16日发布命令，进一步说明最后征服西西里岛的战略。蒙哥马利将军应沿3条主要进攻轴线突入墨西拿半岛。如果第30军能抵达北海岸，将该岛截为两段，蒙哥马利便不必担心其左翼遭到攻击，从而集中全力向墨西拿挺进。

这样，第7集团军的主要任务，也是唯一的任务，便是保护第8集团军的后部。为此，巴顿应确保恩纳环状地区畅通，掩护英军左翼并向北海岸前进。

亚历山大显然还不知道第3师已夺取了阿格里真托和安佩多克莱港，他命令巴顿，只要不引起重大战斗，而且只要可能，就拿下先前禁止夺取的阿格里真托和安佩多克莱港。至于巴勒莫，亚历山大只字未提，甚至不允许美军超越阿格里真托一步。

这一次巴顿忍无可忍了，他像一个泼妇一样破口大骂。激怒他的不是因为英国人承担了夺取墨西拿的任务（为此，4条通向墨西拿的主要公路当中的3条分给英国人使用），而是因为美军承担的任务——保护蒙哥马利的后部，巴顿认为这是对美军的轻视。从北非打到西西里，难道美国人只配给英国人当保镖吗？更重要的是，这一部署必然迫使巴顿取消夺取巴勒莫的计划。

第二天，巴顿乘飞机去突尼斯见亚历山大。尽管他接到命令时气得脸色发紫，但他在突尼斯还是心平气和地向亚历山大陈述他的理由。

"鉴于敌人已被击退，"他宣称，"进一步采取进攻行动不仅是绝对必要的，而且也是全面保护蒙哥马利的左翼和后部的唯一办法。将军，我来请你解除对我的束缚，并把你的命令改成'第7集团军应迅速向西北和北面挺进，攻占巴勒莫，割裂敌军兵力'。"

亚历山大这才知道，美国人对于只让他们担任配角怀有强烈的怨气。对于巴顿这样一个烈性汉子来说，能克制到今天，并且以一种还算委婉的口气说出来，实在是不容易了。

那么，同意他的要求？亚历山大知道，他只能暂时限制他的进攻行动，不能无限期地拖下去；如果等的时间太长了，这个愣头将军大概会说"去他娘的"，然后不顾一切地出击。

可是，如果第7集团军主力西移，就会坐失良机，不能全力以赴在岛上穿插分割，同第8集团军一道实现突破埃特纳山，夺取墨西拿这一最终目标。

巴顿似乎看出了亚历山大在犹豫，在一旁不冷不热地说了一句："不让第7集团军和第8

集团军享有同等的荣誉，在政治上是不明智的。"

"那么好吧，可以照你的意见办。但一定要保留一定数量的部队完成你们的主要任务——配合第8集团军的进攻。"亚历山大的态度很勉强。不过，这两天英军在东西两侧的攻击都减弱了，他们不仅打得疲惫不堪，而且开始染上疟疾，战斗力大减。看来，打通埃特纳一线的任务对于蒙哥马利来说过于艰巨，不妨让巴顿在西面造点声势，总不能这样僵持下去。亚历山大这样想着，心中稍感释然。

有这道口头允诺就够了！7月18日，巴顿兴冲冲地赶回西西里岛，命令凯斯指挥他的暂编军第二天开始攻击巴勒莫。该军将从美军占据的南部和西南部滩头阵地向西北挺进，第2装甲师作为该军预备队，跟随暂编军前进，准备利用突破口并向西面的墨西拿进军。第2军则担负双重任务，部署在西西里岛中部到恩纳一线。其中第1师负责支援第8集团军，沿艾里米纳－佩特拉里亚－塞法卢一线与英军第30军并行向北部海岸进击；与此同时，第45师向西北方向进军，抵达北部海岸之后，如有必要，便进攻巴勒莫。巴顿实际上把第7集团军的主力引上了错误的方向。

7月19日，巴顿下令进攻巴勒莫。进攻初期一切顺利，参谋长盖伊松了一口气。连日来巴顿一直因为没有硬仗打而愁眉不展，现在他总算如愿以偿了。巴顿心想这一仗定能大获全胜。

"报告，集团军群的书面命令。"一名副官递给他一份电文。

这大概是亚历山大进一步确认两天前的口头许诺的正式命令，盖伊想着，打开了电报：

"命你部继续前进，扩大战果，但是首先要占领佩特拉里亚，然后从该地向北部海岸派遣部队，在塞法卢以西18公里处的坎波菲利斯割断该岛的交通。此项任务完成后，第7集团军全部人马应向北挺进，直插海岸，从南到北建起一道横贯西西里岛的坚强防线，以便在第8集团军绕过埃特纳山时，为其后部提供保护。只有在完成这一任务之后，第7集团军才能向该岛的西端进击。"

盖伊大为震惊！这些命令与亚历山大在突尼斯所作的口头许诺截然相反。不行，这道命令暂时不能交给巴顿，他会气疯的。再者，开弓没有回头箭，部队已踏上进攻巴勒莫的征途，不可能再将其拉回来。可是，美军又不能冒违抗上级命令的大不韪，该怎么办呢？

有了，将命令的头半部分传达给第2军，将其任务稍加改变：第1师通过佩特拉里亚向北海岸前进，在坎波菲利斯，而不是原来的塞法卢，切断该岛的交通。

于是，亚历山大分配给第7集团军的任务便全部压在了第2军肩上。这项任务十分艰巨，要同在许多孤立地区顽强固守的德军进行殊死战斗。德军目前正在有计划地边打边撤，退守埃特纳防线。

布莱德雷将军对于第2军承担的任务很失望，他本来想同第8集团军一道，加入夺取墨西拿的战斗。他完全误解了巴顿于17日拜访亚历山大的动机，以为巴顿会提议让第7集团军担负攻占墨西拿的任务。在他看来，盖伊将军19日给他的命令，意味着最坏情况的到来：第7集团军被限制在该岛的西半部，那里没有什么可攻击的目标，占领那里的小山，俘获那些驯良的农民和士气低落的士兵毫无光荣可言。正像巴顿的一名参谋军官所说，第7集团军抵达北部海岸之后，"我们就可以舒舒服服地坐在那里闲聊天，看着蒙哥马利结束这场该死的战斗。"亚历山大的命令证实了布莱德雷早先的疑虑，只有蒙哥马利才会被允许去进攻墨西拿。况且，同蒙哥马利这种人打交道，会出现无穷无尽的烦恼。

No.3 决战巴勒莫

果然，在两军并肩作战过程中，蒙哥马利不通知布莱德雷就命令利斯缩小对埃特纳山的包围圈，把恩纳留给了第2军，这就更加重了布莱德雷的负担。由于布莱德雷不知道计划突然改变，第2军一直不断向前推进，结果其左翼暴露在敌人的面前，受到了很大损失。

也难怪，蒙哥马利在这火烧眉毛的当口，一心想打出一条通路，确实顾不上事事同他的美国盟友商量了。正如战争中经常发生的那样，美军交出124号公路没有产生预想的那种效果，蒙哥马利的希望并没有成为现实。

随着盟军在岛上的突进，希特勒的战略方针逐渐有了变化。希特勒最初的想法是乘盟军立足未稳，一举将其赶下大海。为此，他将两个德国师和强大的空军及防空部队迅即派往西西里岛。希特勒声称，登陆的敌人将被赶入大海；墨索里尼则断言：敌人在首次袭击欧洲中遭到的失败所造成的道义上和军事上的不利后果，将是难以估量的。

在这个自欺欺人的计划破灭之后，希特勒马上于7月13日下了一道命令，亲自接管西西里岛的指挥权，并决定，捍卫西西里的任务只能交给德军。他甚至反对凯塞林关于现在只能是为赢得时间而战的意见，把"阻止敌人向埃特纳推进"作为主要目标。由于这一天还看不到英国人有猛攻的迹象，加上第15装甲师击退了美军在卡尔塔尼塞塔以东的一切冲击，并空投了伞兵第1师的部队，轴心国军队的处境似乎略有改善。但是仅仅两天过后，德军统帅部便认为："一切迹象均表明，西西里岛保不住了。"不管盟军的下一个目标是撒丁岛还是科西嘉岛，是意大利本土还是希腊，德国当局必须首先注意将意大利南部作为保卫巴尔干半岛的前沿阵地而坚守不放。德国人最后决定，在西西里东北部保持一个桥头堡，以便掩护德军及意军向意大利本土撤退。

就这样，地中海战场连同轴心国的未来命运，或许还有更多的东西，似乎都集中在埃特纳这个小小桥头堡上。轴心国部队正在制订一个明确的计划，并把兵力集中在一个十分适宜于防御的地区。在这样一个地区，英军的装甲部队是没有用武之地的。他们只能眼睁睁地看着巧妙地部署在山坡缝隙阵地上的德国部队而束手无策。

蒙哥马利本来打算以一个军在埃特纳火山以东沿海岸进攻，另一个军在火山以西通过莱昂堡，然后，两个军尽快前出至墨西拿海峡。但是，在敌军的坚固防御面前他一筹莫展。伞兵部队在普利马索莱桥失守，随后，英军主力部队开到，进行了3天激战，终于夺回这座桥梁。通往卡塔尼亚平原的道路是打通了，但为时已晚，英军向北推进的意图由于德军预备队不断加强抵抗而未能如愿以偿。7月17日以来，第8集团军停滞在卡塔尼亚平原上，前面是敌

↑ "二战" 期间，以投降闻名的意军士兵正在向美军缴械。

人重兵防守的埃特纳山棱堡，突入北上各山口的希望渺茫，蒙哥马利被迫把第8集团军的主力西调，以便穿过内地山区和埃特纳山周围迂回前进，这是他直捣墨西拿的唯一希望。

不料平原上疟疾流行，英军因病减员人数高达1万多人，第8集团军还从来没有因疾病而遭到如此大的损失。7月21日，蒙哥马利被迫下定在东翼转入防御的决心，等待北非援军的到来。

蒙哥马利的缓慢行动给巴顿留下笑柄。"对美军的实力和速度，亚历山大一点儿也不了解。英军昨天用一个整师攻打卡塔尼亚，结果只前进了400米。"巴顿这样嘲笑道。

作为一个优秀的战术家，巴顿在指挥战斗时总是清楚地估计到速度的价值。神速的行动常常能将敌人暂时的优势减小到最低限度，更重要的是，它可以充分利用每个有利战机，并防止敌人重新调整兵力抵挡连续的进攻。这样，只要争得速度和下定决心，每一次连续进攻就会比前一次更容易获得胜利，就能以最小的代价取得最大的战果。巴顿将这一原则坚定不移地应用于巴勒莫之战。

7月18日早晨，巴顿电告特拉斯科特："我要求你在5天之内进入巴勒莫。"这是一个苛刻的命令。该城远在160公里之外，特拉斯科特的部队得完全靠步行前往。但是巴顿相信他的部下的训练、体质、信心、斗志和熟练的指挥技能，相信他们能够做到这点。

当天下午，暂编军做好了进军巴勒莫的准备。傍晚，凯斯将军在会上宣布：进攻将于明天早晨（7月19日）5时开始。

这160公里路程的头80公里是崎岖不平的山路，然后要穿过65公里的高低起伏的内地高原地带，最后通过在西面和南面封锁着巴勒莫的多岩的高地。美军推进速度之快就像是在公路上行军。侦察部队在前面开路，几乎不费什么枪弹，就可以让意军部队放下武器投降。到第一天晚上，暂编军已占领40公里的地盘了。第二天又前进了32公里，并占领了西亚卡。

7月22日是决战的日子。美军特遣队沿海岸线挥师西进，第2装甲师也投入行动，它向东北迅速推进到巴勒莫郊外。与此同时，特拉斯科特的第3师以每小时5公里的速度从科列奥奈步行赶到城东南的阵地。

美军犹如神兵天降，突然抵达巴勒莫城门口，使守军惊慌失措。他们对战争早已厌恶至极，根本无心抵抗。第2装甲师很快进入城内，第3步兵师负责保护该城重要设施。当晚7时许，美国军官正式接受了意大利守军的投降。

攻克巴勒莫的消息传到阿尔及尔，艾森豪威尔兴高采烈。亚历山大也向巴顿发去贺电："这是一个伟大的胜利，干得漂亮。向你和你的全体优秀官兵致以最衷心的祝贺。"尽管夺取巴勒莫毫无战略价值，但政治上的意义却极为重大。进攻西西里岛以来的第一个重大胜利毕竟是美国人夺取的，这使东线的蒙哥马利黯然失色。

随后，巴顿向记者们公布了这次闪电战的统计数字：俘获敌军约4.4万人，打死打伤6,000人，击落敌机190架，缴获大炮67门。美军仅损失200余人。

"巴勒莫战役是使用坦克的典范，"巴顿得意洋洋地宣布，"我把坦克远远地放在后面，这样敌人就不知道我们将在什么地方使用坦克；而后，当步兵打开缺口时，坦克便迅速地蜂拥而入。这种方法能保证胜利，减少损失，但要成功地使用这种方法，则要有优秀的领导……"

正当巴顿在该岛西部春风得意之时，东部的蒙哥马利仍在原地踏步，既未绕过埃特纳山，也未向墨西拿前进一步。登普西的第13军在卡塔尼亚受阻，利斯的第30军在阿诺德地区陷入困境，蒙哥马利不得不从北非预备队里调来英军第78步兵师投入战斗。这样，他以近6个师的优势兵力攻击德军的3个师和一些意大利部队。但是德军占据着有利地形，易守难攻。

在西部获胜、东部受挫的情况下，亚历山大被迫改变战略，又回到占领西西里岛的原计划上来，即美军在巴勒莫登陆，而后沿北部海滨公路向墨西拿推进，与沿东部海滨公路推进的蒙哥马利的部队遥相呼应。7月23日，亚历山大向巴顿发布命令，要第7集团军以巴勒莫为补给基地，全力向墨西拿进击。

"美英军的待遇终于平等了！"盖伊兴奋地大叫道，"看着吧，只有这个战略才能使蒙哥马利摆脱困境。"

巴顿此刻却显得异常平静，也许，修改战略早在他意料之中。他向参谋长吩咐："立即解散暂编军，第82空降师去北非另有任务，加菲第2装甲师留在巴勒莫执行占领任务。其余部队返回原建制，目标——墨西拿！全力前进！"

第7章
CHAPTER SEVEN

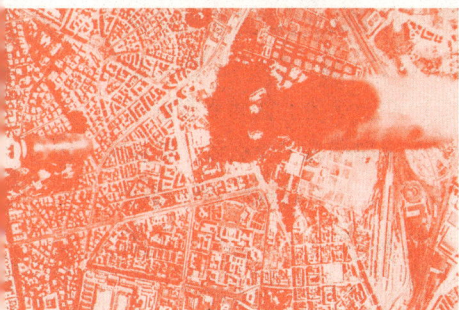

墨索里尼失势

★希特勒收到西西里战线的告急电报后，急忙乘飞机从他的大本营"狼穴"飞往伯格霍，自从西西里战役打响后，他便穿梭于这两地，同他的军事首脑们共议战事，指挥两线作战。

★墨索里尼7月20日从费尔特雷返回罗马后，立刻精神振奋起来，头脑好像也清醒了，毕竟，只要不同那个疯子希特勒在一起，他便能恢复自我。他根据若干证据，权衡再三之后，郑重其事地对安布罗西奥说："我已经决定了，给希特勒写信，要求解除同德国的联盟关系。"

No.1 墨索里尼与希特勒

希特勒收到西西里战线的告急电报后，急忙乘飞机从他的大本营"狼穴"飞往伯格霍，自从西西里战役打响后，他便穿梭于这两地，同他的军事首脑们共议战事，指挥两线作战。

此刻，他坐在座舱后边，折叠桌上摊放着一堆文件，还有刚收到的墨索里尼拍来的电报。没有哪个月份像1943年7月这样富有戏剧性和挑战性了。"城堡行动"——库尔斯克战役开始了，苏军突然发动大规模的夏季攻势，盟军侵入了意大利领土，闹不好墨索里尼被赶下台也就是这个月的事了，这正是他不愿在东线过早发动攻势的原因。他没有三头六臂，他的双手同时还得忙于解决南方的事情。真够让他焦头烂额的了。

对于西西里战局，希特勒已经想好了。他现在的战略是：无论如何必须诱使盟军向西西里岛上投入大量的援军，然后，德国空军把他们的给养供应舰炸成碎片，用饥饿迫使盟军屈服；以这种手段让形势倒转。所以，他决定带着最后通牒和墨索里尼见面，要求他：或者有效地保卫西西里——旨在以后从该地开始反攻，或者放弃它，而在意大利本土进行决战。不过，这位意大利领袖首先得加强对意大利及其武装部队的控制。

可是，他行吗？希特勒对于这位轴心国伙伴实在不敢恭维。从今年以来，墨索里尼的健康状况每况愈下，有一段时间几乎卧床不起，只能进流食，靠镇静剂止痛。在4月的那次会晤中，希特勒看得出，墨索里尼精神不振、意志消沉，在体力上已濒于崩溃。他忍受着剧烈腹痛的折磨，几乎不能讲话，看上去活像一具僵尸。没人能说清楚他到底患了什么病。希特勒不止一次地试图说服他请德国专家诊治，这样治疗成功的把握更大。但希特勒的建议遭到拒绝。他多半是心病，精神压力太大所致，希特勒这样想。他的感觉迟钝，反应迟缓。在这种情况下，更需要不断地推动他，鞭策他。

更让希特勒头疼的是墨索里尼的那种消极态度。希特勒一直希望意军能在保卫家园的战斗中打得好一些，表现英勇些，这样，他可以把大量德国师保存下来用于关键时刻。但是，意军的表现令他失望。他曾命令把施马尔兹上校关于意海军上将伦纳第在奥古斯塔所作所为的报告拿给墨索里尼看，希望能对他有所震动。墨索里尼也答应立即进行调查；不过，看得出来，他在竭力把西西里的失败归咎于德国，说德国没能满足意军统帅部的物资供应。他们自己则缩头缩脑地不肯出面同盟军拼伙。

7月13日，在德国人的一再催促下，13艘意大利鱼雷艇还真的突然出击，攻击锡拉库萨沿岸的盟军舰艇。可是返航时盟军舰艇居然完好无损，他们解释说根本没发现同盟国的舰艇。见鬼去吧！这种解释只能骗3岁的小孩。德国空军官员嘲讽道："不出所料，意大利舰队真是厚脸皮，一点也不顾及脸面。"海军方面要求立刻接管意大利海军，迫使其驱逐舰和潜水艇投入战斗。

在这方面希特勒不是没有考虑，他认为在必要的时候，不仅要接管某一部分意军，而且要全面占领意大利，解除其军队武装。不过此时此刻他还不想搞得太过火。他已经派了一名少校前往西西里，带去绝密的口头指示，命令德军第14装甲军军长胡伯将军全面接管这次战役的指

挥权，"审慎地获取"对意军的控制权。另外他还为墨西拿海峡任命了一名德国司令官；如果需要，还可以向那里的意大利炮群提供德国人员。14日，德军最高统帅部要求作好准备，以随时发动对意大利和意大利占领的巴尔干诸国的紧急闪电行动。如果意军真要向后转，德军将用武力夺取法国和意大利之间的山口要道，斯图登特将军的伞兵也将夺取勃伦纳山口。

但是现在……希特勒瞟了一眼桌上那封墨索里尼的冗长电报，不禁眉头紧锁。在电文中，墨索里尼根本不承认意军部队没有作战，反而批评德军派遣增援部队延缓误事；在结尾部分，他以一种不祥的口吻指出：

"敌人在意大利开辟了第二战线，美英军将在这儿集中力量展开巨大的攻势，他们不仅要征服意大利，而且要趁德国全力投入俄国战线之机，打开通向巴尔干之路。

我的国家作出牺牲，并不能延缓对德国的直接进攻。德国在经济上和军事上都比意大利强大。我的国家在进行了两场战争之后，于3年前参加了这场战争，在非洲、俄国和巴尔干国家将自己的资源耗竭一空，逐渐使自己筋疲力尽。

我认为，元首，我们应该共同审时度势，以便找出符合我们的共同利益以及各自利益的办法。"

他说的对，双方是该会晤一下了，更重要的是，又需要给这位意志消沉的领袖鼓劲打气了。

在1943年的初夏，墨索里尼的希望和计划全部以成功地抵抗盟军入侵意大利为基点。但他自己也明白，这实在是难以实现的。从北非失败后他就确信，轴心国已经输掉了这场战争。他考虑过和俄国人单独停战，也曾向西方列强作过试探，然而，在希特勒坚持战斗的信念和盟国无条件投降的要求下，他感到自己处于两难之中。特别是他听说盟国只愿同他的继任者谈判时，他便只有说服希特勒放弃战争这一条路了。

但是，墨索里尼太惧怕希特勒了。4月下旬，在一些身居高位的德国人的鼓励下，墨索里尼打算在拜访希特勒时，再次提出与俄国人单独讲和的可能性，但一见到希特勒，他的决心顿时化为乌有。的确，在严肃重大的问题上，他从不敢与希特勒进行面对面的斗争。结果，会谈时照例又是一连串希特勒的独白，他根本插不上话，甚至不能对任何问题持独立见解。只是在回到罗马以后，他才敢鼓足勇气责骂希特勒，并说他再也不愿像小学生一样去听那个"悲剧小丑"的训斥。

尽管如此，由于西西里战役的压力，墨索里尼不得不再次要求同希特勒会晤，并且提出多开几天会。他一定要告诉希特勒，他的国家不能再打下去了。

No.2 希特勒的蛊惑

希特勒很快决定于7月19日在意大利北部的费尔特雷与墨索里尼会谈。名曰会谈，实际上又是希特勒一人垄断了会场，他滔滔不绝地讲了两个小时，主要列举意大利在战争中的一系列缺点。在座的每一个人都强打精神听着。希特勒明确指出，意大利地面部队要为西西里和意大利南部的飞机损失负全部责任。

"由于地面部队的无能，有一天27架飞机在地面被摧毁，而另一天被摧毁了25架，这是绝对不能容忍的，"希特勒大喊大叫道，"如果五六百架飞机当中有三四百架都是在地面被摧毁的，那么这支地面部队一定不怎么样！"

墨索里尼一声不吭，看上去似乎默认这些指责是实情，实际上由于没有翻译，他显然听不大懂希特勒在讲什么。和以往一样，他要求德国人事后送一份摘要给他。

"关于西西里的战局嘛，我有两点意见，"希特勒切入了正题，"如果能确保补给线，就应该保卫西西里，并且，在适当的时机，这种防御应转变为进攻。我们准备在墨西拿集中大批的高射炮部队。在西西里打一场决定性的战斗要比在意大利本土打强得多。不知领袖意下如何？"

"哦，当然，当然，在西西里打更好。"墨索里尼干巴巴地回答道。

"如果你作出这种决定，德国就要向那里派遣大量的部队，以便于建立一道防线，随后，还应建立一道适合于进攻的阵线。在这种情况下，意大利也应该派更多的师去那里。此外，"希特勒加重了语气，"意大利的全部军队将由德国人指挥，整个意大利从高山一直到波河河谷必须由陆军元帅凯塞林接管。"

"我——我得同议会谈谈。"墨索里尼结结巴巴地说着，显出一副狼狈相。

"罗马来电！"他将一封电报送给墨索里尼。

墨索里尼看后顿时大惊失色。他猛然站起身来，焦虑地在会议室里踱着步子："罗马！罗马从今天上午11时开始，一直遭到猛烈的空袭！"这是罗马第一次遭到空袭。整个战争中，墨索里尼一直把大本营设在罗马，他深信盟国决不会攻击圣城。出于同样原因，罗马的人口不知增加了多少倍。这次轰炸实在出乎他意料。

"罗马！"他悲伤地说，"他们竟敢轰炸罗马！"

"这有什么！战争中什么事都会发生。说不定这会使你得到国外天主教徒的同情，进而帮助意大利赢得胜利。"希特勒显得无动于衷，甚至略带嘲讽。

墨索里尼只觉得头脑嗡嗡作响，希特勒又夸夸其谈了些什么，他一个字也没听进去，只看见元首在虚张声势地挥舞着臂膀，小胡子随着嘴巴的一张一合不停地蠕动着……

他们连圣城罗马都敢轰炸，还有什么事做不出来呢？完了，完了，法西斯完蛋了，意大利完蛋了！墨索里尼感到自己的意志力在逐渐崩溃、神经愈发麻痹，他开始怀疑是否他俩都有点发疯，在大难当头的关口，他们竟然还坐在这儿高谈阔论，胡言乱语。

会间休息时，意大利总参谋长安布罗西奥将军责备墨索里尼消极被动，沉默不语，提醒道："领袖，将意大利从水深火热之中拯救出来是你的责任。你应该利用这次机会，将意大利的真实情况告诉元首。意大利不能继续打下去了。"

墨索里尼满脸病态，只是呆呆地听着。他赞成安布罗西奥的意见，但他实在没有勇气向希特勒提出。

直到会晤结束，在仅有的一小时的乘火车旅行中，他才壮着胆子告诉希特勒：意大利现在承受着两个帝国——英国和美国的全部压力，的确有被这种日益增长的压力压垮的危险。

对意大利城市的轰炸不仅损害公众士气，破坏了抵抗力量，而且也毁掉了主要军工生产。国内的紧张情绪现在已达极端危险的程度了。

尽管墨索里尼还是不敢提"媾和"这个字眼，但他已经在提心吊胆地等着听希特勒的训斥了。没想到元首的口气很温和："我的领袖，我要向你指出的是，意大利的危机主要是领导危机，因此是人为的。你们的空军力量不是不行吗？我愿意为你们派遣空军援军，并再派几个陆军师保卫西西里。要知道，捍卫意大利也是德国的最高利益所在。放心吧，英国人不会坚持太久。"

恍恍惚惚间，墨索里尼似乎又听信了希特勒的劝说。说来也怪，元首的话对他仿佛独具神奇的功效，每次会晤归来，他就恢复了些元气和信心。有朝一日我将从德国人手里脱身，但现在时机未到，他这样安慰自己。

No.3 《乞丐之歌》

正当盟军上下为巴顿取得的胜利而欢欣鼓舞的时候，布莱德雷则为亚历山大指挥上的软弱和混乱、巴顿和蒙哥马利之间的勾心斗角感到悲哀。这些问题所产生的后果已远远超过了举世瞩目的攻克巴勒莫的胜利。诚然，夺得了一个港口，消灭了一支敌军，这是值得庆贺的。但由于授权巴顿挥师向西，亚历山大也使他自己的部队瓦解了，从而给德军以充裕的时间最后巩固了埃特纳防线。

巴顿的那种快速推进的战术是十分宝贵的，只可惜他前进的方向错了。他自己心里也很清楚，要不是偏离了原来的路线，他完全可以在两天之内到达西西里岛的北岸。然后他就能挥师向东，在德军加强防线以前一举攻陷墨西拿。

如果说巴顿这名勇将对战役的总目标不感兴趣、视而不见的话，那么蒙哥马利这名思维严谨、工于心计的军事家则在3个月前制订计划时便预见到，德军为保存实力，有可能通过墨西拿撤回意大利本土。当时他建议盟军在西西里攥成一个拳头，集中火力，迅速插向墨西拿。但是，他那种谨小慎微的作风使他不能按照自己的设想采取有效的行动，结果坐失良机，陷入困境。

然而，囿于自己权力所限，布莱德雷只能看在眼里，急在心上，把劲使在自己的权限范围内。第2军在中部进行一场苦战之后，迅速向北部运动。一方面从西侧加入对巴勒莫的攻击，协助巴顿攻占该城，一方面在北面稳住阵脚，以便调头向东直取墨西拿。布莱德雷命令米德尔顿第45师从西西里岛中部向西北进军巴勒莫。7月22日，即巴顿开进巴勒莫的那一天，第2军第45师的先头部队已到达巴勒莫郊外，与第3师取得了联系。该师主力于7月23日到达巴勒莫以东约30公里处的特尔米尼海岸。与此同时，第2军主力部队一直向北岸推进，其右翼第1师在恩纳地区面对险峻的地势，遭到了德军的顽强抵抗，战斗残酷，伤亡甚大，因而进展稍慢。7月23日，该师攻占了佩特拉里亚。

之后，第2军接到亚历山大和巴顿的向墨西拿进击的指令，立即掉头东进，把进攻矛头指向墨西拿。米德尔顿第45师沿海滨113号公路前进，艾伦第1师在25公里以南，沿与113号平行的112号公路同第45师齐头并进。德军逐步退到一条狭长防御地带掘壕固守。

巴顿为自己的部队感到自豪，他们一直在行军打仗，没有片刻停留坐待。尽管新闻界说什么"美军突破了意军象征性的抵抗，而英军则担负了在卡塔尼亚一带作战的重任"，巴顿却对此不屑一顾。目的正确不择手段，关键看谁最先抵达墨西拿，更何况美军的进攻路线是蒙哥马利挑剩下的。照这个势头打下去，西西里战役的桂冠必然属于美国第7集团军。巴顿对此深信不疑。

可是，从转入对墨西拿的进击以来，美军每前进一步都要经过一番激烈的争夺，前进速度越来越慢，就连艾伦第1师在浴血奋战一星期后也陷入了困境。巴顿原以为攻陷巴勒莫后，对轴心国的士气是一个重大打击，往后的仗越来越好打了。然而事与愿违，德军的防御显得越发强大起来，怎么回事？这时，前线英勇奋战的将士还不知道，7月25日墨索里尼被赶下台，德军全面接管了意大利防御，其形势发生了急转直下的变化。

墨索里尼7月20日从费尔特雷返回罗马后，立刻精神振奋起来，头脑好像也清醒了，毕竟，只要不同那个疯子希特勒在一起，他便能恢复自我。他根据若干证据，权衡再三之后，郑重其事地对安布罗西奥说："我已经决定了，给希特勒写信，要求解除同德国的联盟关系。"

说完，他长长地松了一口气，像是放下一个沉重的包袱。

安布罗西奥的反应很冷淡。墨索里尼在费尔特雷的可怜样使他最后的一线希望也破灭了，领袖不会脱离德国的。他尖锐地反驳道："在费尔特雷就已经丧失了口头表达的最后机会。没有用了！"

"你怎么能这样说话？"墨索里尼满脸恼怒。

↑法西斯头子墨索里尼，于1943年7月25日被赶下了台。

　　"是的，我再也不能参与这种危害意大利的政策了。这是我的辞呈，领袖。"

　　墨索里尼颓丧地栽倒在椅子上，似有万箭穿心，他手一挥道："你出去，你给我滚出去！"墨索里尼没想到的是，在国内，甚至在他的法西斯党内，已经出现一股强大的反对他的势头。显而易见，这个过去被他们视若神明的领袖，将他们拖入无休止的战争不说，而且越来越体力不支，智能下降，甚至失去最起码的判断能力。在他们看来，政府似乎已不存在。整个国家充斥着不安的情绪，一场潜伏的叛乱在酝酿中。甚至连那些忠于法西斯主义的记者们都公开报道说，几乎没有一个人感到还有继续战争的任何理由。墨索里尼在新闻短片中出现时，再也没有过去那种欢声雷动的场面，人们只是默不作声地观看，毫无反应。而嘲弄墨索里尼的滑稽剧《乞丐之歌》上演时，观念却报以热烈的掌声。有些工厂发生了破坏性的罢工，规模之大为20年来所未有。

至于在战争准备和指导方面，墨索里尼更是一团糟。随着盟军进攻意大利的日期愈来愈近，墨索里尼声称，他正以大部分时间组织整顿全国的防御，但实际上他几乎什么也没有做。6月11日，盟军进攻意大利的第一块领土潘泰莱里亚岛。墨索里尼亲自批准守岛部队投降，事后又否认自己该负的责任，指责指挥那场战斗的海军上将贪生怕死，叛变投敌。号称固若金汤的潘泰莱里亚岛沦陷的消息，对意大利是一个沉重的打击。内阁大臣们提议，要求墨索里尼准许他们参与更多的机密。墨索里尼却故弄玄虚，不作回答。

7月4日，墨索里尼的保证刊登在各报显著位置：计划业已制订完毕，一定要把在西西里强行登陆的一切敌人歼灭在海滩上。实际上，这样的防御计划并不存在。一星期后，盟军已经上陆并迅速向意大利内地挺进。即便如此，墨索里尼仍在打肿脸充胖子，声称他对此并不感到特别担忧，重申他已一切安排就绪，要把入侵者抛入大海。

不久，一切便已十分清楚，政府犹如一艘没有舵的船，随波逐流。墨索里尼再次拒绝回答大臣们的问题，而且心不在焉，懒散冷漠，好像精神失常似的。

盟军轰炸罗马，对意大利人来说是一次毁灭性的打击，因为他们从来就不相信有人会来轰炸这个圣地。数百架盟国飞机天天轰炸意大利的各工业中心，破坏粮食供应，炸毁工厂和公路，给全国造成了极大混乱。成千上万的罗马市民也一窝蜂地逃离了这座城市，随后全国各地爆发了要求和平的示威游行。

意大利上层人士十分清楚，墨索里尼当权的日子已屈指可数了。以司法大臣狄诺·格朗迪伯爵为首，包括墨索里尼的女婿齐亚诺在内的法西斯党反对派认为，无论如何必须推翻墨索里尼，或至少说服他交出军事指挥权。他们向墨索里尼提议召开自1939年以来一直未开过的法西斯大委员会会议，希望该委员会能履行其职能，再度成为法西斯政权的最高决策机构。

墨索里尼最终同意了他们的要求。会议于7月24日下午5点开始。墨索里尼致开幕词，之后，法西斯大委员会成员们相继发言。他们向他提出了一个简单而又极其重要的问题：到底有无胜利的可能？如果没有，是否可以实现和平以及怎样实现？

格朗迪在对墨索里尼进行了一系列攻击之后，向大会提出他的议案，要求墨索里尼全部交还被他篡夺的、由法律和宪法规定属于国王、议会、大臣和大委员会的合法权力。

齐亚诺发言表示支持格朗迪。

争论持续了近9个小时。7月25日凌晨3时左右，大会就格朗迪的议案进行表决，结果以19票对7票通过。

25日下午，墨索里尼怀着最后一线希望求助于国王，遭到国王的拒绝，并被逮捕。他在意大利实行了21年的法西斯专政就此宣告结束。

第8章
CHAPTER EIGHT

特罗伊纳的决战

★德国人在西西里有3个得到增援的师——赫尔曼·戈林师、第15装甲师和第29装甲师。此外，第1伞兵师的两个团并人了戈林师。4个意大利机动师当中，有两个齐装满员，完好无损，另两个则已被歼灭。

★坏消息接踵而至。第45师在圣斯特凡诺依然寸步难行，空军部队对美军第7集团军的支援很不协调，常常轰炸己方部队。美军伤亡惨重，减员严重。有的部队没有军官替补，只好由军士充当排长指挥战斗。伤亡人数直线上升，却得不到补充人员。

No.1 西西里的增援

从费尔特雷返回后，希特勒和德国统帅部深信这次会晤再次使他们的意大利盟友完全恢复了正常。随后几天，罗马多次向希特勒保证，为了保卫西西里，意大利"将使用一切手段"，"战斗到最后一个人"，并向意大利南部又投入了4个师：1个师在西西里，2个师在普利亚，还有1个师在卡拉布里亚。希特勒对意大利的形势又感到确有把握了，他决心满足意大利统帅部关于继续向意大利派遣德国军队的要求。准备占领意大利全国的命令取消了，原定在占领计划中任德军总司令的隆美尔于7月21日被派往希腊担任最高指挥官。德国大本营上上下下都是一片乐观气氛。

7月25日晚上，墨索里尼"辞职"的消息传到德国，希特勒大叫道："我们的最黑心肠的敌人！"消息来得太突然了。德军大本营除了认为意大利准备放下武器以外，还做不出其他的评价和决定。

希特勒连夜召开会议，商量对策。他提出：党卫军警卫师必须立即从东部战线奔赴意大利；在西西里岛的7万德国部队必须调回大陆，必要时，放弃重型装备。"他们只带手枪，用手枪也可以迅速解决意大利军"；在西西里应搞一次像1940年的"敦刻尔克一样"的撤退；第3装甲师必须夺取罗马，逮捕政府官员，绑架国王，作为保证意大利执行对德协约的人质；不论死活，必须捕获意大利政府新首脑巴多格里奥；务必救出墨索里尼，如果死了，也一定找到尸体，以免敌人陈尸示众。还有隆美尔，要查出这位赴希腊的将军现在在何地，让他立即返回元首大本营。

时间一天天过去了，德国军政要人陆续来到"狼穴"，德国人渐渐恢复了理智。他们看出来了，盟军同样被意大利的政局突变弄得不知所措，目前局势显然对德国人有利。新派去的德军部队在意大利已站稳脚跟，更重要的是，7月中下旬以来，德军在西西里打了一场漂亮仗，成功地阻止了盟军向墨西拿的推进。此外，希特勒最担心的问题也多少有了着落：巴多格里奥表示仍同德国站在一起，他曾亲口问凯塞林："你知道，陆军元帅，这个问题搞得我几夜不能入睡，怎样才能转败为胜呢？"也许他是在装模作样，但至少他不敢马上反戈一击。就凭在意大利境内驻有诸多德国驻军，他也不敢掉转枪口。

不过，希特勒很清楚，巴多格里奥的背叛只是个时间问题，一旦这一天来到，从军事上看，德国人是保卫不了意大利本土的。

7月28日，希特勒终于为解决意大利问题做出决定：武装部队从现在起将源源不断地注满意大利南方，像往轮胎里压气一样，迎击真正的敌人和对付其他意外的事变。我们现在的目的是拖延时间，尽快将西西里部队撤回意大利本土。与此同时，德国师一个个地越过勃伦纳山口进入意大利。

在前一天，凯塞林已命令西西里德军进行撤离准备，尽可能快地、尽可能安全地撤离西西里是德军的当务之急。而达到这一目的的关键，在于埃特纳狭窄的桥头堡能守住多长时间。就这样，从7月26日起，西西里的德军完全站到前台来了，他们接管了一切，加强了防

↑ 英军士兵冒着枪林弹雨拼杀在西西里战场。

御，以阻滞盟军向墨西拿——德国军队唯一的生路——进击。

此刻，德国人在西西里有3个得到增援的师——赫尔曼·戈林师、第15装甲师和第29装甲师。此外，第1伞兵师的两个团并人了戈林师。4个意大利机动师当中，有两个齐装满员，完好无损，另两个则已被歼灭。

汉斯·胡伯将军率第14装甲军司令部于7月15日抵达西西里，奉命"打一场迟滞战，为意大利本土防御赢得时间"，并且"在任何情况下都要把德国师解救出来"。他还接到指示，秘密接管该岛整个防御指挥权。8月2日，胡伯正式掌管了西西里所有轴心国作战部队的指挥权。

No.2 决心

美军7月27日占领了圣斯特凡诺和尼科西亚，而从南面开上来的第30军加拿大师则占领了阿吉拉。第15集团军群终于到达敌人主要防线的边缘了。但是，从此时直到8月6日，美军便再也未能前进一步。8月1日，第45师和第1师分别在圣斯特凡诺和特罗伊纳转人防御。

初次与德国人交手，巴顿算是有所领教了。德军善于打山地阻击战，他们过河炸桥，在盟军必经之路埋下数以万计的地雷。美军来到第8

集团军正西的特罗伊纳，竟遭到德军激烈的抵抗，不得不完全停止进攻。到了这般地步，巴顿才领悟到蒙哥马利面对的德军是多么强大了。

从亚历山大赋予美军进攻墨西拿的任务之后，巴顿便决心抢在蒙哥马利之前完成这一任务，但美军的缓慢进展及至停滞不前使他心急如焚。此时，他想到了艾伦的第1师。本来第9师的两个团奉命在巴勒莫登陆，去接替第1师，但巴顿决定让这个能打仗的师夺取了特罗伊纳之后再撤出战斗。

在第29装甲师被赶出圣斯特凡诺之后，胡伯将军便将其一部派往特罗伊纳，加强那里的防御。这是一个非常坚固的阵地，其支撑点位于弗拉特洛山，该山高达730米，控制着海岸公路和塞萨洛公路。据守特罗伊纳防线的是德军第15装甲师，它是希特勒亲自下令留在西西里的一个精锐师。他们作战顽强机智，能够出色地利用有利地形进行有力的反击。巴顿要直捣墨西拿，必须拿下这道防线。

到7月底，第1师已果敢地推进到塞拉米和特罗伊纳之间的一片洼地。7月31日，巴顿下令进攻。在南翼，第1师迅速攻占了塞拉米，到达距特罗伊纳5英里的地区。第1师猛攻德军的这一抵抗中枢，其先头部队已经推进到该市近郊。但随后即遭到德军的顽强抵抗。在这一仗中，艾伦骄傲自大的毛病妨碍了他对敌情的判断。由于他错误地低估了敌人的实力，未战先失一着，结果损失惨重。

坏消息接踵而至。第45师在圣斯特凡诺依然寸步难行；空军部队对美军第7集团军的支援很不协调，常常轰炸己方部队。美军伤亡惨重，减员严重。有的部队没有军官替补，只好由军士充当排长指挥战斗。伤亡人数直线上升，却得不到补充人员。

8月2日形势仍然没有好转。沿海岸公路东进的第3师师长特拉斯科特报告，地雷和轰炸使第3师前进速度减慢；艾伦再次报告，在德军顽强抵御下，第1师包围和攻占特罗伊纳的努力已宣告失败。

看来德国人决心坚守特罗伊纳，这大概是西西里战役中最激烈的一次战斗了。艾伦在作战中的表现令人失望。据布莱德雷讲，在如此紧张激烈的战斗中，艾伦旧习未改，仍目无纪律，擅自行动，不执行上级的命令，有时甚至公然违抗。身为军长的布莱德雷有时不得不直接过问该师的战术计划。不过在战役初期的登陆阶段，这个师打得还是不错的。也许，此次作战该师当主力冲锋陷阵，会出现疲劳过度、士气不振的状况，该把他们撤下来休整了。还有该师的师指挥官，也该考虑撤换了。不过，目前首先要考虑的是如何渡过这个难关，攻下敌人的堡垒。还是从提高士气人手吧。巴顿认为自己的伟大之处便在于具备领导和鼓动的能力。他曾不无得意地对布莱德雷说过："我是美国军队里最会在别人屁股后面推一把的人。"为此，巴顿于8月3日来到特罗伊纳前线第1师的官兵们中间。他雄心勃勃，信心百倍。可是，当他在前线度过了第一天之后，便开始怀疑自己最自鸣得意的"在别人屁股后面推一把"的本事了。

看来第1师的情况真是很糟。他们对过去的战绩自命不凡，对眼前的逆境则悲观失望。可能是因为他们在突尼斯和西西里这两次战役中都首当其冲，吃够了战争的苦头，现在已经变得感情冲动，甚至不听指挥了。终于，巴顿下了撤换艾伦及其副手的决心。可是战局不会因此而很快改观。

巴顿为目前的僵局犯愁。很久以来，美军一直受到英国人的轻视和奚落。抢在蒙哥马利之前进入墨西拿，无疑是大长美军志气的一次行动。可是照现在这个局势，美国人的希望肯定要落空了。

与此同时，英军战线则在稳步地向前推进。在蒙哥马利等待其预备部队第78师到来期间，加拿大第1师沿艾伦师南面的另一条公路发起了第三波攻击。这道攻击线的地势是整个西西里最崎岖不平的，德国人防守也很严密。但加拿大师作战勇猛，于7月22日占领了莱昂福泰，27日占领了阿吉拉，并且在第231旅的援助下，于8月2日从赫尔曼·戈林师手中夺取了雷加布托。7月25日抵达西西里的第78师也于当日占领了森图利普。到8月5日，第13军推进到了埃特纳火山与大海之间的狭长地带，第30军也推进到了火山另一侧的丘陵地带。

第8集团军的进展真是来之不易，对此蒙哥马利最清楚。他尤其赞赏加拿大第1师的优秀作战技能。该师过去从未打过仗，师长盖伊·西蒙兹少将也是个没有实战经验的青年军官，这是他第一次指挥一个师作战。为了让他的这位年轻师长不受外界干扰，指挥部队全力以赴对付第一流的德国军队，蒙哥马利还把西蒙兹的顶头上司得罪了。

那是在英军登陆后不久，驻英的加拿大第1集团军司令麦克诺顿将军同他的参谋班子于7月中旬前后抵达马耳他。这位司令官十分关心他的下属，想访问正在西西里作战的加拿大第1师。蒙哥马利毫不客气地拒绝了他的要求，甚至威胁说，如果他登陆西西里，就将他逮捕。麦克诺顿将军气愤极了，加拿大政府也被激怒了。无奈亚历山大却支持蒙哥马利的决定，他说："由于缺乏运输条件，他的决定是正确的。"

于是麦克诺顿去找艾森豪威尔抱怨了一番。艾帅所能做的只是不无歉意地告诉这位加拿大将军："我无法干涉英国与其联邦国之间的内部事务。"

为此，麦克诺顿一直耿耿于怀，不肯原谅无礼的蒙哥马利。蒙哥马利并不后悔。部队怎么能一边奉命作战，一边应酬他们的总司令毫无意义的探视呢？更何况西蒙兹也不愿在这种时候见他的本国上司。蒙哥马利用这种方式逐走了好几个与作战无关的钦差大臣之类的人物了。总之，在作战期间，他决不能容忍任何外界干扰。

蒙哥马利的这种做法得到了回报，加拿大师在西西里战役中打得十分出色。由于他们训练有素，很快就学会了战场上至关重要的作战经验，成为第8集团军中战斗力极强的师。

英军的进展大大刺激了美国第7集团军。

"布莱德雷，蒙哥马利已经渡过了萨尔索河，正向北追击赫尔曼·戈林师。我们却还在这里停滞不前，不能总这样下去。"巴顿阴沉着脸说道。

"我考虑过了，将军，有一个办法我们不妨一试。"

"快讲，是什么？"

"我们可以使用在巴勒莫的小型海军部队，对北部沿海公路之敌的防御阵地实施'蛙跳'式两栖攻击。"

"好！好！这个主意好！陆路行不通，我们就改由水路，这是我们的优势。"

"可是，这种行动是要担风险的啊，"布莱德雷担心巴顿会命令部队去实现力所不及的目标，提醒道，"我们必须严格控制行动的规模，否则部队会受到灾难性的挫折。"

"没有那么严重吧。"巴顿果然大大咧咧，仍然沉浸在热情之中。

第3师前进受阻，他已经决定进行"蛙跳"登陆，为它解围。并且，艾伦部队的作战结果只是在几个制高点上站住了脚，他还有许多工作要做。打士兵的事一眨眼已被他扔到脑后。

No.3 出其不意的行动

特罗伊纳之战打得如此艰苦，是艾伦始料未及的。该地区地形之坎坷，德军防线之坚固，都是他头一回遇到。加上美军内部经常出现盲目乐观情绪，以及情报上的误差，"大红师"在进攻头3天连吃德军几记闷棍，艾伦真有点发懵了。

攻占特罗伊纳，对这次战役太重要了。德国人从战役一开始就表明，他们必须要坚守的一道防线是沿埃特纳山南部底座延伸的防线，而特罗伊纳位于120号公路边，将这条防线从埃特纳一直延续至北部海岸。特罗伊纳无法迂回，只有占领了它，美军才能突破德军防线，直奔北海岸。换言之，攻克了特罗伊纳，整个埃特纳防线将岌岌可危。

经过艰苦战斗，艾伦的部队好不容易在8月3日占领了关键制高点巴西利奥山。中午时分，德军便开始反扑，企图夺回这一制高点，先是猛烈的炮火袭击，接着德军步兵发起进攻。美军步兵和机枪手在密集炮火有效支援下，进行顽强的抵抗，粉碎了德军企图重新夺回这一关键山头的反攻。

在进攻发起的第4天，第1师尽管没有占领特罗伊纳，但还是取得了一些重大进展。第16步兵团和第39步兵团曾一度被德军的反击击溃，但他们牢牢守住了威胁着特罗伊纳城的阵地。而占据巴西利奥山的第26步兵团可以对特罗伊纳以外的第120号公路实施远距离拦阻射击，从而破坏德军的交通运输。

8月3日晚上，艾伦命令已投入战斗的部队连同从南部调来的援军再次发起进攻。他希望在两翼部署两个团来实施钳形攻势：第18步兵团在南面，第26步兵团在北面，中央以第16和第39步兵团对该城实施正面进攻。当晚，德国第14装甲军已将其最后一支预备队派给了第15装甲师。德军撤离西西里取决于尽量长时间地守住埃特纳防线，胡伯决心尽全力做到这一点。

在特罗伊纳之战的第5天，艾伦师的处境仍然不妙。德军在120公路以北成功地发动了一次反击，美军损失惨重；公路以南的德军也顶住了美军的进攻，守住了阵地。到中午，艾伦师进攻受阻，后劲全无，迫切需要援助。

应布莱德雷将军的要求，午后，36架盟军飞机出现在空中，对德军实施大规模空袭。下午5时，第2批36架飞机再次支援步兵作战。整整一下午，美军飞机和大炮重创特罗伊纳及其周围高地的敌人。不过，阿库特山逃脱了，飞行员没有发现这个目标，但这已经足够了。盟军的空袭及强大的炮兵火力轰击压得德国人几乎抬不起头来，德军的抵抗被大大削弱了。

艾伦4个团的部队利用德军瘫痪之机迅速推进，猛攻几个俯瞰全城的高地，并且在南面取得较显著的战果：第18步兵团一部消灭了当面之敌，直捣南面的特罗伊纳通路；同时，加拿大师越过雷加布托发起攻势，渡过特罗伊纳河，牢牢控制了特曼伊纳——阿德诺公路的一段。

然而，艾伦师的优势保持时间很短。至此，布莱德雷已命令正向尼科西亚开进的埃迪第9师准备接替第1师。

至8月5日，德军的防御战还是成功的。不过，第15装甲师师长罗特将军知道，他在特罗伊纳坚持不了多久了。由于部队损耗严重，人员疲惫不堪，他请求胡伯批准他撤至5,000码外的一条新防线上，但遭到拒绝。罗特最担心的是特罗伊纳以北美军部队的威胁，尤其是巴

↓无论是城市、郊外，还是海面上，西西里到处都被战争的硝烟所弥漫。

西利奥山上的第26步兵团，他们正在攻击该城以东120号公路。为阻止美军切断他撤出特罗伊纳的唯一退路，罗特竭尽全力对付公路以北的第39步兵团。他还担心同左翼的赫尔曼·戈林师失去联系，该师在英军第30军的打击下，正缓慢地向埃特纳山退去。尽管英军对罗特左翼只作出微小的突破，但德国人在岛上已经没有后备部队了，罗特怀疑赫尔曼·戈林师能否长时间地顶住英军的攻击。

胡伯接到罗特要求后撤的电报后，曾一口回绝了他。他要遵照元首的指示，待更多的部队撤到东北部之后，再考虑撤退问题。他担心后退一步，就会再也顶不住盟军的推进而一路败退下去。可是现在来看，形势十分严峻，不退不行了。

到8月5日晚，德军整个战线局势紧张：第15装甲师的作战效能大大降低，没有后备队，盟军已突破塞萨罗地区的埃特纳防线，有可能在德军的后部实施登陆。于是，胡伯接受了罗特的建议，决定撤到一条较短的防线去。这条防线从埃特纳山后东海岸的加利延至北海岸的奥兰多角。胡伯命令部队边打边撤，他希望在新防线能再坚守一星期的时间。8月5日夜，德军战线东部和中部地段的部队开始奉命撤走。东海岸的赫尔曼·戈林师实际上在8月4日晚间便开始从卡塔尼亚撤退，只留一支后卫队在第二天上午抵御英军。

8月5日晚，罗特开始将其部队从特罗伊纳撤走，沿120号公路向塞萨罗移动。8月6日夜幕降临时，罗特的部队在塞萨罗西部占领防线，而大部分重型装备已经上路前往墨西拿，准备撤离西西里岛。

尽管盟军巡逻队已发现德军的撤退迹象，但艾伦吃够了苦头，仍小心翼翼地制订了8月6日的进攻计划。计划人员详细规定了骚扰和火力准备的任务；参谋人员要求至少派72架轰炸机轰炸特罗伊纳东面最后半英里的公路，并对远至兰达佐的公路进行扫射。不过，艾伦还是将进攻时间延至中午，如果德国人真的在撤退，那就最好让他们走。

进攻计划确实已没必要实施了。8月6日拂晓，德国人已撤退一空。8点以后，第16步兵团巡逻队进入特罗伊纳，只遇到了零星抵抗。

特罗伊纳遍地尸体，满目疮痍，只有几百名市民出来迎接美国人，大部分人已逃到山里。空气中充满灰土和尸体的恶臭，碎砖烂瓦堵住了一条街，一枚90公斤的炸弹躺在教堂中央，尚未爆炸。

当天下午，艾伦将该地区移交埃迪将军，之后，第47步兵团绕过特罗伊纳前往塞萨多。艾伦也交出了指挥权。他和他的副手罗斯福将"大红师"交给了许布纳少将和怀曼上校。艾伦将军将返回美国指挥第104步兵师，后来他率领该师在西北欧打得十分出色；罗斯福将军先是在意大利担任第5军联络官，后来任第4步兵师副师长参加1944年的诺曼底登陆，获荣誉勋章。

特罗伊纳之战结束了，留给艾伦的是一段不堪回首的经历。他足足花费了得到1个团加强的第1师一个星期的时间，去消灭最初以为仅用1个团就能消灭的德国人。如7月底的情报估计能更准确的话，如果艾伦在首次失利后能抓紧时间投入更多的兵力，而不是等待观望的话，仗也许不至于打得如此艰苦，部队消耗也不会如此之大。这个缺憾只有留待以后去弥补了。

第9章
CHAPTER NINE

攻克墨西拿

★巴顿又举手打了他一巴掌，把他的钢盔打落在地滚进旁边的帐篷里。然后，巴顿对管理病房的军官大嚷着："你绝对不能收留这个狗杂种，他根本没有病。我不允许医院里塞满了这些怕打仗的胆小鬼。"

★英国第8集团军在东部打得也不太顺利，在通过兰达佐的公路直接进军墨西拿的途中受到德军的阻击。蒙哥马利不得不花费时间重新集结部队，以便沿东部海岸进行一次更大规模的攻击。应该说是蒙哥马利的谨慎使他又一次失去了夺取墨西拿的机会。

No.1 第一次"蛙跳"

在德军开始撤离特罗伊纳的那一天，巴顿将指挥所移到海边的一片橄榄树林。这里离前线更近了，已处于敌军炮火射程之内。指挥所刚安顿好，德军就开始炮击，弹片呼啸着从头顶上空飞过。盖伊有些着急：

"将军，我们是不是太靠前了？这太危险了。"

"不，只能这样。我必须尽可能地接近'蛙跳'进攻地点。"巴顿眼皮都不眨，但他内心并不平静。他焦虑的不是自己的危险处境，而是特拉斯科特的第3师进展缓慢。

特罗伊纳之战打响后，第3师抵达圣斯特凡诺，占据了处于第2军北部进攻轴线上的第45师的阵位。像艾伦一样，特拉斯科特也面对崎岖的山地和顽固的敌人。从利卡塔到巴勒莫，第3师基本上是在地势平坦的地区作战，有机动的空间，有补给公路铁路以及可供选择的前进路线。现在一切都变了。113号沿海公路状况良好，地面坚硬，可以容纳两路军车并行，不像西西里其他公路那样狭窄。但是，它的转弯处很多，适于设置路障。在公路的内陆一面，有几条横向公路，它们通常截止在群山里，是死路。这样，特拉斯科特将军只能让其主力或者沿公路前进，或者穿过卡洛涅山北坡，迂回德军沿海防线。

另一方面，德军则具备几个有利条件：他们可以通过火力射击，破坏道路和敷设地雷等手段阻止美军使用公路；他们还可以沿山峡深处的若干山脊线，布置几块防御阵地，迟滞美军的内陆运动。为此，特拉斯科特决定，第3师主力穿过山峦前进，其余部队沿公路推进，从而对敌人不断实施压力。但是，几天来第3师的进展并不顺利。

尽管有种种不利因素，但特拉斯科特将军有一张艾伦所没有的王牌：可以实施两栖登陆。北海岸沿线的敌人无论在哪儿立足，都容易受到这种作战的打击。早在7月30日，巴顿和布莱德雷便打算实施这种两栖作战，协助第45师攻克敌人的圣斯特凡诺阵地，但敌人先撤退了，他们只好取消了这项计划。8月3日，巴顿决定利用海军第81特遣队运送部队登陆，援助第3师。考虑到船只有限，一次只够运送一个加强营，第7集团军选择了4个登陆点，均位于预想的敌防线之后。

"司令，我想具体登陆时间交由我们第2军来决定，因为这涉及到小型登陆部队与第3师主力能否尽早会合。"布莱德雷显然担心巴顿在实施这一计划时过于急躁鲁莽。

"好吧，那你就全权指挥参战部队，注意与特拉斯科特协调。"巴顿表示同意。

第3师师长受领任务后，选择莱尔·伯纳德中校的第30步兵团第2营实施该作战。两栖部队预定在罗斯马里诺河以东的特拉诺瓦附近登陆，然后进击内陆，夺取巴布佐山，切断沿海公路，使守卫圣弗拉特洛山脊的德军陷于困境。

8月8日凌晨1时50分，海军特遣队运载登陆部队离岸。得到两个炮连，1个中型坦克排和1个工兵排加强的伯纳德第2营部队于2时30分开始登陆。半小时后已有两个连向内陆1英里外的高地挺进。到4时15分，所有登陆部队及车辆装备都已送上岸。

这次登陆达到了突然性效果，德国兵正在熟睡中便被抓获。4时30分，滩头阵地得到巩

↑一组美军在西西里战斗的画面。

固，先头连开始向内陆他们认为是巴布佐山的高地前进。这时，伯纳德中校才意识到，他们的登陆点错了，不是在罗斯马里诺河以东的特拉诺瓦附近，而是在该河以西，靠近圣阿加塔，这样，他们就无法同第3师主力会合。于是，伯纳德及时改变计划，决定占领该河两岸的高地，一方面占据有利的防御阵地，另外也可以为在岛上发起正面进攻的主力部队提供掩护。

由于这次登陆突击发动太晚，未能切断德军第29装甲师的退路，在美军登陆时，该师已经撤退了。当晚，第3师接近罗斯马里诺河，重新恢复了沿北岸的推进。

巴顿获悉此讯，不免对布莱德雷生出一丝不快。这个布莱德雷，总是那样谨小慎微，如果这次登陆能早些发动，德军肯定会成为瓮中之鳖。还有这些德国佬，不是一贯强硬得不肯后退一步吗，这次怎么脚底抹油溜得那么快！第二次"蛙跳"作战必须尽快实施，再不能耽搁了，一定要赶在德军逃走之前将其消灭！巴顿下定了决心，要插手此事，不能让布莱德雷"全权"负责了。

No.2 巴顿闯祸了

凯塞林一直在密切关注西西里战局的发展，他知道轴心国部队在那里坚持不了多久。他担心由于希特勒迟迟不下达撤退的命令而导致突尼斯战役的悲剧重演。于是，他决定自行解决这个问题。

7月26日，凯塞林接到德军统帅部要求逐步撤离西西里岛的指示，第二天便召集德军指挥官开会，将未来岛上作战计划通知了他们。"如果意大利断绝同德国的联盟关系，"凯塞林说，"第14装甲军就立即脱离与敌人的接触，将所有部队撤出西西里。各司令部经过协调后即开始做撤退准备。"当天晚上，胡伯便批准地面部队从尼科西亚撤退。第二天，他通知古佐尼，德国军队将不再拼死守卫西西里岛。

8月2日，凯塞林批准了第14装甲军提交的详细的撤退计划。第二天他报告德军统帅部，撤退计划已制订完毕，将部队和装备运往意大利本土需要5夜的时间。

8月8日，圣弗拉特洛被攻占；同日，美军第9师进入塞萨罗；英军第78师夺取了布隆特；而东海岸的英国第13军已越过卡塔尼亚13公里，正奋力突破赫尔曼·戈林师在114号公路的防线。

形势越来越严重，凯塞林当即命令胡伯实施撤退计划。他没有就撤退事宜直接请示希特勒，而是让自己的参谋长威斯特法尔将军同意军统帅部打交道。8月9日，德军统帅部得知凯塞林的命令后，希特勒无可奈何地接受了这个既成事实。

德军撤退的消息传到古佐尼耳中，他仔细审查了意大利部队单独保卫西西里的可能性，认定是行不通的。意大利守岛部队可能会使盟军推迟几天占领该岛，但在人力物力方面将付出巨大代价。他将自己的意见告诉了意军统帅部。8月9日，统帅部命令他接管卡拉布里亚防区，并开始将意大利部队撤出西西里。

8月10日傍晚，胡伯正式下达撤退命令，指定8月11日夜是将部队运过墨西拿海峡的5个夜晚的第一夜。预定每晚运送约8,000人。

巴顿将第二次"蛙跳"进攻安排在8月10日夜。这次行动在德军后方12英里的布曼洛展开，从侧翼包围德军在扎普拉河设置的下一个沿海公路屏障。敌人正在逃跑，一定要堵住他们的后路。特拉斯科特将军最初是同意这个计划的。他的第15步兵团正从翼侧进攻，估计在10日晚可占领纳索山脊，这样，该团就能迅速与两栖部队会合。但是，在敌人的狙击下，该团未能在10日抵达预定目标。因此，特拉斯科特将军想把登陆行动推迟24小时，他认为这不成问题。当初成立伯纳德特遣队时，凯斯将军向他保证说，这支部队完全归特拉斯科特指挥，他有权决定这支部队的作战时间。

如果推迟一下登陆时间，就可使第7和第15步兵团处于更有利的地位，迅速接应登陆部队。特拉斯科特将这个意见告诉了前来视察第3师的凯斯将军。

凯斯将军面露难色地说："我想巴顿将军不会同意推迟的，他急于实施这一行动。你知道，他对'蛙跳'行动寄予很大希望，已经安排了许多记者采访这次战斗，他不会对记者说战斗要推迟，这会造成对第7集团军不利的舆论。"

"可是，如果岸上部队不能迅速靠拢，两栖进攻就要陷入绝境。他不能为了在报上登一条好新闻，就拿士兵的生命当儿戏。"

"你最好把意见反映给布莱德雷，由他出面与集团军司令交涉。"

布莱德雷完全支持他的师长的意见，当即给巴顿拨通了电话。

"不行，"巴顿叫喊道，"登陆不能推迟，不要再跟我争辩了。"

巴顿一肚子气没处发泄。两天前第3师情况刚有点好转，拿下了圣阿加塔，到今天又是一团糟。第7步兵团遭到德军的猛烈抵抗，炮火阻滞了他们的前进。敌人到处设置观察所，对第3师的情况一目了然，而特拉斯科特连烟幕弹也没多少了。第15步兵团需要一队牵引车才能通过这一带"险要的山谷"，夺取纳索山脊。推迟登陆吗？情况瞬息万变，敌人显然已开始有组织地向墨西拿退去，过一天谁能料到又会是什么样子？等条件具备了再登陆，还有什么速度可言！如果推迟一天，第15步兵团仍未抵达纳索山怎么办？再推迟下去吗？显然不可能。只有按计划办！可是，布莱德雷和特拉斯科特会不会搞小动作，拖延登陆呢？不行，我要当面同他们讲清楚。

巴顿放下一切事情，立即驱车前往第2军指挥所。途中，巴顿的目光无意中一瞥，恰好看到竖在山谷里第93后送医院的路标。

"中士，把车开到医院去。"巴顿低沉着嗓音命令他的司机。

每当巴顿情绪低落时，他总要去附近的医院看看，使自己获得安慰和鼓舞。看到伤员，他就仿佛看到士兵在英勇作战，精神立即振奋起来。

可是这一次的探视，却差一点毁了他的军人生涯和他的整个前程——在这里发生了著名的巴顿打士兵耳光的事件。

细心的医生注意到，巴顿这次探视神经紧张，态度也不像以往那样和蔼亲热。

"什么病把你弄到这儿来了，小伙子？"巴顿对蹲在出口处的一个年轻士兵冷冷问道。

小伙子答道："我的神经不大对劲。"说着便哭了起来。

"你说什么？"巴顿对他大叫起来。

"我的神经有病，我再也忍受不了炮击。"他放声大哭。

"他妈的，你的神经有病，你完全是一个胆小鬼，你这个狗娘养的！"巴顿狠狠打了他一记耳光，吼道："省着点你的眼泪吧！我不愿让这些负伤的勇敢战士看着一个狗杂种坐在这儿哭哭啼啼。"说着，巴顿又举手打了他一巴掌，把他的钢盔打落在地滚进旁边的帐篷里。然后，巴顿对管理病房的军官大嚷着："你绝对不能收留这个狗杂种，他根本没有病！我不允许医院里塞满了这些怕打仗的胆小鬼。"

"把那个狗杂种送回前线！"巴顿临走前仍在大喊。

巴顿闯了大祸，触犯了禁止殴打士兵的法令，下级官兵不会善罢甘休的。报告一直打到最高统帅部，甚至惊动了远在国内的马歇尔。念巴顿作战英勇有功，艾森豪威尔后来想方设法保住了巴顿。

而巴顿本人当时并没有想那么许多。他在医院发泄了一通，情绪似乎好多了。他轻松自如地来到第2军指挥所，轻描淡写地提到他在途中医院里不得已打了一名士兵的事，然后便同布莱德雷讨论登陆的问题，再一次以不容争辩的语气告诉他，必须按预定日期发动登陆，不得延误。布莱德雷和特拉斯科特别无选择，只有服从命令。

从海上进攻可以说是盟军目前唯一较有效的制胜手段了。只有这样，沿北岸撤退的德军才随时会受到严重的威胁。美军再实施一次两栖攻击，整个北部和中部地段的德军差不多都会被包围，至少也能在短期内破坏胡伯精心制订的撤退计划表。

No.3 第二次"蛙跳"

美军第二次海上行动按计划实施了。8月10日下午6时，伯纳德的部队在卡罗尼亚附近上船启航。第二天凌晨1时，650人的小型特遣队袭击布罗洛海滩，守军丝毫未察觉。美军的作战计划很简单，1个步兵连和海军滩头标记队于2时30分作为第一波上岸，步兵连的任务是摧毁滩头抵御，清除车站和高地之间的柠檬园之敌，封锁东、西方进入海滩的入口处。15分钟后，坦克排和工兵排登陆，支援步兵作战，并准备迎接第4波上岸的炮兵。第3波次预定3时上岸，包括伯纳德的指挥所和其他3个连。两个连直逼西波拉山，占领离海滩最近的丘陵。最后，3时15分，两个炮兵连、海军炮火联络官和15辆牵引车上岸。两个炮兵连将进入柠檬园，分别向东、西两个方向开炮。一旦达成目标，登陆部队便挖壕固守，阻止德军从纳索山东撤，并坚守阵地直到第3师主力到来。

会合！这是特拉斯科特最担心的一件事。8月10日晚，如何迅速同两栖部队接上头是第3师指挥所面临的主要问题。当伯纳德的部队攻打海滩的时候，特拉斯科特的步兵还在10英里以外的地方。沿海公路是德军第29装甲师向东撤退的主要路线，特拉斯科特知道，德军将对伯纳德的登陆作出迅速而有力的反应。可是，在巴顿执意要部队按时登陆的情况下，特拉斯科特只有将第3师的每支力量都投入战斗，尽快突破纳索山防线，接应登陆部队。

这次海上登陆的确一度遇到了危险。

部队于凌晨4时全部登上海滩，上午7时，伯纳德报告："情况不妙。"

原来，部队上岸后一直未被敌人发觉。就在他们踏上公路直奔制高点时，突然有一队德军摩托车队轰鸣着沿公路驶来，显然是去纳索。美军原地停下，让车队过去，没有惊扰敌人。就在这时，一辆德国半履带车从西面驶来，看见了路上的部队。司机将车停下，站起身来想弄清是什么队伍停在路边。美军部队的20多支枪一齐开火，司机倒在车里死了。不一会儿，一辆德国轿车随后开来，一名德国军官走下车察看。美军发射了一枚反坦克炮弹，炸毁了汽车。

巨大的枪炮声惊动了附近的德国部队。德国人很快意识到部队面临被切断的危险，便立刻组织力量进攻美军部队。

上午9时30分，伯纳德报告："德军开始反击。"

接着，9时45分，伯纳德发电询问：

"多克和哈里在那里？""多克"是第15步兵团约翰逊上校的代号；"哈里"是第7步兵团谢尔曼上校的代号。这两个团正在前往援救伯纳德的途中，但是，与登陆部队相隔还很远。

11时40分，伯纳德发电报告急："敌军猛烈反攻，请援助。"

伯纳德非常担心德军再发动反击，打电报要求师部提供空中打击和舰炮轰击布罗洛。这个请求让特拉斯科特大为吃惊，要知道，运送登陆部队的特遣舰队已经撤走。他立即让几名参谋军官紧急电告第7集团军司令部要求提供空中和海上支援。

电文刚发出，伯纳德又要求远程炮火支援。特拉斯科特命令师属155毫米火炮以最大射程向布罗洛开炮。集团军司令部的空中支援很快有了回话，但海军支援迟迟没有消息。

很快，通讯联络中断，伯纳德音讯全无。特拉斯科特将军焦急万分，他的前沿部队还在缓慢地向纳索山前进，要同伯纳德部队会合还需要几小时的时间。他知道，伯纳德力量微薄，无法击败德军的强大反击。

经过一段时间的沉寂之后，下午6时30分，伯纳德的电台又通了："给海军让路，让他们……"又突然中断了。

原来海军舰队正要进入巴勒莫港，便接到了第7集团军要求舰炮支援的电报。一艘巡洋舰和两艘驱逐舰立刻掉头向东，沿海岸火速赶往布罗洛一带。下午2时刚过，海军舰炮便开始炮击布罗洛及其周围的德军部队。这时，空中和火炮支援也及时到来。

美军的海空火力支援非常强大，德国人四下逃散，试图躲避雨点般的炮弹。遗憾的是，岸上火力控制组的无线电发生故障，海军收不到指示，又见形势好转，遂再次返回巴勒莫。伯纳德部队又陷入新的危机之中……

到夜间10时，通讯联络恢复了，电讯说：

"'多克'和'哈里'已到……谢天谢地！"

这两个团夺取了纳索山，从东坡下去与伯纳德会合。德军被迫放弃从加利到奥兰多角的新防线，迅即向东撤去，结果给兰达佐的罗特将军的撤退造成混乱。第29装甲师急忙在罗特从兰达佐逃往北岸的必经之路——帕蒂的正前方构筑阵地。依托有利地形，德军不仅赢得了时间，而且保证了撤退路线的畅通。

第二次两栖登陆行动就这样结束了，美军付出了高昂代价，伯纳德的650人损失了177人。战果是迫使德军提前一天放弃纳索山。实际上，这次作战差点将德军第29装甲师大部围歼，仅仅由于伯纳德部队规模太小，并且未能得到海上和空中的持续支援，胡伯部队才未被切断。这次作战再次疏通了第3师的前进道路，打击了德军的士气。

特拉斯科特将军不敢有半点延误，敦促部队立刻追击第29装甲师。然而，第3师官兵在纳索山一战中消耗极大，难以恢复其东进的快速势头。在最后5天的追击战中，速度明显减慢，并付出重大代价。第7步兵团报告，损失军官15人，士兵400人，各团大致都是这个数字。布莱德雷再次将经过休整的第1师投入战斗，与埃迪的第9师协同作战，并肩攻击墨西拿之敌。同时，巴顿命令第45师的一个团准备进行第三次"蛙跳"式两栖进攻。巴顿这次扩大了登陆兵力的规模。

No.4 预备，霸王计划

英国第8集团军在东部打得也不太顺利，在通过兰达佐的公路直接进军墨西拿的途中受到德军的阻击。蒙哥马利不得不花费时间重新集结部队，以便沿东部海岸进行一次更大规模的攻击。应该说，蒙哥马利的谨慎使他又一次失去了夺取墨西拿的机会。

第78师于8月7日占领阿德诺这后，蒙哥马利将加拿大师撤出战斗，留作预备队。第78师转向北面的布隆特，援助美军第9师夺取兰达佐。但是，德军在马勒托一直坚守到12日，第78师无法配合美军行动。7日，第51师穿过迪泰诺河谷进入边卡维拉。上述部队均未对撤退之敌施加有效的压力。15日，轴心国军队已同盟军脱离了战斗接触，正在有组织地撤回意大利本土。

8月15日，蒙哥马利终于决定第8集团军也发起两栖作战，派第40皇家海军突击队于8月16日在阿利角和斯卡莱塔附近登陆，尽可能切断德军部队，加快进入墨西拿的速度。

但是，到那一天，敌人已将其大部分部队运过海峡。15日晚，赫尔曼·戈林师的后卫部队开始撤出圣特莱萨，向胡伯在斯卡莱塔的第3道防线撤去，它在阿利角的3英里以外。

8月15日和16日，盟军加强了空袭，但未能阻止德军部队及装备的撤退。16日凌晨5时30分，胡伯和第29装甲师师长弗里斯渡过海峡撤至卡拉布里亚。在离开西西里之前，弗里斯将其不到200人的后卫部队部署在两个独立的宽阔阵地上：一半在阿奎拉罗涅封锁西西里东北端一带的公路；另一部分在墨西拿以西4英里处的卡萨扎十字路口，以保卫海峡渡口。

到8月16日中午，美军第3师第7步兵团已经踏上通往墨西拿的公路了。当天夜里，美军发起第三次两栖登陆战，第157步兵团在比沃萨利卡附近冲上滩头。除了因登陆艇故障损失11人外，登陆一帆风顺。特拉斯科特命令第157团上陆后派一个营随第7团前进，援助其占领墨西拿。

该营赶上第7团后，后者已经消灭了卡萨扎十字路口的德军后卫部队，并控制了俯瞰墨西拿的山岭。第30步兵团则越过第7团沿该岛东北端公路前进。这时，特拉斯科特命令155毫米炮连向海峡对面的意大利本土开火。

在东海岸公路，蒙哥马利的登陆部队赶上了德军正在撤退的后卫部队的尾巴，该部队将英军阻于斯卡莱塔正北。直到8月16日晚，德军再度开始向墨西拿撤退，英军两栖部队才得以前进，于17日白天抵达墨西拿以南两英里处，再次受阻。这次是因为桥梁被毁，深谷挡路。此时天已大亮，突击队队长决定乘坐吉普车绕过这个障碍，向墨西拿开进。他决心赶在美国人之前到达这个城市。

这位英国军官不知道，头一天晚上，美军第7步兵团的一个加强排已经进入该城市区。第二天一早，又一批美军部队进抵墨西拿。除了偶尔的一阵步枪火力，他们未遇到任何抵抗。

最后一批德军在两小时前渡过海峡撤走。8月17日早晨6时35分，胡伯在卡拉布里亚宣告，撤退行动结束。从西西里岛经墨西拿海峡撤向意大利本土的德军官兵达5万余人，包括大量重型装备。

特拉斯科特将军于8月17日上午8时25分到达市中心，占领了市府大厦，墨西拿正式宣告被攻克。10时，巴顿乘坐指挥车率领一队摩托车驶进城里。他身着漂亮的华达呢军服，胸前佩带着第二枚优异服务十字勋章，这是艾森豪威尔将军前一天授予他的；指挥车的三颗银星在阳光的照射下闪闪发光。巴顿来到一个公园里举行了正式受降仪式。一小时后，一队英国人也吹吹打打地进了城。一名英国准将走到巴顿面前，颇有骑士风度地同他握了握手说："这是一场有趣的竞赛，我祝贺你的成功。"

历时38天的西西里战役结束了，盟军付出了较大的代价：伤亡2万余人，而德军仅损失1.2万人。然而，盟军在这次战役中的收益也是巨大的。他们首次尝试了两栖作战和伞兵空投或机降的作战方式，学会了实施大兵团作战，为以后在欧洲大陆举行大规模登陆作战提供了有益的经验。更重要的是，该战达到了迫使意大利退出战争的目的。

此刻，盟军已站到欧洲大陆的南大门前，它的下一步计划是，立即出兵意大利本土，夺取从南面对德国进行战略轰炸的空军前进基地，准备1944年实施进攻欧洲大陆的"霸王"计划，彻底击败法西斯德国。

03
BATTLE

第三篇 > 登陆·诺曼底

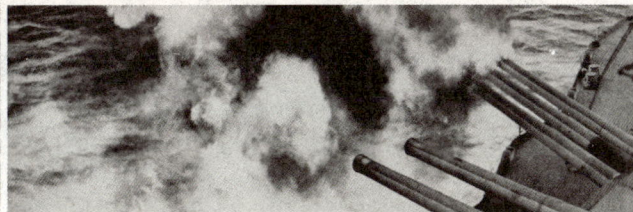

第1章
CHAPTER ONE

形势大逆转

★进攻北非新计划背离了与苏联达成的协议，为了取得斯大林的理解，有必要向斯大林当面讲清。变化的点子都是丘吉尔出的，自然解释的使命也得由丘吉尔完成。

★9月13日至26日，双方的战斗重心是争夺市中心区。崔可夫将军指挥的第62集团军，在斯大林格勒的城市保卫战中，犹如擎天柱石，捍卫着这座城市的每一寸土地，守护着城市的一砖一瓦、一木一石，不容德军轻易夺去。

No.1 第二战场的夭折

罗斯福在1942年3月9日打给丘吉尔的长篇海底电报中，提出"在欧洲大陆开辟新战场的计划"，而且还说："我现在对今年夏天建立这个新战场愈益感兴趣。"

以艾森豪威尔为首的参谋部作战计划处经几个月研究，最后定下"以英国为基地发动对欧洲西北部的进攻"。这一计划经马歇尔同意报给罗斯福。

这即是1942年4月，美国提出的代号为"波列罗——围歼"计划。波列罗指的是：调动盟国所能动员的一切人力、物力集结于英伦三岛；围歼指的是：在1943年春季发动横渡海峡的总进攻。这个计划主要是从军事因素考虑的，但政治因素也兼顾到了。从法国登陆，可以满足苏军和斯大林开辟第二战场，吸引德军40个师的要求。

为达此目的，作战计划指出：

"发动这次攻势的决定必须立即做出，因为在许多方面都有必要进行大量的准备工作。在这次攻势发动以前，必须牵制住西欧的敌军，同时还要运用策略，并组织突击，使敌人捉摸不定；这样做的结果会使我们获得有用情报，同时也得到可贵的锻炼机会。"

"进攻的联合力量应该包括48个师（其中包括9个装甲师），英国应该承担18个师（其中包括3个装甲师），支援进攻的空军需要5,800架战斗机，其中2,550架由英国供应。"

"问题的关键是速度。如果美国只提供60%的运输部队的工具，美国部队可于1943年4月1日前运到英国；如果这次调动完全依靠美国船只，那么进攻的日期必将推迟到1943年夏末。"

此外，在波列罗围歼计划中，还附有一个代号为"铁锤"的作战计划：如果苏联形势危急，美、英将在1942年9月就渡海登陆，打击德军。

1942年4月8日，马歇尔和霍普金斯奉总统之令飞赴伦敦，同英国人商议未来的作战计划。

当时商定，1942年先集中少数英美部队（初定6万人）首先在西欧登陆，1943年再投入大部队大举进击。马歇尔用电报把这一结果告知罗斯福。

罗斯福考虑到为使盟国之间更好地协同作战，于4月11日致函斯大林，请他派莫洛托夫和一名将军前往华盛顿，以商讨这一作战计划。

但斯大林觉得，开辟第二战场是英美两国的事，必须有丘吉尔同意，所以打算派莫洛托夫先到伦敦，再到华盛顿。

莫洛托夫抵达伦敦后，第二天开始与艾登会谈英苏条约问题，并和丘吉尔商谈第二战场问题。第二战场指在欧洲西北部，并能直捣德国腹地的战场。在讨论这个问题时，丘吉尔发挥其滔滔不绝的辩才和丰富的军事知识，大谈空军、海军对陆军登陆的作用、登陆的条件、登陆意义，而绝口不谈登陆时间和登陆军队的规模等具体内容。

1942年5月30日，莫洛托夫到达华盛顿的第二天上午，便与罗斯福总统及其顾问们进行了正式会谈。

双方于6月1日达成开辟第二战场的协议，6月11日两国同时发表共同声明称：对于1942年在欧洲开辟第二战场的迫切任务已达成完全的协议。

1942年6月9日，风尘仆仆的莫洛托夫，从华盛顿回到伦敦。见到丘吉尔后，向他详细通报了和罗斯福的会谈情况和罗斯福所提出的行动计划。所以，当通报到美国为了开辟第二战场，不惜冒第二次敦刻尔克的风险并谈到苏联对这一建议的反应后，丘吉尔毫不犹豫地说道，他无论如何都不去进行新敦刻尔克冒险，不管谁建议他这样做。

丘吉尔一面不同意对欧洲大陆进行敦刻尔克式的冒险；另一面，他又同意在1942年开辟进攻欧洲大陆的第二战场。他对莫洛托夫说，1942年秋天将以6个师左右的兵力进攻法国的准备工作正在进行。

英、美两巨头对开辟第二战场有不同的态度：罗斯福表现积极，要在苏联危急关头，出兵帮苏联一把，即使有风险也要干；丘吉尔则消极，开辟第二战场可以，但要等德国人在与苏联人斗争中失败时再动手，整个是一个"借刀杀人"的政客伎俩。罗斯福的积极性也并不彻底，在丘吉尔亲自来访说服下，也放弃了1942年横渡英吉利海峡的计划，并在丘吉尔的鼓动下，制订出进攻北非的新计划。

进攻北非新计划背离了与苏联达成的协议，为了取得斯大林的理解，有必要向斯大林当面讲清。变化的点子都是丘吉尔出的，自然解释的使命也得由丘吉尔完成。

能言善辩的丘吉尔对这一艰巨的使命也有点"棘手"了。恰好，7月底苏联邀丘吉尔和军方参谋长访苏，丘吉尔拉上美国的总统特使哈里曼，取道德黑兰上路了。

1942年8月10日夜晚，丘吉尔、哈里曼离开德黑兰，登上经过改装后的专机B－24，前往苏联。

丘吉尔和哈里曼在预定时刻会见了斯大林，会谈是直率的。丘吉尔叙述"火炬"计划，斯大林很感兴趣。他承认这是一个切合实际的计划，但对一些政治因素有怀疑，特别是怀疑美军进攻，法国人会配合。斯大林承认他不喜欢戴高乐，但他认为，戴高乐的"自由法兰西"在北非的政治生命比英美强。

会谈快要结束时，丘吉尔如愿以偿。斯大林向前探着身子，归纳了这次作战行动的几点好处：

第一，袭击隆美尔的后方；
第二，威慑西班牙；
第三，可以使德军和法军厮杀起来；
第四，使意大利暴露在战争的正面。

丘吉尔又在斯大林列举的条目上增加了第五条：打通地中海，取道波斯湾的铁路，缩短为苏联提供给养所需的时间。考虑到摩尔曼斯克护航舰队的困难，这条铁路将具有租借交换的性质。

丘吉尔于1942年8月24日星期一傍晚返回伦敦。丘吉尔做了一次危险而且常常是极不愉快的旅行，把延迟开辟第二战场的消息直接告诉了苏联元帅斯大林，为西方扮演了一个泥瓦匠助手的角色。他认为，他还建立了某种"关系"。

开辟第二战场计划暂时搁浅……

No.2 被困，斯大林格勒

1942年9月12日，就在德军进攻斯大林格勒的当天，希特勒在乌克兰文尼察附近的大本营里召开军事会议。他严令德国第6集团军司令保卢斯要不惜任何代价，尽快攻占斯大林格勒，决不能让它变为世人长期注目的焦点。

希特勒早就酝酿着夺取斯大林格勒的详细计划。他命令保卢斯集中兵力于个别地段，突破苏军防线，把守城红军切割成几段，然后压逼到伏尔加河岸边分别围歼。为了实现这个目的，希特勒又从高加索等地调来大批兵力，直接用于进攻市区的就达17万人，拥有1,700门火炮、500辆坦克。负责防守市区的苏军（第62集团军以及第64集团军的一部分）只有9万人、1,000火炮、120辆坦克。

德军在兵力、兵器方面均占优势。

从9月13日到15日，保卢斯以其优势兵力向斯大林格勒市区的几个点发起连续不断地猛攻。在市区中部，德军占领了市内制高点马马耶夫冈和中央车站，接着渗入市中心区并向伏尔加河中央渡口射击；在市区北部，德军突进了城北工业区，并朝红十月工人镇冲击；在市区南部，德军闯入谷仓区。从此开始了143天的市区巷战，全市的街道和广场，都变成了激烈搏斗的战场。

9月13日至26日，双方的战斗重心是争夺市中心区。崔可夫将军指挥的第62集团军，在斯大林格勒的城市保卫战中，犹如擎天柱石，捍卫着这座城市的每一寸土地，守护着城市的一砖一瓦、一木一石，不容德军轻易夺去。

就在这最艰难的危急关头，罗迪姆采夫将军率领的近卫步兵第13师奉命增援，以加强城内防御。

9月18日，德军指挥部把两个罗马尼亚集团军推上南北两翼的第一线，以替换德国部队进攻市区。20日，德军凭借其巨大优势兵力，不顾惨重伤亡，占领了市中心区大部，并在几个地点冲向伏尔加河边，力图封锁河上渡口。但是，在如此险恶的困境中，被逼到几个孤立据点和岸边狭小阵地上的苏军战士，仍然临危不惧，展开逐屋战斗，并进行猛烈反击。他们在每幢楼房里层层设防，使每一层都变成牢固的防御据点。德军攻占了底层，还得攻夺地下室；攻占了下层，还得攻夺上层和屋顶。许多红军狙击兵，披上伪装，或隐蔽于地下室，或藏身于断墙内，或暗伏在瓦砾旁，弹无虚发，接连击毙敌人。这样，斯大林格勒的焦土废墟、残垣断壁就成了到处都是火力网的迷魂阵，德军每前进一步都要付出惨重代价。

在市区战斗高潮的9月13日到26日，德军几乎每天要损失3,000人，可是仍然未能占领市区全部，也未能守住通往伏尔加河的道路。

↑1942年8月，丘吉尔出访莫斯科与斯大林进行会晤。

9月底，苏军依然牢牢地守卫着伏尔加河西岸长约25公里、宽约半公里到两公里的阵地。

9月27日，德军出动4个师、120辆坦克，向"红十月"厂和"街垒"厂地区发动进攻，企图由此突破苏军防线，冲向伏尔加河。

希特勒扬言："我们很快就要拿下斯大林格勒了！"

可是，经过一周激战，德军伤亡惨重，力量难继，只占领了工厂区的一些边沿地方。与此同时，据守斯大林格勒以南的苏军却相机出击，夺回伏尔加河西岸萨尔帕湖、查查湖和巴尔曼察克湖之间的隘口，为日后苏军大反攻占领了有利的出击阵地。

10月14日凌晨5时30分，德军投入大量飞机、火炮向拖拉机厂地区只有一公里半宽、几公里长的狭窄地段实施密集轰击，企图造成一条无人地带。轰炸和炮击使第62集团军指挥部的地下深处掩蔽所像纸屋一样地摇晃着，并向下塌陷，有不少人为国捐躯。8时，德军出动2个步兵师和150辆坦克从这个缺口冲进拖拉机厂，遭到隐藏在废墟瓦砾中的苏军战士和工人的殊死抵抗。经过一场恶战，德军虽于当天午夜凭其巨大优势兵力占领了拖拉机厂，但是却在工厂的围墙内外抛下了将近3,000具尸体和40多辆坦克残骸。

自从德军于8月下旬渡过顿河以来，苏联军民已在斯大林格勒坚守了2个多月。在此期间，德军同时用10个师和500辆坦克发动的总攻击共有4次，出动2、3个师和200辆坦克进行的冲击有50多次；用一个师和70辆坦克进行的冲击也有50多次；用一个团和20辆坦克进行的冲击有120多次，用几个独立营和连在坦克支援下进行的冲击有1,000多次。与此同时，德军还出动飞机10万余架次，向城区投下了100多万枚总重量达10万吨的炸弹。斯大林格勒每一平方公里的土地上投下了将近2,000枚炸弹，遭受主要攻击的地面，每平方公里达到5,000枚。整个城市，已成焦土。尽管法西斯匪徒凶恶猖狂，气势逼人，但斯大林格勒的保卫者依旧奋战在几个坚强的"岛"上岿然不动，把德国的重兵集团牢牢地吸引和牵制在斯大林格勒城内。

10月25日，保卢斯曾电告希特勒：至迟要在11月10日拿下斯大林格勒。但是，德军损失惨重，士气低落，已无力再前进一步。这就迫使希特勒不得不以预感不祥的心理，一反原来的腔调，大吹防御的好处。

希特勒这个战争狂人，表面上看，雄踞欧洲，虎视全球，是个庞然大物，可是在斯大林格勒军民同仇敌忾、万众奋起的人民战争的抗击下，其实力不断削弱，其根底日见动摇，已越来越变成一个实实在在的泥足巨人了。在苏军统帅部早就精心挖掘好的泥潭陷坑之中，德军欲进不能，欲退不得，越陷越深。必将"消耗至灭"！

斯大林格勒保卫战役即将取得决定性胜利。

第二次世界大战的历史转折点即将到来。

No.3 直刺纳粹的"三叉戟"

1943年1月14日，美、英两国首脑在反法西斯斗争形势一片大好情况下召开了卡萨布兰卡会议。

卡萨布兰卡会议在军事上虽然推翻了美国拟订1943年进攻欧洲大陆的作战计划，但没有取消未来入侵法国的最佳行动。

会议决定：继续在英伦三岛集结美国部队，计划到1943年12月31日集结938,000人，以便最后入侵法国。设立一个新的联合指挥部（COSSAC，盟军最高统帅参谋部的缩写），立即着手这一紧要行动，即以后人所周知的"霸王"战役。

这次会议后，英美两方在伦敦建立了COSSAC，专门挑选出英国陆军中将弗雷德里克·摩根爵士任参谋长，但最高统帅还尚待任命。

对这次会议的结果，丘吉尔十分满意。盟军的军事活动终于按他的要求集中于地中海地区，下一步顺理成章，就应向意大利或巴尔干地区进攻了。丘吉尔念念不忘的是那个从"鳄鱼的腹部"逐渐发展来的巴尔干计划。这一计划包含着政治和军事两重目的：从军事上说，从德国军队的外围打起，逐步推进，这些外围并非是德国防守的重点，花费的代价较少，英国人可少受损失；至于对德战争的主要战场就让苏联人去面对吧。至于政治上，就更有好处了。一旦盟国进入反攻，选择巴尔干地区进军，可直达中欧，能先于苏联人控制中欧，对恢复英国人的势力范围，这可是一条捷径。

以马歇尔为首的美国军方人士，对会议又一次推迟渡海峡攻击欧洲大陆而闷闷不乐。美国人也自有其打算，但此时，自己的军队还没有多少战争经验，军队还在扩编之中，假如跨海峡作战真的在1942年或1943年进行，担任进攻主力的将是英国军队，所以还不能强迫英国接受自己的建议。但以后再不能让丘吉尔和英军首脑们左右渡峡攻击计划的主意却已确立。

在苏德战场正浴血奋战的苏联人，听到第二战场开辟的时日又推到一个未定的日子，则十分不满。本来，马歇尔按原计划在会议结束后，要专程去莫斯科，通报会议的结果。斯大林听说渡峡作战方案已被英国人否定，便索性通知马歇尔也别到苏联来了，取消了这次访问。进而向罗斯福和丘吉尔电诉其不满，说盟军的北非行动绝没有使德国人抽调一些师团离开苏德战场，反倒由于盟军在突尼斯进攻缓慢，却让希特勒得以把27个师调到东线，更加重了苏联的困难。

其实，从英美军队的当时实力看，虽然在1942年或1943年在欧洲实施大规模登陆突击有一定困难，但也不是克服不了的。"铁锤"行动如要决心进行，送5、6个师到欧洲大陆，占据一个桥头堡，则完全有这个能力。

1942年11月，盟军在北非登陆成功。

1943年，美国的扩军计划在加速进行。"民主国家的兵工厂"源源不断地把飞机、坦克、大炮运到世界大战中的各个战场。装备整齐，年轻气盛的美国军人整师、整团登上运兵船，像定时航班一样运到北非大漠、送到英伦三岛。

为协商英、美两军在北非战役后的军事行动。制订新计划，丘吉尔又上路了。这次是去华盛顿，在白宫召开英美高级军政首脑会议。会议代号"三叉戟"。

5月12日，会议正式开始。马歇尔和他的手下参谋们，完全从军事目的出发，希望尽快结束战争，要对希特勒的最后老巢施以致命的一击，决意要在1944年渡海，掀起横扫欧陆的狂飙。罗斯福也完全支持马歇尔的主张，在会议上要求把盟国的主要力量用于横渡海峡，进攻法国的重大行动中。

这项行动在这次会议上正式定名为"霸王"行动，这是苏联从1941年以来就要求开辟的第二战场。

据霍普金斯记载，横渡海峡作战行动的日期定于1944年5月3日。开始的进攻由9个师负责（其中两个师空运），在拿下桥头堡时，立即有20多个师配合行动，进入桥头堡。4个美国师和3个英国师将在11月1日之后由地中海调去，参加"霸王"行动。然后，以每月3至5个师的平均速度，由美国本土不断地调出美国的部队。

美国人对这次会议的结果是很满意的。罗斯福总统对会议所取得的结果相当满意。对决定1944年渡过海峡的军事行动，他认为这是战胜德国的关键步骤，这是"我当时所能取得的最大收获。"

久拖不决的第二战场至此有了眉目。

1943年8月4日晚，丘吉尔及其随行的200多名各级官员登上停泊在克莱德湾的巨大邮轮上，启程前往加拿大魁北克，参加代号为"四分仪"的盟国最高级会议。这次会议的重点是审查和讨论"霸王"作战计划问题。

丘吉尔在第二战场的开辟问题上，他力主否定了美国的"铁锤"计划，把横渡海峡的时间从1942年拖到1943年，1943年又改变到1944年。

在"三叉戟"会议上，虽同意1944年5月1日发动"霸王"战役，但同时又提出几个附加条件：认为只有英美部队必须赢得无可争议的空中优势，而且还必须决定性地击败德国潜艇，然后才能成功地进攻法国。而这些条件当时还不具备，这就为丘吉尔进一步做出延期实施登陆计划留下了借口。

现在是1943年8月，马上就要跨入1944年了。虽说5月份的"三叉戟会议"已确定"霸王"行动的日期，但与丘吉尔打过几次交道后，马歇尔深知对方念念不忘的还是那个"巴尔干"计划。

美、英双方各自经紧锣密鼓的准备后，魁北克"四分仪"会议于1943年8月14日上午9时30分正式开始。

在这次会议上，除讨论欧洲战场行动方针外，还讨论了亚洲与太平洋战场的形势，达成任命英国蒙巴顿勋爵接替韦维尔陆军元帅为东南亚战场盟军最高统帅的意向。

8月23日和24日，是会议的最后阶段。丘吉尔考虑到整个形势，特别是苏联红军于8月份结束了库尔斯克战役，这是第二次世界大战中规模空前的坦克大战，苏联红军以不可阻挡之势，彻底摧毁了德军赖以起家的精锐装甲兵团。此战标志着苏德战场的主动权已完全转入到苏军手中。

如果说斯大林格勒附近的会战，预告了德国法西斯军队的覆灭，那么，库尔斯克附近的会战，就使得它已经处在覆灭的边缘。在这种情况下，英、美盟军再拖延第二战场的开辟，苏联红军单靠自己的力量就能打败德国、占领欧洲，如此一来，美、英战后很可能失去欧洲。

鉴于此，丘吉尔同意了美国的主张。这次会议决定"霸王"作战是1944年的主要作战，在人力和资源的分配和使用上，首先应满足"霸王"战役的需要，以确保这次战役的成功，然后再考虑地中海战役计划。

会议批准了盟军最高统帅部参谋长摩根中将领导的计划参谋部制订的登陆作战纲要，同意把作战开始日期（"D"日）定为1944年5月1日，并授权摩根将军着手拟订详细的行动计划和进行全面的实际准备工作。

"霸王"战役总指挥的人选问题也被提上会议议程，并决定由美国人担任，地中海的指挥权为平衡起见则交给英国。

美国军事家们在会议上提出，在法国北部实施大规模登陆作战的同时，在法国南部进行一次牵制性登陆，这一被最后定名为"龙骑兵"的议案也通过了。

第2章
CHAPTER TWO

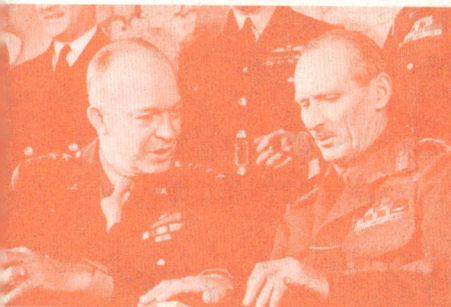

筹划、争吵与合作

★在德黑兰第一次会议之间，各方曾分别进行了双边会晤，在有些问题上达成了共识，因此，这次全体会议开始阶段，是在完全坦率和比较轻松的气氛中进行的。罗斯福总统被推选为会议主席。

★在制订"霸王"登陆计划过程中，最使摩根将军头痛的是两个最关键问题：选择登陆地区，确定可能得到的部队数量以及是否有一定数量的登陆舰艇运送这些部队渡过英吉利海峡。

No.1 1943年

1943年，对盟国来说是会议年。会议从年初开到年底，会议从非洲开到美洲，又到欧洲、亚洲。这不，继盟国莫斯科外长会议后，三巨头首次相聚的德黑兰会议又要召开了。

1943年11月23日上午8时。埃及首都米纳大酒店，有中国人参加苏联人不参加的开罗会议正式开始了。这是协调美、英两国军事战略，安排中国战区战略进攻方向的会议。

11月27日，英、美双方人员，带着比原来更大的分歧踏上飞往德黑兰的旅程。

1943年11月28日下午4时，苏联驻德黑兰大使馆，具有世界历史意义的德黑兰会议正在这里举行第一次全体会议。出席会议的有美国总统罗斯福、英国首相丘吉尔、苏联人民委员会主席斯大林元帅，还有三方的外交部长和军事领导人。

此次三巨头聚会要讨论的问题很多，包括三国对德作战方针、确定英美在欧洲开辟第二战场的日期，并将对远东问题、分割德国、波兰疆界以及战后建立"维持和平"的国际组织等问题交换意见。其中关键问题之一是讨论在欧洲开辟第二战场问题。

1943年的世界形势，对同盟国十分有利。全世界反法西斯发生了根本转折：亚洲太平洋战场，日本陆军深陷于中国大陆，海、空军也在太平洋连遭失败。不可一世的山本五十六已毙命于莽莽丛林之中。日本的海军节节败退，美国正向日本的核心防卫圈两路逼近。日本政府已自顾不暇，无力与德国进行战略配合。

在欧洲南部战场，由于意大利政府向同盟国投降，德国不得不把大批军队部署在那里，以对付英、美军队的进攻。美军即将攻打那不勒斯海港。同时，巨大的福曼机场指日可下，从那个机场起飞，对欧洲腹地的空中打击，力量可增加一倍。

在苏德战场，苏军在1943年2月斯大林格勒战役取得伟大胜利之后，已经发动了大规模的战略反攻，苏军前锋已达第聂伯河一线，解放了重要工业区顿巴斯、乌克兰首都基辅和战略要地斯摩棱斯克，很快就要进入德国境内。法西斯德军一再溃退，希特勒不得不把大量预备队和西线兵力调去防止苏军的推进。

在欧洲，各国大规模的反法西斯运动正在蓬勃发展，许多国家的反法西斯游击队壮大起来，采取各种形式打击敌人，展开了轰轰烈烈的反对占领制度的武装斗争，法西斯德军在各占领国已立脚不稳。

在地中海和大西洋，盟军已经控制了那里的海上通道，被德军潜艇部队一度截断的海上交通运输线得到了恢复。

所有这些，都为盟军在西欧登陆开辟第二战场提供了最有利的条件。形势的如此发展，促进了同盟国领导人决定尽快会晤，共同商讨在西欧登陆开辟第二战场问题。

在这次德黑兰第一次会议之间，各方曾分别进行了双边会晤，在有些问题上达成了共识，因此，这次全体会议开始阶段，是在完全坦率和比较轻松的气氛中进行的。罗斯福总统被推选为会议主席。

美国和英国联合参谋部举行的会议达成了如下的协议，并提请总统和首相予以批准。双方同意：

1．"霸王"作战将于1944年5月发动。
2．在法国南部将有一个支援战役，根据这一战役中可以利用的登陆艇的数量，使战役规模尽可能地大。

在开辟第二战场的主要问题上，三方取得了一致意见。其中在法国南部实施的辅助性登陆战役，就是后来的"铁砧"战役。这个"铁砧"战役将从科西嘉岛和撒丁岛出发，在法国南部某一地区登陆，以配合进攻欧洲最主要的"霸王"战役。在讨论了其他重要的政治问题之后，会议结束了。

在1943年即将结束之时，由于这一重要的德黑兰会议，使第二次世界大战又翻开了新的一页。

No.2 "霸王计划"的初拟

1943年12月3日，美国总统罗斯福在开罗任命艾森豪威尔为盟军最高司令官。

艾森豪威尔是一名指挥装甲部队作战的专家。他以精力旺盛和讨厌按部就班的办公室工作而著称。他注意调动下属的主观能动性，他设法通过友好和谅解，用宽容的纪律来鼓励下属发挥最大的努力。据说他最大的优点是具有一种与他人容易相处和调解反对意见的能力。艾森豪威尔极受罗斯福和丘吉尔的赏识。

艾森豪威尔就任时，同盟国参谋长联席会议给他的指示非常明确：

你们要进入欧洲大陆，并与其他盟国合作，采取进攻德国心脏地区并摧毁其兵力为目标的军事行动。

艾森豪威尔根据上述指示，认真考虑了自己肩负的重任和军事行动纲领。这个军事行动纲领被他的参谋部会议概括起来有8项，这就是：

第一，在诺曼底海岸登陆。
第二，为诺曼底—布列塔尼地区的决战准备必需的兵力和物资，打破敌军的包围阵地（在这开始的两个阶段，登陆作战将由蒙哥马利任战术指挥）。
第三，用2个集团军群在一条宽阔的战线上进行追击，重点是在左翼取得必需的港口，进逼德国边境并威胁鲁尔。在右翼，要同从南面进攻法国的兵力相连接。
第四，取得比利时、布列塔尼以及地中海的港口，以便沿着德国占领区的西界建立新的基地。
第五，在为最后战斗准备兵力的同时，还要用一切办法继续不断地发动猛烈地进攻，既要削弱敌人，又要为决战创造有利条件。

第六，彻底驱除莱茵河以西的敌军，同时不断在河东寻找桥头堡。

第七，按照两翼包围鲁尔的方式发动最后进攻，重点再次放在左翼，随后朝着当时决定的特定方向直接突入德国。

第八，肃清残余的德军。

这正是艾森豪威尔将军担任盟军最高司令官的使命。值得庆幸的是，艾森豪威尔有一个能力很强的司令部。早先成立的英美联合参谋部即"考沙克"也并入了艾森豪威尔的司令部。

这个司令部的副司令是一位英国人，英国空军上将马绍尔·阿瑟·特德爵士。特德原为英国皇家空军部长。在地中海战区时他在艾森豪威尔手下任空军司令。他不仅是一位战略家和空军指挥官，深谙军事，在协调关系上也有过硬的本领，善于处理好盟军各部队和各军兵种之间的关系。此次他官升一级又和艾森豪威尔搭档。

艾森豪威尔的参谋长是沃尔特·比德尔·史密斯。作为艾森豪威尔的助手和管家，他不仅要为最高司令出谋划策，组织好司令部的工作，而且有时还要出任"打手"，能够毫不留情地把一个不能胜任工作的多年老朋友解职。对于这些标准，史密斯将军是当之无愧的。

英国能干的弗雷德里克·E·摩根中将留任担当副参谋长。正是这位具有绅士风度的摩根中将，在伦敦诺福克大厦一间空房子里组织人员开始制订最初的"霸王"作战计划。

另外，英国拉姆齐海军上将担任盟军海军司令，蒙哥马利陆军上将担任盟军陆军司令，利·马洛里空军上将担任盟军空军司令。还决定，在艾森豪威尔到达法国之前，由蒙哥马利任登陆部队的前线总指挥。

登陆欧洲的作战指挥机构有了，下一步需要做的就是作战计划的拟制。

No.3 周密的作战

早在1943年1月，美国总统罗斯福和英国首相丘吉尔就曾在摩洛哥最大城市——卡萨布兰卡举行过会议，商讨在欧洲大陆登陆的可能性。

在这次卡萨布兰卡会议上，美、英两国达成协议，决定建立一个专门的联合计划参谋部，负责制订一份在德国占领下的欧洲大陆实施登陆的计划，当时的计划包括三个阶段：第一，实施小型两栖登陆；第二，一旦德军崩溃时，向欧洲大陆进行登陆、以占领各战略中心；第三，力争在1943年攻占一个欧洲大陆桥头堡，以便1944年迅速实施大规模进攻。

为了尽快地落实这一进攻计划，盟军参谋长联席会议建议立即任命一位最高司令官。

1943年3月13日，英国的一位军长——摩根中将被任命为盟军最高司令官的参谋长。这位具有英国绅士风度而且身经百战的将军一上任，就立即着手组建英美计划参谋部。摩根中将给他的参谋部起了一个有纪念意义的代号COSSAC（考沙克）。这是摩根的职务的缩写。

"考沙克"的副参谋长是美国巴克准将。不久，考沙克的成员充实起来，美国海军和英国海军各有2名代表参加，还有空军的代表、加拿大陆军的代表、工程兵的代表以及与作战有关的各兵种的代表，一应俱全。到1943年底，考沙克包括有489名军官（其中215名是英国军官）和614名专业士兵（其中204名是美国人），司令部设在伦敦。

摩根中将领导制订作战计划，简称"考沙克"计划。该计划包括三个方面的作战：第一，使德军疲于奔命和感到捉摸不定的周密的牵制性作战计划，代号为"帽章"；第二，德国一旦崩溃，立即进入欧洲大陆的作战计划，代号为"兰金"；第三，在1944年对法国进行大规模登陆作战计划，代号为"霸王"。

其中"霸王"作战计划是最重要的。

在制订"霸王"登陆计划过程中，最使摩根将军头痛的是两个最关键问题：选择登陆地区；确定可能得到的部队数量以及是否有一定数量的登陆舰艇运送这些部队渡过英吉利海峡。

就选择登陆地区而言，摩根将军必须考虑以下几个条件：登陆地区是否在英国战斗机的作战半径之内，是否有便于实施突击登陆以及补给品和后续部队上岸的海滩，是否有利于最后夺取一些港口，以便能迅速改善登陆部队的后勤供应状况。

几经权衡，摩根中将在1943年6月26日决定集中力量制订在诺曼底进行登陆的计划。

关于登陆部队数量和运输工具的问题，摩根原来被告知可以得到足以海运5个师和空运2个师的运输工具。可是，当他把现有的运输工具总计起来时，发现只够海运3个师和空降2个旅。

他不得不警告说，历史经验表明，如果不能保持登陆时的锐势，两栖作战就要陷入困境。而此次登陆，非同一般，在这里，锐势比在任何其他地区都更加重要。德军可能在5天内调动12个以上的机动师压向登陆场，如果盟军登陆部队增加的速度不能超过德军机动师增加的速度，那么，这次战役成功的希望是很小的。所以必须增加各种船舰，以提高输送后续登陆部队的能力。

就这样"霸王"计划逐渐有了雏形。

1943年5月在美国首都华盛顿召开了又一次会议，美国总统、英国首相和同盟国参谋长联席会议成员都到会，会议首次暂定在1944年5月1日横渡英吉利海峡，进攻法国北部。

1943年5月30日，在法国登陆的密语改为"霸王"。这样上述作战计划就成了最初的"霸王"作战计划。

1943年8月在第一次魁北克举行的会议上，美国总统、英国首相和同盟国参谋长联席会议成员审议了"霸王"计划。会上，丘吉尔提出要尽一切努力使首次突击兵力至少增加25%。

这次会议原则上批准了这一重要作战计划，并决定，此次欧洲登陆作战将是1944年同盟国的主要作战，要保证优先使用现有的作战物资。

最重要是：把登陆作战开始日期定在1944年5月1日。

在制订最初"霸王"作战计划时，令计划人员最感困难的另一个问题是，在夺取法国北部的港口之前，如何在登陆地点为部队向海湾上运送弹药、补给品和增援兵力？

气象统计数字表明，英吉利海峡在一年的12个月里都有大风，好天气持续不了几天；而如果没有好天气，就不能进行长时间的登陆作战。因此，保证进攻锐势和不断输送人员和物资的惟一办法，就是在登陆的海滩附近人工提供一个可防风浪的水域。

为了解决这个问题，他们动员了不少技术人员，设计制造两套人造港口，代号分别是"桑树"A和"桑树"B。前者用于美军登陆地段，后者用于英军登陆地段。

这种"桑树"人造港的最外层是活动防波堤，它们由浮动的钢制构件（代号为"低音大号"）组成，以减弱波浪冲击作用，然后是由31个各有5层楼高的混凝土沉箱（代号"凤凰"）组成的长2,000米的防波堤墙。这些混凝土沉箱将从英国出发，拖过英吉利海峡后沉入海底，组成人造港两侧的堤墙。

堤墙内的港区面积约有2平方海里，与直布罗陀港面积相等，足够7艘万吨级高船和11艘较小的船只停泊。在每个人造港内，都有3条代号为"鲸鱼"的舟桥通道，它们靠海的一端用锚固定，与"罗布尼兹"直码头相连。这种直码头以其计划者罗布尼兹工程师的名字命名，可以随海水涨落而升降。这套联合装置能使坦克登陆放在潮水的任何阶段卸载，并为坦克登陆舰上的轮式车辆提供通向海岸的单行路线。

除了"桑树"人造港之外，在登陆场附近海面还有"醋栗树"为登陆舰和其他船只提供避风的水域。每个"醋栗树"避风水域由一列老旧的船只组成。它们在与海岸平行的位置上，下沉到大约3米深的水中。两个美军登陆地段和三个英军登陆地段都各有一个"醋栗树"避风水域。

实施这一庞大计划耗费了大量钢铁和人力，价值2,500万英镑。有70多艘船只为建造"醋栗树"而沉入海底。另外，大约动用132艘拖船，把除沉船外全部建筑构件拖过海峡。

英国的另一个计划"普拉托"，是"海底输油管"的缩写。这是一个向登陆部队迅速提供所需大量油料的独创办法。当时油船很缺，并且担心在登陆之后德国潜艇会集中力量袭击油船。英国石油工程师们想出了这个解决办法：用一艘以5～10节航速行驶的轮船敷设一条小管径的软油管，这就解决了登陆滩点的油料供应问题。

还在1944年年初艾森豪威尔离开地中海到伦敦赴任之前，曾和蒙哥马利、史密斯一起研究了魁北克会议通过的"考沙克"计划。

他经过认真考虑后指出，该计划所提出的狭窄正面和3个师的登陆是不够的。他命令先于他到达伦敦的两位军官，坚决要求同盟国参谋长联席会议加宽正面和进行5个师的登陆。接到艾森豪威尔的指示后，计划军官提议把登陆正面从40公里加宽到80公里，即从科坦丁半岛东海岸的一点到奥恩河口；同时要把登陆的第一梯队增加到2～3个空降师和5个步兵师，并用2个师作为在海上跟进的预备队。

为了加宽登陆正面，新的计划规定在美军原来的"奥马哈"地段和英军登陆地段之外，再增加了一个"犹他"登陆地段。

可是从什么地方搞到更多的登陆舰船却成了问题。运送新增加的兵力，估计需要有6艘登陆人员运输舰、47艘坦克登陆舰、71艘步兵登陆艇和144艘坦克登陆艇。要得到这批舰船，只有把登陆日期从5月1日推迟到6月1日，以便再得到美国一个月的造船量。

此外，为了使诺曼底登陆作战中的运输和舰炮支援能力增加一倍，不得不把在法国南部的"铁砧"支援性辅助登陆作战，推迟到1944年8月15日后再开始。

这样，最后经修改过的"霸王"作战计划包括了以下几个要点：

在海上登陆开始前不久，将空投2个空降师在海滩的内陆着陆；

用舰艇遣送5个步兵师在诺曼底海滩登陆；

部分第二梯队将在"D日"第二次涨潮时迅速上陆，第二梯队的其余部队则必须在第二天上陆；

在此之后，盟军将力争以每天1.3个师的速度增强地面部队；

建立牢固的联合登陆场之后，应尽早夺取瑟堡港。此外，还力争在5至6个星期内占领布列塔尼半岛各港。

此次作战较长远的目的是粉碎西线的德军，攻占巴黎和解放法国南部。

为了完成这个宏伟的计划，登陆部队编成第21集团军群，下辖美军第1集团军、英军第2集团军和加拿大第1集团军，并决定建立两个特混舰队：东部特混舰队（英军）和西部特混舰队（美军）。

东部特混舰队由英国维安海军少将指挥，负责遣送英国第2集团军的3个师和加拿大的第3步兵师，在奥恩河和贝辛港之间正面约48公里的3个地区登陆。这3个登陆地区是"金海滩""朱诺滩""剑海滩"。该特混舰队将包括3个登陆编队，它们分别是"G""J""S"登陆编队。整个登陆编队由英国战术空军第2航空队负责空中支援。

西部特混舰队由美军柯克海军少将指挥，负责遣送美国第1集团军的3个师在紧挨英军以西的32公里正面的2个地区上陆。这2个登陆地区是"奥马哈"和"犹他"。该特混舰队包括美军"O"登陆编队和"U"登陆编队。整个登陆编队由美国战术空军第9航空队负责空中支援。

此外，登陆部队的2支第二梯队登陆编队，即"L""B"后续部队将在第一梯队登陆之后立即到达。

计划还明确规定，参加作战的所有军舰和商船均分别划归各个登陆编队指挥；为了避免在指挥方面发生误会，陆军部队在海上应服从海军部队司令官的命令。

艾森豪威尔在1月中旬到职时，就批准了这个计划，并将此计划正式命名为"霸王"作战计划。1月23日该计划呈送到同盟国参谋长联席会议。

参联会同意了这一计划。为了更好实施"霸王"作战，决定把原来在法国南部登陆的"铁砧"作战计划推迟实施，以保证诺曼底主要作战方向。

英国海军上将拉姆齐，这位曾经成功地组织了敦刻尔克大撤退的人，在"霸王"作战计划中负责把盟军送到欧洲大陆。他的任务是在最高司令部指挥下，"对全部海军兵力（远程掩护兵力除外）实施指挥和控制"，同时"在法国海岸附近的登陆地域内实施直接指挥"。

1943年10月，他开始率领他的参谋机构制订"霸王"行动的海上部分——"海王"行动计划。

盟军最高司令部给海军兵力下达了如下任务："使登陆部队安全而准时地到达预定的登陆

海滩，掩护他们上陆，随后，对我岸上部队进行支援和供应，并迅速运送后续部队上陆。"

真是说来容易做起来难。为了完成上述任务，需要集结历史上最大的一支海军舰队，这支舰队包括：2,468艘登陆舰艇，1,656艘驳船、拖网渔船和渡船，423艘辅助舰艇，另外还要有1,260艘商船用来保障第二梯队。

为了将运载10万名士兵的7,000艘舰船安全护送渡过英吉利海峡，并按照所需顺序准时到达指定地点，必须要有大量的战列舰、浅水重炮舰、巡洋舰和驱逐舰在登陆过程支援登陆作战；还要有护卫舰、护航驱逐舰和轻型护卫舰为横渡海峡的登陆输送队进行护航；要有近海巡逻艇抗击德国海军神出鬼没的潜艇、秘密武器和低空飞机的攻击。拉姆齐认为，至少要有702艘作战舰艇。

值得一提的是，在上述惊人的数字中，尚不包括扫雷舰艇，而扫雷任务又恰恰是十分繁重的，据初步计算，大约需要255艘舰艇和设标船。

为了使如此庞大的舰队能够在复杂的作战中有条不紊地完成各自的任务，拉姆齐主持制订的"海王"计划中建立了一套简明高效的指挥系统。

海滩勤务组织包括如下两个机构：

(1)海滩海军主管军官，在其负责的海滩上他是作为海军最高行政长官，直接向本登陆突击编队司令负责。

(2)渡船高级指挥军官，密切配合海滩勤务总主任和海滩勤务大队队长的工作，对本海滩附近的所有渡船进行控制。

为了使突击登陆后向岸上增兵的速度和数量得到保证，成立了"后勤部队控制组"，简称"布考"；"周转控制组"，简称"特考"，这是两个跨军种的组织，分别负责解决陆军和现有舰船之间出现的问题，组织英国南部港口与登陆海滩之间船只的调动，并督促卸空的船只尽快返航进行重新装载。

此外，还成立了"联合修理组"，简称"考里普"；"拖船控制组"，简称"考塔格"，分别负责协调损伤舰船的修理工作和用最经济的办法使用拖船。

周密的作战计划，为保证此次登陆作战的成功奠定了坚实的基础。

CHAPTER THREE

海上的
防御设施

★为统一指挥德军的西线作战，希特勒把伦德施泰特推上西线总司令的位置，但后来希特勒又把隆美尔派往西线，先是巡查防线，后任法国防区的总指挥职务，权力越来越大。委派隆美尔担任战术指挥一事，希特勒事先没有告诉伦德施泰特，这为两人今后的冲突埋下了伏笔。

★德国空军的第3航空队，作为一支防御力量来说更是十分薄弱，到1944年时，这支航空队几乎全部被赶出了法国北部上空。1944年6月5日，第3航空队的全部作战能力是481架飞机，其中包括64架侦察机和100架战斗机。

No.1 如意算盘

拉斯腾堡……

纳粹德国元首希特勒早就预感到盟军在西线的战略意图。

为了对抗盟军可能的登陆，1942年3月希特勒派陆军元帅冯·伦德施泰特指挥西线战场，并下令从挪威到西班牙沿岸构筑一道坚固的海岸防御体系。希特勒把这个由成千上万个互相支援的雷达站、指挥所、岸炮连坚固支撑点构成的防御设施，命名为"大西洋壁垒"。

1942年8月19日针对盟军的破坏性登陆，希特勒下令以最快速度建成"大西洋壁垒"，使那些防轰炸和防舰炮的混凝土建筑组成一条连续不断的防御地带，以便控制各主要港口和海滩。9月29日在柏林召开的军事会议上，希特勒命令参加会议的军官们："这条筑垒战线要配备30万德国哨兵，修筑15,000个钢筋水泥堡垒，要像齐格菲防线吓住法军那样镇住企图登陆的盟军。"

希特勒要求在重要港口和潜艇基地周围每隔约46米就浇筑一个钢盘水泥堡垒，使之构成串连的环节，海岸的其他地方则每隔约91米修筑1个。海军岸炮基地和潜艇基地另有特殊的要求，墙壁和天棚要用4米厚的钢筋水泥浇筑。希特勒要求"大西洋壁垒"上的重机枪、坦克、反坦克炮都要进行伪装防护，以便对付盟军的炮和轰炸。他提醒说，每个钢筋水泥掩体的设计必须把一切都考虑进去，要能防毒气，随时有氧气供应。盟军会使用凝固汽油弹，掩体必须有台阶和突出物，以便阻止燃烧的汽油流入掩体。每个大一点的掩体，要配备火焰喷射器。真可谓周详、细密，用心良苦。希特勒妄图把"大西洋壁垒"造得令人望而生畏，必须三思而后行。

希特勒特别命令：必须于1943年5月1日前构筑完成上述任务，并配备齐兵力。这个命令规定的时限太短了，简直无法完成。伦德施泰特在战后评论说："如果'大西洋壁垒'要建成像希特勒要求的，或像宣传的那样强大，需要10年时间。"

1943年10月，德军西线总司令伦德施泰特元帅仔细地视察海岸防御情况。这对于69岁的陆军元帅来说并不是一件轻松的事。视察后，他向元首希特勒上送了一份报告，大意是岸防工事不足，部队太分散。结论是：他的部队只能是"有条件地做好战斗准备"。

希特勒认真处理了这份报告，于1943年11月3日就西线防御颁布了一项具有根本性的第51号命令。

这份命令说：各种迹象表明，敌人计划至迟在1944年春入侵法国。最大可能的登陆地点是多佛尔海峡的加莱海滨。必须最大限度地加强该处的防御。未经他本人批准，不得再从西线调走部队，一旦敌人登陆成功，必须以强大的反击将其抛入大海。

这就是说要组成快速战略预备队，反击盟军的登陆。这一点也正是伦德施泰特经常提出的要求，并且作为他防御计划的核心。

1943年11月6日，勇猛顽强的"沙漠之狐"——隆美尔元帅被希特勒任命为西线"特种任务集团军群司令"，归西线总司令指挥。其任务是研究西海岸的防御配系，负责改进从丹麦到西班牙边境数千公里的岸防工事，并草拟出迎击入侵之敌的作战计划。

此外，在盟军可能的登陆地点上还布设了反坦克陷阱、带刺铁丝网、工事坚固的步兵掩体以及厚壁碉堡；海岸后面设下雷区；再后面，平坦的田野上，则筑起栉比林立的哨所，以便准备粉碎盟军的任何空降行动。德军还在诺曼底海岸后面沼泽遍布的低地上，特别是在重要港口瑟堡南面的科汤坦关岛底部地区，引入大量海水，以增加盟军空降突击时的困难。

隆美尔立志要在海滩上击退盟军的任何入侵。

希特勒为了加强西线部队力量，又从苏德战场调回了精锐的装甲师。

当盟军反攻时刻逼近时，德军已在法国北部和比利时、荷兰等国家境内集结了41个师，另有18个师驻守卢瓦尔河南岸，随时准备北上增援。

在被纳粹占领的法国，由于德军预计盟军将在加莱和布伦周围地区发动反攻，德军在这一地区驻扎的第15集团军共计有19个师。而驻守在诺曼底的德军第7集团军只有10个师。当时，德军在南欧还驻有56个师，在斯堪的纳维亚还有18个师警戒待命。

这样，德军投入整个战争的全部兵力中，共有133个师在西欧与盟军相对峙，有165个师在东欧与苏联交战。在德军32个装甲师中，有18个师继续对付着苏联，12个师准备迎击英美联军对法国的进攻。

1944年1月15日，希特勒进一步任命隆美尔为德军"B"集团军群司令，置于西线总司令指挥之下。但是，隆美尔保留有一定的权限，即在入侵发生时有权指挥第7集团军和第15集团军，不过其辖区仅限于从法国海岸算起向内陆延伸25～35公里范围内的作战地带。大多数装甲师不由他指挥，而是编入施韦彭堡将军指挥的装甲集群。

希特勒在3月20日的会议上，对盟军的登陆地点作了推测，比较接近真实情况。他的雄辩（虽然自己不太相信，他始终认为加莱是重点）也说服了大家，接受了他的预测，相信塞纳湾是反登陆的重点地区。

接着而来就是反击部队的协调和装甲、机械化部队的部署和指挥权问题。

为解决这个问题，希特勒曾发布"元首"40号令，但这个命令没有讲清陆、海、空军各自的职责，结果各军种对命令都有自己的解释，这又增加了各军种之间的摩擦，这方面最突出的是海岸防御问题。

本来海岸防御应纳入陆军之中，统一指挥。德国海军司令曾说过，海军岸防地部队的"军纪、训练、警备和给养应由海军负责，作战目的则由有关地区的陆上指挥官负责"，但是第40号命令却规定，只要敌人仍在海上，海岸防御就要由海军指挥，一旦开始登陆，即由陆军负责海岸防御。两种指挥对岸防炮的射击方式有不同的要求，造成岸防炮无所适从，不能正常发挥作用。

为统一指挥德军的西线作战，希特勒把伦德施泰特推上西线总司令的位置，但后来希特勒又把隆美尔派往西线，先是巡查防线，后任法国防区的总指挥职务，权力越来越大。委派隆美尔担任战术指挥一事，希特勒事先没有告诉伦德施泰特，这为两人今后的冲突埋下了伏笔。

↑ 正在法国海岸检查防务情况的隆美尔。

伦德施泰特与隆美尔这两位元帅虽然都同样无权指挥海军和空军，但他们俩在对付盟军的大规模登陆观点，却大相径庭。

德军西线总司令、德国陆军元帅冯·伦德施泰特认为，对付盟军登陆，地雷和抗登陆障碍物毫无价值，"大西洋壁垒"也不会起多大作用。他认为应当主要依靠大量的步兵和装甲快速预备队，将其配置在离海岸线一带相当远的后方，以便在入侵之敌组织好登陆场后立即进行机动反击。

伦德施泰特认为，盟军极可能在英吉利海峡最窄地方的勒阿弗尔和敦刻尔克之间的某处登陆。虽然这一带的海岸防御比任何地方都强，但伦德施泰特认为，同盟国军队为了在法国北部平原展开，并向鲁尔区挺进，是肯冒这个危险的。他认为盟国军队将进攻加莱海滨的另一原因，是该处设有V－1导弹和V－2导弹发射场，而这是希特勒准备向英国发射的"复仇"武器。

隆美尔在1944年春却认为登陆地点可能更往西一些，如诺曼底。虽然德国大多数将军认为同盟国军队不会如此"愚蠢"，以致把自己束缚在灌木丛生而又荒凉的诺曼底。

再看当时西线的空军实力：据说，驻有20～30万空军地面部队。然而飞机数量太少，不得不放弃靠近沿海地区的机场，迁往法国内地机场。在这种情况下，戈林还自不量力，主动送上门去，恢复对英国的空袭。1944年1月，德国西线"对英袭击司令部"拥有524架飞机（90%左右是老式双发动机轰炸机），其中能参战的有462架。从1月21日到5月29日，共对英国进行29次空袭，单是对伦敦就空袭14次，平均每次出动200架。损失很大，战果微小。美国人讥笑这种空袭是"婴儿闪击战"。

空袭到最后，那500多架飞机只剩下181架，其中只有一百零几架还能参战。这样的空军数量与盟军上万架各式高性能飞机相比，根本不是盟军空军的对手。等于说，在进攻开始，德国必须拱手让出制空权。这消息对隆美尔似冷水浇头，浑身打颤。

海军，隆美尔心中有数，是更指望不上了。

隆美尔坚信"大西洋壁垒"的作用，虽然所要求的防御纵深几乎与伦德施泰特相等，但是他特别重视地雷场和登陆障碍物的作用。在隆美尔的作战计划中，对盟军的防御有四道：一开始是水下雷区，然后是抗登陆障碍物，再后是筑垒炮和机动炮构成的大西洋铁壁，最后是准备参加抗登陆作战的步兵师和装甲师，它们部署在离海滩6～8公里的机动位置。

隆美尔认为抗击盟军登陆兵的主要战线，应位于登陆点的海水高潮线。这条主要战线由延伸到内陆5～6公里的各坚固反撑点支援；高潮线与各支撑点之间的地面不是被水淹没（如"犹他"），就是布满上百万个地雷的阻止区，连一兵一卒也无法通过。

凭多年与盟军打交道的经验，他认为盟军首先会以大规模的空袭开路，然后在海上军舰和空中战斗轰炸机的火力掩护下，用数以万计的突击艇和坦克登陆舰在广阔战线上登上海滩；与此同时，再在离海岸不远的内陆投下大批空降部队，从后面打开"大西洋壁垒"，内外夹攻，迅速建立桥头堡，迎接大部队上岸。

盟军登陆前，德军实际采用的主要是隆美尔的计划，同时也做了一些关键性的改动，即各装甲师组成的战术预备队向后配置在离海岸约8公里的地方。其原因是装甲兵司令施令彭堡反对原来计划中使用他的装甲部队的方法。他指出，杰拉（在西西里岛）和萨勒诺的作战经验都证明坦克不是舰炮的对手。他建议最高统帅部的作战部长约德尔，不仅不能把他的各装甲师交给隆美尔指挥，而且应将它们配置在内地。

这一点是致命的。

后来的盟军登陆实际的作战情况表明，同盟国军队作战的真正关键时刻是在登陆日的清晨。如果隆美尔那时能够在"奥马哈"或某军登陆地段投入2～3个装甲师，盟军登陆部队的形势肯定会变得相当严重。

因此，他反对伦德施泰特的纵深防御战略，而主张"主要的战线就在海滩上"。要把敌人消灭在近岸浅水中和海滩上，也就是说要在敌人获得巩固的桥头堡、后续部队到达之前就将其消灭。

那时隆美尔已经意识到时间的紧迫。他仔细视察了海岸，临时增加了为应付特殊情况所需要的武器，布设了更多的地雷和水下障碍物。

地雷是他最喜欢的防御武器。他要求每月送来1,000万个，这是远远不能达到的指标。隆美尔要求到盟军登陆日之前布设1亿个。在大西洋铁壁共布设了约400万个地雷，这就是说，在可能登陆的地区，地雷密度为约每3平方公里16万个。如果这个不可能实现的目标真正达到的话，同盟国军队在登陆前将不得不延长舰炮火力准备的时间。

抗登陆障碍物是由德国陆军设置的。反坦克障碍物，如"捷克式拒马"或"带角拒马"（由三根铁棍交叉成直角构成）和所谓的"比利时牛棚门"（大约2米高的门形障碍物）都收集起来设置在海滩上。

沙滩上还打上钢桩和木桩，并配以地雷。

在所有可能登陆的海滩，从高潮线以下1米到低潮线以下2米之前的地段，计划设置4道抗登陆障碍物。到5月13日为止，这样的障碍物沿海峡共设置了50多万个。到6月6日，"奥马哈"附近的军事设施几乎全部完工。

隆美尔为了阻止盟军可能的空降登陆，放水淹没了海岸后边的大片低洼地，即第厄普以西，包括伊济尼附近的卡朗坦地区在内的全部较低的河谷，以及"犹他"海滩后面的地区。

除此之外，到1944年6月，德军在西线组成了一支真正强大的防御部队。自1943年11月以来，用于抗登陆的战斗师从46个增加到58个，在58个师中，33个师是海防师或预备师；其余的25个师除1个师外，都是由质量高、训练有素的部队组成，而且多数部队在苏联打过仗。

伦德施泰特同隆美尔的海滩阵地防御战略相反，主张纵深防御。伦德施泰特的防御战略是依靠大量步兵和装甲预备队，在敌人突破海岸防御工事的外层之后和敌人后续部队到达登陆场之前进行反击，按他的安排步兵和装甲兵要基本配备在远离海岸线的后方。他坚决反对把装甲兵前移，他认为隆美尔根本不懂战略。

争论长达一个多月，希特勒最后作出一个昏庸的决定，他拒绝接受古德里安祖护施韦彭堡的劝告，也不全力支持隆美尔所要求的对装甲部队的指挥权，中间搞了一个妥协方案：3个装甲师，仅仅只有3个装甲师调拨给隆美尔指挥。这3个装甲师是精锐的第2装甲师、重新组建的第21装甲师和第116装甲师。

其余的4个装甲师作为最高统帅部的预备队留在远离海岸的内陆，没有希特勒的命令，其他人都不能调动。

隆美尔看到德国空军对战争已无能为力，他敏锐意识到装甲兵对反登陆作战的胜利具有至关重要的因素，积极要装甲兵的指挥权，但他的决心没有盟军统帅大，终于未果，这就埋下了失败的种子。

→ 德军著名将领伦德施泰特元帅。

No.2 脆弱的防御

为了对抗盟军的登陆作战，希特勒还准备了空军和海军。

德军的空军第3航空队被命令负责西线作战。第3航空队司令官是施贝尔莱空军元帅，他指挥4个航空兵师和相当数量的高射炮兵部队，共约20多万空军地面部队和机场地勤人员。然而，飞机的数量太少，不得不放弃靠近沿海地区的机场，迁往法国内地机场。它的司令部设在巴黎，而飞机却在更西部。从1944年1月21日至5月29日，1个多月时间里，德国空军对英国只进行了29次空袭，单对伦敦的空袭就有14次，平均每次出动约200架飞机。德国空军在5月底和6月初曾对英国波特兰港口内的船只实施了轰炸。6月初，又对布里克斯汉进行了一次轰炸，但由于轰炸兵力有限，效果不佳，战果微小，而且飞机损失很大。到了5月底，轰炸部队的飞机已减至181架，其中只有107架飞机可以参战。

德国空军的第3航空队，作为一支防御力量来说更是十分薄弱，到1944年时，这支航空队几乎全部被赶出了法国北部上空。1944年6月5日，第3航空队的全部作战能力是481架飞机，其中包括64架侦察机和100架战斗机。

在抵抗盟军登陆的作战中，德国海军的作用主要是防御性的。

6月6日在法国西部的德国水面舰艇计有驻在比斯开湾的3艘驱逐舰，以及在海峡各港口和布勒斯特的5艘鱼雷艇（每艘排水量约1,000吨）和30艘E级艇。

西线舰队司令是克朗克海军上将，下辖的主要海军指挥机构有：西线防御部队指挥部，设在瑟堡，司令为勃鲁宁海军少将。勃鲁宁的部队负责从索姆河口到海峡群岛之间法国沿岸的小艇夜间巡逻。E级艇指挥部和潜艇指挥部，潜艇分驻比斯开湾各港口，共有潜艇36艘（其中8艘装有通气管）负责攻击入侵的兵力。E级艇担负沿英国南海岸的侦察性巡逻，但只能在漆黑的、多云的或风浪不太大的夜间进行。

1944年早春，德国沿英吉利海峡正中布设了由触角水雷和触线水雷组成的水雷幕。幸而这些水雷都装有"自毁器"，恰好在6月份以前自行沉没，因为德国人认为到6月份不会再有登陆的危险。但后来还是有一些零散的水雷使同盟国的舰艇受损。

更大的威胁是布于海底的十分秘密的水压水雷，也叫"蛇雷"。这种水雷只要驶近的舰艇使水压发生变化就能爆炸。德国空军急切希望充分利用这种水雷。他们认为，如果在每个上船港口用飞机布雷，只要几百个这种水雷就能使入侵者遭到彻底的失败。

幸好这个计划执行得一团糟。虽然水压水雷在战争初期就发明了，但是德海军司令部却长期不让生产，因为怕泄露秘密，反被对方在波罗的海用来对付德国。然而，希特勒干预这件事，他命令制造4,000个水压水雷，以对付同盟国可能的入侵。其中一半被运送到勒芒飞机场，储存在地下飞机库中。同时，两个布雷飞机中队随时待命。飞机部署在德国境内受不到同盟国空军轰炸威胁的地方。只要警报一响，就开始布雷。但这个计划又被戈林打乱了。5月份，戈林由于担心入侵可能通过布列塔尼半岛，越过勒芒，于是下令把水雷转移到马格德堡，这样在诺曼底地区对付盟军登陆的水雷又减少了。

第4章
CHAPTER FOUR

英格兰，
准备开战

★美国在英国大量集结部队的速度很快。1944年1月底，在英国的美军总共为937,308人，补给品与装备为3,497,761吨。而到了5月30日，即登陆发起前夕，在英国的美军总数已达1,526,965人，补给品与装备达5,297,306吨。

★除了空中照相以外，英国潜艇，还有英国和美国的鱼雷艇也进行了相当多的侦察，经常在夜间来到登陆地域，尽可能地搜集包括水文、地质、气象、地形、植被以及敌人兵力部署、防御工事等情报。

No.1 "大兵营"

到1944年2月，美国在英国开辟了众多的海军基地。

两栖训练中心：

罗斯尼斯——1943年8月20日作为两栖训练中心重新使用，同时也是接收站，还有消防、炮火支援学校和4个敌港管理组（管理夺自敌人的港口）。1944年2月14日共有官兵6,329名。

普利茅斯——位于德文郡，建于1943年11月3日。从1944年1月3日开始是霍尔的舰上司令部和威尔克斯的登陆舰艇与基地勤务欧洲司令部的所在地。有维修军舰艇的设备和人员，也是一个主要的上船港，共有军官90名，士兵1,495名。

法耳默思——位于康沃尔半岛，建于1943年9月。10月28日，第一艘坦克登陆舰（30号坦克登陆舰）从美国到达该处，在甲板上带来了一艘坦克登陆艇。

达特默思——位于德文郡，建于1943年11月，是一个两栖前进基地，也是第11两栖部队训练中心所在地。该基地的主要任务是修理和保养登陆舰艇。人员增加到2,000多名，一度有4,000名水兵在达特默思搭帐篷宿营。

萨尔库姆——位于德文郡，建于1943年10月，是两栖训练中心，特别是训练步兵登陆艇的中心，也是坦克登陆艇的维修基地。

阿普尔多尔和因斯托——位于北德文郡，建于1943年7月29日。训练登陆舰艇人员，并协助陆军训练士兵们习惯于船上作业。到1943年11月，有60名军官和700名士兵。

米耳福德港和佩纳思——位于南威尔士，建于1943年11月，是两栖训练中心和维修基地，负责训练各型舰上水兵，并担任紧急修理工作。

延默思——位于德文郡，建于1943年11月，负责训练和修理机械化登陆艇，于1944年4月迁到韦默思。

两栖训练小型前进基地：

圣莫斯——位于康沃尔半岛，建于1943年9月7日，用以集结、维修和管理一个登陆艇支队，并对艇员进行高级的训练。1944年2月，共有军官70名、士兵596名。

福韦——位于康沃尔半岛，1943年10月25日建立，主要用于训练小艇人员。1944年3月，开办了一所医务训练学校，主要训练坦克登陆舰的医务人员。（"海王"作战中，许多美国坦克登陆舰除车辆、坦克等运往诺曼底之外，还兼作医院船运回伤员。舰上配有专门的急救设备、治疗设备、甚至外科器械。每舰有2名海军尉级军医、1名陆军外科军医、2名陆军手术室技师和40名海军医务兵）。到"D日"前，共培训了150名军医和2,850名医务兵。第6敌港管理组的130名军官和1,005名士兵也是在这里接受训练的。

考尔斯托克和萨尔塔施——位于康沃尔半岛，是两个维修小艇和扫雷舰艇的小型修理基地。

补给仓库和修理基地：

埃克塞特——位于德文郡，建于1943年10月，是美国海军大型两栖补给基地，到"D日"已有军官200名，士兵2,600名。

朗斯顿——位于康沃尔半岛，建于1943年9月6日，是备用零件补给仓库，备有坦克登陆舰、辅助摩托扫雷艇、扫雷舰、木壳猎潜艇和钢壳猎潜艇的全部主机零件和所有两栖舰艇上的器材。

蒂弗顿——位于德文郡，1943年9月建立，是海军帆缆器材和备用零件的小型仓库。

布格尔——位于康沃尔半岛，1944年2月在废弃的采石场上建立，是海军弹药仓库。

赫奇思德和勒格歇尔——位于威尔特郡，1943年10月建立，是柴油机翻修基地，与美国陆军共同使用。

各种辅助基地：

内特利——位于汉普郡，1944年4月1日建立，是美国第12海军医院基地，位于皇家维多利亚医院内。1944年6、7、8月间有500多名伤病员，其中54%是在战斗中负伤的，除美国陆军、海军、海岸警卫队和商船上的伤员外，也有英国、加拿大和法国的伤员。

德普特福德——位于伦敦稍东的泰晤士河南岸，1944年2月建立，是两栖前进维修基地，主要维修从地中海前来参加"海王"作战、供英国第二梯队使用的那些坦克登陆舰和其他登陆舰艇。到5月1日，有25名军官和2,425名士兵。由于它靠近伦敦，经常遭到敌人的轰炸，但在6月1日，它还汇报说配属给"L"编队（英军登陆地段的第二梯队）的38艘美国坦克登陆舰百分之百地可以作战。从6月13日开始，它成了德国V-1导弹的主要攻击目标。7月8日，并靠在一起的312号和384号两艘坦克登陆舰被导弹直接命中，遭到严重毁坏，14人被炸死，11人受重伤。

威尔克斯负责所有登陆舰艇的战备和训练，并负责召集部队参加霍尔组织的多次演练。威尔克斯有大量的事情要做。例如，1944年4月需要对登陆舰艇进行广泛的改装：安装新式无线电设备，改装艇首门和安装供两舷装载用的舷墙门等等，以及给每艘坦克登陆舰增加大量高炮。

1944年1月4日，霍尔登上陆两栖部队旗舰"安康"号，然后到达普利茅斯港。积极的训练开始了。他是职务最多的登陆编队司令官，不仅要指挥第11两栖部队，而且在3月1日以前，也就是登陆编组开始生效以前，还要一直兼管"U"编队和他自己指挥的"O"编队的舰船训练。所有美国火力支援舰都向他报到，并在他指挥下实施对岸射击训练。这是理所当然的，因为霍尔在欧洲战区实施两栖突击的经验比其他任何海军将领都要丰富。

在德黑兰会议结束不到一个月的时间里，横渡英吉利海峡的进攻准备工作在英国加快地进行着。为此伦敦乃至整个英伦岛南部都发生了急剧的变化，简直成了大兵营。

美国在英国大量集结部队的速度很快。1944年1月底，在英国的美军总共为937,308人，补给品与装备为3,497,761吨。而到了5月30日，即登陆发起前夕，在英国的美军总数已达1,526,965人，补给品与装备达5,297,306吨。

由于美军部队都是在英国的西部各港上岸，他们便驻扎在英国的西部和西南部，而英国和加拿大的部队则集结在英国的东部和东南部各郡。正因为如此，美国陆军就担任整个盟军登陆部队的西翼。

到1944年6月6日登陆作战时，在英国已准备好了大量的军队、飞机和舰只。美国、英国和加拿大等国共计有33个陆军师，另有美军40多个师要源源运来，各型飞机1.3万多架，战列舰6艘，低舷重炮舰2艘，巡洋舰22艘，驱逐舰93艘，小型战斗舰159艘，扫雷艇255艘，各类登陆艇1,000多艘，连同运输船只总数达6,000余艘。盟军陆海空三军官兵总数达287万多人。

"霸王"作战所需要的一切都已具备。

No.2 紧锣密鼓的筹备

战役进入了细致的准备过程中，任何一个细节的失误都有可能带来重大的损失。盟军不敢带一点儿大意到战役的准备工作中，他们不但付出汗水，还要随时付出生命……

为对付海滩上的雷区，专家们专门设计了扫雷坦克，它可以引爆海滩上的雷区，破坏人工障碍物。

为对付粘性过高的沙土，盟军专家们特别发明一种新坦克。这种坦克除有一般攻击火力外，还在坦克车头前装有一卷有一定承载力的钢板，当坦克登上海滩时，随坦克的前进，钢板不断展开，形成一条通道，使后续坦克避免陷入泥潭之中。

盟军同时派出了大量突击队员实地侦察。这种活动是有极大风险的：不仅突击队员要冒生命危险，而且还有失密的风险。为保证不把盟军登陆地点泄露出去，每个突击队员的活动的范围都很大。

盟军突击队活动的同时，在盟军最高统帅部的统一指挥下，法国地下抵抗组织也派出各种身份的间谍，对"大西洋壁垒"的结构进行调查。

在诺曼底的康城，一位名叫裘雪的法国人干得很漂亮。他本人是个油漆匠，表面看人老实、木讷，似乎还有点愚蠢，肚子里半点货也搁不住。靠这些他通过了德国盖世太保的审查，顺利加入了"大西洋壁垒"修建工程队。

在工程队中他如鱼得水，趁给修建办主任粉刷办公室的机会，他发现印有"绝密"字样的"诺曼底沿岸布防图"。这是一张五万分之一的大比例尺地图，长3米多、宽不到1米，图上标识着自塞尔布尔至奥芬尔之间的大西洋壁垒的设防情况，其中主要的要塞，火焰喷射器和炮兵阵地等都一一标明，连各型火炮的射程和射角、弹药补给供应点、通信系统、各指挥所的位置、主要防御设施等皆有详细记载。

中间几经曲折，裘雪人不知、鬼不觉地把布防图带出，交给法国抵抗组织，1943年6月21日，此图被送到伦敦，派上了用场。

无数个裘雪式的人工作在敌后，通过人力转送或秘密电台的电波，盟军收到大量情报。这些情报资料再由专门机构进行分析、比较、鉴定，制成巨大的海岸立体模型，供制订作战计划时参考，并写成有关的情报报告，发至有关战斗部队。

正如每一个重要的战役那样，"霸王"作战实施前，进行了大量的预先作战，以便得到情报，袭扰敌人以及封锁目标等。这个到老虎嘴边去拔几根胡须的行动，只是"霸王"作战前极其繁重的准备工作中的一个小小的行动而已。为了"霸王"行动，早在一年前，盟军的海、空军兵力就开始了侦察活动。

美国空军大约持续进行了一年的空中侦察，以获得有关登陆地段、敌方火炮掩体和部队集结的照片。这一工作是"霸王"作战军事情报的最重要来源，因为当时从法国国内那里几乎得不到有关登陆地域的情报。抵抗力量很少在诺曼底活动，一是因为该地没有可供隐蔽用的山地，二是因为德军已经有效地封锁了未来的登陆场。

从1944年4月1日至6月6日，盟国空军派3,000多架次飞机进行了照相侦察，其他空军司令部的1,500架次飞机也进行了照相侦察，获得了从荷兰到西班牙边境的欧洲海岸的航空照片。这样便有可能标定德军海岸防御工事、桥梁、机场、水淹地域以及德军的临时堆集场和兵站。这些航空侦察照片如果堆起，足足有三层楼房那么高。

除了空中照相以外，英国潜艇，还有英国和美国的鱼雷艇也进行了相当多的侦察，经常在夜间来到登陆地域，尽可能地搜集包括水文、地质、气象、地形、植被以及敌人兵力部署、防御工事等情报。

此外，盟军空军在1944年4月中旬即开始摧毁德军海岸防御工事的特别行动，5月初又开始攻击敌雷达设施与无线电设备、弹药与燃料堆集所、军事营地与司令部、机场。

在盟军突击部队集结期间，空军还忙于从空中保护盟军的海军和地面部队，以防止德军轰炸机和侦察机的骚扰和破坏。

由于盟军空军的奋战，在进攻发起日前的6周内，德军向海峡地区只出动了125架次的侦察机，向泰晤士河入海口和东海岸只出动了400架次，其中非常少的侦察机飞近陆地。那些冒险偶尔飞临英伦诸岛上空的德军飞机一般都遭到了有效的拦击。因此，德军不能完全掌握盟军大批部队和船只集结的情况。

此外，1941年以来，盟军一直在德国控制的沿岸实施攻势布雷，到了1944年4月17日以后更加紧进行了。其中2艘英国布雷舰、4个英国巡逻艇支队以及6个英国鱼雷艇支队，在轰炸机司令部飞机的协助下，在4月17日到登陆日之间共布设了6,859枚水雷。其中几乎2/3的水雷布设在荷兰的艾莫伊登（E级艇基地）和布勒斯特之间的海峡各德军占领港口附近。

另外，为了在登陆前孤立诺曼底战场，1944年1月盟军空军司令利·马洛里和他的司令部扩大了"霸王"作战中预先作战的空军总计划，拟定了轰炸法国、比利时和德国的铁路枢纽和列车编组站的作战计划，代号叫"运输"作战，其目的是要瘫痪敌人的运输系统，制止德军增援部队向诺曼底调动。这些作战都附属于"直射"作战内。

"运输"作战计划规定，对德国境内的39个目标以及比利时和法国的33个目标进行为期90天的轰炸，以打乱对西线德军提供补给的铁路系统。

在1944年2月9日至6月6日这一攻击计划的执行期间，盟国远征军空军投掷了10,125吨炸弹，英国轰炸机部队投掷了44,744吨，美国第8航空队投掷了11,648吨。第15航空队从地中海起飞向法国南部目标投掷了3,074吨炸弹，共计69,591吨炸弹。

↑ 正在进行登陆演习的英军。

据另一份报告说，到进攻发起日，已有大约76,200吨炸弹，其中用于攻击铁路中心是71,000吨、攻击桥梁是4,400吨、攻击开阔线路是800吨。

此计划付诸实施后，立即取得了惊人的效果。到进攻发起日之前，塞纳河上从鲁昂到芒特—加西固尔一段的桥梁均被破坏；5月26日巴黎以北塞纳河上所有的铁路运输都被封锁，封锁持续到次月。德军在法国境内的2,000个可以使用的火车头中，已有1,500个被炸毁。

在5月19日到6月9日期间，德军铁路运输急剧下降，指数（以1944年1月和2月为100）从69下降到38，到7月中旬下降到23，大约1,600列火车（其中600列装载着德国陆军补给品）在法国被迫后退回去。

到5月26日，从巴黎到海边的所有跨越塞纳河的铁路运输都停止了。德军试图集中汽车以代替被炸毁的铁路来输送关键性的军用必需品，但是汽车不够，公路上的桥梁也被严重破坏。

另外，按"运输"作战计划所实施的轰炸，使德军岸防工事的浇筑由于缺少钢筋和水泥而受到限制，并迫使德军把28,000名来自死亡营的劳工从筑垒工地调去抢修法国的铁路。

"运输"作战计划对保证霸王登陆计划实施起着关键作用。

同时，盟军军种分练过程中，联合登陆演练一刻没有停止过。

英国西部的斯莱普顿是一片由红色的粗沙砾构成的海滩。

海滩的前面是一个狭长浅湾，后面是多草的峭壁，极像诺曼底的沙滩。如果把附近村庄的居民撤走，那里几乎是摹拟"奥马哈"登陆的最合适地方。

美国陆军第5军的训练演习于1943年12月15日在斯塔特湾的斯莱普顿沙滩和附近的托尔湾开始进行。训练的时间很长，但是火力支援舰和小艇是断断续续来到英国的，而且水兵都没有经过训练，这就使得训练复杂化了。

从1943年12月起，担负登陆任务的陆军和海军就开始进行了一系列旅、师级和军级规模模拟登陆演习。到1944年4月底和5月初，两次全面的预演把联合训练推向了高潮。

第一次全面预演，于4月26日早上7时30分在英格兰南部举行。预演由穆思指挥的"U"编队首先开始。搭乘部队和装载装备的舰艇就是在发起进攻日（代号为"D日"）将要使用的舰艇，演习中的上船港大部分也是"D日"使用的港口。

4月26日夜间到27日凌晨，演习编队像真正驶往登陆地域一样，在担任扫雷任务的扫雷艇的护航下，通过莱姆湾，其劈波斩浪的气势，宛如海峡中骤起的狂飙。在对斯莱普顿沙滩进行"舰炮火力准备"后，紧接着在4月27日晨"突击上陆"，然后就是卸载和二梯队的跟进……

然而，9艘来自瑟堡的德军潜艇使这次预演变成了一场实战，德军潜艇突然发射的鱼雷袭击了第二梯队登陆输送队，盟军的2艘坦克登陆舰被击沉，1艘受重创，197名水兵和441名陆军士兵阵亡。这次损失使"海王"作战丧失了备用的坦克登陆舰，后来盟国金海军上将不得不从地中海调来3艘。

这些损失并没有动摇盟军进一步预演的决心。

5月3日，由拉姆齐海军上将任总指挥的"费边"演习开始了，这是一次与陆军部队集结演习同时进行的，力求最逼真的一次全体合练。演习中，除了没有横渡海峡和在诺曼底登陆外，其他都尽可能逼近真实的"霸王"作战。

霍尔指挥的"O"编队在斯莱普顿沙滩进行预演，3个英国的登陆编队在朴次茅斯以东的海滩预演。这些演习是整个持续训练的最高潮，总的目的是使所有人员树立起信心，并克服混乱现象和解决存在的问题。

No.3 上兵伐谋

在实施登陆前的好几个星期里以及其后的6个多星期内，盟军为了严守大举反攻的机密，实施了一系列周密而成功的疑兵之计，精心策划了许多扑朔迷离的假象，以混淆、迷惑德国人。

"霸王"行动实施的时间和地点是极端重要的机密。只有保住这个机密，才能把德军部署在丹麦、挪威、芬兰和法国、荷兰、比利时、卢森堡境内将近90个师的兵力牵制在远离诺曼底的地区。为此，代号为"刚毅"的一系列积极的欺骗措施在陆续实施。

整个"刚毅"计划分"南方刚毅"和"北方刚毅"两个部分。

按照"南方刚毅"计划，由电影制片厂出品的大量纪录片在全国上映，影片中大量登陆舰艇出现在泰晤士河和梅德韦河上，数百辆坦克出现在德国飞机能够拍摄到的地区。

英国情报局伪造了一个并不存在的盟国军官，他们利用一个在战斗中阵亡的军官尸体，把它送到海中。不久，尸体漂到西班牙海岸，被德国人发现了。他们在这具尸体的口袋里，翻到一份关于盟军即将发动反攻的登陆行动的作战计划。这份伪造的计划"不露声色"表

↑蒙哥马利（上）和他的"替身演员"（下）

明，盟军将要攻打加莱海峡地区，这是一条从英国的多佛尔到欧洲大陆的最近距离线。

疑兵计划还包含一系列欺骗措施：在已知的敌特机关周围建立了假的无线电网和模拟的登陆舰队，其目的在于欺骗敌人，使其相信同盟国军队已在英格兰东海岸集结了一支大规模的部队，这就是号称有50个师100万人的美第1集团军群，现正在积极准备横渡海峡向加莱海滨进行主要的登陆。

为了显示这次虚构的登陆，盟军成立了一个虚假的美国第1集团军群的司令部。司令部设在多佛尔附近，巴顿中将在西西里作战中的猛冲战术已为德国人所熟知，因而荣幸地充当了这个有名无实的集团军群司令。

驻扎军队的兵营，当部队已调至上船地域之后，那里仍旧炊烟四起，卡车仍然在无人的营地道路上来往奔驰。其他"营地"——实际上是无人的帐篷城仍留在英国东部，但伪装得具有浓厚的生活气息，从高空摄影的照片上看，就像真的营地一样。以至使德军情报局认为，盟军最高司令部已确定由巴顿来指挥一支强大的装甲部队实施主要登陆进攻，准备攻打加莱海峡。

而此时盟军反攻计划中的真正登陆部队正在艾森豪威尔指挥下，紧张地为即将实施的登陆进行战前训练。运输舰只也正在英国南安普敦和西南海岸诸港大量集结，为在诺曼底登陆秘密做准备。

另一个欺骗行动是，一个和英军蒙哥马利将军相貌极其相似的英国男演员，装扮成英勇善战的蒙哥马利的样子，在直布罗陀战区乘着一辆豪华的汽车四处兜风。目的是为了让德国人认为蒙哥马利并不在英国，从而使他们误认为盟军不会马上发动横跨英吉利海峡的进攻。

更有甚者，盟国在英格兰捕获的不少为德国效力的间谍也投靠过来，他们用无线电等谍报工具把很多假情报发给在柏林的上司们。

与此同时，纳粹德军占领下的法国加莱和诺曼底都遭到猛烈轰炸，但前者遭到的轰炸明显比后者多1倍以上。

"北方刚毅"计划则虚设了一个"第4集团军"，号称有35万人，其实只有1个营级单位用无线电在紧张地工作。

"刚毅"计划使德军感到美"第1集团军群"一定会在加莱登陆，以致德军第15集团军被牵制在加莱地区达进攻发起日后的6个星期之久，德军19个师的兵力在加莱海滨等待着美军的到来……

盟军的疑兵之计真可谓别具匠心。

第5章
CHAPTER FIVE
最棘手的问题

★盟军保卫部门为确保"霸王"行动的机密，对所有可能泄露情报的渠道都严加防范。盟军统帅部要求各级指挥官严格保管文件，对印有登陆时间和地点的文件，都要按最高保密等级处理，如有违反则严惩不贷。

★6月4日，对于挤在小小的登陆艇上挨雨淋的士兵来说，是难受的一天，而对守在岸上的高级指挥官们来说，则是最忧虑的一天。高级将领们为天气发愁，艾森豪威尔更担心推迟行动会带来巨大的不利。

No.1 严格保密

随着"D日"的临近和"霸王"修改计划的最后通过，印有Bigot（直译为"顽固分子"）这样一个绝密标记的"霸王"行动文件也相应发到有关部门，知道登陆地点和登陆日期的也增多了，保守机密的问题提到盟军统帅部的重要议程上来。

早在制订"霸王"计划纲要时，英军参与纲要工作的蒙加将军考虑到德国间谍可依据盟军大规模集结地点情形，推断出盟军登陆地点，就要求政府规定："在未来16个月之内，禁止游客去英国南部旅游。"丘吉尔以英国是一个自由国家，不能干涉游客的行动自由为由，拒绝了这一要求。

现在战役就要进行了，保密工作如何已关系到行动能否成功。作为最高统帅的艾森豪威尔又把这个问题向丘吉尔严肃提了出来。结果，英国政府下决心采取了一系列措施，政府规定：1944年3月10日以后，英格兰南部地区与其他地区之间的非军事运输全部停止。除医生、有特殊工作的人员和少数特许的工作人员之外，其他人员只能步行或骑自行车。这条规定预示去英格兰南部的客车全部停开，游客也就无法到南部海岸了。

1944年4月1日，英国政府进一步规定从英格兰东部的沃什湾到西康沃尔半岛的顶端，从苏格兰东部的阿布罗思到福恩湾口的邓巴之间，纵深16公里的沿海岸地区列为军事禁区。外地来访者一律不准进入，当地的居民也不能随便出来。

间谍混入游客到南部去的途径被政府两条禁令封住了。

再一个途径是经记者之口走漏消息。新闻记者笔下不经意的新闻资料，可成为敌人判断重大军事行动的线索。

艾森豪威尔一到任就提出实施新闻检查，并给记者分类，受盟军信任的记者享有优惠待遇，其余的则受种种限制。但不论是谁，每篇稿件、每份电报和电传，都要经检查同意才能发出。

盟军保卫部门为确保"霸王"行动的机密，对所有可能泄露情报的渠道都严加防范。盟军统帅部要求各级指挥官严格保管文件，对印有登陆时间和地点的文件，都要按最高保密等级处理，如有违反则严惩不贷。

在盟军官兵和英国民众都被统管起来后，盟军情报部门又盯上另一个目标：各国外交官。

外交官的任务是发展与驻在国的友好关系，也肩负搜集驻在国的情报，然后报告给本国政府的职责，这是众所周知的事实。虽然德国无外交官在英国，但他们有很多特务已渗透到各中立国家进行活动，这些中立国家在英国都设有外交使团，要保证"霸王"行动的秘密不败露，蒙加将军又提出要求：政府应取消外交官的某些特权。

就是苏联，虽然理论上和美国处同等地位，但实际上是有折扣的，在这里英、美也留了一手。苏联人极想了解"霸王"行动的详细内容，以便使苏军在东部战场采取同步行动。英、美想告之详细计划，又担心失密，不告诉具体日期，又无法同时配合行动。思来想去，达成这么个方案："D日"决定在6月1日的前后二、三天内，具体则视天气情况而定（这倒

↑牧师正在为即将出征的美军战士祈祷。

是实话），登陆地点则一字未漏，苏联想得到盟军西欧作战地图，英国政府也以伦敦与莫斯科相距遥远而婉然拒绝。

No.2 最后的决定

1944年5月15日，伦敦。

战时最重大的军事会议——诺曼底登陆作战情况介绍会，正在这里举行。出席今天介绍会的有英国国王乔治六世、首相温斯顿·丘吉尔、陆军元帅简·克里斯蒂安·史末资等人，英国三军首脑、英国战时内阁成员都出席了会议。

盟军所有的主要指挥官都在场，包括艾森豪威尔、布莱德雷、巴顿、蒙哥马利和他的两个陆军指挥官：迈尔斯·登普西爵士和一位文静的加拿大军官亨利·克列勒。共有20名左右将领出席了会议。出席会议的还有参加"霸王"作战的师以上高级指挥官。

今天会议的目的不只是介绍"霸王"作战计划，它还有另一个目的，就是使所有司令官注意最高统帅部的总意图，并让每一个司令官对可能得到的援助措施，有一个完整的和全面的概念。

这次会议不仅标志着所有"霸王"作战预先计划和准备工作的实际完成，而且还加强了到会者的信心。到会的几十名指挥官和参谋都详细地了解到，在这次大规模行动中，他自己特定的那部分部队将获得多大的支援。

临近登陆前的这些日子，每一个基层作战指挥官都得到一份大比例地图，万分之一比例的海岸线草图一直发到西部特混舰队最小的登陆艇上。图上有一张从海上眺望海岸的全景照

↓ 在登陆艇上待命的美军士兵，他们即将启程投身到战斗中去。

片，详细地显示出建筑物和其他陆标，还有日光和月光资料、海滩坡度曲线图、近海水流资料和潮汐曲线图，每份都添印上各登陆地段名称与界线。

此外，在实际突击开始前，盟军最高统帅部的作战部门和第21集团军群的司令部转移到了英国南岸的海港城市朴次茅斯。海军也在那里设立了联络机构。为了对付德军可能的轰炸，艾森豪威尔的参谋部设在了朴次茅斯郊区的一片森林里，他的帐篷和车辆都巧妙地隐蔽在树林中。

当登陆作战的准备工作行将结束、盟军最高统帅的参谋部已经转移到朴次茅斯时，对于同盟国远征军最高统帅艾森豪威尔将军来说，最棘手的问题之一莫过于最后选择登陆日期（"D日"）和时间（"H时"）了。

围绕登陆日期"D日"和时间"H时"，盟军三军曾展开过长期激烈的争论。

为了把"D日"和"H时"最后确定下来，同盟国远征军最高统帅部于1944年5月1日召开会议。

经过几天的争论，通过了一个折衷方案，决定"H时"应在最低潮之后1～3小时，在日出之前12分钟到日出之后90分钟之间，即恰好在高潮与低潮中间上陆。

最后决定：由于5个登陆地段的潮汐情况各不相同，因此，分别规定了5个不同的"H时"，最早的"H时"（6时30分）和最晚的"H时"（7时55分）之间相差85分钟。除了满足部队对潮汐和日光的要求外，计划人员还查阅了天候年鉴，找出有利于飞行员飞行的月光日期，以便把"D日"安排在有满月的日子。

这样，在1944年6月上旬，基本符合三军要求、惟一能够利用的日子只有5、6、7日三天。

5月23日，艾森豪威尔考虑到进一步确定"D日"的日期已刻不容缓，因为用以构筑"醋栗树"防波堤的船只到达登陆地域需要6天。

于是，他把6月5日暂定为"D日"，并把6日和7日作为天气不好需要推迟时的替换日期。这三个日子和预定的"H时"十分机密，直到5月28日，当盟军海军司令拉姆齐将军发出"执行'霸王'作战"的信号时，才将"D日"和各登陆编队的不同的"H时"通知各指挥官。

实施登陆作战的准备一切就绪，287万将士只等着"D日"的到来。

然而，天有不测风云。

在临近关键的预定登陆日期——6月5日时，天公却不作美，大雨倾盆，狂风大作。从6月1日开始，大西洋上空大气扰动正在形成，几个低压槽正向纽芬兰和爱尔兰之间接近，这预示着英吉利海峡将出现一段较长时间的恶劣天气，天气的变化使艾森豪威尔焦急万分。往年春季，英国只下蒙蒙细雨。但是今年，狂风裹着暴雨，席卷着整个英格兰。在波特斯摩斯附近的南威克庄园里搭起的、作为反攻行动指挥部的军用帐篷，在如此恶劣的气候条件下，无不有随时倾倒之危。停在树丛和伪装物掩蔽下的艾森豪威尔的指挥拖车也被大风掀倒了，浸泡在泥水中……

从6月1日起，艾森豪威尔每天安排两次同高级将领们一起听取天气预报，一次是晚上9时30分，另一次是早晨4时。会议是在朴次茅斯附近的索思威克大楼的食堂举行。这是个很大的房间，三面排列着高大的书柜，室内有一张桌子和许多椅子。另一面墙上分成上下几排挂着一张张气象形势图。

随着关键时期的来临，英吉利海峡的天气却一天比一天更令人担心，因为出现适宜天气的希望越来越小了。

6月2日，整个北大西洋上空充满着连续性的低压气层，前景暗淡。

6月3日，出现西风带不稳定天气，在格陵兰岛和亚速尔群岛的上空各有一个高气压，而位于两个高气压之间的低气压向东及东北方向横越大西洋，风和海浪情况很可能使6月5日不能成为"D日"。

6月4日，天气仍不见好转，预报说云层低，风大，波涛汹涌。这些情况预示着登陆是极其危险的。因为在这样的天气，空中支援是不可能的，海军的炮火也将失效，甚至连驾驶小艇也是异常困难的……

这一天对于挤在小小的登陆艇上挨雨淋的士兵来说，是难受的一天，而对守在岸上的高级指挥官们来说，则是最忧虑的一天。高级将领们为天气发愁，艾森豪威尔更担心推迟行动会带来巨大的不利。

几天前整个英国曾经到处都是盟军士兵，白天他们带着武器和野战装备在乡村大路上行军，夜间乘坐装甲车通过灯火管制的城镇和村庄，无数纵队向着港口集中，如今他们都登上各自的舰船，在狭小的船舱中一个挨一个地坐着，等待着起航。与此同时，用作"醋栗树"的船只也开始向南移动。另外，3个师的伞兵们在20个机场集结，等待随时登上运输机和滑翔机飞向诺曼底……

真可谓刀出鞘、箭上弦了！

于是艾森豪威尔发出了必要的命令，最后确定了第一波登陆时间，即"H时"：

剑区和黄金区 7时25分；

朱诺左区/朱诺右区 7时35分/7时45分；

奥马哈区和犹他区 6时30分。

第6章
CHAPTER SIX

奇兵强渡

★为配合摩托艇造假信息活动，盟军还出动了100余架飞机，进行支援。这些飞机在海峡上空不停地转圈飞行，每转一圈便投下一批叫做"窗子"的金属铂制造的干扰包，每转一圈便调整一次飞行轨迹，使其在雷达屏幕上产生出类似大批舰队一步步靠近海岸的图象。

★美军进击任务由奥马尔·布莱德雷中将指挥的第1集团军担任，英、加军的进击任务由迈尔斯·登普西中将指挥的第2集团军担任。整个"霸王"作战由盟军最高统帅艾森豪威尔将军委托英国陆军元帅蒙哥马利直接指挥。

No.1 从天而降

盟军在海面、电磁空间、空中向德军发动了强大的攻势。

海面上成百上千艘战舰冲破重重的迷雾，从英格兰南部的各港口出发，先驶向怀特岛南面代号为"皮卡迪利广场"的海域。在那里依据登陆的5个海滩编成5个登陆突击编队。

每个突击编队又有自己的5条航道。所有的舰船将沿着各自的航道朝向诺曼底半岛前进。它们排列着整齐的队形在波涛汹涌的海中急驶，横排达32公里宽！

参加诺曼底登陆的战舰有：英国和加拿大战舰共143艘，其中战列舰4艘、巡洋舰21艘、驱逐舰116艘和低舷重炮舰2艘；美国军舰共46艘，其中战列舰3艘、巡洋舰3艘和驱逐舰40艘；其他盟国海军的巡洋舰3艘和驱逐舰8艘。这里不包括数量巨大的各型输送船只和保障船只。

行驶在最前面的当然是扫雷舰艇。

在整个舰队出发前夕，为了保证严密的协同作战和准确的时间选择，盟军海军司令拉姆齐海军上将亲自指挥东部和西部两个特混舰队的第一阶段扫雷。

为了防止德国空军飞机和海军E级艇可能布设的大量延期水雷造成的危害，对海峡中英国沿岸的航道进行了清扫，对从怀特岛经过海峡中心线直到登陆地域的换乘区各航道也进行了清扫。

5月31日夜间至6月1日凌晨，布设了10个水下音响浮标，以便为每航道扫雷时提供准确的起点。5个登陆编队各分配到两条相邻的宽约370米的航道，每条航道都设置了灯标标志，各灯标的间隔约为2公里。这些灯标是紧跟在扫雷舰艇后面的英国海军巡逻艇布设的。

进行这一庞大的扫雷工作，需要同时出动245艘舰艇，还要有10艘备用的，以防意外。

6月5日夜间至6日凌晨，德军E级艇没有进行例行巡逻，因为德国西线舰队司令克朗克海军上将认为天气无论对他们还是对盟军都特别不好，那天的海潮"不适合"登陆。

在盟军发动诺曼底反攻的夜里，盟军空军散发了四处飘散的、人们称之为"金属干扰带"的锡箔片，造成一支舰队正在第厄普附近海面向东驶去的假象，使德国人所剩无几的几处海岸雷达站受骗上了当。

盟军小型舰只也同时向布伦、第昂蒂费尔角和巴夫勒尔进行了三次强烈的电子干扰，给德军雷达造成一种错觉，好像大批部队正在向上述地区进发。这些佯攻手段非常成功，使盟军的第一批登陆编队向敌岸前进了很远之后，敌人才弄清了它们的编成。

为了盟军即将在德军认为不宜于进行大规模两栖作战的诺曼底半岛登陆，盟军的佯动计划真可谓别具匠心。

雷达是第二次世界大战初期出现的新"玩意儿"。

到"霸王"战役发动时，盟军对其的运用已经"炉火纯青"了。

为早日发现盟军进攻欧洲大陆的大规模军事行动，为及时给防御的德军提供情报，德军在建设"大西洋壁垒"的同时，还建立了一套能覆盖整个从挪威到西班牙海岸线的雷达网。

在预计盟军登陆的重点地段法国西北部，雷达站高度密集，几乎每隔十几公里就有一个大型海岸雷达站。这些雷达站还与设在内地的雷达站互相联网。这些雷达站均属德国空军。主要探测盟军的飞机活动情况，纳入防灾体系中。

德国海军为专门对付盟军舰艇和海上登陆，还在法国西北部专门建立了许多探测距离为50公里左右的对海雷达站。有了它，英吉利海峡盟军舰船的活动情况尽收眼底。

盟军对德国人的雷达站情况也一清二楚，为此制订了周密计划，并成为"刚毅"计划的一部分。

按此计划，在诺曼底登陆日前一周，盟军出动空军对德国海军的10个雷达站进行了系统精确攻击，全部炸毁，让其不起作用。其余的暂不做处理，让其工作。

6月5日深夜，盟军实施第二步行动，有选择地留下几个雷达站后，对其余的实行干扰。留下的几个不受干扰的雷达站全在塞纳河以北，是德军15集团军防区。其目的是让这些雷达站能探测到盟军由12艘带有防空气球的摩托艇模拟的假登陆舰队。其中8艘摩托艇活动在加莱对面离岸14海里的洋面上，其余4艘则在巴夫勒尔角以东6海里的洋面上游动。

为配合摩托艇造假信息活动，盟军还出动了100余架飞机，进行支援。这些飞机在海峡上空不停地转圈飞行，每转一圈便投下一批叫做"窗子"的金属铂制造的干扰包，每转一圈便调整一次飞行轨迹，使其在雷达屏幕上产生出类似大批舰队一步步靠近海岸的图象。

同样的手段，也使用在远离诺曼底的布洛涅地区。

当盟军大批舰队在6月6日1时到4时向海滩接近时，海面上没有一架德军飞机；当盟军空降兵部队于当日凌晨越过诺曼底进入预定空降地点时，德军也没有一架飞机起飞拦截。原来，盟军让其工作的德军9个雷达站所报告的假情况，已把德军能作战的飞机都吸引过去了。

盟军空军的另一项欺敌活动也大奏其效。

这个任务是由8个空降兵做的。在盟军大批空降兵进入法国之前，最先进入法国的是几架带有200名假伞兵的运输机，这些假伞兵比真人小一些，全由橡胶做成。

6月6日0时11分，8名真伞兵分成两组，每组4人，先后降落，随后200名假伞兵也从天而降。假伞兵离机开伞后，所带的假手榴弹落地爆炸，这些假伞兵身上也装爆竹引线，落地时引线被触发发生爆炸，而且此起彼伏，络绎不绝。

与其同时，已先着陆的两组真伞兵，也打开各种电子设备，播放出了先录制好的枪声和炮声，部队运动的脚步声，士兵的咒骂声和指挥官下达命令的声音。估计声势造得差不多了，这些伞兵开始转移，再制造一场假象。

空投假伞兵的范围很广，德军B集团军的防线上，到处都有发现"盟军伞兵"的报告，B集团军司令部和西线德军司令部的地图上也布满了伞兵标记，很长时间辨别不清事情的真相。而且部下一会儿一个电话，一会儿一个报告，电话与报告往往互相矛盾，各级司令部不知所云，整个夜间，德军对情况一直不明。

最有决定权，也最紧张的是B集团军司令部。整个法国海岸都归他们防御，可此刻拿主意的人还在赫尔林根。在集团军参谋长的主持下，幕僚们盯着地图上发现伞兵的地点，看着雷达站送来的盟军舰队正在逼近加莱的报告，拼命地研究判断着。这是大规模登陆作战吗？其目标是诺曼底，还是加莱？是真进攻，还是伴动作战呢？幕僚们经过一番争论，得到的结论是：比讨论研究之前更加糊涂。所以，当西线总司令部的助理情报组长戴尔丁巴哈少校向B集团军要前方情报时，所得到的回答是："参谋长认为局势平静，前述报告所指的空降部队，可能是轰炸机上的跳伞人员。"

事实上，真的空降兵已经到了，世纪性的诺曼底之战就要打响了。苏联人从1941年就提出要求，美国人奔波两年，英国人长期拖延但终将进行的"霸王"行动揭幕了。

6月5日22时15分，C-47型运输机开始从英格兰西部地区的25个机场起飞，20架导航飞机比它们提前半小时飞到6个空降地区。

这些C-47型运输机，如同一群群遮天蔽日的飞鸟从空中掠过，不时地把月光遮住。更多的机群也将在不久的时刻启航。这是一个令人震惊的场面，世界历史上最大的一次空降作战开始了。

英军第6空降师、美军第82和第101空降师的全体将士，全副武装，并把脸膛涂成黑色，正乘坐1,100架飞机飞向法国海岸防线的腹地。他们要在那里实施空降，并且要比大规模的登陆主力部队提前若干个小时向德军发起进攻，攻占登陆场的重要目标，并阻击德军增援的装甲部队，以保卫正面登陆的成功。

6月6日破晓，美国中型轰炸机和战斗轰炸机连续猛烈轰炸德军在诺曼底的阵地。

从午夜到凌晨3时，英军1个空降师和美军2个空降师分别在诺曼底半岛上，德军"大西洋壁垒"后面陆续降落。

与此同时，盟军的许多轰炸机飞到加莱地区，在鲁昂和阿夫兰彻斯地区附近上空投下了大量的铝箔纸迷惑敌人，使德国人误认为是盟军的伞兵部队。德国防空雷达发现这些目标后，错误地判断加莱是盟军发起主要攻击的区域。

在科坦丁半岛北部的瑟堡周围都是丘陵地，但在"犹他"海滩的背后，丘陵变成了低平的牧场和由树篱或土堤分隔的小块土地。半岛的颈部被沼泽、河流和水渠几乎分成两半，这是拿破仑想出来的，起码在某种程度上可以起到防御的作用。杜夫河和梅尔德里特河流入卡朗坦河。卡朗坦河又在"犹他"与"奥马哈"之间流入塞纳湾。德军为了防止盟军可能空降和穿插，他们放水将这些低地完全淹没，形成了一道又长又宽的残水屏障，迫使半岛底部的全部南北交通只能通过严格限定的3条路线。

在"犹他"海滩的背后，德国人已把伸入内地约3.5公里的牧场淹没。但是仍有9条堤道穿过牧场，把海滩通路同最近的一条南北公路连接起来。美军及时控制这些堤道，是保障部队展开的关键。否则登陆部队可能被困在海滩上，不能通过泛区，将成为德国炮兵的射击目标。

鉴于此，两个美军空降师被派去支援第7军，计划在"D日H时"之前5小时空投到内陆。美国泰勒少将指挥的空降第101师在圣梅尔－埃格利斯东南空降，占领海滩堤道的终点并封锁在卡朗坦附近通往半岛的陆上通路。第82师在圣梅尔－埃格利斯以西的梅尔德里特河两岸着陆，夺取这个位于交叉路口的村庄，并阻击敌可能来自西北方向的反击。

德国人设置了由"隆美尔芦笋"构成的反空降障碍物，这种障碍物是在木杆上拉起有刺的铁丝网并敷设了地雷。但是，大部分障碍却设置在没有伞兵着陆的地区，因为德国人估计同盟国军队会在更远一些的内陆空降。当最后证实同盟国军队在德军驻地与海滩之间空降时，德国人简直不知所措。

美军大规模的空投进行得不太顺利，敌方高射炮火密集而猛烈，许多飞机驾驶员不得不在高空快速盘旋，以致伞兵部队无法准确跳伞。

一队队伞兵在漆黑的夜晚从空中降落下来。此时，这些伞兵显然不像他们臂章上绣饰的那些呼啸威武的雄鹰，倒更像一群挂在细线上的毛虫，他们落地后才发现没有投到预订地点。紧张严肃的战士们紧握自动步枪，拿着匕首，准备割断身上的吊伞索。

空投下来的美国第101空降师由伞降步兵第501、502、506团组成。部队在黑暗中着陆，分散在一块长25海里、宽15海里的地区内。黎明时，该师6,600名战斗人员中，有的降落在果树园里，有的降落在小块田地上和高高的树管内，部队拉得很散。还有些人落入德国人放水淹没的牧场上，不少人由于背负着沉重的武器装备，被水淹死了，还有不少幸存者在敌人猛烈的扫射下丧生，剩下活着的人勉强地爬上陆地后，立即组织起来，在黑暗中用口哨发出蟋蟀的叫声来彼此联系。但是，德国人已经识破了他们相互联络的办法，并且用缴获的口哨，把不少第101空降部队的士兵们引过去一举歼灭。

幸运的是，这一带夜间德军并未设下重兵。他们有时间相互寻找，开始往往是个人单独行动，后来逐渐结成了小队和班，陆续赶往指定地点集合。天亮时，他们已集结了足够的力量，控制住"犹他"滩各堤道的西面出口。然而在南面，他们却未能摧毁杜弗河和卡朗坦运河上的桥梁。

直到"D日"中午，501团团长才集合起200名官兵，去完成占领或摧毁卡朗坦西北杜夫河上两座桥梁的任务。海军舰炮火力岸上控制组和该团团长呼唤重巡洋舰用203毫米火炮射击正阻碍空降兵前进的敌军阵地。这样的例子，即海军对空降部队进行支援，还是罕见的。

第502团的任务是占领3号、4号通路的终端，构筑环形防御阵地，并向西同第82师会合。该团大部分部队没有在指定的空降地区着陆，分布得很散，但是营长们尽量把人们集合起来向指定的目标前进。很快，一个15人的小组攻占了梅西埃雷斯村并俘房了150名德军。第3营营长率领约75名士兵向海滩通路推进，于7时30分顺利地到达了通路。午后不久，该营与正向内陆运动的第4师的登陆部队会合。

第506团的任务是占领靠近"犹他"海滩的泛区后的干地，并掩护正在登陆的第7军的左翼。该团着陆得特别分散，但是到6月6日4时30分，已有两个营的部分兵力向通路运动。中午，第3营攻占了波佩村。不久，空降部队同已在"犹他"海滩最南端上陆的登陆部队取得联系。第2营也遇到了激烈的抵抗。13时30分，该营的一个连到达海滩2号通路，为第4师的部队和坦克使用该通路扫清了障碍。

空降非常分散，有几批伞兵距离规定的伞降点远达40公里。装备损失了大约60%，集结部队也十分困难，但是散布面过广却有助于迷惑敌人。

空降第82师由伞降步兵第505、507、508团组成，在德军第91师集结区的边缘着陆，经历了与第101师同样激烈的战斗，只有一部分到达目的地。

4时30分，第505团的一个营占领了位于交叉路口的要地圣梅尔—埃格利斯村，而且成功地击退了德军猛烈的反击。另一个营夺取了梅尔德里特河上的两座桥梁。其他两个团着陆后分布得很散。"D日"日终时，空降第82师的大部分已位于圣梅尔－埃格利斯村的附近和周围，并控制了瑟堡－卡朗坦公路干线。这样，就可以把德军第91师全部人马拖住在原地。为了抗击敌军来自三个方向的攻击，有156人阵亡，347人负伤，756人失踪。

美军用滑翔机运送后续部队未获成功，运送第101师后续部队的51架滑翔机在试图向诺曼底小块土地着陆过程中，人员伤亡和滑翔机损失都很大。第二梯队在黄昏时到达，着陆更不顺利。第82师同样损失了许多部队，损坏了许多滑翔机。

英军第6空降师降落在盟军反攻战线东翼冈城东面一带，某空降部队的目标是夺取从冈城到海滨这一段奥恩河两岸的重要桥头堡。

在空投过程中，虽然由于风力太大的影响，许多伞兵落到了空投区的东面，但是英军各主要伞兵旅所发动的空降突击，仍取得了出奇制胜的圆满效果。他们把德军从奥恩河和运河桥梁附近的朗维尔村赶了出去，并为载有反坦克炮的滑翔机拿下了主要着陆区。所有桥梁，除一座外，均被突击部队迅速占领，并加以炸毁。

与此同时，150名英国伞兵对梅维尔附近一座控制着剑海滩的海岸炮台发动猛攻。他们和周围防御工事内的180名德军守兵展开了一场肉搏战，尽管他们有一半人伤亡，但最终还是摧毁了敌人的炮台。

虽然伞兵没有立即实现控制登陆地段后面地区的企图，但是却在内陆占领了大约12公里的地段，吸引了敌人的第一批反击兵力，并且由于伞兵的英勇奋战，使这个地区成为诺曼底5个主要登陆地段中最易攻克的地方。

No.2 登陆战一触即发

德军虽然早知道反攻迫在眉睫，但事到临头还是猝不及防。

其实，狂风大作的恶劣天气，对盟军的隐蔽来说反倒成了件好事。德军三位高级将领，满以为在这种海水猛涨、恶浪翻腾的时刻，盟军绝不可能实施登陆。

6月6日凌晨1时，德军第21装甲师师长福伊希廷格尔少将向隆美尔的B集团军司令部报告：盟军伞兵正在特罗阿尔恩附近着陆。可是他并没有得到从坦克集中地法莱兹出动坦克作战的命令，福伊希廷格尔所能办到的只是根据标准作战规定，派出最前沿的2个步兵营去对付盟军空降部队。

凌晨2时45分，冯·伦德施泰特在司令部接到报告说："科场坦半岛东海岸外传来阵阵引擎声。"这是有关盟军从海路登陆的另一个信息。很快德军第84军全部处于戒备状态。

但是，上级做出的反应却是："西线总司令并不认为这是一次大规模行动。"德国人确信，只要盟军试图发动入侵，他们的雷达站必然会事先发出警报，但事实上，未被摧毁的少数几个雷达站几乎全都受到了严重干扰。而当德军开始察觉到盟军反攻部队的行踪时，盟军部队已在离海岸12海里处上了登陆艇。

直到上午6时半左右，B集团军司令部才获准出动装甲部队。当时由于轰炸，通讯暂时中断，这样又过了2个小时，福伊希廷格尔才接到率师出击的命令。在此期间，福伊希廷格尔曾自作主张地派遣了包括由坦克组成的战斗群去袭击盟军伞兵部队。

6月6日凌晨的几小时内，德军统帅部乱作一团。西线总司令的参谋长十万火急地请求希特勒，批准他们出动党卫队第21装甲师和勒尔装甲师去对付盟军的空降行动。

下午，希特勒得到了报告，但是，希特勒却命令，在白天侦察弄清形势之前，禁止动用这两支战略预备队。他认为，盟军对诺曼底的空降袭击，只不过是牵制德方后备兵力的佯攻，而主要的海上入侵将在塞纳河以北一带发起。

不仅希特勒本人，而且德军最高统帅部和隆美尔司令部，也都持有这种看法。甚至在盟军战舰众炮齐轰诺曼底海岸的时候，他们还是固执己见。

登陆前火力准备的空中轰炸，早已于午夜开始。

黑暗的天空中不时传来重型轰炸机大编队的引擎声，这声音低沉而又有力，仿佛要把整个天空连同德军地面防御设施一起震碎不可。

不一会，引擎声被飞机的俯冲呼啸声和炸弹的爆炸声所掩盖，黎明前灰暗的大地上不时发出炸弹爆炸的闪光。

按照战前的火力准备协同计划，空中轰炸首先实施。成百上千架重型轰炸机和中型轰炸机首先对经过选择的德军岸炮阵地进行攻击。在5时前这段时间内，英军的1,056架重型轰炸机对德军10个最重要的海岸炮连，以及登陆附近的通信设施倾注了5,000多吨炸弹，德军在滩头上的海岸炮阵地纷纷中弹起火。

紧接着，美军第8和第9航空队的1,630架"解放者"式、"堡垒"式等轰炸机对德军防御工事实施了猛烈的空中攻击。这些飞机向海滩防御设施倾注了4,200吨炸弹。

轰炸一直到部队开始抢滩登陆前10分钟。

火力支援舰只于1时40分就进入了指定的航道抛锚。

空军的轰炸机刚一完成任务退出，海面上各种火力支援舰炮口就喷射出一道道耀眼的火光。成吨的炮弹犹如倾盆大雨，在纳粹自诩为"大西洋壁垒"的海防要塞上开了花。

各型登陆艇刚一到达指定位置，火力支援舰就立即向德军岸上实施火箭齐射。

如此周密而协调的火力支援，在以往的登陆作战中还从未有过。

5时50分，德军一个尚没被摧毁的岸炮连突然向盟军的驱逐舰"菲奇"号和"科里"号开火，2艘驱逐舰的周围顿时掀起了十多个高高的水柱。20分钟后，德军圣瓦斯特的大口径

↓轰炸机在空中列队，它们的目标是诺曼底德军。

炮连，也对正在离海岸3,100米处扫雷的一艘扫雷艇进行猛烈射击。

英军的轻型巡洋舰"黑三于"号立即还击，把敌炮连的火力引向自己，使得那艘扫雷艇得以继续扫雷。

5时36分，德军的重型炮弹开始落在盟军的各重巡洋舰附近。

此时，随着各运输登陆艇的临近，盟军编队司令决定实施预定的舰炮火力准备，瞬时间各舰都向其指定的目标开火。

6时10分，支援飞机按计划开始在"U"编队与海岸之间施放烟幕，但是负责掩护"科里"号的那架飞机被德军防空炮火击中，拖着一道浓烟，坠落海中。"科里"号战舰因无烟幕掩护，成了德军几个岸炮连集中射击的目标。为躲避敌人炮火的射击，"科里"号在狭窄的水域内尽快地进行机动航行，并不停地射击。可是，没多久"科里"号碰上一枚水雷，只见"科里"号军舰的中部突然"轰"的一声燃起了大火，很快地倾斜、沉没了。

此刻，其他的扫雷舰艇正在紧张地在换乘区、上陆通道、火力支援舰只的接近航道和火力支援区内开始扫雷。

随后，登陆输送编队陆续到达指定海域，英、美军分别在离岸7海里和11海里处建立了换乘区，在灯标的指引下，沿清扫的航道各就各位，然后陆续放下小舟，18万登陆部队已做好准备，等待着换乘时刻的到来。

换乘开始，选定为换乘区的水域位于靠海一面约10公里处，距离海滩高潮线19公里，盟军登陆兵从输送的舰船换乘到登陆用的小型冲击艇上。

只见美军运输舰在浪头高达6米的海峡波涛中抛锚。下降的铁锚链条在链管中发出震耳的嘎嘎声，然后是铁锚投入英吉利海峡黑色水面所击起的水声。

20艘悬挂于吊架上的小型登陆冲击艇中，坐满了等待登陆的士兵们。小艇离水面很高，不停地在空中晃动。忽然，舰上的扬声器不停地广播道："放艇！"于是，吊艇架的绞车嘎吱嘎吱地响了起来，小艇开始下放。

这是个紧张的时刻，看上去仿佛是海浪把小艇从军舰的两侧掀了出去。小艇在水面上漂浮不定，直到小艇的螺旋桨发挥了作用为止。这些小艇在黑暗中上上下下翻腾，里外湿个透，然后穿过一段漫长的波涛汹涌的海面，朝着预定的集结区驶去……

在盟军的"霸王"作战计划中，美军选定的登陆滩头，是沿科坦丁半岛东海岸下半段向东延伸到贝辛港以东，分别叫"犹他"滩头、"奥马哈"滩头；英军和加拿大军队选定的登陆滩头，则从贝辛港一直向东，延伸到乌伊斯特勒昂，分别叫做"金海滩""朱诺滩"和"剑海滩"，每条登陆线的长度均在45公里左右。

美军进击任务由奥马尔·布莱德雷中将指挥的第1集团军担任；英、加军的进击任务由迈尔斯·登普西中将指挥的第2集团军担任。整个"霸王"作战由盟军最高统帅艾森豪威尔将军委托英国陆军元帅蒙哥马利直接指挥。

登陆作战中最为激动人心的突击上陆阶段就要开始了。

第7章
CHAPTER SEVEN

喋血滩头

★整个登陆部队编为26个艇波，他们将在控制艇的引导下向海滩冲去。参加突击的32辆坦克，利用科坦丁半岛的有利地形也安全下了水，其中28辆完成了2海里的航程，与第一批突击部队一起登上滩头。

★盟军28辆水陆坦克刚开上海滩，就遭到德军的炮火反击，盟军有2辆坦克登陆艇被击穿在海滩上，9辆坦克被击中起火。东段比西段更惨，指定在东段上陆的32辆坦克只有5辆上了岸，盟军相当数量的坦克沉入了海底。

No.1 血战"犹他"滩头

"犹他"滩头是美军第4步兵师登陆的地点。

它是科坦丁半岛东岸的一段长达15公里的海滩，海滩本身是一段坡度不大的黄沙坡，纵横着数不清的小溪。沙坡上有几道抗登陆障碍物，低潮时这些抗登陆障碍物大约有270~360米宽。

超过障碍之后，就是几米的干沙滩，那里到处都是浮水、海草和贝壳。在干沙滩的后面是90~136米低沙丘地带，有的沙丘上长着草。

靠着沙丘对海的一面，德军筑起了一道低的混凝土壁垒。在实际登陆的部分海滩的北端，沙丘比其他地方稍高些，叫做瓦拉村，这是用离那里最近的一个内陆村庄的名字来命名的。

海滩的后面则是淹没了的牧场，向内陆延伸大约3.2公里。若干条堤道穿过这些泛区，它们是通过沙丘到达海滩的捷径。

为登陆需要，美军将这一长长的海滩分成8段，各段都以英文字母命名，每段再分成红绿两滩。但是，第一梯队实际只使用了最南端的两段。

4时05分，东方天际渐渐泛出了鱼肚白。美军"贝菲尔德"号及其随行舰艇在这里抛锚。然后登陆兵进行了换乘。

整个登陆部队编为26个艇波，他们将在控制艇的引导下向海滩冲去。参加突击的32辆坦克，利用科坦丁半岛的有利地形也安全下了水，其中28辆完成了2海里的航程，与第一批突击部队一起登上滩头。

从5时30分开始，舰炮开始进行密集的火力准备，遮天盖地的炮火使登陆兵无法看清岸上的任何目标，第一波登陆艇只能靠罗经航向驶向登陆点。

实际上，即使在风平浪静的晴朗日子里。从这个换乘区向海岸方向眺望，也只能看清圣马科夫岛，而看不清海岸；甚至快到岸边时，也看不见能够帮助登陆艇艇长辨别位置的塔尖、楼房和明显的高地。

5时42分，在忙于登陆的舰船中，突然听到"轰"的一声，顿时火光冲天。原来1261号钢壳猎潜艇触雷沉没了。15分钟后，579号坦克登陆艇在驶往绿滩中也触雷沉没了。

6时30分即原定的"H时"，美军第4师步兵们涉水90米后准时上陆。令他们奇怪的是，他们既没有遇到拍岸浪，也没有遭到德军的射击。他们的眼前是一片静静的沙滩。

但是美军上岸后马上发现，这里根本不是原定的登陆点，而是向南滑了1,800米！

登陆部队爬上前滩，前进了450米，只遇到一些零星炮火的袭击，这不禁使他们又惊又喜。原来，这个滩头的后面是一片无边无际的洪水，德军一直认为盟军根本不会在这儿发起进攻，因而，部署在这个滩头上的德国兵战斗力比较差，并不像驻守其他大部分防线的德军那样都是些坚忍顽强、训练有素的作战人员。

此时，许多德军守兵被震耳欲聋的炮击吓瘫了，一直龟缩在掩体内。

况且，这里的防御工事既少又弱，而且埋设的地雷也很少。这一意外的发现，使登陆指挥官改变了原来的决心，各突击艇波就在这里上陆。

很快，各种涂了颜色的巨大的屏幕和其他表示"T绿滩"和"U红滩"的标记在这里树立起来了。它们都是为了利于后续部队登陆而树立的醒目标志。

接着，突击工兵开始排除地雷和海滩上的障碍物，为蜂拥而来的后续部队扫清道路。

远处，那些坚守在大炮旁的德军，看到泡沫飞溅的碎浪中冷不防冒出了坦克，而且还喷吐着火焰和高爆炸药，不由得吓愣了。这时虽已调转炮口对准这个滩头进行轰击，但潮水般的美军登陆步兵、炮兵、坦克和军车还是不断地涌上滩头。这些部队在两栖坦克的配合下，沿着跨越洪水区的堤道迅速向前推进。有些堤道的出口处，在前一天晚上就已为盟军伞兵部队所占领。

到了傍晚，美第4师仅付出了197人的代价就已到达了卡朗坦与圣梅尔－埃克利斯之间的主要公路一线，在这里突破了希特勒的"大西洋壁垒"。

No.2 混乱的"奥马哈"滩头

"奥马哈"滩头是美军陆军第5军的第1步兵师和第29步兵师登陆的滩头。他们由美军霍尔海军少将指挥的"O"编队遣送。然而，这个滩头登陆的情况可远没有那么走运。

"奥马哈"滩头海滩宽6.4公里，两端各有一道高达30米的悬崖峭壁俯视着滩面。滩面先是一段很长的坚硬的沙质岸坡，岸直尽头是陡峭的鹅卵石边岸，大部分边岸后面筑有防波堤。一部分边岸后面虽然没有防波堤，但那里都是柔软的沙丘，车辆同样无法通过。"奥马哈"离岸不远还有一块海拔45米的高地，也俯瞰着滩头。

整个滩头一共只有4道狭隘的河谷可供车辆开上这块高地，而每道河谷内都横亘着一条注入大海的溪流。在这些天然屏障的后面，又是一片沼泽地，只有一条铺石公路和几条马车路从中穿过。

这个滩头是德军异常坚固的设防地带，这里的海滩靠岸的一半已经密集地设置了3道水下障碍物：第一道是"比利时牛棚门"，这是设置在水中的一种2×3米的钢质构架，往上几乎挂满了饼状水雷；第二道是纵深达2.4～3米的木质或混凝土水中拒马，其中1/3挂有水雷；第三道还是带角钢质的拒马，也全部挂有水雷。

此外，在平坦的沙滩上密布着反坦克壕和地雷，并且在每条通路两侧都有大量的火力点。尤其是俯视着海滩的那块高地上，有数不清的火力点和防御哨所……

散落在海岸边上的一些小村内，德军也都布设了重兵。在这一切的后面，便是一大片湖水。

登陆部队即使越过了水中3道障碍物，要向滩头进发时，也首先得穿过德军层层设下的布雷区、反坦克壕沟和楔形混凝土障碍物、有刺铁丝网以及相互交驻掩护的密集据点。

↑诺曼底登陆战中，盟军的船只被击沉。他们互相搀扶着登上陆地。

而更可怕的是，盟军对这里敌情的掌握是错误的。盟军情报部门一直认为，防守在这里的德军是战斗力很差的海防第716师，可是，实际上扼守这些防御工事的德军部队，是刚从别处调来的一个战斗力很强的精锐机动师——德军第352师。

在这段最危险的登陆地区内，大海也更为汹涌狂暴。

美第1师、第29师一部于"H时"之前13分钟抵达"奥马哈"的西半部。

由于敌人在沿海海底设置的众多障碍物，使得许多满载士兵的小艇无法继续前进，不得不停滞在海上。这些船只在敌人猛烈的炮火下，纷纷中弹起火。

盟军28辆水陆坦克刚开上海滩，就遭到德军的炮火反击，盟军有2辆坦克登陆艇被击穿在海滩上，9辆坦克被击中起火。东段比西段更惨，指定在东段上陆的32辆坦克只有5辆上了岸，盟军相当数量的坦克沉入了海底。

这天能见度很差，进攻前的飞机轰炸和舰炮轰击，未能压制住这一登陆点的德军防御火力点，而一些登陆艇，也由于心急和慌忙，发射出的一排排威力强大的火箭炮弹，并没有准确落到敌军阵地上，而是在突击部队前面的浅滩上爆炸开花。

　　一些登陆艇穿过激浪，颠簸着驶抵海滩。第一批步兵由于晕船而被折腾得虚弱不堪，力气全无。负载沉重的步兵跌跌撞撞地走下船来，跳到水中，随即遭到德军猛烈炮火的袭击。

　　霎时间，已死的、垂死的和负伤的士兵横七竖八地布满了海面。有些士兵设法躲在滩头的障碍物后面，才幸免一死。

　　接下来的一批登陆部队也遭到同样的命运。

　　"奥马哈"海滩防线上真是一片混战。

　　但是，在西西里岛建立奇功、不屈不挠的美军第1师继续冒着敌人的炮火向海岸挺进，后续部队的士兵们在1～1.2米深的水中冒着敌人猛烈射击顽强地向前冲击，他们越过那些在海水里已经死去和负伤挣扎的战友，隐蔽在前面行驶的坦克后面，编成纵队，向岸上猛烈进攻，许多人死在德军的枪口下和不断上涨的潮水里。

　　负责开辟通路的14个水下爆破队以52%伤亡的巨大代价开辟出了5条通路和3条不完整的道路，但又未能标示出来。然而，美军仍异常顽强地继续向海岸冲去，各突击艇波基本上都在按10分钟的间隔前赴后继地向岸上冲去，在海军舰艇强大火力支援下，一步步地向前推进。

　　在西部登陆的116团，A连伤亡66%，E、F、G三个连几乎全部阵亡；在东部的第16加强团情况更糟，本应在E红滩登陆的E、F连却登上了F绿滩，而本该在这里登陆的1连却跑到了根本不打算用的F红滩……

　　这里的伤亡真是惨不忍睹，该团E连连长及104人全部阵亡，而原有180人的F连仅有2名军官幸存。

　　不过，也有一些士兵幸免于难，他们的登陆艇由于侧风所致，稍稍偏离了原定的滩头，停靠在一片硝烟弥漫的海滩上。结果，差不多有整整一连士兵攀上了防波堤，又很快设法穿过布雷区。不久，一支突击队也随后赶到，步兵的力量得到了加强。200名左右的士兵在千钧一发之际赶抵高地，及时击退了德军对滩头的反扑。

　　海上炮击继续使德军防御设施和岸上的矮树丛纷纷起火，很快，大约2个营美军在浓烟的掩护下，又登上了滩头。一些士兵趁敌人还来不及用密集的炮火封锁住前进的道路时，就抢先冲了过去。

　　滩头上，载有部队、大炮、车辆的登陆艇源源不断地涌来。炮弹在他们头上纷飞爆炸，敌军机枪对准他们疯狂扫射，登陆艇和车辆纷纷起火，弹药频频爆炸、登陆士兵似乎已无逃生的希望。

　　然而，坚忍不拔的战士从手足无措的惊恐状态中清醒过来，挺身而出。他们编成若干小队，尽管不断遭到很大的牺牲，最后还是在炮火连天的布雷区中夺路而过，向最近的防御工事发动了攻击。

　　首批在滩头突击登陆的那一个团，真有些支持不住了。

垂头丧气的部队被困在布满尸体和船体残骸的滩头上。

该团团长Ｇ·Ａ泰勒上校对士兵们说："这个滩头上只留着两种人：已经死的和快要死的——现在让我们冲出这个鬼地方吧！"

部队的士气又逐渐振作起来。

接着，士兵临时编成若干支小部队，果断地向外突围；他们且战且进，最后一鼓作气打到并冲过了科勒维尔。

由于从德军手中夺得的那块小得可怜的数百米滩头阵地，始终处于极度的混乱之中，而发起决定性强大攻势所必需的装甲力量和大炮，仍未能冲过敌军的封锁，为了改变形势，美军第1步兵师师长许布纳将军孤注一掷，要求驱逐舰冒着有可能杀伤自己人的危险，向德军炮群和火力点作抵近射击。

驱逐舰发挥了巨大威力，德军士兵被迫举着双手从工事中走了出来。美军步兵在由登陆艇送上岸的两栖坦克的支援下，开始向内陆进军，工兵能集中力量来扫清雷区了。

不久，这个有许多是身经北非和西西里战役的老兵组成的美军第1师主力，从狭窄的滩头阵地列队出发。

下午，当第二梯队的B编队到来时，美军的进攻力量得到了加强，情况也大有好转。

黄昏时，美军在"奥马哈"滩头阵地好不容易为军车开辟出一条道路来。这时，一些坦克和自行防坦克炮轰鸣着穿过雷区，前去接应步兵部队，向附近内陆设有重防的村落发动进攻。

到天黑时，部队前出纵深已达1.6～2.4公里，虽然没有达到预定目标，但也终于突破了德军"大西洋壁垒"。

"奥马哈"滩上的霍克角之战最为激烈。

霍克角是一个钝三角形海角，屹立在狭窄的岩岸上，高达35米，位于"奥马哈"最西的一个登陆点以西约5.6公里的地方。

德军在那里配置了一个155毫米的岸炮连，有火炮6门，其中2门有带掩盖的永备工事，还有混凝土的观察测距台。这些海岸火炮的射程都为22,500米。它们控制了美军"犹他"和"奥马哈"两个登陆地段。德军作战计划人员中没有一个人相信美军在这里登陆能获得成功，除非霍克角被压制或者被占领。

盟军陆军航空兵第8和第9轰炸机司令部从4月14日以来曾三次轰炸霍克角。在"D日H时"以前，盟军"得克萨斯"号战列舰又对它发射了大约250发炮弹。"萨特利"号和驱逐舰"塔利邦特"号参加了在6时45分结束的对霍克角的最后射击。

但是，无论是盟军高级将领，还是直接的作战指挥官，谁都不敢设想这些轰炸和射击会使敌岸炮完全失去效能，因此，在战前就计划，在登陆的同时对霍克角实施一次特遣突击。

美军第1集团军群司令布莱德雷将军考虑到，这次突击任务是他的士兵们所执行过的任务中最艰巨的一次，几经考虑，最后决定把这个任务交给美国陆军第2别动营去完成。全营200名士兵由美国陆军拉德中校指挥。

特遣突击计划规定，别动队的任务是从一处由几个机枪阵地掩护的坎坷不平的圆卵石海滩上陆，然后攀登上一处有10层楼房那样高、几乎是垂直的悬崖，并迅速占领那里的岸炮阵地。

当这个突击计划送到霍尔将军的指挥部时，他的情报军官表示："不能这样做。只要三个拿扫帚的老太婆站在上面，就完全能够阻止别动队员登上那个悬崖。"

然而，还是这样做了。

为了能够登上那个该死的悬崖，在拉德中校的监督下，6艘突击登陆艇备安装了3对（6个）火箭筒。发射的火箭能把攀登绳索带到悬崖上去。第一对火箭携带的是近2厘米粗的普通绳索，第二对火箭携带的是备有手握套环的同样粗的绳索，第三对火箭携带的是绳梯。每根绳索或绳梯上都装有小锚钳，以便牢牢抓住悬崖那边的地面。

突击登陆艇还携带了轻便的、拆卸式的梯子，可以很快接到33米，同时，还有4辆水陆汽车，车上装备了从伦敦消防队借来的30米长的消防梯。

所有这些器材曾经在英国斯沃尼奇附近的一个悬崖上进行过试验，证明是可以使用的。试验时，美军"萨特利"号驱逐舰也开去同别动队员们一起进行了训练。该舰配属给这支别动队，以提供火力支援。

另外，一个舰炮火力岸上控制组被派去同他们一起攀登悬崖，以便协调指挥舰炮火力。

别动队员们充满信心：他们能够攀登上霍克角，并在德国人醒来以前拿下大口径火炮阵地。

6月6日这天，别动队员们乘坐英步兵登陆舰"阿姆斯特丹"号和"本·迈·克里"号渡过英吉利海峡，而后换乘12艘英国突击登陆艇。美国的46号坦克登陆艇携带4辆水陆汽车。英国的91号和102号登陆支援艇和英国的304号巡逻艇为这次登陆护航。

↑ 美军在霍克角强行登陆

↑ 德军海岸工事内部署的大炮。

可是，从换乘区开始，突击登陆艇一路上灌进了很多海水，别动队员们不得不用他们的钢盔把水舀出艇外。一艘运送部队的小艇沉没了，但人员都被救出；而一艘运送补给品的突击登陆艇却连同全体艇员沉没了。

担任向导的英国巡逻艇的艇长把珀西角误认为霍克角，幸亏在尚未到达珀西角之前，102号登陆支援艇上的拉德就发现了这一错误，他转向霍克角行驶，并命令所有小艇跟上。可是，这一错误迫使他们要在紧靠悬崖和遭到德军机枪射击的情况下，顶风冲过珀西角附近的急流。

英驱逐舰"塔利邦特"号驶来援救它们，7时，"萨特利"号又来替换了"塔利邦特"号。但仍有一辆水陆汽车被击毁，有两艘登陆支援艇由于逆流行驶只能缓慢前进。91号登陆支援艇的艇首被水淹没，艇尾翘起，螺旋桨打空转，就在这时，它被机枪打得到处都是洞孔。部分艇员落水。该艇艇长用0.5英寸（12.7毫米）维克斯机枪还击，并设法援救落水人员，这艘破损的小艇终于被艇员放弃而沉没。

航向错误所造成的35分钟的迟误，使德国人在舰炮火力转移以后有时间做好准备，但他们未能利用这一点。当"萨特利"号接近霍克角时，在甲板上清楚地看到德国人正在悬崖边缘准备去追登陆者。该舰用炮火驱散了人群，并打哑了悬崖上正向它射击的一门小炮。

7时08分天已经大亮，全部小艇驶到悬崖东面脚下的险峻岩岸。

悬崖顶上的德军为了阻止盟军登上悬崖，有几个德国人开始向悬崖下面扔手榴弹，并用轻武器射击。10多名盟军士兵刚刚越过水边跑到悬崖脚下的圆卵石海滩，就被击伤了。

英国304号巡逻艇为了弥补先前的错误所造成的损失，把距离接近到630米，对准悬崖边缘进行猛烈的射击。这些火力同"萨特利"号的射击结合起来，打得德国人无法进行有效的抵抗。

圆卵石海滩对水陆汽车来说是太陡了，它们无法架起消防梯，但突击登陆艇的火箭却起了作用，除两艘外，其余各艇至少用一根射出的绳索钩住了悬崖的边缘。梯子立即被连接到一起，在半小时的登陆时间内，150名别动队员爬上了悬崖的顶端。

别动队员们分成小组，成扇形展开，迅速越过了霍克角。但他们发现阵地上的火炮是用电线杆做成的假炮。德国人已经在"D日"以前把火炮转移到了后方，打算在永备工事全部完工以后，再立即把火炮放回原处。不过，德军炮手们仍留在阵地上，他们在地下挖了很多由坑道连接的小房间，既不怕飞机轰炸，也不怕舰炮射击。当德军看到别动队员时，就猛烈地向他们射击。

现在别动队员被孤立了，由施奈德上校指挥的一支数百人的增援部队已经做好准备，但因为没有人用无线电向施奈德报告霍克角上别动队的情况，他以为拉德未能完成任务，于是就按照出现不测事件时的方案，让他的人员在"奥马哈"最西边的海滩上陆。

德国人不断从弹坑和坑道里钻出来射击在霍克角顶上的别动队员。一部分别动队员忙于肃清这批敌人；另一部分别动队员趁机前出到格朗康通往维叶村的大路。

大约在8时30分，他们在那里设置了路障和构筑了环形防御工事。

别动队的一支搜索队发现了从霍克角转移来的6门155毫米火炮中的4门。它们都安放在田野里，控制着"犹他"海滩，并有很好的伪装，附近还有大量的弹药。

别动队员向这些海岸炮投掷不少铝热剂的燃烧手榴弹。这些炮立即燃起了大火，随后是巨大的轰响……

别动队员们终于完成了任务。

No.3 金、朱诺、剑海滩

金海滩位于贝辛港以东，从拉里维埃到阿罗门奇共长5.2公里，这是一片低平的海滩，基本上是海拔10米左右的沙质陡坡，德军在此设置的障碍物多达2,500个，几乎达到每0.5平方米就有一个的密度，还构筑了很多坚固支撑点，部署的火力可以纵向覆盖整个海滩，但是支撑点的分布很不合理均衡。大部分集中在拉里维埃、勒阿米尔、阿罗门奇三处，其他地方很少。

金海滩由英军第30军实施登陆。组成该军的第50师、第51师和第7装甲师都是曾在北非战场纵横驰骋、久经考验的劲旅。

第一梯队是英国第30军的第50师，加强有第79特种装甲师的一个坦克旅。第二梯队是英国第7装甲师，这是盟军在"D日"登陆的惟一一个装甲师，该师参加过北非战役，并打败了隆美尔指挥的"非洲军团"，是盟军装甲部队中的王牌。负责运送登陆部队的是由英国道格拉斯·彭南特海军准将指挥的"G"编队。

6月6日4时55分，"G"编队到达换乘区。从5时45分开始进行舰炮火力准备，驱逐舰、火炮登陆舰和火箭艇猛烈的炮火，使德军岸炮连的还击变得微不足道。

由于金海滩的卡尔瓦多斯礁脉在低潮时是露出水面的，所以登陆时间必须在涨潮后的60分钟，这样登陆时间就定为7时25分，也就使英军的火力准备时间比较充足，舰炮火力准备长达100分钟，持续而猛烈的炮击收到了很大效果，德军几个主要的支撑点都被摧毁。

7时25分，第50师准时上陆。他们遇到的最大困难是这里的障碍物要比预想的多得多，德军在盟军可能登陆的约5公里海岸上设置了不下2,500个障碍物。加上潮水上涨很快，清障工作开始得很迟，水陆坦克无法下水，因此不得不在障碍清除艇抵岸后，立即由坦克登陆艇运载部队抢滩。

由于风浪太大，登陆指挥员临时决定水陆坦克不下水，由坦克登陆艇直接送上滩头，这就避免了像美军那样的损失。再加上德军支撑点的火力只能纵向射击海滩，无法向海上目标射击，就使得英军登陆部队抢滩冲击时没有遭到炮火射击，冲上海滩进入德军炮火射界后又得到水陆坦克和特种坦克的有力支援，很顺利地控制了登陆场。尤其是特种坦克发挥了巨大作用，迅速清除了德军设置的大量障碍物，为步兵的推进创造了极为有利的条件。英军的推进非常顺利，一直到勒阿米尔村才遭到较猛烈的抵抗，步兵被德军纵深火力所阻遏，推进受

↑ 加拿大军部队正在登陆。

阻。这时候英军三辆用于充当开路先锋的"巨蟹"扫雷坦克，在登陆后的战斗中一辆被毁，一辆陷入沼泽，仅剩的一辆开上来一直突入村内将德军火力打哑，为步兵扫清障碍。在其他地方，一切就像演习那样非常顺利。到11时，第二梯队第7装甲师开始上陆，海滩上已由特种坦克开辟出7条通路，所以英军的推进顺畅无阻。12时30分，第50师集中主力两个旅的兵力并肩向内陆进攻，于当晚21时占领阿罗门奇，与在朱诺海滩登陆的加拿大军队会合，将两个滩头连成一片。

位于美、英两军登陆结合部的贝辛港，是个仅有两条防波堤的小港，但对于登陆初期还没有任何港口的盟军而言，却是非常宝贵的。攻占贝辛港的任务由在金滩登陆的英国海军陆战队第47登陆袭击队来完成。该部于6日9时30分在贝辛港以东14.5公里处上陆，由于在登陆时损失了所有通讯设备，与主力失去了联系，也就得不到兵力火力上的支援，面对德军的猛烈抵抗，陷入孤立无援的困境，在海岸附近受阻达8小时，直到傍晚时分才到达贝辛港，因敌情不明未敢轻易发起攻击，只好在德军火力下潜伏过夜。7日拂晓，试图联络奥马哈的美军也未成功，最后利用了缴获的德军通讯装备才与主力联系上，这才在海、空火力的支援下于6月7日攻占贝辛港。

至此英军第50师完成了预定任务，占领了纵深约8公里的师登陆场，当天上陆约3.5万人，伤亡约1,500人。

朱诺海滩位于金海滩以东7公里处的塞尔河河口两侧，海滩后是一片沙丘。德军在这一带修筑了许多混凝土堡垒和坚固支撑点，但海滩上障碍物相对比较少，火炮也仅配置了4门99毫米海岸炮，守军是第716海防师的一个团，该团士兵大多是俄罗斯人和波兰人，士气低落，战斗力差。

在朱诺海滩登陆的是加拿大第1军第3步兵师，加强有第79装甲师的一个特种坦克旅，由英国海军"J"编队负责运送。

6月6日4时30分，编队按时到达换乘区，由于航行中天气恶劣，加上导航错误，使登陆时间比预定时间推迟了20分钟，这就意味着登陆将错过合适的潮汐，不得不在涨起的潮水中进行，登陆艇被迫在被潮水淹没的障碍物之间卸下人员、车辆和物资，庆幸的是在登陆时损失并不大，但登陆艇在卸载完成后返航时有很多被布设在障碍物中水雷炸沉，其中运送一个营的24艘登陆艇被炸沉20艘，损失率高达83%。因为在航空火力和舰炮火力准备时天气恶劣，所以对德军防御工事破坏不大，因此当加军步兵上陆后，一度遭到德军的压制。还好盟军舰炮火力召唤支援非常及时准确，加上水陆坦克的积极配合，终于突破了德军防线取得了进展。只是运送工兵的登陆艇很晚才到，排除水下障碍物的工作直到高潮过后才开始，这样使得海滩上通路很少，导致大量车辆拥挤在海滩上，后来在特种坦克支援下打通了12条通路，这才迅速疏通了海滩，保障了后续部队的上陆和推进。

在朱诺海滩伤亡最大的单位是英国海军陆战队第48登陆袭击队，他们的任务是打通与东侧剑海滩英军的联系。由于他们所搭乘的登陆艇是木壳的，撞在障碍物上损坏严重，队员们只好在深水区就跳下登陆艇游水上岸，结果有很多队员因所携装备太重而溺水身亡，好不容易上了岸又正处在德军机枪火力下，伤亡惨重，最后借助坦克支援才在海滩东侧取得立足点。傍晚时分，加军先头部队已推进到内陆11公里处，甚至有些装甲部队已到达贝叶至冈城公路，只是没有步兵伴随掩护又退了回来。

当日日终，加军已推进到距冈城5公里处，并与英军的金海滩连成一片，使两个登陆场合二为一，形成正面19公里，纵深10公里的大登陆场。"D日"全天，加军从朱诺海滩上陆约2万人，伤亡约2,000人。

剑海滩是盟军5个登陆滩头中最东端的，位于奥恩河和卡昂运河入海口的两侧，由于海底礁石连绵，可供登陆的地区很狭窄，所以登陆正面仅4.8公里，只能展开一个旅的兵力。

德军在这一地区构筑了混凝土堡垒，配置有包括406毫米重炮在内的海岸炮部队。防御力量还比较强。

由于登陆正面太过狭窄，在此登陆的英军第1军第3步兵师的第一梯队仅一个旅。运送第3师的是英国塔尔博特海军少将指挥的S编队。为保证登陆编队航行不出偏差，英军还特地派X－23号袖珍潜艇在此足足潜伏了两天两夜，在登陆时上浮作航向引导。

6月6日4时30分，"S"编队到达换乘区，5时30分，德军从勒阿弗尔出动了4艘鱼雷艇攻击了"S"编队，击沉了挪威驱逐舰"斯文内尔"号。

7时30分，第一梯队旅开始上陆，由于航空火力和舰炮火力准备十分有效，加上第一梯队中的40辆水陆坦克有32辆顺利上陆，为登陆部队提供了有力的火力支援，使登陆部队进展十分顺利迅速，几乎没遇到多少顽强抵抗。10时第二梯队旅上陆，13时第3步兵师的预备队旅上陆。除了最初的轻微伤亡外，一切都顺利得出乎意料，反倒使预料将在海滩上浴血奋战的士兵不知所措，他们没有乘胜前进，停下来挖壕固守。只有第1特种勤务旅继续推进，很快占领了考勒维尔，并在13时30分到达奥恩河与英国第6空降师会合。15时50分，"S"编队司令塔尔博特少将上岸视察，发现海滩上人员和车辆秩序混乱，随即命令派出海滩控制组上岸整顿海滩秩序。

"D日"晚21时，第3师已推进到内陆6.4公里，并夺取了贝诺维尔附近的奥恩河上的桥梁，与第6空降师会师。而编入第3师的171名自由法国士兵成为第一批解放自己祖国的法军，当他们坐在坦克上用纯正法语向路边的居民问好时，让在德军占领下饱受数年苦难的人们大为惊喜，法军登陆的消息立即不胫而走，从而在沿途都受到了极为热烈的欢迎，其热情程度甚至影响了部队的推进。

总观"D日"各登陆地段的发展形势，尽管不能100%按预定计划实施，但"计划的每个重要的部分都已完成"。

盟军在5个海滩，共上陆人员132,715人，车辆1.1万辆，物资1.2万吨。盟军伤亡达9,000多人，其中阵亡不下3,000人。第82空降师损失了1,259人，第101空降师损失了1,240人。在"犹他"海滩上，第4师损失了197人；"奥马哈"海滩上，第1师和第29师损失超过2,000人。就英军来说，英军第6空降师在头两天的战斗中损失了800多人，在"金海滩"的第50师等损失了400多人；在"朱诺滩"的加拿大第3师损失了961人。而在"剑海滩"，英国第3步兵师损失了630人。海军在登陆当天，因德军的海岸炮和水雷，共损失驱逐舰4艘，护卫舰、炮舰、扫雷舰各1艘。

然而形势并不乐观，盟军没有完成当日任务，没有占领预定占领的地区，尤其是没占领卡昂和贝叶，而且在5个滩头中，只有金海滩和朱诺海滩连成一片，其余滩头之间都存在不小空隙，特别是美、英两军之间还有达12公里的大空隙。要知道只有顶住了德军随后的反击，并将5个滩头连成一片，扩展成统一的登陆场后，才可以谈得上胜利。

在以后的几天里，盟军步兵经过了一场又一场短兵相接的残酷搏斗，夺下一块又一块农田，攻占一座又一座农村建筑物，逐渐地向内陆推进。

到登陆后的一周结束时，盟军终于实现了各路登陆部队的会合，巩固了一个东起类思河、北至基伯维尔，纵深13至20公里，大体上呈弧形的滩头堡。

第8章
CHAPTER EIGHT

撕开更大的
缺口

★在盟军将领们的指挥下，盟军登陆的兵力迅速增长。到6月10日，已经据有一个防守很好而又连成一片的登陆场，它的纵深足以保护登陆海滩不受德军炮火的袭击，并可为战斗机修建简易跑道。

★暴风使小型水陆载重汽车像无头苍蝇一样，在近海运输船和海岸之间到处乱撞。有的舰艇被折断，有的锚链断裂，失去控制，互相碰撞。沉重的"低音大号"随风飘流，冲向下风处。事先从英国施来的长达4公里的"鲸鱼"通道沉没，"桑树A"在溃散……

No.1 被动的德军

对盟军在诺曼底的登陆，德军反应迟缓出乎盟军意料。

在"D日"德军并未组织反击。

在"D日"组织反击只有第21装甲师，可是师长不在指挥岗位，参谋长无权调动集结部队，他只好将手上仅有的24辆坦克派去攻击卡昂以东的英军。因为仓促出动，准备不足，加上没有步兵伴随支援，被英军轻而易举击退。当天下午，师长费希丁格赶回师部，集结所属部队向朱诺海滩和剑海滩之间的卢克镇发动攻击，当时盟军在这两海滩之间尚有数公里的空隙，德军的这一反击正打在盟军的要害，将会给盟军带来不小困难。当第21装甲师还在行进间，盟军的500架运输机正从头顶飞过，为英军第6空降师运送后续部队和补给，而费希丁格误认为盟军空降伞兵正是要前后夹击己部，惊惶失措不战自乱，放弃反击匆忙后撤。

除此之外德军在"D日"就再没什么反击了。

1944年6月7日，诺曼底登陆翌日。

早上，盟军陆军总指挥蒙哥马利将军乘英国军舰"福尔克诺"号，越过英吉利海峡来到诺曼底海滩英军作战地区。

上陆后，蒙哥马利将军立即在冈城以西10多公里的克鲁利建立起作战指挥部。眼下他是代表艾森豪威尔将军统一指挥英、美两国地面部队的作战，当前任务是扩大滩头阵地。

很快，蒙哥马利又乘船向西进入美军作战地区，登上美国海军"奥古斯塔"号，与先前来到的美军第1集团军司令布莱德雷将军会晤。双方讨论了东翼"奥马哈"滩头的作战情况，并制订了解决办法。

不久，传来了"奥马哈"滩头作战情况好转的消息，布莱德雷将军立即上了岸，前去为进一步行动筹划指挥。

德军空军没有出动飞机轰炸，眼前看不到陆上和海上有什么作战信号。

在盟军将领们的指挥下，盟军登陆的兵力迅速增长。到6月10日，已经据有一个防守很好而又连成一片的登陆场，它的纵深足以保护登陆海滩不受德军炮火的袭击，并可为战斗机修建简易跑道。

6月10日，英国首相丘吉尔和史本资、布鲁克登上一艘驱逐舰，渡过英吉利海峡，到诺曼底前线的英军滩头阵地视察。此时，英军已经深入内陆11~13公里了。

第二天，伦敦各大报纸和电台都用很长篇幅报道了丘吉尔首相在蒙哥马利元帅陪同下的诺曼底之行。

毫无疑问，盟军在"D日"取得了成功。但能否发展这一胜利，还要看后续部队能否按计划登上诺曼底了。

德国人在抗击上陆盟军的同时，千方百计地阻止盟军增兵。为此，德国西方海军司令部制订了如下计划：

1.驻瑟堡的第5和第9鱼雷艇支队执行在登陆地域内布雷和鱼雷攻击任务（特别是在美军地段）。

　　2.驻布洛涅的第2和第4鱼雷艇支队，在韦斯特朗附近布雷并在东部海军特混舰队活动区进行鱼雷攻击，方便时可从勒阿弗尔和瑟堡出发。

　　3.驻奥斯坦得（比利时）的第8鱼雷艇支队在海峡东部巡逻。

　　另外，德国人手里还掌握着一种秘密武器——水压水雷，当时盟军尚无法对付这种水雷。

　　盟军针对本次作战舰船多且集中，舰艇机动范围小，而盟军握有空中优势的特点，决定采取固定的防御体系：

　　朴茨茅斯和普利茅斯海军军区以及多佛尔海军军区共同负责警戒英吉利海峡；东、西两个特混舰队分别负责各自的登陆地域翼侧警戒。东、西两个特混舰队的司令又在各自的警戒区内划分了若干分区和警戒线。

　　这时，对盟军增兵行动最大的威胁就是德军E级艇和潜艇在夜里的攻击及水压水雷的破坏。盟军船只受损的消息不断传来：

　　7日夜到8日晨，从瑟堡出航的德军第9支队的E级艇攻击了由坦克登陆艇和大型步兵登陆艇组成的船队，2艘坦克登陆舰被击沉、1艘被击伤。

　　8日夜到9日晨，E级艇攻击了由17艘舰船组成的EBC3船队；另一群E级艇攻击了ECMI船队，2艘坦克登陆舰被击沉。

　　9日夜到10日晨，E级艇又击沉了满载弹药的英国近海船；第二天夜里又有2艘拖船被击沉，一艘护卫舰舰艏被炸掉……

　　形势表明，必须彻底制止E级艇的疯狂进攻。

　　6月14日，根据拉姆齐的要求，18架"蚊"式战斗机和335架"兰开斯特"式轰炸机空袭了在勒阿弗尔集中的E级艇，一举击沉各种舰艇39艘，重创8艘。

　　15日，又空袭了布洛涅港。结果，E级艇从此只能进行有限的布雷行动，而德国潜艇在盟军强大的空中优势下也只能望船兴叹毫无作为。

　　希特勒开始报复了，伦敦战区很快就变得比任何人所能预料的更为可怕。

　　6月13日那天晚上，沿英国东南海岸出现了凶险的征兆。空袭警报器在多佛尔的哨壁上尖声嘶叫，防空探照灯在英国乡村的上空划出由无数个光柱组成的巨大十字。然后，双筒自动高射炮的红色曳光弹，像喷泉似的在沿海数公里长的夜空中喷射。火箭炮也立即发射。

　　当弹壳碎片穿过灌木丛雨点般落下时，人们发现一道亮光划破夜空——没头没脑、没有眼睛的德国火箭，从英吉利海峡对岸飞到英国内地，在撒满月光的田野上像横冲直撞的蝙蝠一样地呼啸着，如同成百上千的吸血鬼飞来吸吮英国人的鲜血。

　　这就是德军新研制的秘密武器V-1型导弹。它是一种用弹射器发射的飞航式导弹，重2.2吨，长76米，飞行高度2,000米，时速约600公里，射程可达370公里，携带炸药重7,000

公斤。

为了对英美盟军诺曼底登陆的行动进行报复，迫使英国和谈。1944年6月13日夜，德国首次向英国发射10枚V－1导弹，其中一枚落在英国领土上。

6月15～16日，德国又发射200枚导弹，在飞越海岸的144枚中有73枚击中伦敦。在各种气象条件下V－1导弹的威胁始终存在，它的袭击给伦敦市民带来巨大的恐慌。

空袭警报不停地嘶鸣着。四处传来高射机枪向空中徒劳无益射击的声音，火箭仍不断地飞来。在远处的什么地方又传来一阵爆炸声。防空高射机枪更猛烈地射击着，防空警报器的声音不断地响着，而且越来越刺耳，越来越尖利。

到7月6日止，从法国沿岸各发射场发射的导弹共有2,754枚，伦敦平均每天要挨100枚。

后来英国皇家空军飞临法国北部，成功地将德军导弹储存库炸毁。到8月底，V－1导弹已不再构成严重威胁，希特勒所宣称的"奇迹"并没有出现。

两位元帅向希特勒力陈让德国陆军在诺曼底流血送死的不明智。他们建议把第7军有秩序地向塞纳河方向撤退，以免被盟军歼灭。因为撤至塞纳河一带后，第7军可以会同德军第15集团军一起，与盟军进行一场虽属防御性、却是机动性的作战，至少会将盟军迟滞在对德军有利的一线，而且尚有一些成功的希望。

很快希特勒撤了伦德施泰特的职，把东线的克鲁格调来接替他。

没过多久，即克鲁格上任还不到2个月，德军不仅整个防御阵线被盟军突破，而且一支数量巨大的德军被围困在法莱兹"袋形地"，全军覆灭。8月16日，克鲁格被希特勒撤职。两天后，他在乘车返回德国的途中吞服氰化物自杀。

6月10日苏联红军的夏季攻势中的第一阶段在列宁格勒战线展开，它揭开了苏军1944年整个夏季进攻的序幕。

这次战役从6月10日开始到8月9日结束。苏军参战的有：戈沃洛夫元帅指挥的列宁格勒方面军右翼部队、梅列茨科夫大将指挥的卡累利阿方面军左翼部队，总共45万余人，火炮和迫击炮近1万门，坦克和自行火炮800多辆，飞机1,547架。战役目的是迫使芬兰退出战争，改善苏德战场北翼的战略态势。

6月10、11日，列宁格勒方面军第21、22集团军分别发起进攻。17日苏军突破芬军第二道防线。

20日突破第三道防线，占领维堡。

21日，卡累利阿方面军第7集团军发起进攻，强渡斯维尔河。

25日解放了奥洛涅茨。

7月底苏军进抵苏芬边境线。至8月9日战线稳定在库达姆古巴、皮特凯一线。这次战役减轻了对苏军北翼的威胁，同时也为苏军之后在波罗的海沿岸作战创造了有利条件。

6月23日苏军又发动了白俄罗斯战役，波罗的海第1方面军、白俄罗斯第1、2、3方面军都参加了这次战役，总兵力240万人，火炮36,400门，坦克5,200辆，作战飞机5,300架。

经过激战，苏军消灭德军54万人，给予德军中央集团军群以毁灭性打击，苏军战线向西推进500～600公里，解放了白俄罗斯全部领土和立陶宛的部分领土，并在波兰军队配合下，解放了波兰的东部，逼近了东普鲁士和华沙。

当白俄罗斯战役正在激烈进行的同时，苏军又发动了和沃夫－桑多梅日战役。

7月13日乌克兰第1方面军在乌克兰西部和波兰东部发起了进攻，苏军共有120万人。

在这次战役中，苏军共击溃德军23个师，全歼13个师，解放了西乌克兰和波兰东南部，为而后在华沙方向至柏林方向上的进攻占据了有利的地位。

上述三个苏军战役都从战略上有力地配合了盟军在西线开辟第二战场，苏军一系列的有力进攻，极大地吸引了德军，使其不能从东线抽出部队应付西线。

No.2 瑟堡战役

登陆开始后第2天，即6月7日下午，风刚一停，建立人工港的"桑树"计划就开始付诸实施了。

美军人员在乱成一团的海滩上勘察，在海面上设立标志标明各部件应该沉放的位置。

当天下午，第一批准备下沉作为"醋栗树"防波堤的船只到达。冒着德军不断射来的炮弹袭击，有3艘在当天就沉放在指定位置。8日，供"桑树A"用的巨大的混凝土箱"凤凰"，也按计划开始运到"奥马哈"海面，被立即沉到指定位置。

到6月10日，美军地段的防波堤竣工，围出了一个2平方海里的港区。

16日16时30分，一艘坦克登陆舰靠上了刚刚竣工的一条罗布尼兹——"鲸鱼"舟桥通道，很快，至少有78部车辆在38分钟内通过这座桥上了岸。

"桑树A"建成了！

接着，第2条、第3条舟桥码头和外海防波堤"低音大号"陆续竣工。

此时，"奥马哈"这段只停过小渔船的荒凉海滩，一跃成为法国北部最有活力的、容量最大的港口。

与此同时，在英军"金海"滩登陆地段的"桑树B"也建成投入使用，川流不息的人员、补给品迅速上陆。

到6月18日日终时，共有314,514名人员，41,000部车辆和116,000吨补给品通过人工港上陆，形势十分喜人。

到6月19日为止，盟军实力与日俱增。组织完善的横渡海峡运输舰队已把大约20个师的部队送到陆上，盟军的集结速度超过德军，在诺曼底已拥有50万人左右的兵力。

盟军已经像汹涌的潮水一样，不断涌向欧洲大陆。

与此相反，由于盟军的无情空袭，再加上交通线在前些日子已遭破坏，德军元帅隆美尔不可能得到编制完整并能立即投入战斗的增援部队。

有些增援部队不得不化整为零，而且往往还得在夜间靠步行或骑自行车赶往前线。他们的许多重型装备都在途中被炸毁。

6月19日拂晓时分，一场40年来罕见的大风暴席卷了英吉利海峡，8级大风卷着18米的巨浪向盟军的人造港猛扑过来。

最先是海峡之间的运输和卸载工作被迫中断，原来的运输洪流也变成了点点滴水。

很快，暴风使小型水陆载重汽车像无头苍蝇一样，在近海运输船和海岸之间到处乱撞。有的舰艇被折断，有的锚链断裂，失去控制，互相碰撞。沉重的"低音大号"随风飘流，冲向下风处。事先从英国施来的长达4公里的"鲸鱼"通道沉没，"桑树A"在溃散……

第二天，风依然刮得很大。盟军在滩头阵地修筑的小型跑道已根本不能降落飞机，海上交通也完全中断了。

这场大风持续了80多个小时，直到22日傍晚时才开始停息。

此时，映入精疲力竭的舰员们眼中的是满海滩的破船烂车，乱七八糟的各种类型的装备。

据统计，总共有800艘各种舰船被刮到了岸边，其中大部分受损搁浅，4天的大风暴比敌人两个星期造成的损失还要大。

可怕的是，大风暴引起了登陆部队补给品的严重不足，缺乏补给使原定的横渡奥登河的进攻无法实施，而且使本该登陆的3个师滞留在海上，盟军的攻击规模受到了限制，德军则可乘机调动预备队投入登陆场作战……

必须修复"桑树"人工港，才能扭转这种不利局面。

"桑树A"已经失去了修复价值，盟军海军司令拉姆齐将军立即组织人员全力修复"桑树B"。

到6月29日，"桑树B"又开始了接受从英国开来的补给船，到7月8日，每天的吞货量已达6,000吨；19日，坦克登陆舰码头建成投入使用，吞货量达7,000吨；7月29日，上岸补品达到了11,000吨的创记录数字，大量的部队和补给品通过人工港流向诺曼底战场。

在"桑树"行动的同时，"普拉托"行动——铺设输油管道的工程也在进行之中，7月初如果天气好的话，这些输油管道就能以每天8,000吨的速度把油料从海峡对岸送到诺曼底。

至此，盟军已经像汹涌的潮水一样，不断涌向欧洲大陆，然而，还必须采取进一步的措施，才能使这股洪流真正不可阻挡。

"桑树A"毁于大风暴，使盟军愈加感到必须马上夺取瑟堡港，因为只有这样才能尽可能不受天气的摆布，使增援部队和补给品有一个稳定的来源。

瑟堡港是盟军生命线上的隘口，必须夺取，然而，又是谈何容易！

那里原来防御就很强，其所处的位置又易守难攻，况且，希特勒下了死命令，要求守住瑟堡。

在瑟堡的所有德国人都被编入了现役，使瑟堡成为一个拥有4万多守军和几十个大口径炮兵连和暗堡炮连的要塞，在瑟堡外围，德军形成了一条比较稳定的战线。

↑ 驰骋在战场上的美军坦克。

  美第7军军长柯林斯少将率部稳步地向科坦丁半岛前进，进攻锋芒直指瑟堡。6月18日第7军切断了科坦丁半岛。到6月22日，他的兵力已增到了4个步兵师、2个空降师、2个摩托化侦察营和2个坦克营。

  柯林斯少将根据德军在最后一阶段的撤退速度，认为已经不再需要舰炮火力支援，便可轻松地拿下瑟堡。可是德军在撤到瑟堡市郊的防线之后，便不再继续撤退了，而是转过身来开始转入防御，摆出了一副负隅顽抗的架式。

  德军环形防御是一道从瑟堡向西延伸11公里，向南延伸6公里，向东延伸13公里的弧形野战工事和筑城地带。面对这些欲做困兽之斗的德军，柯林斯不得不改变决心，申请舰炮火力支援。

  此时，陆军已经推进到瑟堡近郊，第9师在左翼，第79师在中路，第4师在右翼。到6月

21日夜间，第7军的先头部队已到达离该城约2公里的半圆形地带。两个海角的德军已被包围在相互隔离的两个"口袋"里。

美国海军少将戴约指挥的第129特混舰队担任了攻击瑟堡的火力支援队，该编队下设两个大队并配有一个扫雷舰大队。

6月25日4时30分，戴约少将指挥的火力支援队从波特兰出航，顺利地渡过海峡。第1大队于9时40分到达瑟堡以北15海里处，第2大队在其东边数海里处，做好了火力支援的准备。

柯林斯少将生怕舰炮伤了自己的部队，所以各舰队开火前要占领近距离火力支援阵位。不但如此，各舰舰长还得到通知，中午前不得射击，除非敌人向他们开火。从12时起，他们才可以对那些由"舰炮火力岸上控制组"指定的目标以及向他们开火的德军岸炮连射击。

12点过去了，因为没有得到召唤，舰炮仍然保持着可怕的沉默，舰员们虎视眈眈地注视瑟堡。

这种沉默只持续了5～6分钟，瑟堡港西边奎尔村出现了火炮发射的闪光，德军150毫米岸炮连打破沉默，猛烈轰击了去瑟堡港以北的近距离火力支援区的扫雷舰，美军舰炮则以极快的速度开始了反击。

4艘英国巡逻艇施放了烟幕，就在德军第2次齐射所激起的水柱还没有落下之前，戴约就发出信号："对准正在向扫雷舰射击的敌炮连直瞄射击。"顿时，奎尔村立即被炮火覆盖了，一场岸舰之间的激烈炮战开始了。美军的军舰一边规避着敌人的齐射，一边在校射飞机的协助下发出一串串准确的炮火，正在进行进攻作战的美第7军得到了及时而准确的火力支援。

第2大队在转到近距火力支援区时，遭到了德军猛烈的炮火袭击，他们无法按计划与第1大队会合，因此，他们不得不去对付莱维角的敌"汉堡"炮连，这个德军岸炮连射程远、射界宽，可以对瑟堡的海上接近地进行有效射击，必须打掉这个岸炮连！

于是，这里也展开了一场激烈的炮战，岸舰之间弹如飞蝗，空中、海上和陆地能看见的只有炮火的闪光、冲天的水柱和滚滚的浓烟……

瑟堡海面的炮战愈来愈激烈，虽然有些舰只已经受到不同程度的创伤，但整个火力支援队在校射飞机的协助下却愈战愈勇。当上级规定的90分钟舰炮火力准备即将结束时，戴约感到并没有达到预期效果，他不愿按规定时间撤出战斗。在与第7军军长柯林斯少将取得联系的前提下，舰炮火力支援又持续了80分钟。

在舰炮的有力支援下，美陆军从后面攻占了鲁尔炮台。

6月26日，第9师和第79师攻入瑟堡市区，经过激烈的巷战，德军守备司令和瑟堡海军司令投降。

瑟堡战役结束了，但付出惊人的代价。战场上弹坑遍地，弹痕累累，绿色植物所剩无几。在东倒西歪的纳粹掩体中，到处是各种残骸：弹药箱、各种子弹和破衣烂衫。

在阵地后45米的小道上，有一顶钢盔，这是美军第2营的一个士兵的，钢盔前沿有个子弹孔，后边也开了口，帽子还是湿漉漉的……

自登陆日起，已有4,000名美国士兵牺牲了。

德国人遵照希特勒的命令已经把瑟堡变成了废墟。连接巴黎来的火车与横渡大西洋定期班船之间的火车站，被整整一列货车炸药炸毁。港区内到处是沉船，并布满了水雷。所有大型起重设备和其他港口设备都被破坏了。整个瑟堡港被破坏的严重程度比盟军原先预计的要严重得多。

7月1日，拉阿格角和整个科坦丁半岛被盟军完全占领，守军全部被肃清。

清理瑟堡港的工作很快地展开了，第一批货物于7月16日运到瑟堡港，但整个瑟堡港的清理直到9月21日才结束。

No.3 将战果进一步扩大

就在美军攻占瑟堡的同时，蒙哥马利指挥英军第2集团军，于6月26日以4个师的兵力发起代号为"埃普索姆赛马场"的作战，猛攻卡昂。于当天中午攻占舍克斯，并继续向前推进，但在左右两翼都受到德军党卫军第12装甲师的坚决反击，前进非常艰难。

6月27日，英军经一番苦战，击退德军的反击，占领劳良，先头部队第11装甲师控制了奥登河上的桥梁。

6月28日，英军主力渡过奥登河，建立起正面宽3,650米，纵深900米的桥头阵地。

6月29日，德军集中5个装甲师发起反击，盟军的空军乘着天气晴朗的有利条件大举出动，对德军装甲部队实施了极其猛烈的轰炸，瓦解了德军的攻势。英军第11装甲师乘机占领卡昂西南的战略要地112高地。德军深知112高地的重要价值，随即组织多次反扑，但均未得手。

6月30日，德军集中所有炮火，全力炮击112高地，在猛烈炮击下，英军难以坚守，只好放弃112高地撤到奥登河岸边。德军虽夺回了112高地，但一直在盟国空军的猛烈打击下，无法集中使用装甲部队，也就发挥不出装甲部队巨大的突击威力，一般只能使用200名步兵和15～20辆坦克组成小型战斗群进行短促出击，难以取得胜利，加上几天来坦克损失约100辆，又得不到补充，隆美尔为确保卡昂，只好放弃外围一些阵地，将全部900辆坦克中的700辆部署于卡昂近郊。盟军在占领卡卢克机场后，再无力推进，双方陷入对峙。

6月29日，隆美尔和伦德施泰特晋见希特勒，汇报了当前的战局。希特勒对此大为不满，调整了德军西线高层指挥人事，以克鲁格元帅取代伦德施泰特任西线总司令，埃伯巴赫取代冯·施韦彭格指挥西线装甲部队，并将所部改称第5坦克集团军，以党卫军上将豪瑟接替刚刚病故的多尔曼上将任第7集团军司令。

7月1日，盟军宣布"霸王"登陆作战中的海军作战即"海王"作战胜利结束。随即撤销东、西特混舰队的番号，所属舰艇一部分被调往地中海和太平洋。盟军又在诺曼底新设立两个海军基地司令部，一个在瑟堡，一个在朱诺海滩的人工港，具体负责指挥调度人员、物资的运输和卸载。

到7月初，盟军已上陆23个师，其中13个美国师，11个英国师，1个加拿大师，共100万人，56.7万吨物资，17.2万部车辆。盟军仍觉得登陆滩头太狭窄，便继续扩大登陆场。美军为保障日后能展开大规模的装甲部队，取得有利的进攻出发阵地，美军第1集团军在攻占瑟堡后马不停蹄立即挥师南下。

7月3日，盟军集中14个师的兵力，向登陆场正面德军约7个师发动猛攻。因前进的道路上是大片沼泽和诺曼底地区特有的树篱地形，易守难攻，加上天气不佳空军也无法出动，所以进展缓慢，在五天里才前进6.4公里，而伤亡高达5,000人。接下来足足经7天的浴血奋战，又付出5,000人的伤亡才推进4.8公里。伤亡如此之大，主要是前进的道路两侧都是沼泽，只能展开1个师的兵力，在遍布地雷、障碍物的道路上粉碎德军的顽抗步步推进。

7月6日，直属盟军最高司令部指挥的具有极强机动力和突击力的美军第3集团军，在骁勇善战的巴顿率领下，踏上欧洲大陆。

7月9日，德军党卫军装甲教导师被调到维尔河地区，抗击美军的攻势，尽管该师全力奋战，仍阻止不了美军的推进。

7月11日，西线美军向诺曼底地区重要的交通枢纽圣洛发动钳形攻击，但德军依托预先构筑的工事拼死抵抗，美军的攻击未能如愿。于是美军停止攻击，整顿部队，补充弹药，准备第二轮进攻。而德军人员、装备、弹药所剩无几，又得不到补充，已是山穷水尽。在美军随后发起的第二轮进攻中终于不支，圣洛于7月18日被美军攻占。在圣洛战斗中德军在诺曼底地区重要的前线指挥第84军军长马克斯中将阵亡。美军为夺取圣洛也付出了近4万人伤亡的高昂代价。随着圣洛的失守，德军在诺曼底地区防线被盟军分割为两段，局面更为被动不利。

与此同时，东线的英军对卡昂发动第二轮攻势。7月7日，盟军出动460架次重轰炸机，对德军阵地进行密集轰炸，在40分钟里投弹达2,500吨。7月8日，英军2个师和加军1个师在海军舰炮火力支援下，向卡昂实施向心突击。不料空军的猛烈轰炸虽给德军造成了惨重伤亡，却也造成了遍地瓦砾废墟，其损坏程度甚至严重影响了己方地面部队的推进，因此英军于7月10日才占领卡昂。

在随后的一周里，盟军一边补充兵力物资，一边不断向正面德军施加压力，使其无法重新调整部署。

7月18日，为进一步将登陆场扩大到奥恩河至迪沃河之间，英军继续由卡昂向东南推进，为配合英军的进攻，盟国空军实施了更猛烈的航空火力准备，共出动1,700架次重轰炸机和400架次中轰炸机，投弹达1.2万吨，并吸取对卡昂轰炸的教训，炸弹都改用瞬发引信，以减少对道路的破坏。德军也改变战术，采取纵深梯次防御，大量使用88毫米高射炮平射坦克，并在有利地形不断组织反冲击，使英军伤亡很大，坦克损失达150辆，进攻被迫停止。

尽管英军的进攻没有取得进展，但在整个战场上，盟军已到达冈城－考蒙－圣洛－莱索一线，形成正面宽150公里，纵深15～35公里的登陆场，建立并巩固了战略性质的桥头堡。

第9章
CHAPTER NINE

陆上进攻通道

★双方浴血苦战，僵持不下，"112高地"上炮火纷飞，弹雨如注，哪一方也不能将它占领。惨绝人寰的屠杀场面，比比皆是。小小的奥东河竟被尸体所堵塞。这次攻势持续了5个昼夜，双方作战的激烈程度，在诺曼底的历史上还找不出哪次战役能与之相比。

★到8月6日，巴顿左右开弓，他的坦克部队已取得惊人的进展。向南方和东南方进击的部队猛攻克马延和拉瓦耳，而向西面推进的其他部队，已将德军赶出布列塔尼半岛的内陆，把他们堵死在半岛的各港口内。

No.1 失败的"赛马会"

冈城对于德军来说也是同等重要。

冈城附近集中了大量德国装甲部队,以迟滞盟军向东面的推进。如果盟军在这个地方突破,德军的整个第7集团军与北面的第15集团军之间就会出现一个缺口。到那时,通向巴黎的路就完全敞开了。

为此,在科蒙至冈城之间的正面,德军集中了7个装甲师和第8装甲师的部分兵力。这几乎是德军驻法装甲部队的2/3。同时,在盟军的左翼当面也有2个步兵师。

冈城变成了盟军进攻最艰难、德军抵抗最顽强的战场。

英军于6月26日首次发起夺取冈城的大规模攻势。

进攻开始时,英军陆上和海上的大炮齐声怒吼,组织起一道密集异常的火力网。可是,这无疑是在通知德军该向何处派遣增援部队。经过2天激战,到6月28日,英军步兵部队和装甲部队已经打到了冈城外的名为"112高地"的制高点前面。不出所料,德军即于次日开始反扑。

这一天阳光灿烂,天空晴朗,能见度极佳。

德军为了阻挡英军的进攻,出动了数以百计的坦克,针锋相对地展开攻势。这些德军部队有刚从俄国和法国南部调来的装甲师,他们还来不及听到有关战区情况的详细介绍,就被送上了战场。

德军装甲部队刚从隐蔽的集会地点开出,随即遭到盟国空军十分猛烈的攻击。皇家空军那些能发射火箭的台风式战斗机,发挥了特别巨大的威力。这次德军反攻所集结的全部坦克中,只有200余辆尚能与英军交锋,其余的坦克以及数倍于此的重要的燃料供应车,在盟军空军的轰击下,都东歪西斜地倒在公路上,化为一堆堆冒烟的残骸。

德军装甲部队的残部,从三个方面向英军的突出阵地紧逼过来。不少德军坦克被盟军的飞机大炮所击毁。而更多的坦克则是被步兵使用的那些并不复杂的"派阿特"反坦克武器阻挡住的。因为这一带多树,"林乡"中很少有回旋余地,德军坦克尽管装甲很厚,火力很强,但是在英军近距离的坚决攻击下,也极易被击毁。

双方浴血苦战,僵持不下,"112高地"上炮火纷飞,弹雨如注,哪一方也不能将它占领。惨绝人寰的屠杀场面,比比皆是。小小的奥东河竟被尸体所堵塞。这次攻势持续了5个昼夜,双方作战的激烈程度,在诺曼底的历史上还找不出哪次战役能与之相比。

冈城之郊的激战,吸引了德军正在源源开抵战场的大部分装甲力量,这样就有利于美军在右翼取得突破。

希特勒对诺曼底的战局感到严重不安。

7月3日,他下令由冯·克鲁格元帅接替冯·伦德施泰特。克鲁格从俄国战场调来,满以为西线的战事较易对付,可是他的幻想不久便破灭了。

7月以来的滂沱大雨和满天乌云使盟军的进攻不是被天气所扰,就是连连被德军所阻。

一 一架被盟军击毁的德军大炮。

这是盟军连续遭挫、牺牲重大的一个月。盟军在"D日"旗开得胜，战果累累，然而此后却进展甚微，损失惨重。

不论在英国或是在美国，公众和报纸舆论都对此日益感到不耐烦，纷纷提出指责。在两国的悲观论者看来，诺曼底反攻形势似乎已走上第一次世界大战的老路。陷入了一场没完没了的残酷的阵地战。

在英军冈城进攻受挫的同时，美军占领瑟堡以后也一时打不开局面，这不免使布莱德雷感到失望，但他还是对德军坚决保持着进攻的压力。美军不顾敌军的顽强抵抗，在地形极为不利的小块田地和沼泽地内，经过3个星期的苦斗，最后，以伤亡11,000人的代价，推进到已化为一片硝烟迷漫的废墟的圣洛。

这个一度风光宜人的集镇，正是通往卢瓦尔河谷的良好公路的门户。该镇极为重要，美军夺下这一目标以后，就能按蒙哥马利的计划部署，发动大规模的装甲攻势。这次攻势代号为"眼镜蛇"，将由美军那位富于冒险精神的坦克专家乔治·巴顿负责指挥。

在美军杀向圣洛的同时，加拿大军队在夺取"112高地"东北面卡皮凯机场的英勇战斗中，遭受惨重伤亡。

7月8日，英军第2集团军以3个步兵师和2个装甲师的兵力发动了旨在夺取冈城的全面进攻。为了此次进攻，盟军空军于7月7日21时50分到22时30分，对该市进行了猛烈轰炸，共投掷了2,300多吨炸弹。

到凌晨4时20分，英军第1集团军对冈城西部和北部发动了进攻。加拿大军队则向冈城西部进攻。当天，加拿大部队攻下了西部的弗朗克维尔，而英军则肃清了冈城北面的2个小镇。

到7月10日，经过残酷战斗，英军和加拿大部队突入冈城，占领了奥恩河北岸的那部分市区，同时拿下卡尔皮凯机场。

尽管盟军占领了冈城一部分，可河岸的广大郊区仍在德军手中。德军继续在奥恩河南岸的群山中掘壕固守，阻挡着英军通往法莱兹及其周围广阔平原地的进攻。

蒙哥马利不失时机地命令部队从奥恩河对岸的突出阵地向"112高地"展开强大攻势。

↑战争让圣洛城变成一片废墟。

7月15日和17日，冈城以南的全部英军部队都卷入残酷的激战，没多久即有3,500多人伤亡。蒙哥马利的意图是：一方面将敌人牵制在"112高地"附近，一方面在冈城东面和南面发动一场代号为"赛马会"的大规模攻势，诱使德军将最大限度的装甲力量用于对付英军；这样，巴顿就能率领他的闪击部队从圣治突破，直插布列塔尼半岛和卢瓦尔河。

此时，剽悍的党卫队第12装甲师已丧失了70%的实力，另一个装甲师也损失了75%的兵力。

英军对德军防御阵地实施强有力的轰炸之后，随即展开了"赛马会"攻势。德军西线"B"集团军司令隆美尔元帅，事先也料到了这一招。他在纵深约16公里设防坚固的防御区内，精心配置了大量坦克和各种火炮，此外，还层层布下数以百计的可怕的88毫米火炮和6管火箭发射器。

在盟军进攻部队与德军防守的法莱兹开阔平原之间，德军隐蔽埋伏的88毫米火炮群，排列密集，无边无际。英军装甲部队和步兵部队不顾伤亡惨重，持续猛攻了72个小时。战斗结束时，英军损失了200辆坦克和1,500多名士兵。

7月19日，惊雷骤起，大雨如注，战场顿时化为一片泥潭。蒙哥马利只得命令英军停止进攻。按蒙哥马利的设想，这场大规模攻势将一举踏平德军防御工事，可是结果，英军虽损失了400多辆坦克，牺牲大量步兵，却只不过突入敌阵11公里，建立起一条很不稳固的狭长突出阵地。"赛马会"攻势没有取得成功。

尽管德军设法顶住了"赛马会"攻势，但这一攻势却使他们大为惊恐，并使希特勒及其最高统帅部终于相信，诺曼底登陆毕竟是盟军的主要入侵行动。希特勒命令守卫加莱海峡的训练有素的第15集团军25万士兵立即投入诺曼底之战。

可是，由于塞纳河南岸大片地区内的交通线均遭破坏，第15集团军不得不花了一个月的时间才能抵达诺曼底，为时实在太晚了。到7月5日，盟军百万大军已在诺曼底登陆上岸。而隆美尔方面投入战斗的人数尚不及此数之半。

"赛马会"攻势失利后，艾森豪威尔和其他盟军高级将领对蒙哥马利已失去信心。不过布莱德雷还是像布鲁克一样，对蒙氏的战略表示赞赏。

布鲁克是英国总参谋长，他指出，此时英国的第2集团军不仅牵制住了德军的大部分装甲部队，而且正极其迅速地将其歼灭，使德方根本来不及予以补充。

这时，英军正在从奥恩河至科蒙这条长64公里的战线上作战，美军的战线则由科豪向西绵延64公里，穿过科坦丁半岛至大海。德军在其防线上的两个重要突出部，科蒙和冈城，集结了他们的大部分装甲力量和炮兵部队。尽管上述两条战线表面上处于僵持状态，但盟军实际上已占领了实施突破所必需的阵地。

No.2 巴顿的闪电攻击

巴顿的闪电进攻将是"眼镜蛇"攻势的高潮。在"眼镜蛇"攻势的部署过程中，蒙哥马利加强了对冈城的牵制性攻击。

7月间，战斗愈演愈烈，伤亡益见惨重，无论是美军战线或是英军战线都是这样；美军沿科坦丁半岛一步一步向南推进，逐渐进入了一片河流沼泽密布、行动更加困难的地域。不过到7月中旬，美军还是建立了一条可按计划实施打击的起攻线，从而也就能拉开战场，打破僵局，让盟军的坦克部队向欧洲腹地长驱直入。

这条成败攸关的战线从古城堡圣治一直延伸到西海岸。英军将扼守冈城作为基准，而自冈城到科坦丁海岸这条战线上的所有盟军部队，将沿此基准全面展开攻势，向东回旋。接着，盟军将兵分两路：一路向南发动强大攻势，直指卢瓦尔河畔的南特，以切断布列塔尼半岛及其岛上各港；同时另一路挥师向东，沿一条与卢瓦尔河平行的路线迅速向巴黎南面的奥尔良隘口挺进。随后，盟军全线将迅速调转过来，向东面的塞纳河大举推进。

7月6日，美军猛将巴顿将军渡过海峡，进入盟军设在科坦丁半岛上伪装得很巧妙的临时营地，同时，他的第3集团军（不过这时还未授予此番号）的首批部队也开始在"犹他"海滩登陆，前线远在32公里之外。登陆部队未遭到任何抵抗和射击，也未遭到任何轰炸，甚至涉水湿足的也没有几个人。

巴顿是一位能使希特勒丧胆的将军，他常常告诉他的部队，胜仗是用血和胆赢得的。因此，巴顿获得"血胆"的封号。谁也不能否认，巴顿是个猛将。

巴顿将军，最杰出的盟军将领，即将率领装备精良的第3集团军实施这场打击。该集团军是一支超机动化的装甲部队，甚至德军也无法与之匹敌。

就在"眼镜蛇"攻势开始之前，德军从冈城抽调了2个装甲师到美方战线上来，这样德军用以对付美军的兵力就增加到9个师——大多是由其他溃散部队的残兵败将拼凑起来的。尽管德军不断遭到盟军的大规模空袭，运输困难，但是他们在西线的兵力还是由58个师增加到65个师。

7月25日，这场旨在为巴顿闪击部队迅猛突进而打开突破口的"眼镜蛇"攻势开始了。

盟军对圣洛西面一块长8公里、宽2公里的长方形敌军防御阵地实施大规模炮击，此外还出动大约3,000架美国空军轰炸机，投掷了4,000吨高爆炸弹、杀伤炸弹和凝固汽油弹。

这就为巴顿部队打开了突破口。

在通往突破口的路上和突破四周围，是一片溪流沼泽密布、行动困难的乡间田野，3个强悍的美军步兵师——经过非洲和西西里战役的劲旅，一路上且战且进。他们历尽艰苦，一步一步地夺得能使坦克部队列队展开的阵地。

在隆隆的坦克和小心翼翼的步兵向前推进时，美国空军第9航空队的战斗轰炸机为他们提供支援。坦克先头部队中，设有目测监视哨，与随行低飞的轰炸机保持直接通话联系，而这些轰炸机则随时准备根据地面部队的指令，对各目标进行轰击。

7月27日的战斗具有决定性的意义。德军退却了，库汤斯落入盟军之手。负责防守这条战线的德第7集团军开始后撤，而该军的撤退很快就演变成一场溃败。7月30日，美军进入阿弗朗什，盟军终于成功地取得了突破。

现在，巴顿的任务是横扫布列塔尼半岛，攻占岛上各主要港口。

与此同时，蒙哥马利命令英第2集团军攻打冈城－圣洛一线，加军从冈城南面向法莱兹方向发动进攻，继续牵制住德军的大部分装甲力量和炮兵部队。蒙哥马利开始把主要兵力从冈城调向科蒙，准备夺取维尔和奥恩河之间的高地。

布莱德雷打算趁德军大部分装甲力量和炮兵部队忙于应付北面英加部队的时机，率领第12集团军群迅速从南面包围德军。正因为德军的全部兵力都用来抵挡英军的进攻，他们层层稠密配置的坦克、机关枪、迫击炮和威力强大的88毫米火炮，企图控制那一带战场，所以美军趁机在右侧发起的攻势就能迅速取得进展。

希特勒终于觉察到这种危险局面，但已为时过晚。

他命令冯·克鲁格从英加战线上抽调4个装甲师，前去切断美第3集团军的装甲部队，但是冯·克鲁格一直到8月7日才使反攻部队从英加战线上脱身。而此时，盟军已有4个集团军在挥师东进，直奔160公里外的塞纳河；同时，盟军的大规模空袭已完全破坏了巴黎与海岸之间的所有桥梁。

巴顿的第3集团军几乎不费吹灰之力，就打开了局面。大军锋芒所指，势如破竹，其进展之神速，令人眼花缭乱；其战果之辉煌，使人振奋不已。

第3集团军沿着莱塞—库汤斯公路呼啸着向前挺进，争先恐后地涌过莱塞山隘，踏上路面良好的海滨公路，穿过库汤斯和阿弗朗什——第3集团军就这样闯过了进入法国心脏地区的大门。

此时，展现在美军面前的是：平坦宽阔的碎石公路，青葱翠绿的一马平川，既无高山挡路，又无大河阻隔，真是再理想不过的装甲兵作战地域。看来美军尽可长驱直入，直扑德国边境。勒克莱尔将军，隶属于巴顿集团军的自由法国第2装甲师师长，感到这种情况似乎是"1940年战局的重演，不过胜败双方可颠倒了过来。敌人在我军出其不意的攻击下，乱作一团，溃不成军"。

巴顿率领整个集团军全速越过一条隘道，而这条隘道按照兵书来说，实在太窄，大军切忌冒险穿行。但是巴顿知道，德国空军几乎已被逐出蓝天，德军的大部分装甲部队也被牵制在其他战场上无法脱身。在这种情况下究竟该如何行动，也许巴顿比其他任何指挥官都

↓被俘虏的德军官兵。

更清楚："假如我担心部队两翼的话，那我就根本无法打这一仗了。"

到8月6日，巴顿左右开弓，他的坦克部队已取得惊人的进展。向南方和东南方进击的部队猛攻克马延和拉瓦耳；而向西面推进的其他部队，已将德军赶出布列塔尼半岛的内陆，把他们堵死在半岛的各港口内。

布列塔尼的法国抵抗运动，显得特别可贵。他们不断骚扰退却中的德军，不让德军破坏那些可为美军利用的设施。

8月7日凌晨，德军终于从勒芒开始发动反攻。希特勒的企图是：出动装甲部队进攻阿弗朗什，切断巴顿的补给线，然后回师北上，击溃并消灭科坦丁半岛上的美军部队。可是他们立即遭到了美军的顽强抵抗。此时，凡是了解诺曼底灾难性局面的德军指挥官全都意识到，诺曼底之战已告失败，现在要做的惟一事情就是着手组织一场迅速而有条不紊的撤退，据守塞纳河，阻挡各路英美部队的集中进攻。

德军从驻守加莱海峡沿岸的第15集团军新调来4个师。但是希特勒并不想用这支兵力掩护撤退，而是坚持要他们进攻阿弗朗什。这4个师是痛击莫尔坦美第1集团军的一部分兵力，这回德军投入的兵力共有5个装甲师和2个步兵师。阻挡德军猛攻的最初只有美军1个师，该师士兵坚决抵抗，始终将敌军顶住，直到盟军其他部队迅速赶来增援为止。

No.3 登陆战结束

美第1集团军的强大部队从维尔紧逼过来，英第2集团军向孔戴发动进攻，巴顿派出一个整军经阿朗松向北驰往阿尔让唐，从南路猛扑德军。与此同时，加军奋力冲杀，终于开进长期争夺不下的法莱兹。德军反攻部队被紧紧压缩在法莱兹和莫尔坦之间一块狭窄的袋形地带内，处境岌岌可危；不久，盟军的大炮、轰炸机和战斗机就把这块袋形地带变成一个可怕的"屠宰场"。

巴顿事先就接到关于德方可能出动好几个装甲师发动进攻的报告，但他认为，这只是德军的虚张声势，其真实意图乃是要掩护撤退。不过，为了以防万一，他还是命令在圣伊莱尔附近的第80步兵师、第35步兵师和法国第2装甲师停止前进。接着又命令勒克莱尔率部在富惹尔集中，扼守重要的公路交叉点，以保卫第3集团军两翼的空隙地区。中午，乌云消散，发射火箭的"台风"式战斗机猛袭德军装甲部队。

一些德军装甲部队被"台风"式机群在狭窄小道内截住，尽遭覆灭。午后不久，德军按计划向阿弗朗什发动进攻，要想切断并粉碎巴顿的那支一往无前的部队，但是离出发地点还不到几公里，这场攻势就被遏止住了。不过，巴顿的部队也还是经历了好几个昼夜的艰苦混战，才得以继续向前推进。第3集团军采用的战术是，把部队编成若干坦克群，不顾一切地向前猛冲，一遇到敌人，立即集中火力猛击。整个战场混乱不堪，双方都不知道在何时何地会突然撞上对手。

8月13日，美第20军仅遇一些零星分散的抵抗，于是巴顿一面命令主力部队向勒芒的东北方挺进，一面派出战斗支队夺路南下，进取卢瓦尔河畔的翁热和南特。与此同时，海斯利普的第15军以美第5装甲师和法第2装甲师为前锋，驰驱北上，在正与英加部队拼命格斗的德军主力后方发起猛袭。

在粉碎德军反攻中起了主要作用的美第1集团军，正无情地扫荡着残留的德军突击部。布莱德雷和蒙哥马利决定发起全面总攻，紧逼包围德军主力的时刻已经到来。加军从北面奋力推进，美第1集团军由西北面和西面步步紧逼，而美第3集团军的装甲部队和步兵部队则从正面大举北上。

加军部队和巴顿所属法、美先头部队，驻守着阿朗松-瑟埃-阿尔让唐一线，而德军东撤的惟一道路就是这两支部队之间的空隙地区。8月14日凌晨，这块空隙地区已被压缩至29公里宽。德第7和第5集团军的密集装甲部队在英、加部队连续不断地进攻下，只是很缓慢地向后退却；对每一条江河细川，对每一道沟渠树篱，双方都要展开激烈的争夺。

所有的人，甚至连巴顿在内，都不知道当时第3集团军所属各支部队的行踪。这位美国将军曾命令部下："以尽快的速度，向一切可以推进的地方前进！"巴顿的部队似乎已失去统一指挥，无法协同作战，可是却取得了惊人的战果。一些完整的德军部队，由于害怕在树林里被法国抵抗运动的战士杀死，纷纷向一些单独作战的美军坦克中队缴械投降。美第6装甲师的某一战斗支队击败了德军具有一个整师兵力的残余部队，自己却仅仅损失了两名士兵。

巴顿一不做，二不休，准备出动装甲部队由南面扑向法莱兹，以封闭这块空隙地区。然而，布莱德雷已下令要他停止前进。看来，盟军失去了把一个将陷于绝境的庞大德军一网打尽的大好机会——关于这一点，至今仍有争议。巴顿坚决认为，海斯利普的第15军原可以不费什么气力就推进到法莱兹；但是布莱德雷考虑到阿尔让唐南面、特别是埃库弗森林内德军的抵抗越来越猛烈，因而决定停止美军的南路攻势。

布莱德雷命令勒克莱尔率领所部，外加一个美国步兵师，坚守卡鲁热以及阿尔让后南面和东面的阵地；而巴顿的其余部队则按蒙哥马利的原来计划，继续展开闪电攻势，即向塞纳河挥戈东进，在德军赶到该河之前将其截住。美军装甲纵队在开阔的田野上纵横驰驱，如入无人之境，直逼奥尔良、夏特勒和德勒三城。奥马尔·布莱德雷毫不含糊地命令巴顿："把所有的本钱都拿出来，率领所部全速向东挺进。"

海斯利普的美第13军的任务是，从南路完成盟军围堵德第7集团军的锥形攻势。为此，第15军将夺取重要公路中心阿尔让唐，封锁德军的主要退路。

8月13日，海利普斯的部队占领了阿尔让唐及其主要公路，可是这时空隙地带仍有29公里宽。

8月15日，正当美第3集团军横穿法国腹地向塞纳河挺进的时候，一个美、法联合集团军以及一些英、加部队由美军将领雅各布·德弗斯指挥，粉碎了并不怎么激烈的抵抗之后，在法国南部登陆。据说，希特勒把8月15日称为他一生中最倒霉的日子。当盟军在南方发动这场新的攻势的时候，法莱兹周围的德军正在作最后的困兽之斗，拼命抵抗着英、加、波各部队的进攻。

此时，厄库会一带的自由法国部队向前进逼，空隙地区压缩到18公里。法莱兹袋形地带内的德军部队四面受敌，士兵的弹药已快消耗殆尽，全军正趋于土崩瓦解。据报告，德军司令官冯·克鲁格将军已不知去向。盟军的猛烈空袭已使德军的无线电通讯网陷于瘫痪，德军各部队乱作一团。两天后，冯·克鲁格又重新出现并与部下恢复了联系。不久，他被解除了职务，随即自尽。

8月17日，德军后卫部队仍在顽强抵抗，掩护着溃败的其余部队源源向东后撤。前一段时候，天气恶劣，敌我双方胶着混战在一起，盟国空军无法参加战斗；现在乌云消散，天空放晴，于是易于捕捉的攻击目标又呈现在第2战术航空队的"台风"式和"喷火"式战斗机的面前。

德军仍在作垂死挣扎，拼命抵抗着英、美、加、法、波诸军的进攻，到8月18日，他们还是撑开了一道13公里宽的缺口；可是这时盟军作战飞机和大炮发挥了极其强大的威力，不久将这道缺口封死了。德军被紧紧逼入急剧收缩着的袋形阵地内；当他们沿着公路，穿越田野，拼命向东逃窜时，成千成千地被打死。艾森豪威尔在谈到这场怵目惊心的大屠杀时说："毫无疑问，法莱兹战场是战争领域内所曾出现过的最大的屠宰场之一。那一带的通道、公路和田野上，到处塞满了毁弃的武器装备以及人和牲畜的尸体，甚至要通过这个地区也极为困难。那道缺口闭合后48小时，人们领我步行通过该地区，我所见到的那幅景象，只有但丁能够加以描述。一口气走上几百米路，而脚全是踩在死人和腐烂的尸体上，这种情况确确实实是可悲的。"

在德军力图由缺口处逃命的那6天中，他们大约有1万人惨遭杀戮，此外还有5万人被俘。在从缺口逃出来的2万至5万名德军中，还有很多人没到塞纳河畔就被打死了。至此，德军主力遭到毁灭性打击。与此同时，被分割包围在其他地区的数千名德军，也缴械投降了。德军有8个步兵师和2个装甲师的人马，几乎是一个不漏地全部束手就擒。希特勒希望用来粉碎西线盟军的整个军队，已被彻底击溃。

至此，诺曼底战役陆上作战全部结束。

从此，各路盟军开始更大规模的进攻，矛头直指法国首都巴黎。

04
BATTLE

第四篇 > 登陆·冲绳岛

CHAPTER ONE

锁定，冲绳岛

★根据参谋长联席会议的指令，1945年，尼米兹的部队要实施占领台湾的"土手道"战役、占领冲绳的"冰山"战役、占领九州的"奥林匹克"战役。这些战役行动完成后，预计在1946年3月实施进攻东京的"王冠"战役。

★牛岛见说服了众长官，心里很高兴，他说："卑职即刻回岛，现在硫磺岛战事炽烈，我将派员去那里了解情况，总结抗登陆作战的经验教训，加强防御，誓死保卫帝国本土的最后一个堡垒——冲绳！"

No.1 为美国争得荣誉的"冰山"

开罗会议结束后，罗斯福又飞往德黑兰。他要去会见斯大林。临走时，他让马歇尔将军转告尼米兹，抓紧时间制订进攻冲绳的作战计划。

远在珍珠港基地的美军中太平洋战区司令切斯特·尼米兹与他的将军们一直在研究继续发动进攻的作战方案。

根据参谋长联席会议的指令，1945年，他的部队要实施占领台湾的"土手道"战役、占领冲绳的"冰山"战役、占领九州的"奥林匹克"战役。这些战役行动完成后，预计在1946年3月实施进攻东京的"王冠"战役。

尼米兹接到总统下达的太平洋作战计划后有些为难。他的部队在塔拉瓦血战中伤亡很大。如果照这个伤亡率，即便攻克日本本土，付出的百余万人的生命也会使他的将星黯然失色。作为一个美国人，他太了解自己同胞的价值观了：只要不死人，什么事情都好办。

"将军，斯普鲁恩斯将军正在会议室等您。"尼米兹的参谋长苏克·麦克莫里斯海军少将推门说道。

尼米兹猛然想起他约几位部将开会的事情，赶忙起身整理一下军服，来到会议室。

雷蒙德·斯普鲁恩斯将军这位中途岛大海战的卓越指挥官起身向尼米兹敬礼，然后问："阁下，您有什么吩咐？"

尼米兹手下有一批美国海军的英才，眼前这位斯普鲁恩斯遇事沉着镇定，办事讲求效率，被人誉为"机器人"；此外还有绰号"公牛"的特遣舰队司令威廉·哈尔西海军上将；绰号"怪物"的两栖舰队司令凯里·特纳海军中将；绰号"疯子"的两栖作战司令霍兰·史密斯海军少将；绰号"黑鸟"的太平洋舰队航空兵司令约翰·托尔斯将军。这些英才跟随他征战在烟波浩淼的太平洋上，取得了一连串的胜利，为尼米兹的将星增添了光彩。

尼米兹坐定，与斯普鲁恩斯交换着前方的战况。过了一会儿，哈尔西、特纳、史密斯、托尔斯及其他一些高级将领陆续走了进来。

诸位将军到齐后，尼米兹操着德克萨斯口音说道："我荣幸地向各位介绍一位朋友，这就是前阿拉斯加军区司令西蒙斯·巴克纳尔将军，他将与我们一起完成未来的作战任务。"

一位陆军中将闻声起立向大家致意："我很高兴能在尼米兹将军的指挥下与诸位合作！"除了巴克纳尔以外，在座的都是海军将领。大家都觉得奇怪，为什么要调一个陆军中将来太平洋舰队？

尼米兹似乎看出大家的心思，解释说："未来的作战将要登陆日军防御严密、兵力充足的大岛，巴克纳尔将军率领的陆军第10军官兵，将是登陆战的主角！"

哈尔西问道："自太平洋反攻以来，我军采取跃岛战术，减少了许多伤亡，为什么不越过台湾，直扑日本列岛呢？"

尼米兹点点头，对他的作战处长福雷斯特·谢尔曼海军少将说："你向大家通报一下情况吧！"

↑ 时任美军中太平洋战区司令的尼米兹。

矮胖墩实的谢尔曼从文件包里抽出几张文件，对大家说道："参谋长联席会议对1945年太平洋战场总的战略意图是：强化海空封锁，摧毁日本空军和海军的作战能力，削弱他们的抵抗能力，然后再占领日本本土中心部，迫使其无条件投降。为此，制定了三期作战目标。第一期从1945年4月1日始至6月30日止，作战目标是占领小笠原群岛、琉球群岛，为进攻中国大陆建立海空基地；第二期从1945年6月30日始自9月30日止，作战目标是实施'土手道'计划，登上台湾岛，夺取进攻中国大陆的桥头堡；第三期从1945年10月1日始至12月31日止，作战目标是在九州南部和关东平原登陆。"

谢尔曼通报完毕，尼米兹笑着对各位将军说道："今天请诸位到此，就是研究一下我们的具体作战计划。"

性格豪爽、生就一副美男子面庞的托尔斯，祖上是斯堪的纳维亚半岛的移民，他首先说道："除进攻日本本土外，台湾岛是最大的作战目标，敌人在该岛屯兵数十万，作战纵深极大，而且我们不能忽视下面一个事实，这就是日本人占领该岛已有半个世纪，岛上肯定有很完善的防御体系。因此，贸然攻占此岛，伤亡势必很大，我们付不起这个代价。"

斯普鲁恩斯接着说道："即便有力量登陆台湾，但是否有这种必要呢？攻占台湾的唯一目的是为进攻中国大陆作准备。可是，中国人似乎却不需要这个！蒋介石的军队自中日战争爆发就保全实力，步步退让；毛泽东的军队虽然抗战坚决，却势单力孤，还要时时戒备蒋介石，只能在日本人背后打游击战。难道我们美国人比他们还急吗？蒋介石倒希望我们攻占中国大陆，这样会限制延安政权的发展。可是蒋介石政权贪污腐败，中饱私囊，专制独裁，难道美国人付出生命就是为了让这样一个政权继续统治中国吗？"说到这里他停顿了一下，看了尼米兹一眼，接着说道："我认为应放弃登陆台湾的作战企图，直接进攻日本本土，这样做也符合我们的跃岛战术原则。"

斯普鲁恩斯的发言引起大家的一阵议论，将军们都认为蒋介石过于腐败无能，美军不必为他火中取栗。

尼米兹静静听着诸位将领的发言。从心里讲，他很赞同他们的意见，无论从必要性和可能性上讲，实施"土手道"作战计划都是下策。听完大家的议论，他心中更有底了，他要力劝华盛顿修改作战计划，直接进攻日本诸岛。

想到这里，他对各位将军说道："我很尊重诸位的意见，我将向金上将再次详细阐述我们的观点，届时再约诸位相商，散会！"

当天夜里，尼米兹就带着参谋长和作战处长飞回旧金山，面见海军作战部长，直陈放弃"土手道"作战计划的意见。

金上将是美军参谋长联席会议的成员，他知道总统的战略意图是让日本无条件投降，至于怎么打，并不过多干预。所以，金并不反对尼米兹的意见，只是问道："如果你们不进攻台湾，预选的作战目标将是哪里？"

"硫磺岛和冲绳岛，这两个岛距离日本本土很近，如果攻破，可直捣东京敌人的老巢。"尼米兹回答。

金上将想想马歇尔向他讲起的开罗会议的情况。罗斯福总统在蒋介石面前夸下海口，一定占领冲绳。因此，能否占领冲绳关系到美国的荣誉。于是，他坚定地回答道："我支持您的意见，放弃进攻台湾的企图，集中优势兵力武器登陆冲绳岛，一定要把我们的星条旗插在那里！"

尼米兹想不到一向专横的金上将这么痛快地接受了他的建议，高兴地表示道："请阁下放心，'冰山'作战一定会为美国争得荣誉！"

No.2 冲绳，最后的防线

由大约140个岛屿组成的琉球群岛从日本往南弯弯曲曲地伸向台湾，长达2,045公里。在这些岛屿正中，就是冲绳岛。

在日语中，"冲"乃海上之意，冲绳的含义是排列在海上的岛，像飘浮在海上的一根绳子。

冲绳是东方的交叉路口，与日本、台湾和中国大陆的距离几乎相等：距九州大约650公里，距台湾610公里，距上海稍远一些，有830公里。该岛面积1,220平方公里，形状窄长歪斜，南北长约108公里，最宽处28公里，中央最窄处为石川地峡，宽仅3公里多，本部半岛就从此地点突出于东海。该岛2/3位于石川地峡北部，全是树木繁茂的丘陵地带。冲绳岛的中央部是横穿全岛、由险峻的断崖和深不见底的溪谷组成的大峡谷，它将北方的石川地峡与南方的那霸港相接起来。冲绳岛南部是呈三角形的高地，高约150公尺，辽阔的石炭岩高地点缀其中。高地东西两端探入大海，形成两个小半岛，东部叫知念半岛，西部叫小禄半岛。

冲绳岛的海岸线与岛上地形一样，亦参差不齐。北部的海岸多为险峻重叠的岩石，南部的海岸则为珊瑚岛构造。从海上远远望去，北海岸隆起，而南海岸则断崖耸立。这种参差复杂的地形条件极大地限制了登陆作战行动。可以说，冲绳岛适合大规模登陆作战的地点太少了。冲绳岛海岸最开阔的地点是东海岸的中城湾。战后，美军为纪念在冲绳作战中阵亡的巴克纳尔中将，将其命名为巴克纳尔湾。

冲绳岛道路状况很差，除了人口密集的那霸地区外，岛上其他地区的道路简直就算不上是真正的路。沿海岸线虽说有许多纵横交错的小道，却无法通车。旱季，这些道路弥漫着厚厚的沙土；到了雨季，沙土变成了泥淖，极难通行。由于该岛属亚热带气候，受太平洋黑湖和小笠原暖流影响，所以常年空气湿度很大，雨量充沛，而且降雨没有规律，有时一天下的雨等于一个月的平均雨量。岛上还多台风。从5月至11月，每月平均遭受两次台风袭击。

冲绳岛上的居民虽然是日本公民，但是继承的传统却是混杂的，风俗习惯明显受到中国文化的影响。

冲绳的地理位置使它成为重要的海上战略要地。倘若美军夺取该岛并将它作为进攻日本

←时任日军第32军军长的牛岛满（左）。
←时任日军陆军参谋总长的梅津美治郎（右）。

本土的军事基地，那就无异于绳套脖颈，日本将危在旦夕。相反，如果日本守住冲绳，则可以此抵挡美军的进攻，为本土防御竖起最后一道海上屏障。

太平洋战争爆发后的头三年间，日军处于战略进攻阶段，整个琉球群岛上的驻军不多，只有600余人。只是到1944年日军在南洋作战连连失利时，才对防御问题重视起来。当时任首相兼参谋总长的陆军大将东条英机向天皇启奏："时局吃紧，应加强帝国西南地域的防卫及确保南方作战地域的交通线。"裕仁天皇听后大惊，立即亲口准奏，东条随即将第32军派驻冲绳。

第32军刚刚组建，下辖第9、第24、第62师团和第44独立混成旅团，司令官为渡边正夫中将。这些部队都是从中国东北和日本本土调来的。不料，第9师团刚登上冲绳，东条听说美军欲进攻台湾，担心那里兵力薄弱，又将这个师调往台湾。渡边十分恼火，几次上书恳请留下这支精锐强悍的部队，都被东条拒绝。第9师团是日本陆军组建最早的师团，战斗力很强。日俄战争期间，该师团隶属于日本"军神"乃木希典的第3军。在旅顺要塞争夺战中，该师团相继炸毁俄军坚固的东北防线上的东鸡冠山北堡垒和二龙山堡垒，最先冲入要塞核心阵地，从此声威大震。渡边本想以该师团为冲绳岛防御的核心，没曾想又让东条调走了。气急败坏的渡边一下子病倒不能理事。日军战时大本营遂将陆军士官学校校长陆军中将牛岛满调到冲绳，接任第32军司令官一职。

牛岛是日本军中一员悍将，且门生众多，许多陆军军官都出自他的门下。他在陆军中以诚实赢得了部下的信赖和忠诚。牛岛上任时，东条英机已因塞班岛失守引起朝野不满而被迫下台。新任首相小矶国昭和参谋总长梅津美治郎深知冲绳岛的重要，特召牛岛进京谈话。

小矶原为朝鲜总督，与牛岛关系不密，只知其名而不识其人。当牛岛满的顶头上司、第10方面军司令官安藤利吉大将引牛岛进来后，小矶点头示意让座，但并不讲话。

牛岛与梅津美治郎颇熟，坐定后他问道："大战当前，阁下有何明示，卑职恭听训示。"

梅津莞尔一笑说道："小矶首相久闻你的大名，特请将军一叙，不必拘谨。"

牛岛恭敬地说："不敢，卑职不才，倘能以血肉之躯上报天皇陛下宏恩，下达帝国国民之期望，平生之愿足矣。"

小矶听牛岛谈吐谦恭，顿生好感，遂问："冲绳乃帝国之门户，此番将军临危受命，不知何以御敌？"

牛岛回答道："卑职将实行持久作战，放敌上岛，在岛的南部集中兵力与敌周旋。"

安藤听后大惊："这可同大本营在海岸地带决战方针大相径庭啊！"安藤身为方面军司令官，却不知牛岛更改了原来的作战方针，不由得感到惊异。小矶与梅津亦觉不安。

牛岛从容对答道："只因守岛兵力太少，难以在海岸进行决战。目前，我军的第24师团和第62师团虽说齐装满员，但有一半是新兵，作战能力较差。第44独立混成旅团5,000余官兵在航渡中遭鱼雷攻击，伤亡近4,000人，虽说后来空运了第15独立混成联队编入该旅团，但仍缺编。此外，我们仅有的一个坦克联队尚缺一个中队，难以在海岸与敌决战，故而只能采取持久战方针。"

梅津问道："你的部队集中到南部，一旦战斗打响，北部和中部怎么办？应该知道那里有两个机场啊！"

牛岛答道："只能放弃！"

"什么？放弃？"安藤叫了起来，大声说道。

"此作战方针乃不得已而为之，请诸位长官谅解。"牛岛仍坚持己见，"我的任务只有一个：不让帝国本土的最后一个堡垒沦于敌手，我将同冲绳共存亡。至于其他，实在无能为力。"

小矶十分同情牛岛，认为他的意见不无道理，遂问道："倘若依将军之见，第32军的防御部署不就要重新调整了吗？"

"是这样的！"牛岛答道："这意味着我们要放弃渡边将军经过半年之久忙忙碌碌构筑起来的作为决死之处的各个阵地，重新构筑新的阵地。虽然为改变大量军需品的集聚地点和得到构筑新阵地所需器材是困难的，但也只好如此。"

小矶又问："敌人进攻之日不远，重新调整部署来得及吗？"

牛岛坚定地回答："卑职将尽力而为！"

梅津还是不满，坚持说道："不论怎么说，你不应擅改原定作战方针，因为作战方针是大本营制定的，如果要变动，也应由大本营作出。"

牛岛微微一笑道："如果长官一定要求在海岸决战，我将辞职，因为卑职实在难胜此任。"

梅津参谋总长见状，心中十分恼怒。以辞职之举坚持自己的意见，这是陆军中罕见的事情。但此时战火已被日本人引到了自家门口，数年战争已使日军损失了许多将才，军中良将已寥寥无几。所以，尽管梅津不满，却不敢依军纪撤换牛岛，只得强压火气说道："冲绳安危全赖将军，望小心在意，依情况而战吧。"

牛岛心中舒了一口气。他也知以辞职要挟的后果，但敌兵强大，防御艰难，只得如此，他见梅津等未予追究，便说道："卑职一定属尽职守，人在岛在，坚守帝国大门！"

小矶虽觉牛岛以辞职要挟做得过分，但与梅津一样，亦无可奈何。他想起中国的一句俗语"蜀中无大将，廖化充先锋"，心中不禁大为惆怅。良将如云的日军落得如此局面，实在令他难堪。冲绳防御非牛岛莫属，撤换也未必是上策，只得放手让牛岛去战。故而小矶问道："现在岛上有多少兵力？"

"10余万人。"牛岛回答，"除正规军外，还有大田海军少将指挥的1万名海军官兵，2万名由冲绳岛居民武装起来的民间防卫队，1,700名铁血勤皇队。"

"铁血勤皇队？"小矶有些不解。

"这是由14岁以上热情高涨的男性高中生志愿编成的义勇队，装备和训练全由陆军负责。敌人上岛后，他们将深入敌后开展游击战。"牛岛解释道。

牛岛上任伊始就把冲绳岛上男性青少年作为战争人力资源利用起来。他让部属挨家挨户登记14岁以上男性青少年，发给他们武器，编成了一支义勇队。由于建立这支队伍的宗旨是用武器与鲜血保卫天皇，因而取名"铁血勤皇队"，队长就是他的副官山城宏。铁血勤皇队经过训练后，将被送到敌后开展游击战。

小矶满意地点点头，又问："官兵的士气如何？"

"十分高涨，"牛岛回答说，"我们的口号是：'一人换十人''一人换一战车''一机换一舰''一艇换一船'！"

"太好了！"小矶十分兴奋，忘掉了方才不愉快的争论，继续问道，"岛上有多少重武器装备？"

牛岛报告道："2,990架飞机，其中有1,230架自杀飞机；70毫米口径以上火炮287门；81毫米和320毫米迫击炮120门；防坦克炮52门、轻中型坦克27辆；轻重机枪1,500余挺。"

小矶又问："将军可否谈谈持久作战的具体想法？"

牛岛答道："在美军登陆前，集中兵力于冲绳岛南部，以首里为中心形成坚固的筑垒阵地。主阵地选择在那霸、首里与那原一线。如美军在该线以北海滩登陆，则不予抵抗，以待其来攻。如美军在该线以南海滩登陆，则进行坚决的抵抗，但决战的场地仍为首里附近地域。在岛中部的羽具岐地域配置一个由当地土著部队编成的特编团，准备在美军由该海滩登陆时实施迟滞作战，并破坏读谷和嘉手纳两地的飞机场。至于岛北部，只配备一个独立步兵营，以便在必要时破坏伊江岛上的飞机场。"

小矶听后，觉得可行，遂向梅津、安藤征询意见。

梅津已在方才表明了态度，没什么意见。只有安藤仍反对，但见两位长官认可了持久作战方针，也不便再说什么。

牛岛见说服了众长官，心里很高兴，他说："卑职即刻回岛，现在硫磺岛战事炽烈，我将派员去那里了解情况，总结抗登陆作战的经验教训，加强防御，誓死保卫帝国本土的最后一个堡垒——冲绳！"

然而，牛岛打探到的却是硫磺岛的陷落和守岛司令官栗林忠道中将的"玉碎"。

他站在那霸港，眺望一望无际的大海：眼前的海，温柔恬静，展现在阳光下的是无边的碧波。他知道，这是风暴前的宁静，一场恶战即将爆发！

第2章
CHAPTER TWO
直指日本

★日本是一个多地震的国家。作为一个时时刻刻被地震困扰的民族，日本人的住宅和其他建筑物大多用既经济又实惠的竹、木、纸张等易燃材料建成。这些建筑物抗地震是合适的。谁能想得到世界上会有B—29型轰炸机和燃烧弹呢！

★3月19日清晨，朝霞灿烂。日军第5航空队司令官宇垣缠海军中将在南九州鹿儿岛海军航空兵训练基地送别自杀特攻队。据报，美军舰队已进入佐多岬东南100海里的洋面上，他要组织一次大规模的空中自杀攻击，阻止美国人向日本本土开进。

No.1 炮火中的东京

自美军参谋长联席会议决定攻占硫磺岛和冲绳岛后，马歇尔将军一直担心美军会因登陆时遭到顽强抵抗而增加伤亡。怎么办呢？如果先对预定登陆地点实施空中轰炸，虽可摧毁敌人部分兵力兵器，但也会暴露企图，增加登陆的困难，因为不管怎么说，进行最后战斗的是地面部队。最好的手段就是在心理上强烈震撼敌国军民，并打击对方的后方工业基地。

这个想法一跃入脑海，马歇尔立刻将陆军航空兵司令亨利·阿诺德上将找来，商讨用战略航空兵轰炸日本本土的办法。

阿诺德是西点军校毕业生，也是参谋长联席会议成员之一。他为人冷漠，但处事机敏，决策果敢。听完马歇尔的建议，他想了一会儿说道："我想还是让'火鸟'给那个罪恶的'神国'带去惩罚之火为好。"

阿诺德说的这个"火鸟"，名叫柯蒂斯·李梅，是第21轰炸机队司令。李梅生于1906年，在将才济济的美国将军中名不见经传，但他的"虎气"却给阿诺德留下了深刻的印象，亲自驾驶B－17型轰炸机深入希特勒第三帝国的腹地，冒着高射炮和战斗机的炮火，不顾危险投下炸弹。1944年，阿诺德将李梅从欧洲战场调往中国战场，在第20航空队担任B－29型轰炸机队大队长，率队连续轰炸了日军占领下的大连、汉口、鞍山和南京等大中城市。这些轰炸虽然谈不上给日军以沉重打击，但美军却获得了如何使用燃烧弹的经验。1944年12月18日，他的轰炸机大队使用M－69集束式燃烧弹轰炸汉口，引起江岸一带大火，从此他有"火鸟"的绰号。1945年1月，阿诺德认为第21轰炸机队司令汉西尔少将作战不力，引起舆论不满，愤而将汉西尔撤职，接着打出李梅这张王牌，让他担任司令，轰炸日本本土。

马歇尔明白阿诺德的意思是要使用燃烧弹，便想起罗斯福在雅尔塔会议上提出要对日本展开"无限制轰炸"，"以期彻底破坏日本及其军队"的决策，于是同意道："就这么干吧，战争不能太讲人道，况且日本在中国也使用过燃烧弹。"

李梅在关岛司令部里接到阿诺德的电令，立即与他的得力干将、第314轰炸机团指挥官托马斯·巴瓦准将制订轰炸计划。

3月9日下午，忐忑不安的巴瓦率领他的庞大机群从关岛基地起飞，呼啸着掠过碧波万顷的中太平洋海面，直扑东京。

4小时后，到东京了。美军海军陆战队在海洋和岛屿上拼死拼活3年多走过的艰苦历程，在空中走廊上只用了3个多小时。夜空缀满星斗。334架轰炸机中的3,000名空中勇士俯视着沉睡的东京，心中顿时产生一种居高临下的优越感。技术的进步推动了战争手段的发展，主宰技术的人也就主宰了战争！

此时，巴瓦似乎忘记了几小时前的胆怯，高声对各机下达命令："战斗准备！我机已进入相模川河口，高度1万，航速350英里，航向2点，注意敌机和地面炮火！"

正当美国飞行员庆幸日本人没有发现他们，准备鱼贯向下俯冲时，突然，地面上的探照灯猛然打开，道道光束刺破夜空，随之而来的就是从黑沉沉的大地上升起一团团桔黄色和红

↑日本天皇裕仁走在东京的街头。他身后是被美军轰炸后的废墟。

色的火球，开始很小，越变越大，而且越升越快，在飞机腹下爆炸后化作细小的火星。这是日本人凶猛的防空炮火。有几架美机被明亮耀眼的桔黄色炮火击中。

巴瓦见势，一边紧急呼叫其他先导机，一边操纵座机向下俯冲，后面跟着一架又一架超级空中堡垒。由于俯冲速度快、下降幅度大，巴瓦产生了一种失重感觉。

"航向针方位85度，高度4,500，我机已改平，投弹！"巴瓦率先抵达预定空域，向部下下达了命令。这道命令瞬间即给东京带来了惩罚的烈焰。

日本是一个多地震的国家。作为一个时时刻刻被地震困扰的民族，日本人的住宅和其他建筑物大多用既经济又实惠的竹、木、纸张等易燃材料建成。这些建筑物抗地震是合适的。谁能想得到世界上会有B－29型轰炸机和燃烧弹呢！

随着巴瓦将军的命令，数百架超级空中堡垒投下一串串燃烧弹，弹体在离地面100米爆炸，射出一根根2米长的燃烧棒。燃烧棒一接触物体就爆炸，粘胶似的火种向四处散去。霎时间，整个东京都烧着了。巴瓦看见一座巨大的东方都市，无数建筑物、道路、桥梁、庙宇、仓库都暴露在桔黄色的火焰光背影上。庞大的机群在地面火海的映照下，疯狂地俯冲、轰炸、爬升，此起彼伏，犹如脱缰的野马，那场面真是壮观至极。

绝望的日本人丢弃一切，拼命躲避着追逐他们的烈火，许多人连衣服都来不及穿，裸露着身体蜷缩在木制的防空洞里，呆呆地望着冲天大火。许多人吓得面无血色。

东京变成了火的地狱。麴町、神田、京桥、日本桥、芝、麻布、赤坂、小石川、本乡、下谷、浅草、本反、深川、世田谷、丰岛、荒川、泷野川、板桥、城东、向岛、足立、葛饰、江户川……美机领航员异常兴奋地把这些起火点标定在东京地图网络上。火海的中心在银座、本所和深川一带。城内41平方公里土地上的建筑物被焚烧得荡然无存，除了石像、水泥柱、墙、铁框架及少数电线杆外，东京已被烧为废墟。东京人发现，他们一生中熟悉的地方全消失了，甚至连河水也都蒸发干了。

巴瓦准将一边望着眼前这一切，一边向李梅报告："在将军的授意下，我已把东京从地图上抹去。我从来没有看到过如此惨烈的景象，日本人在火海中伸腿展拳，枉自挣扎，烧焦的人肉味直扑我的座机。"

李梅接到电报大喜，马上向阿诺德报告："我相信，惩罚之火已经动摇了那个罪恶的'神国'的根基！"

No.2 "富兰克林"九州沉没

马歇尔将军接到阿诺德送来的轰炸东京的战况，心中着实高兴，认为已达到预定目的。他立即向尼米兹发电通报这一战果，并催其抓紧时间完成攻克冲绳岛的作战准备。

在拟订进攻冲绳岛的作战计划时，尼米兹最在意的是美军在冲绳岛上建立机场之前，敌人的空中力量对登陆部队究竟有多大威胁。据情报人员报告，在东北方向，日军在九州有55个机场；在西南方向，日军在台湾有65个机场。在这两地之间，沿着包括冲绳岛在内的琉球群岛还有许多跑道。由于日本人除了菲律宾中部外已不在其他任何地方作战，而且驻菲律宾中部的日军同本土的联系和供应都已被切断，因此他们可能动用本土的3,000或4,000架飞机，动用可怕的"神风"自杀战术以抗击美军的进攻部队。因此，尼米兹决定在登陆冲绳前用舰载机轰炸九州机场，歼灭日机于场内。为此，他严令马克·米彻尔海军中将率领他的第58特混编队从加罗林群岛迅速北上，对九州进行压制性轰炸。

米彻尔接到命令，立即率领舰队从加罗林群岛的乌利西珊瑚礁停泊地拔锚起航。这支庞大的舰队在烟波浩渺的大洋组成了一个巨大钢铁花环，其中有："大黄蜂"号、"本宁顿"号、"企业"号、"富兰克林"号、"埃塞克斯"号、"邦克山"号、"汉科克"号、"约克城"号、"勇猛"号、"黄蜂"号航空母舰；"贝劳伍德"号、"圣哈辛托"号、"巴丹岛"号、"兰利"号、"独立"号、"卡伯特"号轻型航空母舰；"马萨诸塞"号、"印第安纳"号、"北卡罗来纳"号、"华盛顿"号、"南达科他"号、"威斯康辛"号、"新泽西"号、"密苏里"号战列舰;"阿拉斯加"号、"关岛"号巡洋舰以及其他16艘巡洋舰、64艘驱逐舰,还拥有1,200架作战飞机。可以说,这是整个太平洋舰队中的精锐之师。

18日凌晨,第58特混舰队驶入日本九州东南90海里的攻击阵位,米彻尔下令将机库内的F-4U型"海盗"式轰炸机提升到飞机甲板,同时让战斗机升空警戒。因为勇谋兼备的米彻尔知道,九州的面积远远超过任何一个美军在太平洋攻克的海岛。弹丸之地的硫磺岛经受了整整72天的狂轰滥炸还能顽强抗击,指望一次空袭就能把日本飞机从地面上消灭只能是幻想。他不能不防备日本人的反扑。日军的自杀式特攻战术,一直是令美军官兵发怵的。

果然不出米彻尔所料,当美军轰炸机飞临九州南部机场时,发现机场上仅有少数飞机。上午的轰炸仅摧毁了敌人的机库、燃料库和跑道。下午,美机深入内地,继续轰炸敌机场、军事设施和交通线,没有遭到抵抗。

米彻尔双眉紧锁,知道敌人已作了充分准备,突然袭击的优势已经丧失。但他不肯轻易罢手。他让舰队向东北方向行驶,决定袭击据报集结有大量战斗舰船的吴港,同时命令各舰加强空中警戒,注意敌机偷袭。

就在这时,日本海军联合舰队第5航空队的195架舰载轰炸机和自杀飞机凌空而至。米彻尔大惊,急令战斗机迎战。但是,他很快发现日机轰炸已不讲什么战术,一律是先投弹然后撞向军舰。美军"企业"号、"勇猛"号和"约克城"号军舰受到轻微损伤。日机很快便被美军战斗机击落在海底。这一天美军共炸毁和击落日机375架。

米彻尔长吁一口气,继续向东北方向开进。然而,幸运之神并不总是保佑美国人的。

3月19日清晨,朝霞灿烂。日军第5航空队司令官宇垣缠海军中将在南九州鹿儿岛海军航空兵训练基地送别自杀特攻队。据报,美军舰队已进入佐多岬东南100海里的洋面上,他要组织一次大规模的空中自杀攻击,阻止美国人向日本本土开进。

"方位75,距离1.5万米,敌航空母舰5艘,立即投入攻击!"宇垣缠这位曾担任过日本联合舰队司令官山本五十六大将参谋长的高级军官,两年前与山本在南太平洋的巴拉尔岛同遭美机袭击,结果山本被击毙,他侥幸坠海活了下来。指挥那次空中袭击的就是眼前这个米彻尔,宇垣对他恨之入骨,发誓要报仇雪恨。今天就是一个报仇的绝好机会。

宇垣下令后,只见一架自杀飞机呼啸升空,摇摇机翼,扑向波涛汹涌的海洋上的美军舰队,投入一去不复返的攻击。

7时10分,米彻尔刚把轰炸吴港的轰炸机送上空中,就听战斗警报急促响起,一架跟着一架的日机从云缝中钻出,不顾一切地向下俯冲,惊得美军官兵目瞪口呆——他们是为活着而战,而对手却是为死亡而战。

美军"黄蜂"号航空母舰规避不及,一架日机在怪叫声中钻进它的甲板爆炸,舰上顿时血肉横飞,烈焰腾腾。数分钟后,又一架日机撞中它的舷侧,军舰又发生大爆炸,烟火冲天,血流满船。两次爆炸炸死该舰101人,炸伤269人。

最惨的是"富兰克林"号航空母舰。

↑美军"富兰克林"号航母，战斗使它遭到了严重的损坏。

　　7时11分，"富兰克林"号在浪峰中耸动，旗杆上的海军少将旗在海风中飘扬。一架日机见是艘旗舰便拼命向下俯冲，机上的日本军徽清晰可见，甚至飞行员的脸也一清二楚。甲板上的美国水兵吓得丢掉手中的一切，慌忙跳向海里，日机飞行员望着美军官兵如此胆怯狼狈，轻蔑地冷冷一笑，将操纵杆一推到底，撞到了美舰上。一声震耳欲聋的大爆炸，引爆了甲板上舰载机携带的炸弹，一连串强烈的震动过后，"富兰克林"号已被烈火和浓烟笼罩，烟柱达600米高。站在"邦克山"号航空母舰上的米彻尔望着冲天烟柱，痛苦得说不出话来。

　　"富兰克林"号舰长莱斯·盖尔森上校率领官兵奋力救火，2小时后烟火熄灭，但甲板上一片狼藉。全舰3,000余名官兵死亡724人，伤265人。次日，这艘在这第二次世界大战中受伤最重的美军航空母舰在驱逐舰的拖曳下，以15节时速撤出了战场。

　　米彻尔见状下令返航。21日14时，又有50架日机从西北方向逼来。米彻尔闻报立即派出150架战斗机迎战。行动笨拙而又缺乏战术的日机这次成了美军F－6F"恶妇"式战斗机的空靶，不到一个小时，50架日机全部被击落，美军舰队安然无恙。米彻尔这才向尼米兹报告战况，并表示为未能达到预期目的而遗憾。

CHAPTER THREE

史无前例的

18.2万人

★庆良间岛以南的外地岛是列岛中地形较为平坦的岛屿。9时25分，美军步兵第306团第2营登陆队上岛，营长杰克·比尔中校以为会遇到敌人抵抗，上岛后却发现外岛已是一座空岛，岛上军民早就撤往冲绳岛了。

★特纳从布留家夫中校手里接过望远镜，远眺岛上的山川：那里是死一般的沉寂，弥漫在海边的炮火硝烟已被东北风吹散。在镜头的视界里，特纳看不到一个人、一门炮、一头牛、一只鸡，一切都在沉默，仿佛岛上的所有生命都消失了。

No.1 4月1日，进攻冲绳

尼米兹接到米彻尔的电报后不仅没有责怪这位老将，反而回电说："将军此次空战击毁击落日机528架，这一巨大战果会使敌人在4月6日之前无力大规模参加冲绳之战。我们的目的已经达到，我向您致敬！现在，您可率领舰队南下，直接支援冲绳作战。"

此时，尼米兹的注意力完全集中到了冲绳岛。他十分自信，因为他自己编成了美军作战史上最庞大的一支登陆部队来实施这次"冰山"作战。

"冰山"作战的战地最高指挥官是雷蒙特·斯普鲁恩斯。这位自太平洋战争爆发以来功勋卓著的"机器人"，不久前被破格晋升为四星海军上将。他非常相信运气与智慧，认为两者的结合就意味着胜利。自战争爆发以来，他没有离开过太平洋片刻，大海已成为他生活的一部分。他擅长指挥航空母舰作战，特混编队就是他为航母作战理论奉献的杰作。

在这次冲绳登陆作战中，斯普鲁恩斯动用了八九个特混舰队。它们是：米彻尔指挥的第58快速航空母舰特混舰队、英国皇家海军中将伯纳德·罗林斯指挥的第57航空母舰特混舰队，这两支特混舰队担负登陆部队的海空掩护任务；以凯里·特纳海军中将指挥的联合特遣军团组成第51特混舰队，担负登陆作战任务，下辖菲利浦·布朗海军少将指挥的第52登陆支援特混舰队、莫顿·戴约海军中将指挥的第54火力支援与掩护特混舰队、诺雷斯·利思莱海军少将指挥的第53北部突击特混舰队、约翰·霍尔海军少将指挥的第55南部突击特混舰队、西蒙斯·巴纳尔陆军中将指挥的第56特混舰队。第56特混舰队主要由第10集团军组成，担负登陆以及登陆后的地面作战任务，下辖约翰·霍奇陆军少将指挥的第24军，他的第7和第96师由第55特混舰队输送，将在冲绳岛南部登陆；罗伊·盖格海军少将指挥的海军陆战队第3军，他的陆战第1和第6师由第53特混舰队输送，将在冲绳岛北部登陆；陆战第2师为佯攻部队，步兵第77师担负在西部岛屿登陆任务，步兵第27师为登陆作战的预备队；弗雷德·恩雷斯陆军少将指挥的琉球群岛守备部队将担负登陆后设立的海军基地和海军航空兵机场的守备任务。此外，弗朗西斯·马尔克海军少将指挥的战术航空兵团担负登陆作战的空中支援任务。

这支登陆作战部队阵容空前强大，总计有40多艘航空母舰、22艘战列舰、320余艘巡洋舰和驱逐舰、1,457艘运输船、登陆艇、修理船、2,108架舰载机、45.2万名官兵(其中地面部队28.7万人)、10万吨弹药、123万吨燃料。仅拟定的作战文书就重达数吨。此外还有大量各类军需物资，仅香烟就有270万吨，需分发的信件达24,117,599件。当时随军的英国军事观察员认为："'冰山'作战是一次美军两栖兵力尚未承担过的最大胆、最复杂的军事行动。"按照作战计划，冲绳登陆日上陆的部队将比一年前欧洲大陆诺曼底登陆第一日上陆的兵力多7.5万人，达到18.2万人，真可谓史无前例！

斯普鲁恩斯坐在指挥舱内，饮着威士忌，看上去十分沉静，但心中却似翻江倒海。"冰山"计划原定于3月1日实施，但由于硫磺岛登陆不顺，同时由于用于菲律宾作战之地面部队和海军舰船没有及时转移到冲绳方向以及登陆目标区的空海权尚未完全夺取，使得冲绳登陆日一拖再拖。虽然，这些问题现在基本解决了，然而战场上随时可能发生意外事件，如果考虑不周即会使作战受阻。问题就在于这些偶然性因素并不是完全能预料到的。"一切还待运气！"斯普鲁恩斯又想起他恪守的成功之术："但愿上帝保佑美利坚早日结束这场战争！"

他准备同特纳再商量一下作战细节。4月1日，特纳的部队将开始进攻冲绳！

No.2 冥顽不灵的反抗

硫磺岛之战，美军付出了数万官兵的鲜血与生命，这一惨痛的代价深深地触动了特纳将军。在战争规律面前，任何人都不能自负。他总结了这一仗的教训后认为，在占领冲绳之前，必须建立一个隐蔽的锚地作为前进基地。于是，他把手中的利剑指向了庆良间列岛。

深蓝色的大海庄严而宁静，犹如一块柔和的丝绸向远方伸去，最终消失在一片淡蓝色的雾霭之中。透过雾气，远处隐约显现出庆良间列岛的轮廓。庆良间列岛位于冲绳岛西海岸约24公里处，共有10个小岛。庆良间锚地水域开阔、底质良好，水深36米至65米，能同时停泊75艘大型舰船。岛上多山，灌木遍地，海岸曲折，礁石林立。

特纳的计划很快得到斯普鲁恩斯的批准。斯普鲁恩斯命其在冲绳岛登陆前6天夺取庆良间列岛，建立支援冲绳岛登陆作战的水上飞机基地和舰队停泊场及后勤补给基地。

3月26日8时许，美军步兵第77师师长安东尼·布鲁斯少将率部拉开了攻占庆良间列岛的帷幕。

为减少登陆时的伤亡，特纳命令菲利浦·布朗指挥的第52特混舰队在3月24日和25日向庆良间列岛实施海空火力准备。命令下达后，美军舰炮齐鸣，两天内向岛上倾泻了125毫米炮弹27,226发，将目标区地面工事和建筑物全部摧毁。从航空母舰起飞的3,000余架次舰载机同时轰炸了庆良间列岛和冲绳西海岸的日军机场和阵地。

在实施海空火力准备的同时，美军的扫雷舰在舰载机和海军火力支援舰艇的掩护下，在目标区进行了扫雷作业。至25日终，扫雷舰队已在庆良间列岛的南部和西南部海域开辟了两个宽达11公里以上的海上接近通道。接着，美军水下爆破队又在各登陆海滩的接近通道上完成了水下爆破作业，将海岸一带的桩砦、铁丝网、浮游拉障等水中障碍物炸得一干二净。

两天来的努力没有白费。当布鲁斯指挥的5个登陆队搭乘水陆履带输送车在水陆坦克的引导和掩护下，分别在阿嘉岛、庆良间岛、外地岛、屋嘉比岛和座间味岛突击抢滩上陆时，日军没有进行有组织的抵抗。8时4分，在阿嘉岛登陆的步兵第305团第3营登陆队刚上岸就看见200余名日本海军士兵和朝鲜劳工纷纷跳出残破的工事向后狂奔，逃入洞穴和坑道。跟踪而至的美军在洞口听见里面还有妇女的抽泣声和婴儿的啼叫声，便喊话让他们投降，但听到的是一片沉寂。陆军少校乔治·多姆唤来随军日语翻译，继续劝降，却听洞内传来一阵乱叫声。翻译告诉多姆，里面的男人好像在大声对女人说："美国大兵性情残暴，黄发绿目，犹如魔鬼，捉住小孩就生吞活剥，逮住女人就轮奸糟踏，为了保持帝国女人的贞节，从速自尽吧。"话音刚落，只听里面传来几声凄厉的惨叫，紧接着又是一片沉静。多姆挥挥手，率领士兵冲了进去。只见地上横七竖八躺着一片尸体，12名女尸和4名童尸的颈上都缠着绳子，显然是被勒死的，而那些男尸则一个个肚破肠流。多姆感到一阵恶心，抽身退出山洞，大口吸了吸洞外清新的空气，然后率部追剿其他残敌。

步兵第306团第1营登陆队于8时25分在庆良间岛上陆，未遇任何抵抗。营长万斯·斯塔德利陆军中校正暗自庆幸，突然接到布鲁斯的电报，说该岛是日军自杀艇的老巢，让他立即严密搜索全岛。斯塔德利立即行动，果然在岛上伪装的棚厂和山洞中搜出250余艘"震洋"式自杀艇。这种艇长6米，装载两个113公斤的深水炸弹，由一人操纵。据被俘的日军军官供认，他们企图在美军登陆冲绳时，利用夜幕以30节速度冲向敌舰，实施自杀攻击。斯塔德利听后真是出了一身冷汗。第306团第1营登上该岛后，美军野战炮兵第304和第305营也搭乘两栖汽车上岸，准备于次日支援登陆步兵夺取渡嘉敷岛。

座间味岛是庆良间列岛中较大的一个岛屿。9时整，美军步兵第305团第1营登陆队抢滩上岸，遭到残余日军抵抗，伤亡数人。亨利·克林顿中校见状命两栖坦克向前冲杀，摧毁敌火力点，稳住滩头阵地，然后向岛纵深发展进攻。日军见敌来势凶猛，狼狈钻入洞内。美军如同挖老鼠般沿一个一个洞清剿，直到28日才肃清散股日军。岛上军民大部分自杀。

庆良间岛以南的外地岛是列岛中地形较为平坦的岛屿。9时25分，美军步兵第306团第2营登陆队上岛，营长杰克·比尔中校以为会遇到敌人抵抗，上岛后却发现外地岛已是一座空岛，岛上军民早就撤往冲绳岛了。

13时41分，美军步兵第307团第2营登陆队在海上耽搁半日后，也在屋嘉比岛登陆，消灭残余敌人后占领了该岛。

布鲁斯见5个营顺利登陆，遂命令第307团第2营G连、第305团第1营B连于次日晨分别从屋嘉比岛、座间味岛出发，占领古场岛和安室岛。

3月27日9时11分，步兵第306团的第1和第2营又按照布鲁斯的命令，在庆良间岛炮兵火力的支援下，从庆良间列岛最大的岛屿渡嘉敷岛西海岸阿波连突出部的两个海滩突击登陆，未遇敌人有效抵抗。上陆后，这两个营的登陆队并肩向北发展进攻。稍后，作为步兵第306团预备队的第3营登陆队随第1梯队之后从南部海滩上陆，肃清该岛南半部的残敌。经过3昼夜的战斗，美军于29日完全占领了渡嘉敷岛。至此，第77师已全部占领庆良间列岛。

在这4天的战斗中，美军共进行了15次登陆战斗，其中包括10次由舰到岸的登陆战斗和5次由岸到岸的登陆战斗。美军阵亡31人，负伤81人；日军战死530人，被俘121人。

特纳接到布鲁斯占领庆良间列岛的报告，十分高兴，迅速派工兵在那里建立起庞大的停泊场，搭设了浮桥码头。到3月31日，已有35艘美军舰船在庆良间锚地抛锚停泊，这表明庆良间列岛登陆作战的目的完全实现了。这一前进基地的建立，使参加冲绳战役的美军舰船得以补给、修理和整顿，从而对冲绳之战起了重要的作用。

No.3 特纳，"开始登陆"

美军后来作战的事实证明，夺取庆良间列岛对保障冲绳战役的胜利起了巨大的作用。此时，特纳的目光投向了这次使命的终点——冲绳岛。

他的目光紧盯着台历上的那几行数据，全神贯注地体会着即将到来的这个伟大的时刻。

他知道自己的军旅生涯已进入倒计时阶段。战争已打到了日本人的家门口，很快就要结束了，冲绳登陆很可能是这场波澜壮阔的太平洋战争的最后一战。在这最后一战中，留给他施展指挥艺术天才的时间也非常短暂，因为一经登陆，战斗将由第10集团军巴克纳尔将军指挥。所以，特纳要抓紧每分每秒打好这一仗，为自己数十年的军旅生涯画上一个圆满的句号。

"将军，登陆前的炮火准备已经结束！"作战参谋安东·布留索夫中校推开门，轻声提醒道。

此时，庞大的舰队已接近冲绳海岸，天有些阴，冲绳岛被重重的云层所覆盖，偶尔才露出一片蓝色的天空。大海在静静地流淌着。

特纳从布留索夫中校手里接过望远镜，远眺岛上的山川：那里是死一般的沉寂，弥漫在海边的炮火硝烟已被东北风吹散。在镜头的视界里，特纳看不到一个人、一门炮、一头牛、一只鸡，一切都在沉默，仿佛岛上的所有生命都消失了。

布留索夫在另一架望远镜中也看到了此番景象。"莫不是我们的炮火准备取得了难以置信的效果？"他在一旁自语道。

特纳摇摇头，日军的沉默并不是一件好事，经验说明，越是寂静的岛屿越可怕。日本人很可能藏在坚固的工事内，等待着他们上岛，然后用钢铁和烈火款待他们。

但是，特纳却十分自信。他放下望远镜，收回目光，脸上露出不易察觉的冷笑。他仿佛是高明的棋手，在对方落下一子后，就看透了对方的意图，准备应招了。他手中有足够的兵力和火力，几十万远征军和上万门大炮，足以把敌人消灭殆尽，日本人再顽强，他也能奉陪得起。

"直接炮火准备的数据怎样？"特纳转而问道。

布留索夫回答得如数家珍："5时30分，即拂晓前20分开始直接舰炮火力准备，在10公里的登陆正面上，集中了10艘战列舰、9艘巡洋舰、23艘驱逐舰，还有127毫米以上口径炮630门，平均每公里登陆正面63门，连同177艘火力支援炮艇共发射炮弹10万余发……"他见特纳似乎漫不经心地听着，又强调一句道："此次炮火准备为我军在太平洋地区所实施的所有登陆作战中火力密度最大的一次！"

"现在几时？"特纳好像并没有注意布留索夫的话，问道。

"7时50分。"布留索夫回答，"按预定作战计划，10分钟后，各突击艇波将通过出发线，以每小时4海里的航速向各登陆海滩实施由舰到岸运动。第1艇波由水陆坦克编成，后续各艇波由水陆履带输送车编成。出发线距登陆海滩为3.6公里，由舰到岸运动以炮艇为先导。各炮艇在开进中将以火箭炮、迫击炮和40毫米加农炮对岸上目标实施有计划的射击，要

↑ 特纳正在船上指挥着战斗。

求在各登陆海滩13米的纵深内构成每84平方米落弹25发的密度。炮艇在驶抵海滩外的暗礁区后即停止前进，届时它们转移至航道的两侧，用火力支援水陆坦克和水陆两栖履带输送车向海滩突击。在登陆部队突击上陆之前，两批各由64架舰载机编成的机群，将对各登陆海滩实施密集轰炸，并在舰炮火力延伸后，用机枪扫射海滩直到后方的地域。"

布留索夫一口气报告完，口齿清晰，完整正确，毫无遗漏，显示出他是一个称职的作战参谋。特纳满意地点点头又问道："气温多少？"

"摄氏15度。"布留索夫回答。

"太好了，天遂人意。这个气温对于在丛林中作战的勇士们再合适不过了。准备按原计划登陆。"特纳兴奋地下达命令。

8时30分，美军炮艇的射击开始延伸。此时，云层合缝，蔽住阳光，凉风习习，海浪不兴。

特纳抬腕看看表，回身对布留索夫下达命令："现在开始登陆！"

第4章
CHAPTER FOUR
顺利的登陆

★奥勃莱思回身向比谢河入海口望去。那里有两块巨大的石灰岩山丘，上面布满蜂巢般的工事。他听说诺曼底登陆战中奥马哈滩头也有一个类似的悬崖工事，它曾把一整团的美军打得粉身碎骨。然而，在东方的冲绳滩头却没见守军设防，工事筑得好好的却被放弃了。

★天皇颇感为难，派他的亲信、内大臣木户孝一征询军方意见，谋略成立一个"战争指导内阁"。他对参谋总长、陆军大臣、海军军令部长、海军大臣说："这个内阁的首相当然应是一位军人，不但要能控制国务，还要能控制最高统帅部。"

No.1 没有抵抗的战争

按登陆作战计划，从残波岬到牧港之间6英里的海岸上，以比谢河为作战分界线，美军两个军将平行登陆，比谢河以北划给罗伊·盖格海军少将指挥的海军陆战队第3军登陆；比谢河以南划给约翰·霍奇少将指挥的陆军第24军登陆。从北到南的滩头标为：红滩、绿滩、蓝滩、黄滩、紫滩、橙滩、白滩和棕滩，共有4个师的兵力从这8个滩头登上冲绳岛。

美军结结实实地踏上了冲绳海滩。到处是被美军炮火摧毁的断壁残垣。莱顿在布满深浅不一弹坑的沙滩上走了几步，小心地派工兵去将一些陡壁炸开缺口，扩宽通路。接着，他们跟在捆着浮桶的谢尔曼坦克后面，踩着松软的沙滩，爬上被舰炮轰塌的石砌防波堤，向内陆冲去。

日军犹如地遁一样，没有任何人出来反击，阵地上也很少见到他们的尸首，甚至海岸上也没有埋设地雷场和障碍物。

难道这就是号称固若金汤的冲绳？美军少校莱顿与其他身经百战的美军官兵一样，实在有些不可理解。

美军官兵越过防波堤，踏过堤后齐腰深的大麦，很快向纵深挺进了400米，在一座巨大的马蹄形坟墓附近停了下来。坟墓用条石砌成，缺口朝西，面向中国大陆，显然墓主是中国移民的后裔，至死不忘祖先的出生地。

莱顿十分庆幸登陆的顺利，没有遇到守军的抵抗，他有些遗憾，觉得仗打得不够刺激。他长吁一口气，让士兵就地待命。登陆前思想处于高度紧张的美军士兵，心情一放松，竟注意起大自然的景色。这时，天气由阴转为多云，杏黄色的太阳穿过云层映照着亚热带地域的草原、沼泽、椰树以及被苍翠欲滴的绿色所包围的土地。多么美丽的岛屿啊！士兵们呼吸着潮湿清新的空气，竟然忘记了战争。

这时，一辆吉普车颠簸开来，停在马蹄墓旁，一位胖胖的上校推开车门走下来。

"报告上校先生，第15陆战连连长莱顿等待您的指示！"莱顿见来者是团长奥勃莱恩，遂快步向前请示。

贝克·奥勃莱恩点点头，朝附近走去，没有说话。莱顿与团部的一些参谋们跟在后面。

纵深的大部分抗登陆工事依旧完好，有的支撑点是塔拉瓦型的半地下火力点，还有一些是德国式防御工事。

奥勃莱恩回身向比谢河入海口望去。那里有两块巨大的石灰岩山丘，上面布满蜂巢般的工事。他听说诺曼底登陆战中奥马哈滩头也有一个类似的悬崖工事，它曾把一整团的美军打得粉身碎骨。然而，在东方的冲绳滩头却没见守军设防，工事筑得好好的却被放弃了。

"真是他妈的怪事！"奥勃莱恩咕哝着骂了一句，转身对随行的参谋说道："把团部设在那个坟墓旁，准备夺占读谷机场！"

莱顿在后面报告道："读谷机场就在阁下正前偏左一点方向。"

奥勃莱恩拿起挂在胸前的望远镜，向莱顿指示的方向望去，果然看见了读谷机场。机场上有4条跑道，主跑道上停着许多破飞机，塔台和其他地面设施似乎都完好无损，他情不自禁地说道："这是一个真正的机场！"

"不惜一切代价立即占领那个机场！"他命令道。

莱顿听后，挺胸敬礼说道："是，阁下！我立即执行您的命令，向机场进攻！"

奥勃莱恩的指挥车开到读谷机场300米处，他下车登上一块高地。这时，他的部下已向读谷机场发起冲锋，打到了机场外围。冲在最前面的莱顿发现机场静悄悄的，日本人如同躲在云雾之中不见丝毫动静。他大为惊异，难道这么重要的战略目标会轻易拱手送给对方吗？日本人难道不知道，一旦美军陆基飞机使用了读谷机场，冲绳海域的制空权必属美军无疑了吗？

莱顿不敢再贸然前进，因为太容易到手的东西往往孕育着危险：他担心日本人设下欲擒故纵的圈套。

但是很快，莱顿报告："我们已于15时占领了读谷机场，破坏轻微。未遇敌人抵抗，根本找不到敌人，只抓来附近的一些村民。"

奥勃莱恩见一群惊慌失措、战战兢兢的日本百姓在美军的押送下走了过来，便带着翻译上前讯问日军的去向。无奈这些老弱妇幼什么都不知道，一老者说，昨天还看见他们的军队在机场挖工事，今天早上就看不见人影了。奥勃莱恩有些丧气，挥挥手让士兵把他们带了下去。

No.2 长驱直入

海岛的夜深了，却不静谧。

登陆当天如入无人之境的美军官兵安营扎寨，进入夜间防御工事。他们担心日军会发动夜袭。各登陆滩头阵地如同狂欢节般热闹，青白色的泛光灯、探照灯灯光把海滩照得雪亮。临时架起的高音喇叭在反复播音："明日有大浪涌，赶快卸货，天亮前各运输船撤到海岸外！"声音刺耳而急促。夜空下，运输兵蚂蚁般地忙碌着，他们熟练地使用各种起重机，把炮弹和子弹箱、酒箱、食品箱、药品、帐篷和毛毯、汽油桶、车辆等各类作战急需物资，从军火轮和运输舰上吊到小艇上。小艇开上海滩卸物资，顿时把滩头弄得杂乱无章，堵塞了道路。在此情况下只得用推土机开路，一些卸下的物资很快在履带下成了废品。但是，时间就是一切，这些损失相比之下也就不算什么了。

作战部队的宿营地虽没有滩头那般热闹，却也不安静，官兵们三五成群地聚在一起，议论着白天的"不可阻挡的"登陆势头。

喧闹而困惑的一夜过去了，美军迎来了4月2日的黎明。

7时30分，美第10集团军各部队在统一号令下，向冲绳岛纵深全线推进。天气晴朗，日军仍无反击。

↑ 在向冲绳南面方向进攻中，美军遭到了日军的激烈抵抗。

第10集团军的右翼陆军第24步兵第7师第17团于14时占领了东海岸上瞰制中城湾之各高地。冲绳岛的形状，其北部像英文字母"T"，其南部像英文字母"W"。"T"的顶端是本部半岛，"W"的两个缺口是金武湾和中城湾。"T"和"W"的连接处是石川地峡。第17团占领了中城湾，等于将冲绳岛一切两半。步兵第7师第32团的坦克群击毁日军在胡屋南部的各据点后，与第17团并肩向东海岸推进。第24军步兵第96师的进攻地段凹凸不平，丘陵、废弃的洞窟阵地、散兵壕、地雷场、反坦克壕密布，因而进攻开始时进展缓慢。但是，后来该师突破了桃原地区日军的阵地后，进攻速度加快，第1梯队两个团于当日日终时前出到伊佐北侧一公里普天间、喜舍场和鸟袋一线。

第10集团军左翼的海军陆战第3军第6师第22团开始扫荡渡具知西北半岛残波岬。特纳将军准备在此配置他的雷达部队并以此地作为登陆作业中心。10时25分，该团第1营占领了这片海岸地区。该师第4团穿过起伏不平的地形向前进攻，途中遭到小股日军抵抗，加上地形不利，故而进展较慢，日终前只推进了1公里多。该军第1师的两个团兵分两路，齐头并进，但因补给上不去，进展亦十分缓慢。

与此同时，美军第6工兵团在读谷机场展开作业，修复跑道及通路。15时，第1架美军飞机——海军陆战队第6观测大队的观测机安全抵达该机场。

至4月2日日终时，第10集团军各师前线指挥所均从舰上移至陆地，美军占领了海岸附近各高地，日军已无法监视美军，解除了对美军登陆作业的陆上威胁。

但是，美军仍未同日军的正规部队接触，他们只是俘获了大批日本平民。这些平民惊恐交加，蜂拥越过陆军和海军陆战队的战线，在接受盘讯和检查之后，被送到美军后方集结所。美军情报人员虽然细致盘问了他们，却得不到有用的情报，日本平民只是笼统地说他们的军队都向冲绳岛南部转移了。

4月3日，第10集团军的两翼开始向冲绳岛南北两个方向攻击前进。约翰·霍奇少将的第24军留下步兵第17团巩固现有阵地，集中主力向冲绳岛南部发起进攻。该军第32团沿中城湾南下，在久场与日军正规部队遭遇，双方进行了登陆以后的首次大战。美军凭借火力优势，在坦克群的支援下，奋战半日，终于占领该阵地，歼灭日军385名官兵。该军第96师在向165高地进攻时也遇到敌人顽强抵抗，虽血战数小时，却未能攻克，只得向右迂回，于日终前占领了喜舍场、安谷屋、普天间和伊佐等地。

同日，海军陆战第3军在罗伊·盖格海军少将的指挥下向东北方向发起进攻。该军第1师的先头部队在克服了日军的微弱抵抗之后，于16时占领了具志川。该师的侦察连已前出至喀清半岛。该军第6师费尽千辛万苦，突破无数凹凸不平的洞窟地域，向前推进了3～7公里。日落时，该师左翼已前出至石川地峡。整个战斗进程比预定计划提前了12天。

巴克纳尔闻知后大为高兴，决定修改原定作战方案，命令盖格继续向北进攻，占领冲绳本部半岛。

盖格接电后有些踌躇，因为原计划冲绳陆上作战分两期完成，第1期作战是先占领冲绳南部地域，第2期作战才是占领本部牛岛和冲绳北部地域。巴克纳尔的命令显然是企图在第1期作战刚开始就提前实施第2期作战。

巴克纳尔果断地告诉盖格："人是计划的制订者，而不是计划的奴隶，懂吗？我的将军。"

盖格只得服从命令，指挥他的部队在4日大胆向前推进。至是日终时，陆战第6师已完全占领了仲泊和石川市，切断了石川地峡；陆战第1师也前出至东恩纳、安庆名一线。此后，盖格继续进攻，10天内前进40公里，到达了本部半岛的先端。4月13日，陆战第6师第22团占领了冲绳东北部的边土岬。

顺利的陆战使美军官兵暗自庆幸，他们谁也没有意识到，一场激烈的海空大战正悄悄来临。

No.3 被孤立的东条英机

美军在冲绳登陆的消息很快传到了日本国内，朝野一片震惊。尽管是早已预料之事，但日本人仍惊恐万状。冲绳距日本本土太近了，冲绳失陷则本土难保，所以日本军政要员纷纷要求即使战斗到最后一个人，也要守住冲绳。首相小矶国昭气势汹汹地在国会上叫嚣："必须把美军从冲绳赶出去，然后再收复塞班岛和其他据点。"

可是，日本陆军却不买他的账，参谋总长梅津美治郎大将对冲绳岛最高指挥官牛岛的"诱敌上岸，持久作战"方针，虽不同意，但也无可奈何。他对小矶私下暗示陆军无能极为不满，因此借口冲绳作战方针已制订好，怎么打完全依靠牛岛，他不便过多插手，以此搪塞小矶。

但是，日本人却把冲绳战事不利归罪于内阁身上，掀起了一个倒阁运动。小矶起初还竭力谋求挽救他的内阁，虽八方解释，却无济于事，一气之下，他于4月5日正式向天皇提出辞职。

天皇颇感为难，派他的亲信、内大臣木户孝一征询军方意见，谋略成立一个"战争指导内阁"。他对参谋总长、陆军大臣、海军军令部长、海军大臣说："这个内阁的首相当然应是一位军人，不但要能控制国务，还要能控制最高统帅部。"

然而，陆军对成立这样一个内阁反应冷淡。梅津叹道："冲绳的战况很糟，帝国军人即使打到最后一个人，也难阻挡住敌人。尽管如此，也必须准备打到底。"

陆军大臣杉山元也悲观地说："冲绳不守已成定局，帝国的安危不能系于此岛，倘若斯大林打败德国后能向同盟国建议与日讲和，帝国还有一线希望。"

军令部长及川古志郎海军大将说得更是直截了当："无论成立怎样的内阁，都不能把希望寄托在冲绳，我不相信冲绳一战如果打胜就能结束战争的神话！"

木户听后神色黯然。这三个人的意见表明，统帅部私下已认识到战争是打不赢的。虽然海军大臣米内光政海军大将没有发言，但木户知道米内主张立即与美和平谈判，以结束战争。

这时，米内清清喉咙说道："我想木户阁下的意见是对的，根据您的意见，我看铃木贯太郎海军大将出任新首相再好不过了。"

木户一听，更加清楚米内的心思，他知道曾担任过天皇侍卫长的铃木是军方的"温和派"，虽年逾八旬，却力主和谈。木户见4位军方巨头对继续战争已无信心，也只得默认，遂将军方意见呈报给天皇。

天皇见状，立即召集群臣商议新首相人选。众臣进入皇宫，却看见前首相、主战派首领东条英机大将也出席这次会议，心中不觉一惊，知道会上会有一番舌战，因为东条反对任何主和派人选。

果然，会议一开始，东条就率先发难道："小矶的辞呈声言，无论是国务还是统帅机构都需要改正，这是什么意见？"

"小矶首相没有加以专门说明。"木户回答说。

"我认为，战争期间政府更迭频繁不好，"东条以挑战的口吻说，"下届内阁必须是最后一届！目前，国内有两股思潮，一派人认为为了确保国家的未来必须打到底，另一派则想迅速实现和平，即使无条件投降也在所不惜。我认为我们必须先解决这一问题。"

"下一届内阁必须考虑各种各样的问题。"海军大将冈田启介是铃木的好友，他曾在1936年发生的"二·二六"政变中死里逃生。他反对说："这是一届肩负日本命运的内阁，它将集结国家的全部力量，和战问题不能在这里决定。"

室内一时陷入沉默，气氛紧张。这时，前内务大臣平沼骐一郎出来打圆场道："战争一定要打到底，但今天应该先讨论新首相的人选。"

枢密院议长铃木贯太郎提议让前首相近卫文麿出山，再次组阁。但是，近卫却力辞，他说："我曾先后历任3届内阁首相，在任期间错误颇多，辜负了天皇陛下与帝国臣民的期望，不便再次组阁。"

平沼道："近卫君所言不无道理。我提议铃木议长组阁，不知可否？"

"我同意！"近卫附和道。

但是，铃木却不同意，他说："我记得我曾向冈田君说过，如果军人掌政，必定会把国家引向灭亡。罗马的覆亡、德皇威廉二世的下野和俄国罗曼诺夫王朝的命运都证明了这一点。鉴于这个原则，我不能接受这个荣誉。另外，我的听觉也不好。"

"但是帝国君臣信任您的正直和忠诚。"平沼仍请求他重新考虑。

这时，东条又起身发言。虽然他认为铃木是个优秀的军人，又是个虔诚的道教徒，没有野心，但是早已退役，不符合他所持军人应过问政治的观点，所以反对道："敌人登陆冲绳乃进攻本土之先声，因此保卫帝国本土之准备工作已迫在眉睫。政府和统帅部必须融为一体，首相必须由现役军人出任才行，我提议畑俊六元帅出任首相。"

天皇垂询道："广田弘毅，你有何见解？"

前外交大臣广田为人圆滑，不愿得罪好友东条，遂奏答："还需大家从长计议。"

天皇有些不快，转而问冈田道："请你发表意见。"

冈田除了铃木以外，不想提别人，于是说："我不知道还有什么合适人选，所以没什么好说的。"

这时木户发言道："如东条君所说，帝国本土不久将成为战场，新内阁必须得到全国的信任，我个人意见，希望铃木阁下出马。"他转脸对东条说："我们必须以更广阔的视野来看待时局。"

东条闻言大怒说："那恐怕会使陆军不服，如果是这样，新内阁就会垮台！"

木户被这句话激火了，他问道："陆军不服是严重的，那么阁下是否也这样想呢？"

"我不能否认这一点。"东条寸步不让。

东条的高压态度惹火了冈田，他愤怒地大声责问："在这样一个危急关头，一个当过首相的人怎敢说陆军会不服呢！"

会场气氛极为严肃，东条孤立了，他亦知话说得过了头，遂改口说道："对不起，我收回刚才的话。我的意思是说，陆军不会同意这样的人选。"

这时，天皇起身道："诸君莫再争执，我命令铃木先生组阁。"说罢，他面向铃木道："在此紧要关头，除你以外，没有人能担当此任，大胆干吧。"

铃木只得应允组阁。天皇又说："冲绳战事堪忧，望诸位竭尽全力，务使战火止于冲绳。"

铃木奏道："我将即刻与陆军海军商议此事，请陛下放心。"

第5章
CHAPTER FIVE

最后的挣扎

★田边带领着这一群急不可待的"神风"勇士加足马力，在舰员们雷鸣般的欢呼中沿着飞行甲板升空而起。在甲板上，舰员们狂热地挥动着帽子和手臂，大西率众军官站在舰桥上，向"神风"特攻队行军礼送行。

★由于"神风"特攻队员只经过几天的培训，所以根本不懂空中作战的战术。他们也不需要懂什么战术，只要能撞上美舰就行。在美舰绵密的空中火力打击下，日机损失惨重，百余架被击落坠海。

No.1 神风勇士

海军少尉青木保宪是东京人，今年才22岁。青年都有青春的梦，但是战争却使这个梦破灭了。

大学毕业后，青木随应征入伍学生离开了学校，进入海军服役。因为他是大学生，不久就被送去学飞行。毕业后，又被调到四国岛上的高知海军航空兵学校任航空教官。他很喜欢这个专业岗位，因为在这里可以为国家培养许多优秀飞行员，这比直接到战场上拼杀起的作用更大。因此，他认真备课、认真授课，遇有反应较慢的学生，更是讲解详细。他知道，一名飞行员必须具有足够的理论知识和实践经验，否则，一旦在天上出事则悔之晚矣。他认为理论知识和实践经验的取得与时间成正比。

可是，他万万想不到，他的这个观点竟被田边川一给否定了。

1945年3月的一天，青木刚下课走出教室便听到有人叫他，回头一看，原来是自己的航空教官田边川一海军少佐，他十分高兴，上前敬礼，然后问道："老师，您怎么到这儿来了，您现在不是在第1航空母舰任职吗？"

田边听后神秘地笑了笑说道："离开航校后，我就到第1航空母舰舰队司令部任航空参谋，今日返校是执行一项特别任务。"

"哦，有什么事情需要学生帮忙吗？"青木问道。

"这里说话不方便，我们进房里再说。"青木听后，赶紧把老师领进自己的宿舍，让茶看座，说道："有什么事，请老师尽管吩咐。"

田边叹道："青木，帝国已进入最危险之时刻，战争已打到我们国家的门口，倘若敌人占领本土，大和民族则将从人类数千年之文明史中消失。为了救国家于危难，拯民众于水火，大西司令官让我回来招募'神风'勇士，对敌人实施特攻，有些事情尚要请你帮助。"

"神风勇士？"青木有些奇怪。他知道特攻就是自杀性攻击，这个名词在近一年中屡见于报端，但为什么叫"神风勇士"？与我有什么关系？我又能帮什么忙呢？他暗自猜想着。

田边似乎看出他的心思，慢慢解释道："除这次大东亚圣战外，唯一对日本本土构成严重威胁的战争发生在几百年前。13世纪末，中国皇帝忽必烈曾两次率蒙古舰队攻打帝国本州岛。但是，途中天公震怒，海上刮起"神风"，将中国舰队掀入海底。大西将军给特攻队取名'神风'，就是希望他们能救帝国于水火。目前，敌兵强大，越岛作战，直逼本土。美军登陆完全依赖于其强大的海空部队，而帝国海军自莱特大海战后，已无力再以正常作战方法与敌夺取制海权。有鉴于此，大西将军决定成立'神风'特攻队，召募志愿者，略加训练，即驾机升空，以血肉之躯，一机换一舰，夺回制海权。"

青木明白了"神风"的含义，但他仍对训练特攻飞行员的时间之短感到惊讶："老师，您是专家，您说几个月的训练能培养出一个飞行员吗？"

"不，不是几个月，而是用一周的时间，就要让那些从未摸过飞机的勇士们驾机上天！"田边纠正道。

"什么，一周时间，这不是在开玩笑吧？"青木简直有些不相信自己的耳朵，以为他听错了。

"对，一周的时间！"田边冷冷地回答："你应该明白，他们是'神风'勇士，而不是飞行员。对他们的要求很简单，能上天就行，他们将一去不返！"他站起身告诉青木："人员我已召齐带来了，明日你就训练他们，7天后，我来领人！"

说罢，田边推门走了，青木呆呆地望着昔日教官的背影，说不出一句话来。战争怎么会打到这个地步，要用血肉去撞击钢铁？

No.2 一机换一舰

7天后，田边把青木在高知航校培训的数百名"神风"志愿者领走了。临行前，他放假3天，让志愿者尽情玩乐，无论赌资饭费，均由舰队支付。几日纵情声色之后，田边领着似乎再无遗憾的志愿者，飞赴舰队台湾基地，向大西司令官复命。

大西泷治郎是日本海军航空母舰作战的专家，精于海军航空兵作战，曾直接参加过偷袭珍珠港的策划过程。此人为人冷漠，处世精明，作战凶狠。当他意识到战争已无胜利希望时，竟想起大规模实施"神风"特攻作战。他见田边领来大批"神风"勇士，十分高兴，起身去检阅他们。

他见队伍中有许多十几岁的少年，心中有些怅然，暗叹道："倘若没有战争，他们还在读书哩！"

但是，大西并没把这种情绪表现出来。他走到这些少年中间问道，"怕死吗？"

"一机换一舰，英名传千秋！"少年勇士们齐声回答。

大西脸上露出一丝难得的笑容，赞扬道："我为天皇陛下有你等热血臣民而高兴，望勇士们时刻准备，为天皇尽忠。"说完，他命令军需官提高特攻队队员的伙食标准。

4月6日，日本统帅部发来指令，立即实施"菊水"特攻，沉重打击在冲绳登陆的美军舰队。

"菊水"乃是"水上菊花"的缩略语，这个名字怎么会同残忍恐怖的自杀性攻击联在一起呢？原来在14世纪时，日本有一个著名武士，名叫楠木正成，人称"水上菊花"。在一次众寡悬殊的战斗中，楠木不畏死亡，立誓"以身报国"，最后与敌同归于尽，从而成为日本武士的精神象征。此次日军统帅部就是借用其意，将冲绳之战航空兵的敢死攻击，定名为"菊水"特攻。

大西接到"菊水"特攻命令，立即集合了全体"神风"敢死队队员。只见他们神色庄重，目光扫视着额上缠着白绸巾的"神风"勇士，大声说道："勇士们，敌兵压境，帝国危在旦夕，现在决定日本命运的不是那些陆军，更不是那群酒囊饭袋的文官，而是你们，帝国的空中骄子！你们的血肉之躯定会使你们名留青史的。去吧，勇士们！愿天照大神保佑你们实现你们的誓言，一机换一舰，英名传千秋！"

"一机换一舰，英名传千秋！"田边率首批"神风"特攻队员齐声呼喊，向天皇像鞠躬告别。

大西依次到每名"神风"勇士面前，为他们整理军容，握手致敬，直到最后一个人。

这时，塔台上升起准备起飞的信号。田边率队员迅速奔向机舱，机械师早已把机上备用降落伞撤掉，绑上了1,000公斤的炸弹。舰上飞行指挥所开始下达一连串口令：

"飞行员就位！"

"发动引擎！"

"舰长，顶风航行，增加速度，相对速度14米。"

飞机的引擎起动了，劣质的燃油使飞机的引擎发出了阵阵刺耳的劈啪声，形成一片震耳欲聋的噪音。

"各机准备完毕！"一个传令兵报告。

"开始起飞！"指挥所下达了起飞命令。飞行长摇晃着绿色信号旗，在空中画了一个大圆圈。

田边带领着这一群急不可待的"神风"勇士加足马力，在舰员们雷鸣般的欢呼中沿着飞行甲板升空而起。在甲板上，舰员们狂热地挥动着帽子和手臂，大西率众军官站在舰桥上，向"神风"特攻队行军礼送行。

田边率领他的队员在空中编好队，绕军舰飞了3圈，行最后一个军礼，然后向冲绳岛方向飞去。

美军早已预料到日军必将倾其海空力量来破坏冲绳岛登陆行动，因此采取一系列预防措施，其中就包括使用16艘驱逐舰在冲绳岛四周构成环形雷达警戒线，专门监视低空侵入的日机。

4月6日15时，正在冲绳岛北部海面执行预警任务的驱逐舰"布希"号和"科尔杭"号，突然发现50架日机从低空扑来，立即拉响战斗警报并开炮射击，将两架日机击成碎片。但是，有一架特攻飞机根本无视空中飞舞的炮弹，迎着串串火舌，急剧从空中俯冲下来，一头撞在"布希"号甲板上，炸毁前部轮机舱，舰上官兵死伤狼藉，舰体严重倾斜。几分钟后，军舰大量进水，瘫在海面上。

"布希"号舰长乔治中校见状正欲呼叫"科尔杭"号救援，忽见又有15架日机俯冲而至，猛然醒悟这是群自杀飞机，慌忙下令众官兵弃舰逃生。

"科尔杭"号舰长亨利上校也意识到遇上了自杀飞机，急令规避，但在躲过前3架日机后，终被第4架日军特攻飞机撞中主甲板，舰上后锅

↑ "神风特攻队"队员，马上就要登上战斗机去进行他们人生中最后一次战斗

炉舱被炸毁，舰速减慢。接着，又有两架日机相继撞到"科尔杭"号上，炸断龙骨，炸裂舰舷，致使海水涌入，舰体严重倾斜。

乔治率众官兵刚刚弃舰，就见一架日机发疯似地撞了上来，几乎将舰体炸成两截。接着，一场更大的灾难降临了。一架日机俯冲扑入"布希"号弹药舱，引爆了炮弹，炸得该舰千疮百孔。18时30分，"布希"号终于沉入大海。

"科尔杭"号也气息奄奄。亨利见舰体倾斜达23度，无力再救，只得弃舰。23时20分，该舰沉没。

田边见初战得胜，抖动几下机翼，向队员们表示鼓励，然后又去寻找新的攻击目标。

18时，美军"柳特兹"号、"纽康姆"号驱逐舰被日机发现。10架日机率先向"纽康姆"号扑去。舰长汤姆逊上校还没来得及下令规避，一架日机就垂直坠进后烟囱，猛烈的爆炸将全舰震动，一块弹片穿过军官指挥舱玻璃窗，恰好击中汤姆逊的左臂。他刚爬起身来，惊魂未定，又被接踵而来的可怕景象惊呆了：第2架日机在临近"纽康姆"舰上空100米处被舰炮击中爆炸，飞机和炸弹碎片几乎全部落在甲板上，将甲板上奋战的官兵炸倒一片；第3架日机钻入舰腹爆炸，卷起大量浓烟；第4架日机直撞在前烟囱上，残骸落入弹舱，引起一连串大爆炸，舰上烈焰升腾。这一切仅发生在短短的6分钟内。"纽康姆"号眼见着瘫在海面，成了日机的靶舰。

"柳特兹"号舰长辛格中校见"纽康姆"号被重创，急忙冒险驰援，刚要靠近，只见一架日机又向"纽康姆"号扑去，辛格立即下令射击，击中了这架日机，不料这架日机拖着冒着黑烟的机身，歪歪扭扭地掠过"纽康姆"号，醉汉似地撞中了"柳特兹"号的舰尾，击毁舵机。辛格大惊，顾不得友舰，急忙自救。这时，又有数架日机凌空坠下，其中两架日机撞在"柳特兹"号甲板和舰桥上，引起大爆炸，炸坏了17个舱室，并将舰舷炸裂，涌入大量海水，舰身开始下沉。辛格见状，命令官兵奋力抢救，扔弃舰上所有的鱼雷和深水炸弹，终于免于沉没。深夜，"柳特兹"号和"纽康姆"号被他舰拖到庆良间锚地。

由于"神风"特攻队员只经过几天的培训，所以根本不懂空中作战的战术。他们也不需要懂什么战术，只要能撞上美舰就行。在美舰绵密的空中火力打击下，日机损失惨重，百余架被击落坠海。

田边有些沮丧，但又无能为力。他自己也抱着一死殉国的念头寻找攻击目标。突然，他发现右下方海面有一艘军火船，遂率4架自杀飞机流星般地坠下，心中不住暗念："孤注一掷，拼死一搏！"猛然间，他感到机身一震，一股浓烟随之从后面扑来，田边意识到飞机中弹，紧紧把握住操纵杆，在接近海面的一刹那，把欲坠大海的飞机忽地拉起，掠海直扑美3万吨级"胜利"号军火船右舷，将炸弹送入船内。该船爆炸后瘫痪，随波逐流一天后，被美舰自行击沉。

4月7日，日本"神风"特攻队继续实施自杀攻击。两天内，日军共出动了669架飞机参加这次"菊水"特攻，其中特攻机达355架，取得了巨大战果，共击沉美战列舰2艘、巡洋舰3艘、驱逐舰8艘、运输船21艘、扫雷艇3艘、其他船艇27艘，此外还击伤61艘舰船。

第6章
CHAPTER SIX

终焉，大舰
巨炮时代

★帝国命运确实在此一战。卑职已号召组织一支海面特攻部队，以进行壮丽无比的英勇突入作战，以此一举振我帝国海军声威，发扬帝国海军海面战斗之光荣传统，荣光后世。各部队无论是否特攻部队——都要下定决心殊死奋斗，彻底消灭敌舰队，为皇国奠定永恒基础。

★各舰官兵除离不开岗位者外，都列队甲板，在暮色夕阳中，向岸上望去：山水树木都蒙上了一层灰色的纱幔，村落里的袅袅炊烟和如雾般的杏野樱花糅合在一起，迷迷蒙蒙。官兵们知道他们这是最后一次看到祖国的景色了。

No.1 困兽犹斗

正当田边川一海军少佐率领"神风"特攻飞机在冲绳附近海面左冲右撞、血肉横飞之际，日本海军联合舰队司令官丰田副武海军大将在九州鹿屋海军基地签发了一项命令：

帝国命运确实在此一战。卑职已号召组织一支海面特攻部队，以进行壮丽无比的英勇突入作战，以此一举振我帝国海军声威，发扬帝国海军海面战斗之光荣传统，荣光后世。各部队无论是否特攻部队——都要下定决心殊死奋斗，彻底消灭敌舰队，为皇国奠定永恒基础。

他的语气显得十分沉重。自中途岛惨败之后，曾在太平洋辽阔海域称雄一时的日本海军联合舰队一败再败：马里亚纳海战使舰队的舰载机遭到毁灭性打击，完全失去了海空控制权；莱特大海战又使舰队航母几乎丧失殆尽，永远失去了远洋作战能力……

这场战争已无力继续下去了。丰田深深意识到了这一点，至少在他手里，联合舰队永远无法再现昔日的骄傲。他的前任山本五十六海军大将堪称世界海军史上的"怪杰"，但仅落得个折戟荒野的下场；另一前任古贺峰一海军大将也算得上海军"怪杰"，最后不也是生不见人，死不见尸？

丰田暗自叹息。他知道自己的才能远逊于他们，纵有万般报国之志，也回天乏术，目前残存的海军作战力量已不可能与敌人交战，阻止敌人北上，唯一的办法就是实施这种自杀性攻击了。

他想让第2舰队司令、前海军军令部次长伊藤整一海军中将率领联合舰队的最后一点主力，拼死一战。

他让副官叫来他的参谋长草鹿龙之助海军中将，准备派他去濑户内海向伊藤传达和解释这次任务的特殊意义。

草鹿龙之助可以说是联合舰队的一员老将，自太平洋战争爆发后，他几乎参加了所有重大海上战役。其兄草鹿龙之介海军中将精通海军航空兵理论，是山本五十六的得意谋士和珍珠港奇袭作战设想的始作俑者。可以说，草鹿家族对联合舰队有着深深的感情。

他听到司令长官的指示，心中大惊，极力反对道："特攻舰队作战，闻所未闻，伊藤将军的第2舰队是帝国海军仅存的力量。目前敌兵浩大，登陆本土势在难免，未来还需第2舰队与敌拼杀，怎可令其轻易出击，自杀特攻。望阁下从长计议！"

丰田叹道："将军所言不无道理。但是，冲绳乃帝国最后一道屏障，一旦失守，不啻洞开家门，怎可轻易放弃。况且，即使为将来保卫本土作战考虑，以区区一支舰队能阻止千帆万舸之敌军吗？不如今日拼死相击，或有挽回战局的一线希望。"说罢，他递给草鹿一份文件，继续说道："这也是海军统帅部的命令！"

草鹿接过文件，见是海军次大臣兼海军特攻部部长井上成美海军中将起草的组成特攻舰队的意见书，及川军令部长在文件眉头上签的几个大字：

↑一名自杀攻击的日军飞行员登上了战斗机，身边的人员向他敬礼告别。

同意，着丰田副武司令官即办！

阅毕，草鹿潸然泪下："帝国海军完了！我只能执行命令了。"

草鹿随即飞往濑户内海基地，向第2舰队司令伊藤整一传达作战命令：全舰队拼死猛进，以"大和"号战舰、"矢矧"号巡洋舰和8艘驱逐舰组成海上特攻队，协助帝国陆军和航空兵，歼灭冲绳岛附近的美国护航运输队和特混编队。倘有余力，即一跃登陆，以陆军形式出现，与美军展开短兵相接的决战。

伊藤听完命令没有作声，室内静得可怕！这位前海军军令部次长深知这次作战的前景只有灭亡，至于其他，都不过是骗人的鬼话！

沉默良久，伊藤问道："如果舰队在中途就受到重创，不能继续前进，那我该怎么办？"

草鹿无法回答他的问题，他甚至希望伊藤拒绝执行这次作战命令，因此说道："这要你们自己去决定！"

"我明白了，"伊藤并没有像草鹿希望的那样，拒绝执行命令，只是说道，"请不必为我不安，我的心情很平静，没什么值得遗憾的，我心甘情愿地去出征。倘若我为国战死，请阁下念在同仁的份上，代我照顾我的家人，我的女儿没出嫁，儿子还在上学。"

草鹿含泪答应了他的要求，说道："将军尽管去吧，这是日本帝国的最后机会，也是联合舰队的最后一次机会，一切都拜托了！"

说罢，两人将杯中清酒一饮而尽，洒泪告别。

送走草鹿，伊藤立即召集舰队将校军官开会，传达特攻作战命令。众军官听完，神色各异。

第2驱逐舰队司令古村启藏海军少将站起身问道："让我们装载只能到冲绳的油料，又没有空中掩护，这分明是一次有去无回的自杀作战，怎么能登陆冲绳，支援陆军呢？"

伊藤不知怎样解释他的发问。这时，"大和"号战列舰舰长有贺幸作海军大佐帮伊藤解了围，他说："我完全理解这次作战的意义，只有抱着为帝国无畏赴死尽忠的信念，才能挽救国家危难于万一，何必多思！"

驱逐舰长出身的有贺是个非传统派出身的海军军官，年仅47岁，头发却谢了顶，平日不修边幅，经常着装不整，性格豪放，在下级官兵中有很高的威信。

古村却是一个传统型海军军官，对有贺的作风素来看不惯，听有贺揶揄他杞人忧天，不满地说道："征战乃生死攸关之事，不考虑成熟，何以制胜？"

有贺依然笑嘻嘻地回答："考虑过多就会踌躇不前。身为帝国军人，不应怕死！"

古村见有贺嘲笑他怕死，不禁大怒道："你乃一介狂人，怎会知道死的意义？'武士道'虽告诉我们，武士活着的时候要随时准备死，然而这并不是说他们应该毫无意义地去死。这不是生命被轻易浪费的封建时期，而是20世纪，我们要打赢这场战争，不要老想到死！你懂吗？"

有贺还欲作争辩，"矢矧"号巡洋舰舰长原为一海军大佐站起来说道："古村将军和有贺大佐的心情非常令人理解，身为帝国军人何畏死乎！但死并不是我们的目的，我们应抱必死之决心，去争取胜利！"

原为一的话缓解了会场的气氛，伊藤赞同地点了点头，起身道："如果没有什么意见，诸位请执行命令吧。'皇国兴亡，在此一战，各员备励努力！'30年前，联合舰队司令长官东乡平八郎海军大将以此口号激励全体官兵，在日本海打败了强敌俄国海军。今天，我们全体将士要发扬东乡前辈不畏强敌之勇猛精神，与美国人决一死战！"

"愿为天皇陛下尽忠！"众将校军官应声起立，齐声呼喊。悲壮的气氛感染了在场的每一个人。

No.2 有去无回的航程

原大佐回到舰上，为全体官兵举行了一次宴会，让自己的部下喝一次最后的壮行酒。
宴会的气氛狂暴喧嚣。

原向众官兵传达了联合舰队的命令，训示道："我们的任务，看来像是自杀，而且的确也是这样。但是，自杀并不是我们的目标，我们的目标是胜利！帝国军人不是被赶上祭坛的羊群，而是天皇的勇士。一旦本舰受重创或被打沉，你们要毫不犹豫地去逃生，活下去再战，切不可自杀，而是活下去把敌人打败！"

"万岁，大日本帝国！"

"万岁，'矢矧'号！"

"为报皇恩，万死不辞！"

阵阵口号声，滚过甲板，冲破浓雾，却被海面吞没。

宴会后，原大佐登上甲板，向故乡北海道方向遥望，想起家中的老母妻儿，眼泪流下了面颊。老母今年正好80岁，几年前他曾答应回家给老人家祝贺80岁大寿，想不到不仅未能如愿，反而连诀别之机都没有，真是太残酷了！

有贺舰长回到"大和"舰上，却若无其事，与众官兵谈笑风生，仿佛是参加一次平常的例行演习，而不是特攻作战。

他先把官兵召集在甲板上，整整衣冠，向大家宣布特攻作战命令，最后，他解开风纪扣，两手挥动着喊道："望诸君发扬舍身成仁的攻击精神，不要辜负了全体国民的期望！"然后，他让官兵回到大舱室，痛喝诀别酒。

安排停当，有贺与几个军官坐在指挥舱痛饮。"来，'大和'舰的诸君，干了此杯，我向各位问安了！"说罢，他环视一下众军官，哈哈大笑，举杯一饮而尽。众军官随之饮尽杯中酒，他们都清楚此次将一去不归，反而无所顾忌了。

酒宴后，有贺舰长让大家回到各自岗位做好出击准备，然后自己踱步上了甲板。

春风煦煦，送来清新的海的气息。泊在港湾的"大和"号战列舰随着滟滟水波不住浮动。这艘铅灰色的战列舰外形非常美观，甲板平坦，航弧优美，桅杆和烟囱皆呈流线型。该舰设计于1937年，历时4年建成，赶在1941年12月太平洋战争爆发时下水服役。其标准排水量为6.8万吨，满载吃水10.6米。计划中的编制人员为2,200人，实际编制为2,767人。该舰有4部涡轮发动机，共15万匹马力，航速27.5节。舰上共装备各种口径舰炮150门，其中9门主炮口径为460毫米，每发炮弹重1,450公斤，最大射程为42公里。该舰装甲厚度大于当时世界上任何一艘战列舰，轮机舱的垂直装甲厚为408.9毫米、舷部装甲厚为410毫米、水平装甲厚为200毫米，是世界上最大的一艘战列舰，被日军称为"永不沉没的战列舰"。它在理论上能够击沉任何一艘美国军舰。难怪曾任联合舰队司令的山本五十六对该舰倍加恩宠，该舰一下水，他就把司令部从"长门"号战列舰移至"大和"号上，率领日本海军精锐纵横驰骋于西太平洋，猖獗横行一时。

现在，"大和"号作为日本海军的最后精锐即将去进行一次特攻出击，这或许是它的最后一战了。舰上的官兵有秩序地忙碌着，将多余的给养从舰上卸下来，匆匆送上岸，锁死水密封隔舱的防火墙壁；将所有的机密文件、密电码本以及记录"大和"号1.5万海里航程的"航海日志"封存装箱，送至设在横滨庆应大学地穴的联合舰队司令部。

4月6日16时，伊藤整一登上"大和"号舰，舰桅上升起了海军中将旗。他将以"大和"号为旗舰，亲自指挥这次特攻作战。

伊藤听完有贺已做好出击准备的报告，满意地说道："望诸君恪尽职守，开始出击！"

16时20分，"大和"舰的锅炉点火，气轮机试压。有贺下令："启锚！"随着一阵锚链的响动声，巨大的铁锚带起德山湾海底的泥土，从水中升起来。

"各舰按顺序出港，方位120°，两舷前进微速！"有贺作为旗舰舰长，指挥着特攻舰队驶出德山港，踏上了一去不复返的征途。

各舰官兵除离不开岗位者外，都列队甲板，在暮色夕阳中，向岸上望去：山水树木都蒙上了一层灰色的纱幔，村落里的袅袅炊烟和如雾般的杏野樱花糅合在一起，迷迷蒙蒙。官兵们知道他们这是最后一次看到祖国的景色了。

不知是哪条舰上的官兵先唱起了《君之代》，很快各舰官兵都唱了起来。

No.3 "不沉之舰"的沉没

云层密布，夜色沉沉。20时许，特攻舰队小心翼翼地驶过濑户内海半后水道的水雷区，进入太平洋。为躲避美国潜艇的监视，伊藤下令舰队以每小时20海里的速度，沿九州海岸南航。

尽管日舰队冒着触礁的危险，一直在浅海处航行，但仍被美国潜艇发现。20时10分，"大和"号的雷达发现了7公里以外处的敌潜艇。伊藤立即下令"矢矧"号巡洋舰和"冬月""凉月""矶风""滨风""雪风""朝霜""霞""初霜"号驱逐舰在"大和"号周围布成环形，实施反潜防御。

好在有惊无险，美国潜艇大概忙于向总部报告，并未实施鱼雷攻击。伊藤索性命令舰队加速到24海里，向位于九州南端佐多岬和种子岛之间的大隅海峡前进，他计划从那里向西绕一个大弧，驶抵冲绳岛西岸的白沙滩外，在那里云集的美军护航运输队和特混编队是特攻舰队攻击的绝好目标。

发现日本舰队的美军"哈特尔克"号和"施雷特劳"号潜艇很快向关岛潜艇司令部作了报告。潜艇司令洛克伍德海军中将立即上报给尼米兹，尼米兹马上通报斯普鲁恩斯，让他做好相应准备。

斯普鲁恩斯胸有成竹，他认为现在日美海军双方实力无论是在兵力、火器、后勤补给上，还是在官兵士气、训练素质上，都相差悬殊，日本海军的进攻已谈不上什么战斗了，充其量只是自杀———一种日本式的海上切腹！

他命令米彻尔的第85特混快速航空母舰舰队迅速在九州和冲绳之间集结，阻击日军舰队；布兰迪海军少将的第52特混登陆支援舰队做好一切战斗准备；德给海军少将的第54特混火力支援和掩护舰队派出6艘战列舰和7艘重巡洋舰编成海战支队，准备与"大和"舰一决雌雄。

4月7日，天刚一放亮，米彻尔就下令侦察机起飞搜索。8时22分，美机向他报告：发现敌舰队，航向300°，航速22节。

米彻尔立即向斯普鲁恩斯报告："你攻还是我攻？"

斯普鲁恩斯先是一愣，很快明白了他的这位部属的心情，遂决定改变原来想法，在米彻尔来电的空白处批上："你攻！"。

米彻尔得令后大喜。9时15分，他派出16架F6-F"恶妇"式战斗机和卡塔利纳水上飞机对日舰队跟踪和监视。10时，他命令280架舰载机升空，向日舰队压去，同时向斯普鲁恩斯报告："Sugar Baker Two Charly, Take the Big Boy。"（砂糖、面包师、两个查理，捉住了那个大小子！）

这是一份英语明码暗语电报，把前4个单词的字首字母拼起来就变成了：SB2C(俯冲轰炸机)捉住了敌战列舰！

在这份电报中，米彻尔还报告说："除非另有指示，否则我提议于12时进攻'大和'出击舰群。"

美军毫无顾忌地使用明码电报使日舰队很快判明了敌人的意图及敌机的方位、高度和距离。有贺认为美国人欺人太甚，愤而下令："倘若敌机出现，主炮一号炮塔立即开火射击！"

12时20分，美机大编队穿过低厚的云层，向"大和"号逼来。随着有贺的命令，"大和"号战列舰165吨的主炮将2米长、一吨半重的炮弹射出去，巨形炮弹在大气层中划了一个弧形弹道，在美机编队中爆炸，6,000枚细碎的弹片散布在广大的空间，形成一片弹幕。

但是，来袭的美机不是笨重的B-24轰炸机，而是灵活的"海盗"式俯冲轰炸机和"考尔西亚"复仇者式鱼雷机。美军飞行员轻轻拨转机头，躲过"大和"号的远层射击弹幕，从各个角度和高度凌空而下，向"大和"号投下了第一批炸弹和鱼雷。

"大和"号巨舰左舷首先被鱼雷命中，同时两颗炸弹又落在右舷尾部。随着一声声巨响，"大和"号一片惨状：甲板上横七竖八地躺着一大堆尸体，有的流出肠子，有的断肢缺腿，鲜血和着海水顺着甲板排水口往外流，舰身倾斜，航速降至18海里。

枪炮官清冈被抛上空中，又掉了下来，他爬起来痛得直咧嘴，却继续喊道："3号对空弹，9枚，引信50，准备——放！"

又是一个齐射，清冈忍着疼，想看看弹着点，可是当他向海上一望，不禁大吃一惊："滨风"号驱逐舰已燃起熊熊大火，逐渐下沉；"矢矧"号巡洋舰已被打瘫，犹如一条灰鲸漂在海上动弹不得，舰上冒出滚滚浓烟。

13时37分，第2批美机已飞临日舰队上空，弹雨再次倾泻下来，"大和"舰又连中3枚鱼雷和数颗炸弹，大量海水顺着左舷灌进来，舰体左倾15度。清冈见舰体倾斜已严重影响对空射击，大喊舰长快采取对策。

有贺嘶哑着声音命令："向右舷舱和锅炉舱灌水！"

副舰长野村次郎海军大佐应声指挥奋力抢救。不料，海水来势凶猛，瞬间便淹死了一些

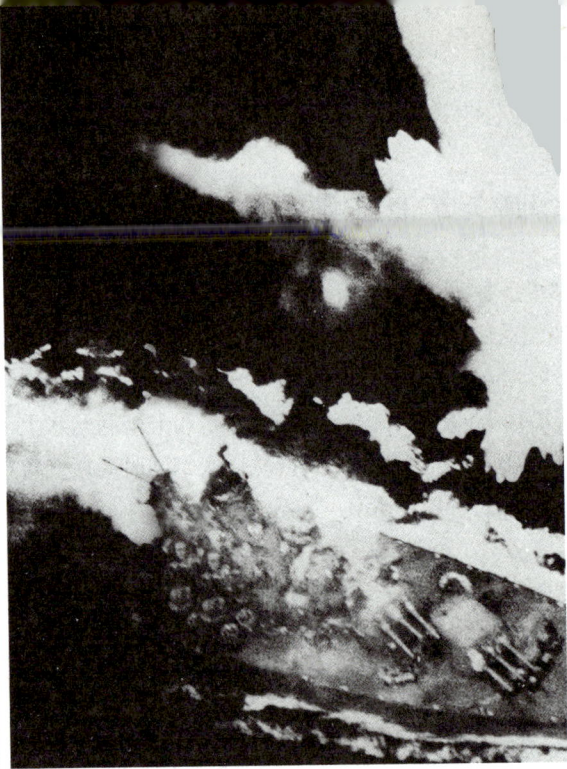

↑战斗中，"大和"号战列舰被美军击中。

→ "大和"号中弹后发生爆炸，最终沉入了海底。

抢险队员，航速减至18节。"大和"号尚未堵住漏洞，第3批美机又飞临上空，"大和"舰只得使出浑身解数同100架美机搏斗。这时适逢天降大雨，战区雨雾蒙蒙，天空炮弹穿梭。"大和"号向美机群喷射出大量的炮火，然而却什么也没打中。这使人想到一只凶猛的欧洲野牛在与蜂群作战时的情景，尽管它拼命咆哮、拼命冲撞，却无法杀死一只胡蜂。

14时，第7枚鱼雷再次击中"大和"号左舷，舰体再次倾斜。有贺在扩音器中不断喊着："向右轮机舱注水！"

轮机长高城为行一听大惊，他的几百名水兵正在舱内干活，一旦注水，他们都会被淹死！高城愤怒地叫着："不能注水，先把人撤走！"

可是已来不及。野村副舰长奉命率人封死了所有水密舱门，向右轮机舱灌了3,000吨海水，几百名轮机兵和其他在右轮机舱作业的水兵全被水葬。

几百名水兵的死亡并没有挽救"大和"号的命运。第4、第5批美机群接踵而至，炸弹、鱼雷雨点般向日舰扑去，"大和"号已被第12枚鱼雷击中，舰体倾斜了35度。野村沿着狭窄的螺旋扶梯爬上第2舰桥，从那里观察全舰的情况。他向上方扫了一眼，只见空空荡荡，桅杆、烟囱全部被炸毁。军舰甲板龟裂，炮塔全毁，尸体相枕，血流满舰。野村痛苦地闭上两眼，向有贺报告："舰体已近垂直，无法恢复倾斜，快沉了！"

有贺知道到了放弃的时候了，他通过传声管向伊藤报告："请长官同官兵一同离舰，我一人留下了！"

伊藤已感到此次特攻作战败局已定，只有尽量抢救各舰生存者，他自己已决心与"大和"号共存亡了。他站起身，同几个幕僚握手告别，然后沿着倾斜的甲板向螺旋扶梯走去，爬上第2舰桥，开枪自杀了。

有贺见舰队司令自杀，遂下了最后一道命令："全体人员弃舰逃生！"然后让水兵把自己绑在炮座上。

可是，许多人仍不离舰。有的水兵把自己绑在罗盘仪上、甲板栏杆上以及一切可以缚绳的物体上；有的水兵穿上了沉重的钢制防弹背心，准备自沉。

有贺焦急地对他们喊道："你们这是干什么？立即离舰！"

但是，众人仍然不动。

"混蛋，年轻人必须活下去效忠天皇！"有贺气急大骂。

可是，此时再想离舰已不可能了。"大和"舰倾斜度已到80多度，军旗几乎触到汹涌的波涛。14时22分，这艘巨型战列舰终于横倒，大炮残骸、弹药、一具具尸体统统滑入大海，灯光也随之熄灭。波涛渐渐地淹没了舰桥，海面顿时出现一个深达50米的大旋涡。下沉20秒后，"大和"舰又发生两次大爆炸，翻江倒海般的巨响，终于把这艘"永不沉没的战列舰"送入海底，从而永远结束了日本海军的大舰巨炮的时代。日本海军联合舰队终于彻底毁灭。

随同"大和"号战列舰葬身海底的还有"矢矧"号巡洋舰、"冬月""凉月""矶风""滨风"号驱逐舰，战死官兵4,230名。美军参战飞机386架，仅损失飞机10架、飞行员10名。

第7章
CHAPTER SEVEN

北岛血战

★惠特尼见无退路，不顾伤亡，冒弹雨向峰顶冲去，双方在顶峰展开激烈肉搏。美军官兵咆哮着向上猛冲，日军官兵则向下猛打，双方杀红了眼，先以枪弹、棍棒，后来竟用牙齿、双手拼命厮杀，搏斗中交杂着英语和日语的咒骂声。

★牛岛是九州人，又在冲绳当过见习队长，对冲绳的气候、地形、风土人情很熟悉，他主张固守阵地，适时实施反突击，让美军为得到每一寸阵地都付出鲜血与生命，他向部下提出"我们的阵地就是敌人的墓场"！

No.1 燃烧的八重岳

美国海军陆战第6师第22团的查尔斯·惠特尼海军上校指挥的主力营，自登陆后一路北进。他们沿着冲绳海岸，穿过树林、河流、山涧，绕过日军小股抵抗部队，直扑冲绳岛北部的边户角。4月12日，他们抵达本部半岛中央的八重岳要地，日军北部防御重点就设在这里。

惠特尼论军阶本应指挥一个团，但是他战伤痊愈归队后，陆战第6师所有团长职位都没有空缺，师长让他暂时指挥第1营，该营营长因战伤回国治疗。惠特尼根本不介意，虽然在美军中这种高职低配的现象并不多见，但他求的是参战的机会，只要有仗打，指挥一个连他也干。作为一名44岁的军人，他深深意识到这场战争很可能结束于冲绳。所以，他非常高兴地接任了代理营长之职。

1营是他在瓜达尔卡纳尔岛血战中指挥过的部队，许多人他还认识，有的指挥官还是他的部下。B连连长查尔斯·索伦森海军上尉就是他原来手下的一名海军中士，这个皮肤黝黑，脸上有几条伤痕的南卡罗来纳州人，作战凶猛，号称"天才杀手"。他们非常欢迎惠特尼来指挥他们。

到达前线后，惠特尼戴上钢盔，穿上军便服，到前沿视察。透过望远镜，他看到八重岳岩石嵯峨，倾斜急峻，悬崖断壁，耸然屹立，几条羊肠小径把该山分割成互不联系的数个山头。他知道在这种起伏坡度极大的地形中作战，上级指挥官无法下达详尽的统一作战指令，各连指挥官只有各自为战，才能越过峡谷和险峻的悬崖绝壁占领目标。于是，他决定采用"小群多路"战术，把部队分成许多分队，向八重岳敌军阵地进攻。

4月14日清晨，华盛顿是星期六，冲绳岛是星期天，美军下半旗向本月12日去世的罗斯福总统致哀。当华盛顿的军乐队高奏《星条旗永不落》之时，隔着15个时区的地球另一面的冲绳美军也奏起了国歌。国歌奏毕，仿佛为这位美国历史上伟大的总统的逝世鸣礼炮致哀似的，上千门美军舰炮和野战炮向日军八重岳阵地实施了排山倒海般的炮火射击，顿时，日军阵地一片硝烟弥漫。

炮火过后，惠特尼命令各分队向山上发起进攻。日军凭借有利地势，用步枪、迫击炮、机枪向美军狂猛射击，将美军压制在阵前，伤亡惨重。

索伦森的连冲在最前面，他本以为日军火力点会被炮火摧毁，想不到山上坡度大，射击死角多，许多掩蔽极好的火力点根本没有被破坏，在美军炮火过后，纷纷吐出凶猛的火舌，使进攻受阻。于是，他放弃原来的穿插迂回战术，采取了逐坡逐沟清除日军火力点的战法，命令士兵推着一门37毫米机关炮，配备两挺重机枪和一门迫击炮，组成一支突击队。他先让一个小组在前面探路，充当诱饵，诱使敌人开火。一旦敌人火力点暴露，就用37毫米机关炮的准确火力加以摧毁。这一招果然灵验。火力侦探组的行动诱使日军火力点一个一个地暴露，跟在后面的美军37毫米炮一个一个地将它们摧毁，大大减低了敌人的火力威胁，进攻速度大为加快，居然一路打到主峰附近。

↑ 美军炮轰日军阵地。

　　日军见状，大为恐慌，急忙调整兵力阻击。他们很快发现美军进攻的弱点在于依赖于随后跟进的弹药输送队，于是他们放过前面的步兵，先打后面的弹药输送队，然后再对付冲到前面的步兵。弹药队被打掉，即使敌人火力点暴露美军也无能为力了。索伦森十分着急，赶忙向惠特尼发电求援。但是，惠特尼也毫无办法，敌人火力太猛，隔断了后续部队与前面的联系，补给弹药上不去。索伦森打得红了眼，索性向主峰发起冲锋，但是在日军绵密火力网的封锁下，他的士兵大部阵亡，索伦森本人也被一颗手榴弹炸死在半山坡。

　　正在此时，搜索队送来一个中国血统的夏威夷居民刘氏，该人个子不高，眼睛透着商人的机灵，会说英语。战前他到冲绳经商，却被日军强征了他的船和货，回家不得，被迫滞留在冲绳岛名护村。后来，又被日军强迫修筑八重岳防御工事，对日本人有一肚子怨恨。美军上岛后，他趁机逃脱日本人的监视，找到美军，愿意为美军做点事情。

　　惠特尼十分高兴，让他把八重岳防御工事体系介绍一下。刘氏凭记忆画出了日军山岳坑道工事的详图。从图上来看，八重岳主峰高457米，虽然守军并不多，但是日军利用山上的无数天然洞穴，"卡口制谷"，交叉火力封锁了各个隘口。令惠特尼吃惊的是，日军在本部半岛对岸的伊江岛还部署了一个团的兵力，大约距离两海里，岛上的远程火炮可以有效地支援八重岳阵地。这是美军事前所不知道的。

惠特尼非常感谢这位中国血统的夏威夷人，给了他一大笔奖金。他立即将这一新的情况向上报告，并根据八重岳敌军火力配置情况，重新调整了兵力部署。这时，海军陆战队最高指挥官特纳从塞班岛紧急空运的迫击炮弹也已到位；从读谷机场起飞的大批轰炸机又连续向八重岳投下了暴雨般的炸弹和燃烧弹，日军防守的八重岳顿时成了座火山。

惠特尼决定向山上发动一次夜袭，为了同日军区别，美军官兵臂带白色环标，脸上和刺刀上都涂上油彩。15日21时许，冲绳岛阴云密布，细雨濛濛，天黑得如同煤烟。惠特尼亲率夜袭队，沿着被烧得光秃秃的小树林向主峰爬去。

敌军阵地上静悄悄的，只有凝固的汽油弹留下的山林余火，如同根根蜡烛在夜风中摇曳。

惠特尼暗自庆幸，低声传令部队加快速度向主峰攀登。

当他们临近主峰阵地，突然几挺九二式重机枪的火舌劈开雨夜，猛扑向美军，顿时传来中弹官兵的痛苦呻吟声，有的伤兵滚下山谷，发出一阵惨叫。

惠特尼见无退路，不顾伤亡，冒弹雨向峰顶冲去，双方在顶峰展开激烈肉搏。美军官兵咆哮着向上猛冲，日军官兵则向下猛打，双方杀红了眼，先以枪弹、棍棒，后来竟用牙齿、双手拼命厮杀，搏斗中交杂着英语和日语的咒骂声。

混战了几个小时，至16日凌晨，3颗照明火箭透过雨帘飞上天空，惠特尼的夜袭突击队终于占领了八重岳主峰表面阵地。在朝霞中，一面弹孔累累的星条旗迎风飘扬，旗下到处都是双方官兵的尸体，他们保持着各种各样的姿势：有搂着对方腰的、有抱着对方头的、有掐住对方脖子把对方按倒在地上的。

战况极其惨烈，但是惠特尼的情绪却是高涨的。他向师部报告：我已占领八重岳顶峰表面阵地，正继续歼灭坑道内的敌人！

4天后，在兄弟部队的配合下，惠特尼营终于肃清了八重岳之敌。紧接着，陆战第6师挥师北上，长驱直入，占领了冲绳岛最北面的本部半岛。

No.2 反攻，然后失败

约翰·霍奇少将指挥的第24军开始南进数天后，日军顽强而坚固的防线挡住了美军攻势，自登陆后一直势如破竹的美军遇到了很大的困难。

4月7日，布莱克少将率领的步兵第96师一部，在海空火力及地炮的支援下，沿冲绳岛以西海岸向南突进，但遭日军顽强反击，无功而返。

4月8日和9日，该师冒着倾盆大雨再次向嘉数北方高地突击，一度占领一些重要阵地，但很快又被日军夺回。10日，步兵第96师在长达30分钟的陆海炮火支援下，再次向日军阵地突击，但到是日日终前，仅推进了300米。

美军攻势受阻毫不奇怪，因为日军将他们的重兵都集结在冲绳岛南部了。牛岛把他的第32军一线排列，次第部署在牧港、首里和南部3道防线上，藤冈武雄中将指挥的第62师团配置在中央，其左翼是铃木繁二少将指挥的独立混成第44旅团，其右翼是雨宫巽指挥的24师团。这些部队都是清一色的关东军，装备精良，作战勇猛，他们拥有的火炮远远超出了一个军的正常配备数。日军已将生死置之度外，他们知道最后被消灭是不可避免的。但是仍恪守唯一的信念：尽最大努力让敌人多流血，只有这样才能为战时大本营的"本土决战、一亿玉碎"战略赢得宝贵的时间。

然而，在如何尽最大努力增大美军伤亡的问题上，日军却曾发生过激烈争论。

牛岛是九州人，又在冲绳当过见习队长，对冲绳的气候、地形、风土人情很熟悉，他主张固守阵地，适时实施反突击，让美军为得到每一寸阵地都付出鲜血与生命，他向部下提出"我们的阵地就是敌人的墓场"！

他对战争形势与前景再清楚不过了，他能够做的就是迟延冲绳陷落的时间，而不是将美军赶出冲绳。

但是，他的参谋长长勇中将却坚决反对他的作战方针。在日本陆军中，长勇称得上是一位风云人物。他戴着一副深度近视镜，走路低头含胸，外表给人一副老气横秋的样子，其实却骠悍骁勇，自称他的战术思想属于柴田胜家学派，重视进攻。长勇性情粗暴，嗜酒如命，经常打骂下属，即使是他的上级也敢冲撞。他参加过1931年日本陆军中的一些少壮军官举行的"锦旗革命"，革命流产后被调往中国东北。1938年，他又在张鼓峰与苏军作战。在他眼中，只有日本近代陆军的"军神"乃木希典才称得上是真正的军人。此刻，他激动得面红耳赤，像挥舞武器一样晃动着他的长烟嘴，大吵大嚷要求发动全面反攻。

长勇的狂妄激怒了一位军官。

第32军高级作战参谋八原博道大佐是日本陆军中的奇才。他毕业于士官学校，3年之后就被破格录取到陆军大学学习。陆大毕业后，他又赴美国留学两年。太平洋战争爆发前，他说服上司，离开陆军省，只身潜入泰国和马来西亚，了解各方面的情报，拟定了日军进攻马来西亚和缅甸的进攻路线和战术要则。战争爆发后，日军按照他的作战预案，果然大获全胜。按理说，屡出奇谋的八原本应官运亨通，但事实却相反。饭田祥二郎中将的第15军的参谋们，对这位才华出众的同僚恨得咬牙切齿，总是在上司面前说他的坏话。而在该军任职的八原对此却不以为然，仍我行我素，甚至不买饭田将军的账，在作战问题上屡次与饭田司令官冲突，终于引起饭田的恼恨，让陆军部解除了他的职务，调往陆大当了名教官。

但是，八原仍不改性情，抱着"天生我材必有用"的信念，终日狎妓饮酒，口出狂言，一派狂士之风。而素有儒将之名的牛岛偏偏看中了他。牛岛接替渡边担任第32军司令官后，不惜屈尊降贵，拜请八原出山，协助他完成守备冲绳之重任。

八原出山后，怀着士为知己者死的心情，恪尽职守，为牛岛出谋划策，不遗余力，冲绳防御作战的计划就是他主持制订的。

八原见长勇力主大反攻，感到是对自己精心拟定的作战方针的挑战，所以不免恼火，起身发言道："反攻只能给敌人造成少量伤亡，而使成千上万的皇军白白送死！"

但是，尽管日军军官不能否认八原是个军事奇才，却无法克制日本人在走投无路时想进攻的本能。第62师团师团长藤冈武雄激动地站起来，支持长勇参谋长的反攻意见。第24师团师团长雨宫巽、独立混成第44旅团旅团长铃木繁二、海军基地司令大田实海军少将等几乎所有高级将领都对前一阶段的防守战术感到不满，表示应实施反攻。

牛岛很为难，他对部属们的意见感到担心。几个月来，他对八原的意见言听计从，其中包括成立铁血勤皇队。但是他不能不考虑军心，这么多将军要求反攻，表明部队对前阶段的防守战术已十分厌烦，如不答应他们的要求，部队更难带、仗更难打了。因此，他决定对美军实施有限规模的反攻。

八原一听急了，反对说："有限规模的反攻在美军强大的火力面前，只能导致浪费兵力，这与大规模反攻没有什么区别。"

但是，牛岛不愿得罪众部属，下令于12日晚实施6个营兵力规模的反攻。同时，请求海军配合，对美军舰船实施特攻攻击。

11日晚，第62师团第22联队联队长吉田胜中佐率部实施这次反攻。

日军个个背着重11磅的背包，冒着大雨踏着泥泞的道路向前线出发。

日本海军有力地配合了这次反攻。12日晨，185架"神风"特攻飞机，在150架战斗机和45架鱼雷轰炸机的掩护下，开始攻击冲绳周围的美军舰只。在这次特攻中，日军首次使用了新式武器"樱花弹"。14时45分，第1枚"樱花弹"从母机腹部落下，射进刚被一架特攻机撞中的"曼纳特·阿贝尔"号驱逐舰上，立即将这艘舰劈成两半使其沉没。第2枚"樱花弹"又炸沉了"斯坦利"号驱逐舰。是日，美军有15艘舰船被日军特攻飞机炸沉炸伤。

然而，日军地面反攻却没有获得成功。12日夜，日军的各种口径火炮、迫击炮向美军阵地突然集中射击，在炮火的掩护下，吉田率部向美军发起进攻。但是，美国海军发射的照明弹使日军完全暴露出来，几乎成了美军强大火力的活靶子，不到1小时，反攻即告失败。

反攻的失败使八原再次得宠，牛岛重新尊重八原的意见，继续坚守持久防御。

No.3 嘉数高地上的血战

冲绳岛太大，第32军的兵力又太少，根据这个特点，八原为牛岛在冲绳岛南设下了3道防线：牧港－西原防线、那霸－首里－与那原防线和岛南山岳防线。防御工事按最高标准建造，全部设在地下，各阵地之间有地道相连。

在牧港－西原防线有一条5号公路，它贯穿这道防线通往首里。这条公路四周均是连绵起伏的石灰石丘陵，有许多天然山洞和星罗棋布的坟墓、台地、悬崖和山谷。从这条公路向

↓在冲绳岛战斗中，美军方面也受到了惨重的打击。

西不到800码有一两面是山、中间呈马鞍形的高地，它看上去算不上什么障碍，因为它既不高也不十分崎岖，只不过长满了青草、灌木和小树。但是，由于这个名叫嘉数的高地扼守公路，是个要地，因而成为双方必争之地。

4月19日6时，美军向日军防线实施强大的火力突击。为保证火力突击效果，美军第24集团军司令霍奇投入了他手中的27个炮兵营，火炮密度达每平方米一门；同时379架作战飞机也升空助战。

应该说在火力突击地域没有任何生物能够承受住这种可怕的钢铁暴雨。但是，日军却奇迹般地躲过了它们，当美军步兵发起进攻时，躲在洞窟、岩穴、坑道中的日军纷纷钻出来，用各种火器向敌人射击，使美军难以推进。

美军见正面强攻不行，遂转而迂回攻击。步兵第27师师长克莱纳少将让一个坦克连掩护一个精锐步兵营迂回到嘉数和西原之间，从左翼向嘉数高地攻击。

日军早有防备，已将这个方向用迫击炮、机关枪、坦克炮等火力层层封锁。美军坦克冒着猛烈的炮火推进，却被日军炮火打得东躲西藏，逐渐与跟进步兵拉开了距离。后面的步兵失去坦克掩护更难推进，只得后撤。而冲到前面的30辆坦克无步兵支援也不敢贸然深入，被迫折回，等返回原来进攻出发阵地时，已有22辆坦克被日军击毁。

在右翼担任助攻任务的步兵第92师仅占领了西原高地前面的斜侧阵地；左翼步兵第7师为日军顽强抵抗所阻，根本未推进一步。

次日，美军再次向嘉数高地进攻。5时40分，美军6艘战列舰、6艘巡洋舰和8艘驱逐舰率先用舰炮射击日军阵地。20分钟后，27个炮兵营的324门火炮同时炮击日军前沿阵地，然后抬高炮口向敌后延射400米。6时30分，炮火放低，对前沿又轰击了10分钟。在太平洋战争中，就一次炮击而言，这次是最猛烈的，共发射炮弹1.9万发。

接着，步兵第96师、第7师发起佯攻。50分钟后，步兵第27师从防线西面向嘉数高地猛攻。

但是，轰击之猛虽然前所未有，日本军队的阵地却安然无恙。尽管美军进攻猛烈，却全被击退，伤亡惨重，到黄昏，第24军伤亡达720人。

在后来几日，美军推进仍极缓慢。虽然步兵第96师突破西原防线，但在纵深前田高地上受阻。

屡次失利，霍奇建议巴克纳尔在敌军防线背后进行两栖登陆作战，使敌人首尾不得兼顾。

但是，巴克纳尔却拒绝了这个建议，他认为，冲绳岛南部海岸暗礁太多，海滩不适合装卸给养，即使登陆后建立了滩头阵地，也会陷于日军包围中，不能向纵深发展。

巴克纳尔准备把海军陆战队的部分兵力从冲绳岛北部调到前线，他命令盖格海军少将从陆战第1师抽调一个坦克营加强给步兵第27师。

但是，正在这时，情报部门报告，日军已放弃嘉数高地向后收缩，美军已占领了这个高地。

这个消息使得巴克纳尔等人大为惊讶，他们实在不明白为什么日军会放弃这个几天前美军费了九牛二虎之力也未攻克的高地？

第8章
CHAPTER EIGHT

疯狂的最后出击

★八原则脸色发白，一声不吭，脸上的肌肉不断地抽搐，自从军以后，一向自负的他还从未挨过如此闷棍。他心想，等着瞧吧，还不知会怎样呢！我不能让你们懂得防守的重要，美国人会教会你们的！

★牛岛见此次反攻伤亡惨重、大伤元气，心情十分沉重。他诚恳地向八原道歉道："你的预言是正确的，反攻已经失败……开战以来，总是给你背后掣肘，实在抱歉。现在，我已决定中止反攻作战，不按'玉碎'的原意打下去，今后的一切均委托给你了，诚望你鼎力相助！"

No.1 争执

原来，上次反攻失利后，八原的坚守方针再次占了上风。八原有些踌躇满志，进一步提出收缩战线，将兵力集中在大名－安波茶－幸地－与那原一线，形成环形防御，保卫首里。牛岛批准了他的计划，悄悄地将部队在美军的眼皮底下撤了下来。

但是，牛岛很快被他手下那些越来越急躁的将领吵得改变了主意。他决定开会再议反攻作战问题。会议是在首里第32军地下"L"形司令部中举行。

会议一开始，一向平静沉稳的牛岛就激动地说道："冲绳战事已进行20余天，诸君与鄙人共同奋战，艰难抵抗，迫使敌人始终无法占领，冲绳在帝国将士的手中已成为帝国本土的前哨。诚望诸君为此目的继续奋战！"

说罢，他以少有的严峻目光扫视一下会场，继续说道："自敌人登陆以后，敌兵骄横肆虐，残杀我同胞，践踏我国土，为打击敌人嚣张气焰，我决定配合战时大本营的'菊水特攻'，向敌发起反攻，夺回读谷机场，使冲绳变成保卫本土的防波堤。"

话音一落，满嘴酒气的长勇参谋长就应声发言："我完全同意司令官的意见。前一阶段，敌陆上部队的攻势屡被我方击败，伤亡惨重，敌海上力量又遭我'神风'勇士大量杀伤，士气低落，正是我们反击的大好时机。"

几个旅团长也赞同反攻。藤冈声称："身为帝国军人应杀身而成仁，整日躲在阴湿黑暗的洞穴坑道，过着鼹鼠般的生活，算是怎么回事？我的部队基本完整，具有攻击的实力，企盼司令官早下反攻命令！"

在一片赞同反攻声中，惟有八原不作声，他觉得牛岛的变化太快了！两天前，司令官还诚恳地向他表示歉意，拜托他为坚守防御尽职尽责，怎么一下子全变了！战争会使人丧失理智！八原思维的焦点集中到这个结论上，但他的面色仍很淡漠，旁若无人。

"八原，你有何意见？"牛岛终于点将了。

"真的在征求我的意见吗？"八原不免有些动气。

"当然。"

"胡扯！"八原脱口骂道，不禁令所有在场的人大吃一惊，在等级制度森严的日军中，这种现象是不多见的。

八原毫不在乎大家的情绪，既然开口，就毫无顾忌地说道："太平洋战争已打了3年，难道诸君还没有认识到美国人是一个实用主义的民族吗？他们精于算计，从来不肯白白浪费金钱与生命。从瓜岛争夺战到硫磺岛战役，美国人每次都有新的战法，都使用了新的武器，从不恪守陈规，只要能达到目的，他们从不在意抛掉任何传统的东西。而我们呢？为什么要抱着'进攻第一'不放？难道宁肯战死、誓不投降就是帝国军人的战斗目的吗？错了！我们的目的是保卫帝国。几年来，我们在战争中已经学会了如何抗登陆作战，迫使美军流的血一次比一次多。但是，我们做得还不够，我们应该把用德意志进攻精神练就的皇军变成一支防守型军队，这是战争的需要！从现代战争理论上讲，1名依托工事的士兵，能抵御3名进攻的士兵。自瓜岛战役以后，美军占领太平洋岛屿无数，却迟迟未能踏上大日本帝国本土的原因就在于此。因此，我们有什么理由放弃防守，去逞匹夫之勇呢？目前，敌兵浩大，占有绝对制空权和制海权，却未能占领冲绳，就是因为我们依托了坑道工事，使他们的火力优势无法起作用，他们巴不得我们跳出坑道反击。而且倘若反击失败，我们还有力量保住坑道及防线吗？"

八原的发言，有条有理，分析缜密，与会者一时语塞。

这时，参谋总长梅津美治郎派来参与战事的高级参谋清冈永一大佐站了起来，说道："我不同意八原君的意见，因为这是懦夫之见。美军在冲绳的地面部队有陆军和海军陆战队两部分，分别受不同的训练，军人信条和战术意识都截然不同。论作战能力，只有海军陆战队可与我们相匹敌，而其陆军则差多了，因为美国陆军中士兵大多为新兵，士气低落，厌战思想重，特别是他们的第27师，我早在塞班岛就领教过了，是素质最差的一支军队。"

清冈说到这儿，扫视一下会场，见大家听得全神贯注，兴奋地继续说道："美军顺利登陆，先盲目乐观，以为我不堪一击，继续推进。但当遇到我坚固防线，伤亡惨重，遂又士气下降，重新调整部署，企图围而不打，减少流血，将我军封锁在冲绳岛之南。我认为，我军应趁美军疲惫、士气低落之机，发起反攻，振奋官兵士气，把冲绳保卫战推向新高潮。"

牛岛插话道："你是否考虑到敌人的海军优势？"

清冈回答："诚然，敌人拥有海空控制权，也占有火力优势，但是现在我们与敌人犬牙交错，敌人不可能不投鼠忌器，这样就很难施展他们的火力优势，而我军则可发挥近战白刃格斗的长处，以长克短。我想任何不被敌人炮火吓怕的帝国军人，不会不明白这个道理吧！"说完，他狠狠扫了八原一眼，心里感到非常解气。

牛岛颇有兴趣地询问反攻的突破口应该选在哪个方向。

清冈自上岛后，还从未被如此器重，有些受宠若惊，赶忙说道："承蒙司令官信任，我认为突破口应选在敌人的接合部。因此我军应从安波茶和幸地之间突破，这里正是敌陆战第6师和步兵第27师的接合部，突破后，经棚原、南上原，直捣中城湾，切断并包围敌步兵第27师大部和第77师一部，并加以歼灭。"

清冈的意见使牛岛等人大为振奋，赞不绝口。牛岛下令各部队抓紧时间准备反攻，并叮嘱藤冈武雄和雨宫巽，一定要守住前田高地。

长勇在会后拍拍八原的肩膀，有些揶揄地说道："八原君，别太多虑，要死就一块死，快点制订反攻计划吧。"

八原则脸色发白，一声不吭，脸上的肌肉不断地抽搐，自从军以后，一向自负的他还从未挨过如此闷棍。他心想，等着瞧吧，还不知会怎样呢！我不能让你们懂得防守的重要，美国人会教会你们的！

No.2 无谓的挣扎

美军占领嘉数高地调整完兵力部署后，即向前田高地发起进攻。

4月27日上午，美军步兵第96师集中步兵、坦克和火焰喷射装甲车，密切协同，向前田高地发起猛烈突击，占领了高地东端阵地，打开了突破口。牛岛闻报大惊，立即命令第62师团右翼的第24师团火速增援，堵住这个突破口。雨宫巽师团长不敢怠慢，立即将一个联队的预备队调往前线。这支增援部队的先头特遣队是日本陆军最年轻的大尉志村常雄指挥的独立大队，他的600多名部下大多从未打过仗。

3时许，志村率部向前田东端阵地发动进攻。不料，他们刚向前运动，便被美军发现，几发迫击炮弹落在日军中间，伤亡一片。志村整理好队形，继续向前推进。正当他们在晨曦中爬上陡坡时，美军坦克如觅食的猛虎突然出现在日军推进方向左翼的5号公路上，所有坦克一起开炮，顷刻间有100多名日军被打死。未死的日军连忙爬进马蹄形坟墓和简易的掩体内，或躲在岩石后面。志村大尉和另外7名日军在一座坟墓中蹲了一天。

太阳西下，美军坦克离去。志村小心翼翼地走出坟墓，召集部属，发现阵亡了200余名官兵，但联队长中村一郎中佐仍坚持要他当晚攻下阵地。

志村把一块白布绑在背上作标志，率领部下沿一条干涸的河床前进。

深夜时分，他们终于摸到美军阵地脚下。敌阵地一片静谧，只有哨兵不时晃动。显然美军并没有发现志村大队。志村暗自庆幸，传令发起攻击。只见日军猛然投出手榴弹，在轻机枪火力掩护下，端着明晃晃的刺刀，高喊着冲过山梁，趁势冲上高地顶部。

东端阵地的所谓顶站，其实是一块孤零零地立在山顶上的石灰石，活像是耸立于城堡的塔楼，美军给它起了个绰号，叫做"斜岩"。睡梦中的美军，被打了个猝不及防，大部分战死。

志村大队消灭了阵地上的美军，马上散开，藏在岩石后面或小山洞里，构筑了一条长100多米的防线。

志村占领东端阵地，适逢美军在调整兵力部署。连日来的拉锯战，使美军一线步兵师的战斗力已减弱到1/4，有的排只剩下五六人。巴克纳尔听到日军夺取了前田高地东端阵地，心中不免焦急，严令调上来的海军陆战队迅速夺回阵地，重新扼制5号公路。

但是，海军陆战队的每次冲锋都被从连成一串的山洞里冲出来的日军打退。巴克纳尔正要向此要点投入更大兵力，又得到日军全线发动反攻的报告，只得把精力投入到对付日军反攻上，这使得伤亡愈来愈大的志村大队有了喘息之机。

5月4日4时50分，牛岛集中了所有炮兵，向美军陆战第6师和步兵第27师的接合部幸地猛烈射击，炮声震耳欲聋，一直持续了半个小时，其火力密度之大，为太平洋战争中罕见。日军第5炮兵联队几乎打光了其弹药储备的2/5。美军惊讶地看到，一堵火的墙壁在他们面前推进，弹片横飞，景况惨烈。

炮击延伸后，天空中升起两颗红色信号弹，日军如潮水般汹涌而上。战斗力最强的第24师团突破了美军阵地，冲到最前面的第32联队伊东孝一大尉指挥的一个大队，在坦克的掩护下，冒着枪林弹雨，推进了两公里。虽然美军准确的炮火击毁了一辆又一辆的坦克，但是伊东仍决定继续进攻，率部朝第一个目标冲去。这个目标就是棚原高地，它位于前田高地东北2.5公里。

美军动员了所有火炮向日军前沿和纵深回击，甚至不惜炸着自己的前沿部队，凡是日军的攻击方向上，没有任何一寸空间没有落下炮弹。雨点般的炮弹封锁了所有地区，给敌人造成很大杀伤。

然而，牛岛仍认为达到了预期目的，他把希望寄托在已被美军炮火隔绝的伊东大队身上，命令伊东要在当晚攻占棚原高地。

伊东率领部队沿5号公路两侧推进，一度被炮火所阻，后来日军坦克摸黑开了上来，他们才得以继续向前推进，终于走完通往棚原的一英里路程，占领了棚原高地，天亮前在山坡上修筑了一条弧形阵地。

伊东刚吃完早饭，美军就发起进攻，意欲夺回高地。连续两天，虽然伊东指挥部下打退了美军数十次进攻，但是也遭到很大伤亡。在敌人的猛烈炮火和火焰喷射器的打击下，伊东手中的兵力越来越少，只剩下百余人。

牛岛和长勇等人意识到反攻已经败北，两天作战，约5,000名日军战死，伤者逾万。再打下去，手中的老本会全赔进去，于是，几天前发出"全军北上"命令的牛岛，又发出了"原位置复归"的命令，忍痛撤退。可是，能原位置复归者有几个人呢？

伊东接到撤退命令后，于5月7日深夜，率残部摸黑南下，但在通过美军火力封锁线时，几乎全部战死，只有他及另外十几个人突破重围。

志村接到撤退命令，望着阵地上残存的百余名个个挂彩的官兵，认为突围无望，遂决定留下来死守，他对部下说："愿意撤的，马上走；想跟我留下来的，可以留下，我要在这个高地坚持到死。"大部分官兵留了下来，但一日后，即被美军全部歼灭，美军占领了前田高地。

牛岛见此次反攻伤亡惨重、大伤元气，心情十分沉重。他诚恳地向八原道歉道："你的预言是正确的，反攻已经失败……开战以来，总是给你背后掣肘，实在抱歉。现在，我已决定中止反攻作战，不按'玉碎'的原意打下去，今后的一切均委托给你了，诚望你鼎力相助！"

八原悲愤地说道："可是我们的战斗力已经耗尽，司令官再说这些有什么用呢？"

长勇在旁劝慰道："虽说如此，但是我们的'神风'勇士会帮我们报仇的！"

No.3 尼米兹，"愿你早日成功"

　　远在关岛中太平洋战区司令部的尼米兹听说冲绳战役受阻，忧心如焚，决定去那里视察。一架专机载着尼米兹和海军陆战队总司令阿切尔·范德格里夫特四星海军上将，在12架战斗机的护航下飞赴冲绳。傍晚，尼米兹一行在读谷机场降落。这时，冲绳岛上发出空袭紧急警报。海军高级将领们惊恐地盯着一架"神风"特攻机在空中盘旋后冲向附近的一艘货船，一阵闪光和一声爆炸过后，接着升起了火焰和黑烟。远处，有一艘驱逐舰和一艘扫雷艇被击沉。

　　斯普鲁恩斯热情地用汽艇把尼米兹接到了自己的"新墨西哥"号战列舰上。此时，他十分担心自己旗舰的安全，这倒不是为自己，而是因为这艘舰上集中了中太平洋战区海军的全部高级将领。任何一个"神风"特攻队员只要对准这艘战列舰撞下来，就会给山本五十六报仇雪恨。

　　为此，他给所有飞行员下了死命令，必须击落任何飞临"新墨西哥"号战列舰停泊海域上空的日机，必要时要同敌机相撞。斯普鲁恩斯真正成了尼米兹等人安全的保护神。正当他们坐下来进餐时，日本飞机又发动了一次空袭，但均被击落。

　　次日，斯普鲁恩斯陪同尼米兹率领的战地视察团上岛到各地视察。他们边走边讨论起冲绳岛在进攻日本本土的作用。尼米兹认为，冲绳可开辟18个机场，刚刚被步兵第77师占领的伊江岛可再辟4个供B－29型轰炸机使用的机场。由于冲绳还可提供几个良港，故不需再在琉球或中国开辟进攻日本的支援基地。

　　在陆军司令部内，尼米兹与巴克纳尔寒暄过后，有些不满地说道："西蒙，请加快一点进攻速度，我要把支援舰队撤出冲绳海面，因为敌人的特攻作战威胁太大，我的舰队被迫留在冲绳海面上挨打，情况比珍珠港事件中还糟。日机看也不看就能撞沉我的一艘优秀军舰，简直像在养鱼池钓鱼。"

　　巴克纳尔听后很反感，如同日军一样，美国陆海军也一向不和，他要为陆军辩护。他说：

　　"我的部下已尽了最大的努力，敌人很顽强，急不得，一急就要多死人，地面作战有其固有规律。海军对我们陆军作战给予的支援我终身难忘，但愿我们之间的争吵不要被敌人所利用。"

　　他的这句话分明是说，冲绳岛如何作战严格上说是陆军的事，如海军不插手，他将感激不尽了。

　　尼米兹作为海军高级将领与陆军打过无数交道，经常发生分歧。因此，尼米兹自然听得出巴克纳尔的弦外之音，他冷冷地扫了一眼这位陆军司令说道："是的，也可能是一次地面作战，但是我却每天损失一艘半军舰。我不能容忍这种情况继续下去。所以，如果战线5天

内仍不能突破，我将调别的部队突破它。这样，我们就全都可以从这些愚蠢的空袭中抽出身来了。"

说完，尼米兹一行加上巴克纳尔又去海军陆战队第3军视察。在盖格海军少将的指挥所，争执再起。

范德格里夫特对巴克纳尔的作战思想十分不满，他激动地说："陆战队到冲绳的唯一目的就是作战！但是，为什么光在敌正面防线上单纯强攻，死死纠缠，而不使用陆战队在敌人的侧翼和后方进行一次真正的两栖登陆？"他认为陆军是想独吞攻占冲绳的荣誉才不肯这样做。

巴克纳尔听后不以为然，他说："这是一个早已被否决的老问题。我的第77师攻占伊江岛后，安德鲁·布鲁斯师长就建议可乘势实施这种迂回进攻的战术。这是个不坏的想法，第10集团军参谋部曾经长时间认真地研究了这项计划，结论是冲绳南海岸和东南海岸岩壁峭立，没有适宜进行这种登陆的滩头，一旦强行登陆，势必全部暴露在敌人的强大炮火下，将成为又一个意大利的安齐奥，而且会更惨。所以，我仍采取目前的战法，用强大的火力把敌人从据点、墓穴、山洞中轰出来，一点一点地消灭。"

一直在旁聚精会神听着两人争辩的尼米兹本来也打算在冲绳岛南部搞一次两栖作战，听到巴克纳尔以安齐奥战例作为反对的理由，不禁心中一惊。他知道这个战例。1944年1月22日，美英联军的6个师在意大利的安齐奥登陆。该地位于罗马南面30英里，德军防线后面70英里。盟军登陆的目的是要切断德军前线与罗马的交通线。但是，冯·马肯森将军指挥的德国第14集团军很快包围了尚在滩头阵地的登陆部队，直到5月23日突围，盟军的登陆部队也没有达到预定目的，反而死伤7,000余人。

尼米兹不愿重犯这个错误。所以，这次他站在巴克纳尔一边，鼓励他道："把你的所有兵力火力都投进去吧，但愿你早日成功！"

尼米兹从冲绳返回关岛司令部即破例举行记者招待会，向76名记者宣布："陆军在冲绳战役中打得很漂亮，在敌侧翼登陆将比陆军目前的战法付出更大的代价，花费更多的时间。我们海军坚决配合陆军打到底！"

然而，奉陪到底谈何容易？斯普鲁恩斯这位冲绳战役最高指挥官最清楚地面作战每延误一天，对海军舰队来说会带来些什么。从感情上讲，他希望把整个冲绳包给海军陆战队。海军的时间观念很强，宁要时间不要命，交给海军陆战队，仗也许打得利索得多。但在理智上，他不得不承认陆军的战术无可指责。在敌人坚固设防的岛屿登陆，作战可能会出现许多意外，时间会相应延长。硫磺岛日军只有一个师的兵力，3个陆战师还打了一个多月，更别说比硫磺岛大得多的冲绳岛了。冲绳是一场典型的地面作战，而不是两栖作战，没有任何理由诋毁巴克纳尔的指挥艺术。

虽说如此，斯普鲁恩斯还是希望陆军早日攻占冲绳，每天铺天盖地而来的"神风"特攻机对舰队的威胁太大了，说不定哪一天自杀会降临到"新墨西哥"号头上。

但是，这一天终于来了！

第9章
CHAPTER NINE

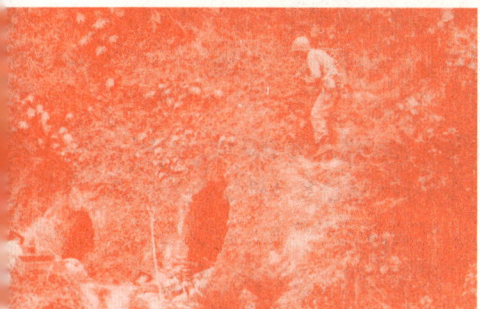

太阳旗折断

★斯普鲁恩斯躲过了这场劫难，他的卧舱尽管仅与被炸毁的舱室隔着两条走廊，却毫发未损。等他的部下提心吊胆地去抢救这位海军上将时，斯普鲁恩斯却已镇定自若地指挥损管队用水管灭火了。

★牛岛等人自杀后，岛上日军溃不成军。同一天，设在嘉手纳机场附近的美军第10集团军司令部举行了隆重的升旗仪式。盖格宣布，日军在冲绳有组织的抵抗已不存在，美军占领了冲绳。接着，军乐队奏美国国歌，星条旗徐徐升起。

No.1 用生命"效忠"天皇

青木保宪记不清培训了多少名"神风"勇士了，他也不想知道。忠君与犯罪感一直折磨着他，他培训的"神风"勇士没有一个再回来见他，都是些20岁左右的青年，甚至胡子都没长硬。

尽管如此，战局依然恶化，没有任何迹象表明"神风"特攻会扭转乾坤。青木不愿再痛苦地折磨自己，认为反正也活不到战争结束。不如做个"神风"勇士死去，平衡自己因把许多青年送到地狱而失衡的心理，至少有些安慰。

终于轮到他了。

这天，青木正在上课，一名大佐进来让他停止讲课，征集参加特攻队的志愿者。每个飞行员、教官和学员都要在纸上签名，自愿的就在自己的名字上画个圈，不愿去的就画个三角。没有强迫命令，有几个人迟疑地在自己名字上画了三角，青木虽觉得画三角的都是胆小鬼，但却理解他们，他自己则画了圈。

画圈后，青木就意识到自己已被判处死刑。随着机械师把普通飞机改装成自杀飞机，他的注定要死之感也随之增加。自杀飞机的机身安装了副油箱，机翼两侧各装上一颗重250公斤的炸弹。青木检查完自己的飞机，不由得想："这就是我将驾驶着进行有去无回的飞行的飞机啊！"

一周后，青木所在的飞行队被调至九州岛上的鹿屋，那里是飞往冲绳的出击基地。死神愈来愈近了。黄昏，他看见一队"神风"特攻机朝冲绳飞去，心想明天就该轮到他了。

天快亮时，青木醒来，他知道这是活在世间的最后一天。天气晴朗，万里无云，他觉得格外清爽，提笔分别给父母及4个弟弟妹妹写明信片，上书："我神土决不会毁灭，愿天照大神保佑帝国之日永不落！"写毕，他把剪下的指甲屑与一缕头发包起来，连同明信片交给了留守军官。

黄昏，基地为青木一行举行隆重的欢送仪式。青木喝了不少酒，满脸通红，感到有些头重脚轻。在最后一次检查时，有位大佐在青木跟前停下来，问他脸色为什么这样红："如果你觉得不舒服，可留下来，下一批再去。"

"不，没有问题！"青木忙答。

青木在基地全体军人的目送下，飞上了天空，起落架自动掉了下去。飞机爬上3,000米高空，下沉的落日好像停在那里不动了。

"多美呵！"青木想。

24时整，青木与他的同伴飞临美舰停泊的海域，他撒出锡箔，以干扰敌舰雷达，然后拉了拉套环，使炸弹上的推进器旋转起来，这样，炸弹保险装置便拆除了，能一触即发。

美军舰队终于发现了借助夜色掩护来袭的日机。斯普鲁恩斯下令各舰所有防空火力射击，条条火蛇在夜空中飞舞，几架特攻机中弹坠落。

已降至300英尺的青木盯住了斯普鲁恩斯的旗舰，不顾一切地喊道："俯冲！"

只见他向下推死操纵杆，带着冲绳守军的全部希望，镇定地死盯住"新墨西哥"号战列舰，垂直向美舰坠落。

旗舰上的美军呆呆地望着近在咫尺的敌机，即使开火也来不及了。"轰隆"一声，青木的自杀机撞中了舰桥，顿时浓烟烈火冲天，舰上已是一片狼藉。

斯普鲁恩斯躲过了这场劫难，他的卧舱尽管仅与被炸毁的舱室隔着两条走廊，却毫发未损。等他的部下提心吊胆地去抢救这位海军上将时，斯普鲁恩斯却已镇定自若地指挥损管队用水管灭火了。

No.2 撤离

反攻失败已够牛岛心烦，突然又传来德国人已于5月8日无条件投降的消息，冲绳岛上的日军心情更加沮丧，知道大难已经临头了。

第32军司令部所在地首里原是古国京城，后来冲绳的中转贸易和海运发达以后，经济中心转移至西南海岸的港口城市那霸，使得深处内陆的首里渐渐荒废了，只有600年前的古城墙和护城河还静静地躺在那里，告诉人们它昔日的重要与繁华。废弃的古城战前已长满郁郁葱葱的松树和槐树，青砖红瓦点缀在绿茵之间，煞是好看。然而，这一切都已不复存在了。战火把首里美丽的古树全部烧光，只剩下光秃秃的树干。几万发美军炮弹和炸弹倾泻在首里，把地面全部翻掘起来，没有任何生命存在的迹象，只有被炮弹掘起的树根，还张牙舞爪地散乱在古城内。

牛岛望着眼前这凋败的景象，十分感慨，决定撤出这座古城，收缩兵力到那霸负隅顽抗。

日军将领已无计可施，对放弃首里并未表示任何疑问，纷纷表示："愿听司令官调遣。"

正欲准备撤退，牛岛接到战时大本营来电，告诉他将有"义烈"空降突击队奇袭敌机场，让他实施一次佯攻，迷惑美军。

牛岛认为第32军已无力执行这种任务，欲回电解释，八原却让他答应下来。八原说："司令官不相信任何侥幸能扭转战局，卑职非常赞同。但不妨利用一下统帅部派出的这个空降突击队。我军依然按兵不动，等突击队在敌后方打起来，吸引了正面敌人的注意力，我们可趁机从容撤退。如果您拒绝接应，统帅部可能会撤销这次突击作战，对我们撤退并不有利。"

牛岛觉得有理，遂复电战时大本营，依计而行。

"义烈"空降突击队成立于"大和"号战列舰覆没之后。

"大和"号的覆没惊得日本文武百官目瞪口呆。及川军令部长哀叹："帝国海军大舰巨炮传统优势休矣！"此话恰好被陆军参谋本部参谋奥山道郎大尉听到，奥山是送公文到海军总部的。他不知从哪来的那么大的勇气，听后竟道："卑职有一良策，纵然不能杀掉全部敌人，也管教他们胆战心寒。"

及川起初有些不快，一名陆军下级军官竟敢如此与堂堂海军大将对言，不仅是大不敬，而且有藐视海军之嫌，但见他言词恳切，又不好发作，便问："你有何良策？"

奥山回答："冲绳守军最大威胁乃为敌人的舰空兵，而敌之舰载机限于作战条件、慑于'神风'特攻攻击，不敢恣意横行，尚不足畏。所虑者，乃敌人的陆基航空兵。因为我军已丧失制空权，无力摧毁敌陆岸机场，而地面炮火又力不能及，用'神风'特攻机攻击，一机换一机，又不划算，以至于敌陆基航空兵大逞淫威，陡增守军大量伤亡。我欲组织一特攻伞兵队，乘轰炸机飞临敌在冲绳岛的机场，强行着陆，破坏敌之飞机与机场设施，使机场瘫痪，减轻守岛官兵方面的压力。"

及川方才的不快一扫而光，忙问："你有把握吗？"

奥山道："卑职是伞兵出身，愿带特攻伞兵队为国效命！"

及川大喜道："忠心可嘉，你可从海军伞兵营挑选队员，参谋本部方面我去解释。"

就这样，奥山挑选了120名伞兵，组成了"义烈"空降兵特攻队，分成5个排和1个指挥班，略加训练，搭乘12架轰炸机向冲绳飞去。

5月24日8时许，为配合这次空降兵特攻，日军向美军读谷、嘉手纳两机场实施"菊水七号"特攻作战。两个半小时后，除4架轰炸机因故障被迫返航或迫降外，搭载空降突击队的8架轰炸机分别在读谷和嘉纳机场着陆。飞机尚未停稳，奥山就率突击队跳下飞机，向机场上的美军飞机、油库、营房投掷手榴弹和燃烧弹，炸毁美机32架，烧毁了7万加仑的航空汽油，打死打伤数百余美军。

美军未料到日军有如此战法。斯普鲁恩斯闻报大惊，下了他在冲绳战役中最后一道命令，让巴克纳尔不惜一切代价夺回机场，消灭日军突击队。两天后，外号"公牛"的猛将哈尔西海军上将奉尼米兹之命接替斯普鲁恩斯担任冲绳作战总指挥。

巴克纳尔不知敌人兵力大小，急忙从前线抽调一个师的兵力向两个机场进攻。一天后，美军全部歼灭了"义烈"空降突击队，打死79名日军，没有抓到一个俘虏或伤兵。

当巴克纳尔得知日军的79人竟牵制调动了他的一个师，又急又气，急令该师返回前线，压缩首里包围圈，歼灭牛岛残部。

可是，牛岛却趁机夺路冲出了包围。

5月24日夜，天降大雨，牛岛下令全军弃城后撤。

5月31日，美军从两个方向小心翼翼地开进古都首里。

牛岛带着大部人马逃脱，并在首里城正南15公里处的一个悬崖旁边的山洞内设立了新司令部，但却给冲绳人带来巨大灾难。当地的老百姓惊慌失措，成群结队地跟在牛岛部队后面南逃，被美军炮弹炸得尸横遍野，成千上万的尸体留在泥泞的道路上。

No.3 牛岛自裁

巴克纳尔十分高兴未遇抵抗就占领了首里城，他认为冲绳战役已进入尾声，这倒不是说没仗可打，而是日军已无法再建立起一条像首里这样的新防线。

然而，后撤到冲绳南端喜屋武半岛的日军找到了一个天然屏障，它是座珊瑚山，由八重濑岳和与座岳重合而成。它犹如一堵大墙，横切冲绳南端大部分地区。牛岛虽知败局已定，却要在这里进行最后的抵抗。

6月1日，厚厚的云层像毯子一样覆盖在喜屋武半岛，雨仍下个不停，美军在齐脚踝深的泥泞中步履艰难地从东西两面向半岛缓慢地前进。东面，是知念半岛，没有重兵防守；西面，是小禄半岛，由海军冲绳基地司令太田实海军少将率2,000名官兵防守。

6月5日，雨终于停了，但地未干，泥沼帮助牛岛迟滞了美军的进攻。直到6月10日，美步兵第96师才对八重濑岳发起猛烈进攻。

进攻猛烈，抵抗亦顽强而残酷。"铁血勤皇队"队长山城宏中佐让他的队员身上绑上炸药，冒着弹雨，钻到美军坦克底盘下引爆。许多美军坦克都是被这些十三四岁的"活地雷"炸毁的。

美军简直被日本人这种残忍凶猛的自杀行为惊呆了，他们实在难以相信在这个星球还有如此狂妄、古怪、偏执、残暴的民族。6月13日夜，美军在付出沉重的代价后，终于占领了这道天然屏障，战斗转为逐洞战。

日军第27联队联队长金山均大佐率部百余名官兵被堵在山洞内，几次突围均被美军火焰喷射器烧得焦头烂额。绝望中，他用汽油烧毁军旗，对部下喊道："过去的3个月中，诸位经历了千辛万苦，打得十分出色，我深表感谢。我现在宣布部队解散，你们可自谋出路，想回本土的可以试试，我是要死在这里的，你们不应该分担我的责任。"

他的部下不知如何是好，他们反对自谋出路。金山抽出匕首，凝视部下，再次告诫他们不要"仿效"他，然后一声不响地把腹部切开，鲜血立即喷出来。他的副官佐藤治郎大尉举起战刀，猛地一砍，金山便身首异地。之后，佐藤喊一声"天皇陛下万岁！"随即扣动扳机自杀。

小禄半岛的日军与美海军陆战队展开殊死战斗。太田实虽顽固坚守，终不敌美军强大攻势，节节退至一山洞。这里是他的野战医院，洞内躺着300名重伤员。他担心美军追杀到此，用火焰喷射器烧死这些人，遂命令军医官给所有不能行走的重伤员注射毒药，让他们迅速而没有痛苦地死去。太田实随即自杀身亡。

巴克纳尔从来没有如此兴奋，他的部队正在用手榴弹、炸药包和火焰喷射器逐洞追逐藏匿于其中的敌人，这简直是一场狩猎！许多日本官兵被炸药和火焰喷射器封死在里面，痛苦地死去。他们希冀藏身的洞穴，成了他们最后的墓穴。

6月18日，巴克纳尔在海军陆战第1师第7团团长奥勃莱恩海军上校的陪同下视察战场，按照原作战方案，捣毁日军巢穴的任务将由陆战第1师完成。

↑ 一艘日军自杀飞机撞在了美军军舰上。立刻腾起了熊熊大火。

↑ 巴克纳尔（左）不幸在战斗中牺牲。

　　巴克纳尔饶有兴致地饱览冲绳岛的美色，为大自然的鬼斧神工所迷醉，仔细端详着每一座山峰。猛然，他看见不远处一座很像狗头的山峰腰间有一山洞，周围的杂草几乎把它掩没。他拉了一下奥勃莱恩说道："那个山洞是否有敌人？"

　　话音未落，那个洞口火光一闪，接踵而来的一声炮响，把一发75毫米山炮炮弹送了过来。炮弹正巧落在巴克纳尔的身后，把石灰岩炸得碎石乱飞，一片山石一下子就打断了他的脊椎，巴克纳尔顿时瘫在地下，10分钟后就断了气，

　　奥勃莱恩觉得有一块极锋利的东西飞进胸膛，眼前一黑，便扑倒在岩石上，再也没醒过来。

巴克纳尔是美军在太平洋战争中阵亡的最高级将领，他的死震惊了胜利在望的美军，也激起了美国人对日本兵的更大仇视。第7团工兵很快用炸药封闭了那个洞口，步兵冲进去后，杀死了洞内全部日兵，缴获了那门独炮。

巴克纳尔战死后，海军陆战队第3军军长盖格接替了第10集团军司令一职。在美军历史上，还从来没有一位海军陆战队军官指挥过这么多的陆军部队。

盖格就任后，重新划分了海军陆战队和陆军的战线，严令两个军种向残敌发起总攻。

冲绳之战进入高潮，日军的末日终于到了！

牛岛司令部的山洞阴湿、幽秘，充满了恐怖与绝望。暴躁的长勇被心脏病折磨得失去了凶威，静躺在行军床上，痛苦地听着洞外日益临近的枪炮声。

牛岛身上的军装潮乎乎地贴在身上，洞内混杂着烧糊的胶皮味和木炭烟味，他觉得很难受，起身到洞外晒晒太阳。

"司令官，快到洞内去吧，前面两个高地已经失守，我要组织洞口防御。"浑身沾满血迹的八原从上面退了下来。

牛岛长叹一声，退进洞，打开衣箱，换上崭新的礼服，将戎马一生荣获的8枚勋章缀在左胸，其中一枚金鸢勋章是日本军人的最高荣誉。

长勇见状，吃力地抬起身问道："司令官莫非想殉国？"

牛岛点点头道："势穷力尽，何颜生还？"

长勇泣道："卑职愿随长官同赴国难。"

牛岛唤来八原道："君可设法冲杀出去，逃回本土，不必与我一同成仁。冲绳作战证明你的战术思想是对的，将来本土防御用得着，切记！"

然后，他向全军将士发出明码电报，下达了最后一道命令："由于全军将士3个月的奋勇战斗，我军任务业已完成……但是，目前我军刀折矢尽，全军危在旦夕，部队间通讯联络全部断绝，军司令部已无法指挥。今后在局部地区的部队和幸存士兵应各自为战，到最后时刻希发扬敢斗精神和永生之大义。"

电报发完后，他下令解散陆军医院，命令部队向北突围，深入敌后与敌展开游击战。但为时已晚，美军用喷火器封死了所有日军藏匿的洞穴，许多日军被烧死在洞口。

牛岛呷了一口酒，拔出战刀剖腹自尽。

牛岛等人自杀后，岛上日军溃不成军。同一天，设在嘉手纳机场附近的美军第10集团军司令部举行了隆重的升旗仪式。盖格宣布，日军在冲绳有组织的抵抗已不存在，美军占领了冲绳。接着，军乐队奏美国国歌，星条旗徐徐升起。

7月2日，冲绳战役正式宣告结束。在整整3个月中，美军战死6,990人（其中包括一位自美国南北战争以来第一个死在疆场上的陆军中将），近3万人受伤，损失飞机880架、战舰35艘，此外有299艘舰船受重创。日军损失11.7万名官兵、3,800架飞机。此外还有7.5万名平民死于战火。日本人终于输掉了在其本土之外打的最后一个、也是最大的一个战役。